JN436872

동아시아에서 역사인식의 국경 넘기

Crossing the Border of Historical Understanding in East Asia

동아시아에서 역사인식의 국경 넘기

초판 1쇄 발행 2008년 6월 25일

편 자 | 아시아 평화와 역사연구소
발행인 | 윤관백
펴낸곳 | 선인

편 집 | 이경남 · 장인자 · 김민희
표 지 | 김지학 · 정안태
교정교열 | 김은혜 · 이수정
영 업 | 장형순

인 쇄 | 한성인쇄
제 본 | 광신제책

등록 | 제5-77호(1998.11.4)
주소 | 서울시 마포구 마포동 324-1 곶마루 B/D 1층
전화 | 02)718-6252 / 6257 팩스 | 02)718-6253
E-mail | sunin72@chol.com
Homepage | www.suninbook.com

정가 35,000원
ISBN 978-89-5933-129-1 93900

· 잘못된 책은 바꿔 드립니다.

미래사 총서 | 001

동아시아에서 역사인식의 국경 넘기

아시아 평화와 역사연구소 편

책을 내면서

국가 간의 의존도는 이념의 장벽이 해체된 이후 더욱 높아지고 있다. 한중일 사이에서만 오고간 수출입 총액이 세 나라 전체 무역액의 1/4를 넘어섰을 정도다. 한일 두 나라 사이에만 한 해 500만 명 이상이 상대국을 방문할 만큼 서로에 대한 관심도 높다. 동아시아 역사에서 서로가 이렇게 긴밀하면서도 크게 의존했던 적은 일찍이 없었다.

그렇다고 상대방에 대한 호혜적인 감정까지 비례하여 좋아지고 있는 것은 아니다. 한중일 세 나라는 모두 세계화(국제화)를 내세우고 있음에도 불구하고, 21세기 들어 역사갈등이 연례행사처럼 일어나고 있다. 역사교과서 문제로부터 출발한 역사갈등은 영토문제, 바다의 명칭문제, 야스쿠니신사 참배 문제 등으로 표면화하면서 다양화하고 있다. 폭발하고 있는 역사갈등은 동아시아 외교관계를 규정할 만큼 독립된 상수(常數)로 커지고 있다.

상대방에 대한 불신의 골이 깊어지고 있는데 비해 대화를 통해 이를 해결하고 소통의 길을 마련하려는 노력은 아주 미약한 편이다. 한중일 세 나라는 1945년 이후부터 지금까지 상대방의 주장에 한번이라도 진지하게 귀를 기울인 적이 없다. 일방적인 자기주장만 해왔다고 말해도 지나치지 않다. 근본적인 자기 성찰의 과정에서 역사문제를 고민하기보다 실리적 접근으로 당장의 갈등을 회피하고 봉합하는 데만 급급해 왔다고 단언할 수 있다.

그런 가운데서도 역사갈등을 완화시키고 해소하려는 노력이 2002년부터 본격화하였다. 정부 차원에서 한일역사공동연구위원회가 활동을 시작하였다. 민간 차원에서도 공동역사교재를 만들기 위한 다양한 시도가 본격화하였다. 미약하지만 동아시아에서 1945년 이후 57년 만에 역사대화가 시작된 것이다. 한중일 세 나라 역사연구자, 역사교사, 그리고 시민사회가 4년 동안 협력하여 만든 『미래를 여는 역사』라는 공동역사교재도 그중 하나이다.

한중일의 역사갈등이 역사교과서 문제로부터 표면화하였기 때문에 공동역사교재를 개발하는 작업에서부터 민간 차원의 역사교과서대화를 시작한 접근은 자연스러운 선택이었다. 하지만 정부 차원의 역사교과서대화는 여전히 외교에 갇혀 있으며 상호 간의 신뢰 수준이 높지 않은 현실에서 아직 본격화하고 있지 못하다. '동아시아형 역사교과서대화'는 이 지점에서부터 출발해야 한다.

민간 차원에서 공동역사교재를 만든다고 하여 한중일 역사갈등의 출발 지점인 역사교과서 문제가 해소되지는 않을 것이다. 민간 차원의 노력이기 때문에 그것을 해결하기는 불가능할 것이다. 역사교과서 문제의 근본적인 해결은 국민교육을 책임지고 있는 각국의 정부가 오랫동안 노력하는 과정에서만 가능하다. 역사교과서 문제의 해결은 동아시아 역사문제를 해결하는 발판이 될 수 있을 것이다. 역사교과서 문제를 해결하는 데 있어 각국 집권자의 권력의지가 중요히 요구되고 외교로부터 독립한 역사대화를 해야 할 이유가 여기에 있다.

하지만 2001년 이후 동아시아의 현실은 이와 반대방향으로 진행되는 흐름이 대세다. 공동역사교재를 개발하려는 노력은 꽉 막힌 역사대화의 물꼬를 트고 역사소통의 가능성을 보여주고 있다. 차이를 인정하며 상대방을 존중하고 배려하는 모습도 보여주고 있다. 공동역사교재를 개발하는 노력은 역사갈등과 역사분쟁을 봉합하지 않으면서도 완화시키는 지름길이 무엇인가를 몸소 보여주고 있다. 공동역사교재는 아무도 가보지 않은 동아시아의 미래를 만들어 나간다는 점에서 미래기획인 것이다.

미래기획이기에 미래세대인 청소년의 교류도 동반해야 한다. 청소년 세대부터 타자에게서 나를 발견하려는 노력을 시작해야 한다. 기성세대에 의해 재생산되고 있는 상대에 대한 응어리진 감정이 자리잡지 못하게 해야 하며, 차이를 인정하고 존중하는 마음을 기를 수 있는 기회를 제공해야 한다. '아시아평화와역사교육연대'가 『미래를 여는 역사』라는 공동역사교재를 개발하면서 한중일 청소년역사캠프를 운영하고 있는 이유가 여기에 있다.

이 책은 모두 3부로 구성되어 있다. 제1부는 2006년 『미래를 여는 역사』의 경험을 바탕으로 동아시아의 역사갈등을 해소하기 위해 어떤 협력모델을 만드는 것이 바람직한 접근방식인지에 대해 '아시아평화와역사교육연대'가 주최한 심포지엄 때 발표한 원고가 중심이다. 제2부는 『미래를 여는 역사』를 만드는 작업에 직접 참여했던 한국과 일본의 관계자들이 2005년 5월 책을 출판한 이후에 자신들의 경험을 정리하여 발표한 원고를 모은 것이다. 제3부는 『미래는 여는 역사』에 대해 한 · 중 · 일, 프랑스에서 발표된 서평을 모은 것이다. 애정을 갖고 진지하게 비평해 주신 여러 필자들에게 진심으로 감사드린다.

'아시아평화와역사교육연대'와 '사단법인 아시아평화와역사연구소'는 이 책을 시작으로 『미래를 여는 역사』의 명칭을 빌린 '미 · 래 · 사 총서'를 간행한다. 이 시리즈물은 역사교과서와 역사교육에 관한 서적만을 대상으로 하지 않는다. 동아시아의 현재와 미래를 교과서와 교육의 측면에서 접근한 모든 서적을 대상으로 한다. 관심있는 여러분의 적극적인 참여를 바란다.

어려운 출판현실에도 불구하고 뜻 깊은 총서기획을 흔쾌히 승낙해 주신 도서출판 선인의 윤관백 사장님에게 진심으로 감사드린다. 원고 상태가 모두 제각각이었는데 한 권의 책으로 멋들어지게 만들어준 선인의 편집부에도 고마운 마음을 전한다.

2008년 5월 12일 필자들을 대신하여

아시아평화와역사교육연대 한중일공동역사교재위원회 위원장 신주백 씀

차 례

제1부 공동역사교재 개발의 협력모델 찾기

제2부 『미래를 여는 역사』의 발자취

제3부 『미래를 여는 역사』에 대한 서평

제1부

공동역사교재 개발의 협력모델 찾기

한일 간 역사대화의 모색과 협력모델 찾기(1982~1993)*

신주백**

우리나라에는 이러한 격언이 있습니다. '세상이 어떻게 바뀌더라도 폴란드인과 독일인은 형제가 될 수 없다.' …… 독일의 교과서에는 폴란드인을 멸시하는 표현만 나오고, 한편 우리들의 교과서에서 독일은 '침략자' 이외는 아무도 없었기 때문에 대화하는 좌석에서도 대단히 격렬한 논쟁을 벌이게 됩니다. …… 15년간의 대화로 폴란드인의 감정은 정말 변했다고 생각합니다. …… 우리들의 최종 목표는 평화로운 세상을 만드는 것입니다.

[폴란드 측 전(前)위원장 웨바디스바푸 마르키비치. 小暮裕美子, 「教科書における國際交流」, 『季刊教育法』 69, 1987. 7, 94쪽]

---

* 이 글은 『한일민족문제연구』 11(2006. 12)에 수록된 것을 약간 수정 · 보완한 것이다.

** 국민대학교 연구교수.

1. 머리말

한국, 중국, 일본 등 동아시아 사람들이 역내(域內)의 역사문제에 관심을 갖게 된 계기는 1982년 일본 역사교과서 파동이었다. 국제문제화한 역사교과서 파동은, 문부성이 검정을 강화하는 과정에서 침략을 진출로 바꾸도록 검정 지도했다는 잘못된 보도로부터 시작되었다. 한중일 세 나라의 국민과 연구자는 이즈음부터 자국사에 대한 인식만이 아니라 상대방의 역사인식에도 관심을 드러내기 시작하였다.

21세기 들어 동아시아에서 진행되고 있는 다양한 역사대화, 곧 영토·국경문제, 바다의 명칭문제, 야스쿠니신사 문제, 강제동원 문제, 그리고 교과서 문제 등으로 야기된 역사문제를 해결하기 위한 '역사대화'의 한 영역에서 역사교과서대화(이하 교과서대화)가 활발하게 이루어지고 있다. 교과서대화는 역사대화의 한 영역이지만 21세기 동아시아 정세의 특징을 고려할 때 동아시아의 역사문제, 그리고 정치·외교 문제를 풀어가는 디딤돌이자 방향타일 수도 있다. 그러한 사례는 독일과 프랑스의 70년이 넘는 교과서대화에서, 그리고 1972년부터 시작된 독일과 폴란드의 교과서대화에서 확인할 수 있다.

1982년 일본 역사교과서의 검정파동 때 일본 측 교과서 필자들은 곧바로 독일－폴란드 교과서대화를 주목하였고, 교과서대화가 가능할 수도 있다는 생각을 하기 시작하였다. 한국의 일부 연구자도 이즈음부터 독일－폴란드 교과서대화에 주목하였다. 이후 한일 간에 역사교과서 문제가 일어날 때마다 한국과 일본의 역사연구자와 역사교육 관계자들의 시선은 독일－폴란드, 독일－프랑스 국제 교과서대화로 향하였는데, 그중에서도 독일－폴란드 교과서대화에 관심이 더 모아졌다. 그것은 지금도 마찬가지다.[1)]

---

1) 川喜田敦子,「第二次世界大戰とドイツの歷史教育－錯綜する被害＝加害關係と歷史對話」,『歷史地理教育』693, 2005. 12 ; 한운석,「독일과 프랑스 및 폴란드 간의 역사교과서 합의

이 글에서는 1982년부터 1993년까지의 한일 간 역사대화의 역사를 고찰하겠다.[2] 그 방법의 하나로 한국과 일본에서 역사대화에 관심 있는 사람들이 독일－폴란드의 교과서대화라는 역사대화의 모델을 어떻게 이해해 왔으며, 동아시아에서 유럽의 경험을 어떻게 적용하려 했는가에 초점을 두겠다.[3] 교과서대화의 역사를 1982년도부터 정리하려는 이유는 한국과 일본에서 1982년도 교과서 파동 때부터 독일－폴란드 교과서대화를 제대로 소개하기 시작하였기 때문이다. 또 1993년까지의 역사를 분석하려는 것은 비록 민간 차원이지만 1991년부터 2년간 국제교과서연구소와 일한역사교과서연구회에서 역사교과서를 처음으로 공동으로 연구했기 때문이다.[4] 필자는 이 글을 시작으로 동아시아에서 시도했던 독일－폴란드 교과서대화와 같은 다양한 고민과 노력의 역사를 정리하여 대안적 협력모델을 찾는 데 기여하고자 한다.[5]

지금까지 한일 간에 이루어진 교과서대화의 역사는 정재정, 신주백, 박재영이 정리하였다. 정재정은 구체적인 학술교류의 현황을 파악하여 1982년 이후 역사교류의 역사를 두 차례 정리함으로써 최근까지의 한일 간 대화를 전반적으로 파악할 수 있게 하였다.[6] 정재정의 논문은 그 자신이

가 동북아에 주는 교훈」, 2006년 9월 외국어대학 발표문.

2) 1994년부터의 교과서대화에 관해서는 별도의 논문을 발표하겠다.

3) 중국에는 오늘날까지도 독일－폴란드 교과서대화 자체에 대해 분석한 연구가 없는 것 같다. 때문에 논의의 대상에서 배제하였고, 글의 제목에도 "동아시아 역사대화"라고 하지 않고 "한일 간 역사대화"라 하였다.

4) 이 글에서는 3명의 교과서대화 참가자에게서 녹취한 증언도 적극 참조하겠다(西川正雄, 君島和彦, 이태영).

5) 교과서대화의 동아시아적 모델을 찾는 작업은 역내의 역사대화를 활성화시키고 동아시아의 안정과 평화를 정착시키는 길목 찾기 작업의 일환이기도 하다.

6) 정재정, 「역사교과서를 위한 한국·일본 협의활동과 몇 가지 과제」, 유네스코한국위원회 편, 『21세기 역사교육과 역사교과서』, 오름, 1998 ; 정재정, 「한일 역사대화의 구도－역사교과서와 역사인식을 중심으로」, 이원덕 엮음, 『일본은 한국에게 무엇인가』, 한울, 2006. 앞의 논문은 『역사교과서 속의 한국과 일본』(혜안, 2000)에도 수록되어 있다.

1989년부터 지금까지 교과서대화에 적극 참여한 당사자였다는 점에서 신뢰성이 높다고 하겠다. 박재영도 최근까지 이루어진 독일의 경험과 한일 또는 한중일 간의 교과서대화를 정리하고 서로 비교하였다.[7] 그는 맺음말에서 한중일의 공동역사교재인 『미래를 여는 역사』(한겨레신문사, 2005)를 독일－프랑스의 공동역사교과서와 비교하며 그 한계점을 지적하였다. 신주백은 교과서대화만을 언급하지 않았지만 일본의 역사왜곡에 대해 한국사회에서 어떻게 대응해 왔는가라는 측면에서 1965년부터 2001년까지 일본 측 관계자들과 진행한 역사교류를 정리하였다.[8]

네 편의 논문을 통해 한일 간 역사대화의 역사를 기본적으로 파악하는데 어려움은 없지만, 여러 활동이 전개된 사회적 맥락을 제대로 분석하지 못한 한계가 있다.[9] 가령 신주백은 국제교과서연구소와 일한역사교과서연구회의 활동을 별개처럼 언급하는 잘못을 범했고, 박재영은 비교대상이 될 수 없는 『미래를 여는 역사』와 독일－프랑스 공동역사교과서를 비교하였다. 또한 신주백과 정재정은 1991년의 시점에서 두 조직의 공동연구가 갖는 다양한 성과와 의미, 한계점에 대해 주목하지 않았다. 일한역사교과서연구회와 국제교과서연구소의 교류는 역사교과서를 놓고 한일 간에 이루어진 첫 공동연구였고 역사교육과 역사교과서 집필에 실질적인 영향을 끼쳤으며, 독일－폴란드의 경험을 동아시아에서 활용하려 했던 첫 시도이기도 하였다. 따라서 일본 측과 달리 제대로 된 평가논문 하나 없는 한국측의 현실을 고려할 때, 성과와 더불어 한계점을 지적해 둠으로써 향후 역

[7] 박재영, 「한 · 중 · 일 3국의 역사교과서 협의의 제문제－유럽의 교과서 협의와 비교하여」, 『백산학보』 75, 2006. 8.

[8] 신주백, 「일본의 역사왜곡에 대한 한국사회의 대응(1965~2001)」, 『한국근현대사연구』 17, 2001. 6.

[9] 일본 측에서 한일 간의 역사대화를 정리한 글도 있지만, 이 글의 제4장에 해당되는 부분만을 집중적으로 정리한 것이 대부분이므로 연구사 정리에서는 동향분석을 별도로 하지 않겠다.

사대화에 경험적 자료로 활용되게 할 필요는 있었던 것이다.

2. 1982년 교과서 파동과 주목받기 시작한 국제 교과서대화

1) 일본 진보세력

일본에서 독일-폴란드의 교과서대화를 먼저 소개한 사람은 야마다 미츠오(山田三雄)였다.[10] 야마다는 외국교과서의 부정적인 일본관을 시정하는 데 목표를 두고 활동한 사람으로 일본정부의 교과서정책을 옹호하는 입장이었다. 그래서 일본의 진보세력은 그가 1977년에 소개한 내용을 거의 무시하였다.[11] 더구나 시정활동은 기본적으로 상호소통을 전제로 하는 활동이 아니라 자신의 역사관을 상대방에게 전달하고 수정을 요구하는 활동방식이었기 때문에 상호교류라고 말할 수 없다.

독일-폴란드 교과서대화에 주목하고 이것을 일본의 교과서 문제와 직접 연결시켜 고민한 사람들은 진보세력이었다. 그들 가운데 국제 교과서대화를 잡지에 처음 소개한 사람은 니시가와 마사오(西川正雄)였다.[12] 니

10) 山田三雄, 『外国教科書の日本偏見』, 芙蓉書房, 1977. 야마다 미츠오는 문부성의 교과서 검정관이었다.

11) 곤도 다카히로(近藤孝弘), 「유럽의 역사교과서 국제협력활동 : 동아시아의 모범?」, 김승렬 · 이진모 역, 『국제화해 게오르크-에케르트 국제교과서연구소 25주년 기념 논총』, 한국교육개발원, 2002, 296~297쪽.

12) 西川正雄, 「ヨーロッパにおける'過去の克服'-ドイツの教科書記述から」, 『文化評論』 258, 新日本出版社, 1982. 10. 이 글은 4쪽 분량이다.
이가사끼에 따르면, 후지사와 호에이(藤澤法暎)의 1982년 8월 19일자 『朝日新聞』에 '西獨の教科書作りに學べ一ナチ時代を反省, 近隣諸國と對話'에서 이를 언급했다고 한다(伊ケ崎曉生, 「教科書改善の國際的協力の經驗から(解說と資料)」, 『國民教育』 57, 1983. 7, 91쪽).

시가와 마사오가 짤막한 글을 발표한 직후인 11월에 독일－폴란드 교과서 대화의 자세한 과정과 권고안의 내용을 소개한 사람은 반도 히로시(阪東宏)였다.[13] 반도 히로시는 교과서대화의 성립 과정과 26개 권고안에 대해 비교적 자세히 설명하고, 일본의 현실에서 권고안의 특징과 독일－폴란드의 경험을 어떻게 소화해야 하는지 자신의 의견을 피력하였다.

그렇다고 반도가 국제 교과서대화의 경험을 적극적으로 활용하자는 의견까지 개진한 것은 아니었다. 반도의 글이 실린 『歷史評論』 11월호 전체가 "特輯：教科書檢定を斬る"라는 제목 아래 여러 편의 논문으로 채워져 있는 데서도 시사받을 수 있듯이, 그의 글은 문부성의 1982년도 교과서 검정과 그에 따른 교과서 파동에 대응하는 차원에서 기획된 논문이었다. 니시가와의 글도 "侵略戦争と教科書検定－私の発言"이란 특집에 실렸다는 점에서는 마찬가지였다.

이렇듯 당시까지 일본의 진보세력은 문부성의 교과서 검정에 저항한 이에나가(家永) 소송과도 연관이 있어 서독의 교과서제도 전반에 대해 관심을 두었다. 심지어 서독의 교과서가 만들어지기까지의 과정을 소개하는 글에서도 게오르크 에커트 국제교과서연구소를 언급하는 경우도 있었다. 하지만 주된 관심은 국제 교과서대화가 아니라 서독의 교과서제도와 교과서의 역할에 있었다.[14] 교과서 문제가 국제화하고 있던 7월에도 관심은 서독의 교과서제도 전반에 관한 것이었을 정도였다.[15]

4개월 뒤인 11월에 반도가 『歷史評論』에 발표한 글에서 독일－폴란드

---

13) 阪東宏, 「歴史教科書の国際的検討について－西ドイツ・ポーランド"連合教科書委員会"の仕事に照らして」, 『歴史評論』 391, 1982. 11. 같은 시기 후지사와 호에이도 『歴史地理教育』 11월호에 「西ドイツの教科書つくりが示唆するもの」를 발표하였다.

14) 天野正治, 「特集 教科書問題－世界の教科書はどうなっているか：西ドイツ」, 『季刊教育法』 41, 1981. 10.

15) 林量俶, 「西ドイツの教科書制度」, 『国民教育』 53, 1982. 7 ; 太田忠男, 「西ドイツの現代史教科書」, 『国民教育』 53, 1982. 7.

교과서대화를 통해 어떤 교훈을 끌어낼 수 있는가라는 스스로의 질문에 답하면서 검정제도에 대한 비판으로부터 이야기를 풀어갔다. 그러면서도 그는 일본정부가 침략전쟁의 책임을 인정하지 않고 있기 때문에 "아시아 여러 민족의 역사연구자, 교육자와 함께 역사교과서의 국제적 검토를 조직하는 것은 정말로 전도다난(前途多難)하지만 불가능한 것은 아니다"고 보았다. 이때 그가 제시한 "국제교류의 제1보"는 재일조선인연구자와의 교류와 토론이었다. 그에게 있어 독일－폴란드 교과서대화는 타산지석으로 삼아야 할 국제교류였지만 "일본과 동아시아, 동남아시아 여러 국민과의 사이에 같은 모델"을 적용할 사례는 아니었다.[16)]

이처럼 일본의 진보학자들이 독일－폴란드 교과서대화에 주목하기 시작한 것은, 일본 문부성의 교과서 검정을 비판하는 과정에서, 그리고 일본 역사교과서의 서술 내용이 국제문제화하는 현실을 보면서였다. 그럼에도 불구하고 두 잡지의 특집 제목에서 시사받을 수 있듯이, 일본의 진보학자들은 아직까지 일본의 교과서 검정 문제를 풀어가는 과정의 하나로 국제교과서대화에 주목하기보다 교과서 검정 자체를 비판하는 데 더 관심이 있었다. 그들은 1982년도 교과서 문제가 외교적으로 마무리되었으나 학문적으로나, 교육적으로 미해결 상태이기 때문에 독일－폴란드의 역사적 경험과 교훈을 "주체적으로 살려가야 한다"고 보았다.[17)] 진보학자들이 말하는 주체적 대응의 핵심은 교과서 검정제도에 대한 비판적인 연구와 실천수업 등의 활동이었지, 한국과 중국에 거주하는 역사연구자 및 교사와의 교과서대화는 아니었다. 이는 그들 나름대로의 내외적인 상황판단 때문이었지, 외국 연구자와의 교과서대화 자체를 부정하기 때문은 아니었을 것이다.

---

16) 阪東宏, 「歴史教科書の国際的検討について－西ドイツ・ポーランド'連合教科書委員会'の仕事に照らして」, 『歴史評論』 391, 67~69쪽.

17) 伊ケ崎暁生, 「教科書改善の國際的協力の經驗から(解說と資料)」, 『國民教育』 57, 91쪽. 이 글은 「特輯 教科書改善の國際的經驗と中教審答申」의 일부이다.

2) 일본 우익 및 일부 보수세력

진보세력과 완전히 다른 측면에서 독일－폴란드 교과서대화를 이해하기 시작한 사람들은 우익이다.

와다나베 쇼이치(渡部昇一)는 니시가와가 『週刊朝日』(8. 13)에 쓴 「自らの侵略を'侵略'と書く東西ドイツの教科書」라는 글에 대해 일본의 교과서에서도 침략을 '침략'이라 쓰는 교과서가 있다고 하면서 독일이 했으니까 일본도 해야 한다는 주장에 동조할 수 없다고 반박하였다.[18] 왜냐하면 와다나베 쇼이치가 보기에 "전전(戰前)의 일본은 절대 히틀러의 나치 독일과 동질이 아니었"기 때문이다. 와다나베가 보기에, 개전 2개월 전에 수상이 되었다가 2년이 지난 후에 사직한 도조 히데키(東條英機)와 히틀러를 동일시할 수 없으며, "오랫동안 국가원수였던 천황은 평화주의자로 외국에도 알려졌"기 때문에 "천황도 히틀러와 동일시할 수 없다"[19]는, 즉 전전의 독일과 일본을 같이 취급할 수 없다는 인식은 일본 우익 내부에서 상당한 설득력을 갖고 광범위하게 퍼져있다고 볼 수 있다. 독일－폴란드 교과서대화에 대한 일본 우익의 색다른 접근법이 나온 이유 가운데 하나도 여기에 있었다.

그러면서도 와다나베는 일본이 아시아 여러 나라를 '침략'한 것을 인정하고 있다는 특징이 있다. 그는 이 전제에서 한국 교과서의 반일적인 서술을 없애는 차원에서 교과서대화를 지지하고 있다. 일본의 정당함, 당당함을 전제로 한국과의 교과서대화에 찬성하는 의견은 '새로운 역사교과서를

---

18) 이와 달리 진보학자인 니시가와 마사오는 독일이 했으니까 일본도 해야 한다는 차원에서 교과서대화를 주목하지 않았다. 그는 인류의 평화를 해친 일본의 침략과 식민지지배에 대한 성찰적 반성 차원에서 문제를 제기하고, 독일－폴란드 교과서대화에 관심을 가졌을 뿐이다. 당시 조치대학(上智大學) 교수였던 와다나베 쇼이치(渡部昇一)처럼 자의적으로 비틀지 않았기 때문에 출발점 자체가 달랐던 것이다.

19) 渡部昇一, 「萬犬虛に吠えた教科書問題」, 『諸君』, 1982. 10, 32~34쪽.

만드는 모임'의 지도자였던 니시오 간지(西尾幹二)와 후지오카 오부카즈(藤岡信勝)에게서도 확인된다. 두 사람은 교과서 개선의 대상은 일본의 교과서가 아니라 "압도적으로 현재의 한국 교과서"라는 점은 의심할 여지도 없다고 본다. 두 사람은 반일교육을 하고 있는 나라가 일본에 교과서 개선을 요구할 수 없다고 보고 있다.[20] 두 사람 모두 한국인의 반일의식이 재생산되는 역사적 조건, 일본 정치인 등의 계속되는 자극, 일본 주류사회의 사과에 걸맞는 행동의 부재라는 측면을 전혀 주목하지 않고, 오로지 한국에 책임을 떠넘기고 있다는 공통점이 있다.

와다나베가 독일과 일본의 차이를 들어 독일－폴란드 교과서대화를 평가절하했다면, 니시 요시유끼(西義之)는 대화의 결과물인 권고안과 이를 둘러싼 독일사회의 동향을 자의적으로 뒤틀었다.

즉, 니시는 폴란드 영토에 거주하던 독일인의 '추방'문제를 "이주"로 합의한 권고안과 이 합의안을 받아들이는 문제를 놓고 벌어진 독일 내부의 다양한 논쟁을 소개하며 독일－폴란드 교과서대화가 정쟁의 도구로 변질되었다고 진단하였다. 또한 권고안에서 소련을 의식하여 '카친 숲 학살사건'을 다루지 않았다는 것은 정치에 굴복한 사례라고 지적하였다.[21]

하지만 니시의 주장과 달리 독일－폴란드 교과서대화의 '권고 22'에서는 '강제이주'로 합의를 보았다. 또한 26개 항목의 권고안을 둘러싼 독일 내부의 갈등은 정치적 쟁점으로까지 비화된 것은 사실이지만, 이것을 받아들일지 여부를 둘러싸고 가장 엄격한 태도를 취하던 바이에른주에서조차 1981년에 수업교재의 하나로 권고안을 도입할 정도였다. 권고안이 공표된 이후 몇 년간 뜨거운 논쟁이 있었지만, 그런 와중에서도 각 주의 교육 관계자들은 권고안의 내용을 점차 받아들였던 것이다.

더구나 권고안은 법적 구속력이 없으며 학문적 설득력만으로 채워진 합

---

20) 西尾幹二・藤岡信勝,『國民の油斷』, PHP, 1996, 100쪽.

21) 西義之,「西ドイツの'教科書論爭」,『諸君』, 1982. 10. 니시 요시유끼는 도쿄대 교수이다.

의사항이다. 권고안은 받아들이는 주체에 따라 인식차이가 있기 때문에 논쟁이 불가피하다. 꽉 막혀 왔던 역사대화를 정부 차원에서 처음 개시하여 아주 방대한 내용을 합의하였고, 독일인 스스로가 인식하지 못했던 편협한 인식을 새롭게 자각하는 과정이기도 했기 때문에 갈등은 일어날 수밖에 없었다. 뿐만 아니라 교과서대화는 상대의 처지를 고려하며 '최소 해법의 법칙'으로부터 시작해야 한다. '한 번에 모두 해결하겠다'는 자세를 갖고 교과서대화를 진행하면 반드시 실패할 수밖에 없다. 독일 측이 카친숲 학살사건을 소련이 저질렀다는 사실을 알고 있으면서도 권고안 작성의 의제로 상정하지 않았던 것도 1970년대 전반기의 시점이었기 때문이다. 소련이란 존재를 의식해야만 하는 폴란드의 사정을 독일 측이 이해한 결과인 것이다. 이는 '배려'의 측면에서 보아야지 정치적 굴복이란 잣대로 보게 되면 교과서대화를 어떻게 해야 하는지 모르는 처사이며, 대화 과정에서 있었던 독일 측의 행동 자체를 잘못 알고 있는 것에 불과하다.[22)]

니시처럼 권고안의 내용을 잘못 보고 뒤틀어 해석하는 사례의 압권은 벳끼 아츠히코(別技篤彦)의 주장일 것이다. 그는 자신의 약력에 "(財) 국제교육정보센터 조사위원장으로서 세계 각국의 사회과 교과서에 정통하다"고 쓰고 있다.[23)] 벳끼는 독일－폴란드 교과서대화를 다음과 같이 이해하였다.

> 근년 유럽 각국 사이에는 외교적인 배려에서 당사국이 서로 '역사의 치부'를 교과서에서 삭제하려는 움직임도 볼 수 있다. 예를 들어 현재 서독과 폴란드 양국 사이에는 위원회가 설치되어 쌍방의 사용 교과서를 개정하는 작업이 진행되고 있다. 이것은 양국의 평화적 공존이 진행됨에 따라 서로

---

22) 교과서대화에 성실하게 노력하는 독일 측의 의도와 권고안의 내용을 자의적으로 뒤틀고 있는 우익세력의 논리는 오늘날에도 마찬가지이다. 西尾幹二 · 藤岡信勝, 『國民の油斷』, 97~99쪽에서 이를 확인할 수 있다.

23) 別技篤彦, 『戰爭の教え方－世界の教科書にみる』, 新潮社, 1983, 261쪽.

증오를 키우는 기술을 그만두고 싶다는 바람에서 나온 것이다. 가령 전후 폴란드령으로 되었던 구독일령 동프로이센에서 300만 명에 이르는 난민은 독일에게 커다란 민족적 비극이다. 독일교과서에서는 이것을 '폴란드에 의한 독일인 추방'으로 기술해 왔다. 이것을 폴란드 측의 요청으로 '강제이주', 또는 단순한 '인양'으로 고쳤는데, 소위 '독소불가침조약', '독소 양국에 의한 폴란드 분할' 등은 교과서에서 설명할 수 없도록 하는 것과 같다. 물론 이에 관해서는 대규모 반대론도 한편에서 일어나고 있다. 이것들은 큰 문제로 되었던 '일본의 침략' 운운의 표현형식 문제와도 관계 있는 것이다.

요(要)는 교과서에서 과거의 행위를 반성하는 태도, 쓸데없이 과거의 사실을 자학적으로 파헤치기보다 전향적인 태도로 나아가는 경향을 보이면 좋은 것이다.[24]

벳끼는 독일−폴란드의 교과서대화가 과거의 잘못을 교과서에서 삭제하여 덮어버림으로써 평화공존을 지속시키고 있다고 보았다. 그가 보기에 1년 전, 곧 1982년에 문제되었던 일본 역사교과서의 '침략'에 관한 표현문제도 마찬가지 원칙을 '전향적'으로 적용하면 되는 사안이었다. 벳끼의 주장은 독일−폴란드 교과서대화에서 상대방에 대한 학문적 '배려'를 마치 정파 간 정치적 타협처럼 취급하면서 역사적 진실을 덮어버리는 입장이다. 교과서대화에서 과거 사실을 들춰내는 행위를 '자학적' 접근이라고 보는 입장이다.

이처럼 일본의 우익 및 일부 보수세력은 독일−폴란드 교과서대화에 관한 진실을 비틀어 설명하고, 역사적 진실이 사실대로 밝혀질 수 없음을 증명하여 일본의 침략을 은폐하는 데 주력해 왔다. 진실이 교과서에 기술되는 것을 자학적 서술이라고 보았다. 그들이 역사대화에서 가장 두려워한 점은, 교과서대화 과정에서 학문적 실증자료를 통해 침략을 정당화한 자신들의 역사인식이 흔들리면 정치적 기반조차 훼손될 수 있으며, 궁극적으로는 침략의 진실이 밝혀지는 과정에서 천황제 문제가 다뤄질 수 있

24) 別技篤彦, 『戰爭の教え方−世界の教科書にみる』, 177쪽.

기 때문이었다.

3) 한국

한국에서는 교과서 파동으로부터 1년여라는 시간이 지난 1983년 11월 문기상에 의해 독일-폴란드 교과서대화가 처음 소개되었다. 일본보다 1년이 늦은 것이다. 문기상의 논문은 '일본의 역사교육'이란 특집호로 발간된『歷史教育』제34호에 수록되었다.

이 특집은 1982년도 '문교부 학술연구조성비에 의한 연구보고서'의 하나였는데, 일본의 역사교육 제도와 현황, 한일관계만이 아니라 일본 역사교과서의 전반적인 내용까지 구체적으로 검토한 여러 편의 논문을 게재하였다.[25] 한국 학계에서 일본의 역사교육 현황을 이렇게 자세히 분석한 경우는 이때가 처음이었다. 1982년도 교과서 파동 이후 역사교육연구회와 한국정부가 눈에 띄지 않게 진상을 파악하는 데 노력한 것이다. 특집은 "일본 역사교육을 비판하는 데 목적이 있는 것이 아니고, '문제의 확인을 통한 해결' "이란 입장에서 접근하였다.[26] 한일 간의 현실에서 이러한 문제의식은 지금도 여전히 유효한데, 문기상의 논문은 8편 가운데 '문제의 확인' 지점에 있는 것이 아니라 '해결' 지점에 있는 글이다.

문기상은 독일-폴란드 교과서대화의 '추천문항', 곧 권고안이 만들어지기까지의 과정, 그리고 26개 항목에 대한 소개에 많은 비중을 두었다. 이 점에서는 1982년『歷史評論』11월호에 글을 게재한 반도 히로시의 논문과 그다지 차이가 없다. 마지막으로 문기상은 권고안에 대해 독일-폴란드

25) 이민호,「역사학과 역사교육」; 신채식,「일본 근대사학의 성립」; 이원순,「일본 역사교육의 변천」; 윤세철,「일본의 역사교육과정과 교과서」; 최양호,「일본 역사교육의 현장」; 정재정,「일본 역사교육의 한국관」; 김한식,「일본 역사교육에서의 세계사상」; 문기상,「독일의 역사교육」.

26) 윤세철,「'일본의 역사교육' 특집부쳐」,『역사교육』34, 1983. 11.

양측 국민들로부터 제기된 다양한 비판을 소개하였다.

그에 따르면 권고안의 항목이 실제 교육을 위한 비중의 차이를 고려하지 않았다는 지적과 폴란드 측의 요구와 제안을 무비판적으로 받아들였다는 비판이 있었다. 또 공산주의자와의 대화에서 구체적인 성과를 얻을 수 없다는 지적도 있었다고 소개하고 있다. 특히, 권고안을 대하는 독일－폴란드의 차이, 곧 서독은 각 항목이 추천이지 기준선이 아니며, 방향제시에 불과하다고 본 것에 반해, 폴란드는 참고사항이 아니라 확고한 방향기준이라고 본 점을 소개하였다. 그러면서 문기상은 독일－폴란드 교과서대화가 대립적인 역사상의 최종적인 고착이 아니라 대화를 통해 이해를 증진시키는 데 목적이 있다는 점을 지적하며 글을 마무리하였다.

하지만 문기상의 분석에서는 독일－폴란드의 경험에 비추어 볼 때 우리는 어떻게 할 것인가에 관한 언급이 없다. 달리 말하면, 일본의 역사교과서에서 한국사를 편향되게 서술한 문제를 어떻게 해결해야 하는가에 대해 간략한 언급도 없이 독일－폴란드 교과서대화 자체를 소개하는 데 그치고 있다. 기본적으로 국제 교과서대화가 당장 실현되기 어려울 것이라는 어두운 전망 때문이기도 했을 것이다.

3. 1982년 교과서 파동 이후에도 지속된 국제 교과서대화에 대한 관심

1) 한국

문기상 이후 한국에서 독일－폴란드 교과서대화를 소개하고 분석한 사람은 이민호다. 그는 1989년 12월 한일문화교류기금이 주최한 '歷史教科書敍述의 諸問題'에서 「西獨의 歷史學과 歷史教育－西獨 · 폴란드 教科書協

議를 中心으로」를 발표하였다. 문기상 이후 꼭 6년 만인 것이다. 독일－폴란드의 경험에 관한 소개와 분석이 이처럼 드문 것은 뒤에서 언급할 일본 측의 동향과 비교할 때도 뚜렷한 차이를 보이는 모습으로서, 피해국인 한국이 나서서 교과서대화를 할 필요성을 적극적으로 느끼지 않는 현실과도 연관이 있을 것이다.[27]

이민호는 한일 학술회의에서 발표한 논문을 이듬해 단행본을 출판할 때 수록하였다. 그의 논문은 문기상과 달리 1972년 이전 서독의 정치상황 등을 자세히 언급하고 있다. 또 권고안 자체에 대한 소개와 분석은 하지 않고 권고안의 항목 선정 및 발표 이후 과정에서 일어난 논쟁을 간략히 소개하고 있어 문기상 논문의 빈 부분을 채우고 있다고도 볼 수 있다. 이민호는 독일－폴란드와 달리 "한일관계에는 '고난의 길'의 주체였던 일본이 패전국이었음에도 불구하고 단일국가로 남은 데 비해, 그 고난의 피해자였던 한국은 남 · 북으로 분단되는 역사적 상처를 받았다"고 하면서 이것이 "우리가 되새겨야 할 교훈이며, 우리의 관계사가 새로운 시각에서 조명되어야 할 특이한 상황에 놓여 있음을 보여 준다"고 지적하였다.[28]

독일－폴란드와 한국－일본의 차이를 언급한 이민호의 현실진단은 정확하였다. 다만, '특이한 상황'에서 한국(인)이 어떻게 해야 하는지에 관해 구체적인 분석이 없다. 이러한 분석의 한계는 1972년 이전 독일 시민사회의 노력과 유럽에서의 교과서 개선활동[29] 등에 여전히 주목하지 않았다는 점까지 포함하여 앞의 '제2장 3절'에서 언급한 문기상에게서도 확인된다.

---

27) 독일－폴란드 교과서대화는 분석이 아니라 번역을 통해서도 소개되었다. 게오르크 에커트 국제교과서연구소, 「유럽역사 서술에 있어서의 지난 10년간의 회고」; 니시가와 마사오, 「역사교과서 개선의 국제협력」, 이광주 · 오주환 역, 『역사이론』, 문학과 지성사, 1987.

28) 이민호, 「독일－폴란드 교과서 협의」, 『독일 · 독일민족 · 독일사 : 분단 독일의 역사의식』, 느티나무, 1990, 226쪽.

29) 이에 관해서는 오토 에른스트 쉬데코프 외 지음, 김승렬 옮김, 『미래를 건설하는 역사교육－1945~1965 유럽 역사교과서 개선활동』, 역사비평사, 2003 참조.

이와 같은 현실에 대한 이해를 돕기 위해 간략히 첨언하자면, 한국에서 독일－프랑스 교과서대화와 독일－폴란드 교과서대화에 관해 다시 구체적으로 분석하면서 우리의 진로도 모색하기 시작한 것은 2001년부터였다.[30] 주지하듯이, 2001년 후소샤(扶桑社)의 중학교 역사교과서 내용에 문제가 있어 제기된 역사교과서 파동이 그 계기였다. 반면에 다음 '절'에서 알 수 있듯이, 일본에서는 1980년대 중반경부터 독일－폴란드의 교과서대화를 다양한 각도에서 치밀하게 연구하기 시작하였다.

2) 일본

일본사 · 세계사 · 현대사회 · 지리 교과서의 집필에 참여한 일부 집필자들은 1982년도 교과서 파동이 가라앉지 않고 있던 9월에 사회과교과서집필자간담회를 조직하고 현재의 검정제도를 근본적으로 재검토하는 활동을 벌이기로 결의하였다.[31] 이들은 우선 교과서 문제란 무엇인가에 대해 서로의 생각을 정리하고 확인하는 작업을 벌인 결과 『教科書問題とは何か』라는 단행본도 출판하였다.[32] 집필자간담회는 교과서 검정 내용을 공개하지 않으면서 필자들의 자유로운 집필에 제약을 가하려던 문부성의 의도에 맞선 조직이었기 때문에 상호 간의 정보교환과 더불어 좋은 교과서를 만들기 위한 필자들 간의 논의의 장이기도 하였다. 이 모임은 최근 2, 3년간 활동이 중단된 것을 제외하고 지금까지 지속되고 있다.[33]

사회과교과서집필자간담회에 참가한 필자들은 독일－폴란드 교과서

---

30) 이찬희를 중심으로 한 한국교육개발원의 관계자들은 독일의 국제 교과서대화 경험을 집중적으로 소개하였고, 한운석과 김승렬 등 독일사 연구자들은 독일의 경험을 다양하게 분석하는 논문을 발표하였다(각주 56번 참조).

31) 「'社會科教科書執筆者懇談會'の發足」, 『歷史評論』 391, 47~51쪽.

32) 社會科教科書執筆者懇談會 編, 『教科書問題とは何か』, 未來社, 1984.

33) 「西川正雄의 증언(2006. 10. 29)」, ホテルはあといん 1층 커피숍에서.

대화에도 관심이 많았다. 일본에서 논문 형식으로 독일-폴란드 교과서 대화를 처음 소개한 반도 히로시도 집필자간담회의 발기인이었다. 일본에서 독일-폴란드 교과서대화의 경험을 몇몇 연구자들과 더불어 체계적이고 집중적으로 분석한 사람 역시 집필자간담회에 참가한 니시가와 마사오였다.

독일교육사를 연구하는 니시가와 마사오 등은 1983년 6월부터 작은 공부모임을 만들어 독일-폴란드 교과서대화의 산물인 권고안의 내용을 검토하고, 대화의 추진배경과 서독 내부의 반향, 더불어 서독의 교과서제도 등을 조사·분석하였다. 이들은 1985년 『教育』이란 잡지에 자신들이 논의한 결과를 「'西ドイツ=ポーランド教科書勸告'と西ドイツの歷史教育(上)(中)(下)」로 발표하였다.[34)]

글은 모두 세 부분으로 구성되었는데, 우선 독일-폴란드 교과서대화 과정을 소개하였고, 서독의 교과서제도와 권고안의 관계를 검토하면서 보혁논쟁으로 번졌던 각 주(州)의 반응도 풍부하게 검토하였다. 이어 각 주마다 교과서 내용을 달리 규정하고 있는 지도요령과 몇몇 역사교과서의 서술에 권고안이 미친 실제적인 영향을 구체적으로 분석하였다.[35)] 특히 세 번째 검토 때는 서독의 역사교과서에서 폴란드에 관한 서술의 문제점도 분석하였다.[36)] 글의 말미에서는, 서독의 역사교과서에 폴란드사가 어느 정도, 어떻게 서술되어 있는 것이 적절한가라고 자문하면서 "오늘날 서독 국민의 역사의식과 국제협조의 정신에 관계되는 것이다"고 답하고 있

34) 13명의 연구자가 참가하여 집중 분석한 논문은 西川正雄, 『自國史を越えた歷史教育』(三省堂, 1992)의 '제Ⅱ부 제1장'에도 수록되어 있다. 책의 '제Ⅱ부'에서는 1982년 이후 독일-폴란드 교과서대화도 추가로 분석하고 있다.

35) 이와 관련한 분석은 곤도 다카히로도 하였다(「国際教科書改善作業の可能性-西ドイツ=ポーランド教科書改善作業の西ドイツの教科書における反映」, 『東京大学教育学部紀要』 28, 1988 ; 「西ドイツにおける'ドイツ=ポーランド教科書勧告'の受容」, 『比較教育学』 15, 1989).

36) 11개 주 가운데 5개 주에서 권고안을 어떤 의미에서든지 고려했다고 결론짓고 있다.

다. 그러면서 다음과 같은 문장으로 글을 맺고 있다.

> 일본의 역사교과서에서 조선을 어떻게 묘사하는가는 현재 일본 국민의 조선인식에 관한 반성 없이는 도저히 생각할 수 없을 것이다. 그리고 그와 같은 반성은 단순히 하나의 주변국에 대해서가 아니고 모든 지역에 대한 문제인 것이고, 그 의미에서 역사서술 전반과 관계되는 것이다. 독일-폴란드 위원회의 '권고'는 그와 같은 국민의 역사의식에 반성을 촉구하는 하나의 재료에 불과하지만, 어찌 되었든 우리들로서는 귀중한 선례(先例)이고, 나아가 다방면으로 검토하여 교훈을 이끌어내야 할 주제라고 생각된다.[37]

독일-폴란드의 경험을 좀 더 체계적으로 파악하고 있던 이즈음, 니시가와 등은 주변국의 연구자와 함께 독일-폴란드와 같은 교과서대화를 하는 일이 "원망(願望)"이지만 역사교육문제에 관해 함께 고민할 필요성을 자각하고 연구 중심의 교류를 추진하기 시작하였다.[38] 비교사·비교역사교육연구회의 활동이 바로 그것이다.

연구회는 5년에 한 차례씩 국제심포지엄을 개최하였다. 한국의 역사교육연구회 관계자들로서는 일본 측과 인적 연계망을 형성하는 계기였고, 1989년 제2회 심포지엄 때 북한의 전영률(全榮律)이 참가함으로써 남북한 인사가 한자리에 모여 역사교육 문제에 관해 분단 이후 처음으로 토론하는 기회를 갖기도 하였다.[39] 또한 1994년 제3회 심포지엄 때는 베트남 연구자가 베트남전쟁 때 가해자로서 한국(인)의 문제점을 제기하여 일본에 당한 피해자의 후손으로만 자신을 인식해 오고 있던 한국 측 참가자들의 자기인식에 충격을 준 일도 있었다.[40] 연구회는 1999년까지 국제심포지엄

---

37) 「西ドイツ=ポーランド教科書勸告と西ドイツの歷史教育(下)」, 『教育』 35-4, 1985. 4, 127쪽.

38) 西川正雄, 『自國史を越えた歷史教育』, 三省堂, 1992, 'はじめに' 참조. 니시가와 마사오는 三省堂 『世界史B』의 대표 집필자이다.

39) 전영률은 심포지엄에서 「近代以降における東アジア史の基本問題」를 발표하였다.

40) 「西川正雄의 증언(2006. 10. 29)」, ホテルはあといん 1층 커피숍에서.

을 열어 동아시아 역사교육 관계자들이 만나 토론할 수 있는 기회를 제공했으며,[41] 지금도 연구발표회를 개최하고 있다.

비교사·비교역사교육연구회는 일본의 역사교육 관계자들 사이에서 '소수파'이지만, 한국과 일본만이 아니라 동아시아 역사교육 관계자들의 교류에 가교 역할을 했던 것만은 분명하다. 당시까지 이러한 시도 자체는 한국과 일본에서 거의 없었다고 보아도 무방하다.

그런데 비교사·비교역사교육연구회의 움직임과 무관하게 한일 간의 역사교육 문제를 생각하는 그룹이 1990년에 갑자기 형성되었다. 다음 '제4장'에서 확인할 수 있듯이, 일본의 경우 일한역사교과서연구회, 한국의 경우 국제교과서연구소가 바로 그 단체이다.

4. 한일 역사교과서대화의 첫 시도(1991~1993)

1) 국제교과서연구소와 일한역사교과서연구회의 역사교과서대화

비교역사교육연구회의 발표에 참가했던 사람들이 부분적으로 겹치기는 하지만, 앞서 언급한 일본의 교과서 필자들과 역사교육 관계자들의 동향과 연관지어 보면 일한역사교과서연구회와 국제교과서연구소는 돌출적으로 등장한 움직임이었다. 그러면 두 나라 역사교육 관계자 대부분이 의외의 상황 전개로 받아들였을 교과서대화의 시작부터 살펴보자.

한국의 독일사 연구자 이태영(李泰永)은 1989년 독일 쾰른에 있는 일본

41) 비교사·비교역사교육연구회는 未來社에서 『自国史と世界史－歴史教育の国際化をもとめて』(1985. 11)；『アジアの「近代」と歴史教育』(1991. 7)；『黒船と日清戦争：歴史認識をめぐる対話』(1996. 3)；『帝国主義の時代と現在：東アジアの対話』(2002. 3)라는 이름으로 심포지엄 자료를 각각 출판하였다.

문화회관에서 후지사와 호에이(藤澤法暎)의 『ドイツの歷史意識－教科書にみる戰爭責任論』(亞紀書房, 1986)이란 책을 읽고 일본에 있는 그에게 만남을 제의하였다. 후지사와는 책에서 독일이 나치에 의해 피해를 입은 폴란드 등 여러 국가와 쌍방 간 협의를 계속하고 있으며, 국제 교과서대화도 진행하고 있다는 사실을 많은 분량을 할애하여 소개하였다. 이태영은 독일로부터 귀국하는 길인 그해 11월 가나자와에 거주하는 후지사와를 직접 방문하고, 독일－폴란드처럼 한일 두 나라 사이에 교과서협의를 진행하자고 제안하였다. 후지사와는 제안에 대한 타당성을 직접 검토할 겸해서 1990년 6월 한국을 방문하여 여러 학자들과 협의한 결과 공동연구에 동의하였다. 한국에서 귀국한 후지사와는 곧바로 가토 아키라(加藤章) 등과 협의하여 일한역사교과서연구회를 결성하고 8월 6일 제1회 연구회를 개최하였다.[42] 이태영도 개인적으로 국제교과서연구소를 만들었다.[43]

제1회 한일 역사교과서 공동연구는 1991년 3월 27, 28일 도쿄에서, 제2회는 9월 27, 28일 서울에서, 제3회는 1992년 3월 27, 28일 도쿄에서, 제4회는 10월 10, 11일 서울에서 각각 열렸다. 일본 측은 네 차례의 공동연구를 준비하기 위해 내부 발표회를 20여 차례 갖는 등 조직적으로 활동하며 사전 준비를 철저히 하였다. 반면에 한국 측 파트너인 국제교과서연구소는 일본과 달리 사전에 검토모임을 하거나 공통교과서출판 문제, 공동권고 또는 공동각서 문제 등 중요한 사안에 대해서도 참가자들이 모여 미리 토론

---

42) 이상은 藤澤法暎, 「第1章 日韓歷史認識の落差を埋めるために－日本の戰後責任の一環として」, 日韓歷史教科書研究會 編, 『教科書を日韓協力で考える』, 大月書店, 1993, 12~13쪽 ; 국제교과서연구소 편, 「머리말」, 『한 · 일 역사교과서 수정의 제문제』, 백산자료원, 1994, 11~12쪽.

43) 비교사 · 비교역사교육연구회를 이끌고 있던 니시가와 마사오는 이러한 협력방식에 비판적이었다. 그는 역사교과서 연구는 의미가 없으며, 역사인식을 비교하고 집필의 기본방향을 서로 토론하는 작업이 더 의미 있다고 보았다(「君島和彦의 증언(2006. 11. 8)」, 서울시립대 외국인 숙사). 그래서 그는 개인적으로 전체 회의에 참관한 경우는 있었지만, 교과서를 공동연구하는 모임에는 참가하지 않았다.

한 경우는 없었다.

일본 측 연구회는 『教科書を日韓協力で考える』(大月書店, 1993. 3)란 정식 보고서를 공동 작업하여 출판하고 1993년 3월 해산하였다. 국제교과서문제연구소는 『韓·日 歷史教科書 修正의 諸問題』(白山資料院, 1994. 12)란 보고서를 출판하였는데, 정리 작업도 공동연구회 때와 마찬가지로 한국 측 참가자들끼리 공동으로 진행하지 않았다. 연구소는 일본 측 연구회와 달리 이후에도 매년 국제심포지엄을 개최하고 있다.[44)]

네 차례 진행된 두 나라 관계자들 사이의 학술회의 순서를 정리하면 이 글의 맨 끝에 있는 「부록」과 같다. 공동연구회에서 한국 측 발표는 박성수(4회), 이현희와 이찬희(3회)가 주로 담당하였고, 일본 측에서는 기미지마 가즈히코(君島和彦), 다카사키 쇼지(高崎宗司), 사카이 토시키(坂井俊樹)가 각각 3회씩 발표하였다. 공동연구회는 개항부터 1945년까지를 근대Ⅰ·Ⅱ·Ⅲ기로 나누었는데, 필자들이 시기별로 분담한 것은 아니었다. 공동연구회 때마다 중점적으로 연구하는 주제가 조금씩 바뀌었는데, 첫 회의에서 근대 한일관계사 전체에 대한 교과서 서술을 검토했다면, 제2회에서는 개항부터 1910년 이전까지, 제3회에서는 1910년부터 1931년 이전을 주로 검토하면서도 그 이후 시기도 분석하였고, 제4회에서는 1931년 이후 시기를 주로 검토하면서도 근대사 전체를 검토하는 논문을 발표하였다. 분석 대상은 한국의 역사교과서보다 주로 일본의 고등학교 역사교과서였다.

한국 측 참가자들이 제기한 일본 역사교과서의 문제점은, 1) 정한론을 근대사의 일국면인 메이지초기뿐만 아니라 고대부터 현재까지 이어지는 침략논리 속에서 이해하지 않고 있으며, 2) 일본 측이 중국과 미국 중심의

---

44) 국제교과서연구소는 이후 중국 측 연구자들과의 교류도 활발히 벌이는 등 교류의 폭을 확대하였지만, 엄밀히 말해 국제 교과서대화라는 측면과는 점차 거리가 멀어졌다. 2006년 10월에도 청화대학(清華大學)의 중·한 역사문화연구소와 공동으로 제13차 학술회의를 열었는데, 주제는 "한·중 대학생의 비폭력 항일 애국운동의 비교"였다.

사관이자 한국에 대한 식민지지배를 경시하는 역사관인 15년전쟁론을 주장하고 있고, 3) 식민지 조선을 이해한 일본인을 한국 측 교과서에서 다루어야 한다는 주장이 한국 침략을 합리화하려는 논리이며, 4) 일본의 역사교과서가 여전히 황국사관에 입각하여 기술되고 있다는 점이었다. 더불어 공동연구에서는 5) 재일한국·조선인 문제에 대해 한국 교과서에서 다루지 않는 등 그다지 관심이 깊지 않다는 일본 측의 문제제기에 대해 한국 측은 합리적인 반대 논리를 제기하지 못하면서도 적극적으로 동의하지 않았으며, 6) 1982년도 교과서 파동 때 한국정부가 제시한 수정 요구에 대해 한국 측이 이해하고 있는 것과 달리 일본정부, 특히 문부성이 '시정·보류'한 적이 있었는지에 대해 많은 토론이 있었다.[45]

공동연구 과정에서 교과서를 분석하는 작업과 성질을 전혀 달리하는 주제를 가지고 토론하기도 하였다. 공통교과서 발간문제도 그 가운데 하나였다.

박성수는 제4회 공동연구회의 종합토론 때 100년이 걸리더라도 한일 통일 교과서, 곧 한일 양국이 사용할 수 있는 공통교과서를 만들어야 하며, 그는 만들 수 있다고 보았다. 이에 대해 일본 측 참가자들은 불가능하다는 의견이 강하였다.[46] 종합토론의 사회를 맡은 이원순도 다음과 같은 이유를 들어 반대하였다.

> 저는 박성수 선생님의 말씀이 가능하지 않다고 생각됩니다. 공동의 교과서를 기술한다는 문제를 가지고 출발한다는 것은 상당한 모험이라고 생각합니다. 교육의 문제에는 교육주권과 민족주체라는 문제가 있습니다.
>
> 같은 이해를 가지고 세계 여러 곳에서 많은 시도와 노력이 있었지만 성공한 사례는 없습니다. 특히, 한일과 같이 복잡 미묘한 역사를 가진 국가에

45) 이에 대해서는 君島和彦, 『教科書の思想』, すずさわ書店, 1996, 35~40쪽을 정리하였다.

46) 국제교과서연구소 편, 『한·일 역사교과서 수정의 제문제』, 372쪽 ; 日韓歴史教科書研究會 編, 『教科書を日韓協力で考える』, 143쪽 ; 君島和彦, 『教科書の思想』, 45쪽.

> 서는 이 문제는 희망을 할 수 있을지언정 실현되기는 어렵다고 생각합니다.[47)]

한일 간의 공통역사교과서를 만들 수 있는가의 문제, 만든다면 어떤 형식과 내용이어야 하는가의 문제는 좀 더 깊이 있게 검토해야 할 문제이며, 단순히 기술적인 문제가 아니라 기본적으로 신뢰의 문제라는 관점에서 접근해야겠지만, 2006년 7월 독일－프랑스 공동역사교과서 제3권이 출판된 사례를 보면 전혀 불가능한 것만은 아니다. 아무튼 한일 공동역사교과서 제안은 공동연구회 참가자들로부터 특별한 지지를 끌어내지는 못하였다.

한일 간의 교과서를 공동으로 연구하는 작업과 다른 차원에서 제기된 또 하나의 문제는 독일－프랑스 교과서대화처럼 공동권고문을 작성하는 일이었다. 양측의 대표자는 서울에서 열린 제2회 공동연구회의 3일째되는 날, 토론이 끝난 후 「共同覺書」를 작성하기 위한 협의를 시도하였다. 각서의 기본 내용은 침략과 저항의 틀에서 근대 한일관계사를 기본적으로 취급하고 있다. 그러면서 특히 몇 가지 사항이 주로 지적되었는데, 일본 측 연구자는 그 개략적인 내용을 다음과 같이 소개하였다.

> 일본의 많은 교과서는 "에도기의 우호적인 일조관계에도 불구하고 메이지유신기 조선을 '쇄국'으로 다루고 있고('쇄국' 개념 그 자체의 수정도 필요하다)", "조선 내의 주체적 영위(營爲)에 대한 인식이 부족하고, 타율적인 조선상을 묘사하고 있다", "저항한 조선 측에 식민지화의 원인이 있는 것처럼 기술하고 있다." 그러므로 조선의 자주적 근대화 움직임에도 주목하면서 "「일한의정서」 등을 군사적 협력하에서 강요한 사실", "'병합'방침이 이등박문사살사건(伊藤博文射殺事件) 이전에 결정되었다는 사실" 등을 명기할 필요가 있다. 교과서 개선에는 집필자의 노력과 함께 문부성의 검정 자세의 시정이 불가결하다.
>
> 한편, 한국의 교과서가 근대 일본을 엄격히 비판하는 것은 당연하지만,

---

47) 국제교과서연구소 편, 『한 · 일 역사교과서 수정의 제문제』, 373쪽.

> 근대 일본에도 조선인에게 차별의식을 갖지 않은 사람이 상당수 존재했고, 침략전쟁 · 식민지지배에 반대한 사람들도 소수라 할지라도 존재하였다. 그러한 '또 하나의 일본'에 대해서도 배려할 필요가 있다.[48]

그러나 「共同勸告」를 전제로 하는 「共同覺書」는 A4용지 한 장 분량으로 작성되었음에도 불구하고 한일 양측의 공동연구회 참가자들로부터 통일된 지지를 끌어내지 못하였다. 결국 서류상으로 「共同覺書」는 작성되었지만 정식으로 채택되지 않았기 때문에 「共同勸告」 또한 나올 수 없었다. 자세한 분석은 별도의 기회에 시도하겠지만, 양측의 보고서에서는 실패한 원인을 달리 보고 있다는 점만을 우선 간략히 지적해 두겠다. 즉 국제교과서연구소의 보고서가 일본의 검정제도와 정치적 제약에서 원인을 찾았다면, 일본 측 보고서는 권고문의 형식과 내용, 그리고 그것이 갖는 자국의 정치적 · 교육적 의미와의 연관성 등을 언급하였다.

2) 한일 간 첫 역사교과서대화가 남긴 것

한일 간에 교과서를 대상으로 진행한 네 차례의 공동연구는 두 나라 학술교류에서 처음으로 시도된 협력이었다. 사실 이 당시에는 한일 간의 역사인식을 둘러싼 교류가 점차 활발해지고 있었다. 앞서 언급한 비교사 · 비교역사교육연구회의 교류를 비롯하여 '동아시아에서 역사교육과 역사교과서에 관한 기초적 연구',[49] 한일 간의 역사인식을 둘러싼 '일 · 중 · 한 역사교과서에 관한 비교문화 연구',[50] '일한비교연구포럼'[51] 등이 여기에

---

48) 藤澤法暎, 「'日韓合同歴史教科書研究會'－何をめざすのか」, 高崎宗司 編, 『歴史教科書と國際理解』, 岩波書店, 1991, 51쪽.

49) 니타니 사다오(二谷貞夫) 등이 문부성과학연구비보조금을 받아 3년간 진행하려 했지만, 작업은 2년간만 진행되었으며 「東アジアにおける歴史教育と歴史教科書に関する基礎的研究(上越教育大学)(1991~1992年度)」 보고서가 있다.

50) 도쿄여자대학의 이토 토라마루(伊藤虎丸) 교수가 중심이었다.

해당된다고 볼 수 있다. 하지만 엄밀히 말해 이들 교류는 연구교류가 주된 내용이었지 교과서를 읽고 토론하는 협력관계는 아니었다. 당시까지 교과서 자체를 연구하는 모임은 한일 간에 없었다. 교과서 자체를 공동으로 연구하는 시도는 1982년과 1986년도 일본 역사교과서 검정파동 등으로 인해 주변에서 많은 관심을 가졌다. 더구나 일본의 침략책임과 식민지지배책임이 청산되지 않은 현실에서 1990년경부터 과거사 문제가 한일 간의 민간 협력을 통해 본격적으로 제기되기 시작했던 시점이었으니[52] 한일 역사교과서를 대상으로 한 공동연구는 더욱 관심을 끌 수밖에 없었다.

그렇다면 역사교과서를 분석하는 공동연구에 참가한 당사자들은 자신들의 활동에 대해 어떤 평가를 했을까. 필자는 한국 측 참가자들이 당시의 경험을 공동으로 평가했다는 이야기를 들어본 적이 없다.[53] 필자의 게으름 때문인지 몰라도, 한국 측 참가자들이 회고하고 평가한 글 역시 아직까지 보지 못했다. 반면에 일본 측 참가자들은 보고서를 책으로 낼 때 공동평가서도 함께 수록하였다. 이를 정리하면, 1) 다양한 한일 연구교류의 파이프를 만들어 냈다는 점, 2) 교과서 문제를 둘러싼 공동연구의 형식이 하나의 협력방식으로 탄생했다는 점, 3) 관념적인 일본 교과서 비판을 극복하여 교과서에 의거한 교과서 연구체제를 만들어냈다는 데 공동연구의 성과가 있다고 평가하였다.[54]

첫 작업이었으니 이 정도의 의미를 부여하는 것은 정확한 평가일 수 있

---

51) 릿쿄대학(立教大學)의 이라가시 아키오(五十嵐曉郎)를 중심으로 활동하는 모임이었다.

52) 이에 대해서는 신주백, 「한국과 일본에서 대일과거청산운동의 역사－한국과 관련하여」, 『역사문제연구』 14, 2005. 6 참조.

53) 「이태영 소장과 대담(2006. 9. 11)」, 국제교과서연구소 사무실.

54) 坂井俊樹, 「共同研究會を終えて－成果と今後の課題」, 日韓歷史教科書研究會 編, 『教科書を日韓協力で考える』, 大月書店, 1993, 146~147쪽. 기미지마 가즈히코는 성과로서 1) 교과서를 읽고 토론하는 교류를 만들었다는 점, 2) 일본 교과서제도의 근간인 교과서 검정제도에 관한 이해를 심화시켰다는 점, 3) 세 권의 보고서가 간행되었다는 점을 들고 있다(君島和彦, 『教科書の思想』, 41~43쪽).

다. 아니 어쩌면 겸손한 자평이라고도 볼 수 있다. 그럼에도 불구하고 필자의 관심과 연관시켜 보면 아쉬운 점은 있다.

가장 큰 아쉬움은 이후 협력이 지속되지 못했다는 점이다. 왜냐하면 국제 교과서대화는 장기적이고 지속적인 협력의 결과물을 자국의 학교교육 현장 등에서 자율적으로 반영하여 서로에 대한 이해와 협력의 정신을 대중적 공감대로 조성하는 데 목적이 있기 때문이다. 기미지마 가즈히코는 공동연구를 지속하지 못한 원인에 대해 필자가 질문했을 때 비용문제를 가장 먼저 들었다.[55)]『미래를 여는 역사』의 공동작업에 참가해 본 필자의 경험에 의하면, 이 문제는 정말 심각한 사안이다. 국제 교과서대화의 경험을 볼 때도 그렇지만, 상호 왕래를 전제로 하는 교과서대화는 국가의 경제적 수준이 일정 정도에 도달해 있어야 한다는 점과 더불어 정부 및 그 유관기관의 지속적인 경제지원 등이 동반되지 않으면 성사될 수 없기 때문이다. 그러나 당시 양국 정부에서 교과서 공동연구를 지속적으로 지원해야 한다고 자각하고 지원하려는 의지가 있었는지는 의심스럽다.

다음으로 아쉬운 점은, 독일-프랑스와 독일-폴란드의 경험을 살려 공동 권고안을 만들려는 시도가 실패했다는 사실이다.[56)] 정확히 말하자면, 협력의 결정적 결과물이 나오지 않았던 것은 당시까지의 교류와 협력의 수준으로 볼 때 당연한 것이겠지만, 앞으로 이를 위해 어떻게 활동해야 하는가를 참가자들이 함께 고민하지 못했다는 점이다. 특히, 한국 측에서 당시의 경험을 능동적으로 수렴하지 못한 점은 아쉬움으로 남는다. 또한 공동역사교과서를 만드는 문제도 마찬가지다. 양국 정부가 인정하는 공동역사교재가 가능한지의 타당성 검토와 더불어 불가능한 경우는 왜 그런지를

---

55) 「君島和彦의 증언(2006. 11. 8)」, 서울시립대 외국인 숙사.

56) 이에 관한 가장 최근의 분석물로는 김유경, 「기억을 둘러싼 갈등과 화해-독일·프랑스 및 독일·폴란드의 역사교과서 협의」, 『역사비평』 59, 2002년 여름호 ; 한운석, 「역사교과서 수정을 통한 독일-폴란드간의 화해노력」, 『서양사론』 75, 2002. 12 ; 김승렬, 「숙적관계에서 협력관계로 : 독일-프랑스 역사교과서 협의」, 『역사와 경계』 49, 2003. 12 참조.

정확히 검토해 두었더라면, 두 나라의 역사교육정책과 역사인식 차이에 대해 상호인식을 더욱 심화시킬 수 있는 바람직한 협력방안을 모색하는 데 많은 시사점을 제공했을 것이다. 이처럼 앞선 검토를 해두었다면 21세기 들어 본격화하고 있는 한일 또는 한중일 간에 민간 차원의 공동역사교재를 발간하는 작업에서도 아주 중요한 자산으로서 협력의 방향성을 설정하는 데 큰 도움이 되었을 것이다.

몇 가지 아쉬운 점에도 불구하고, 두 나라 연구자 사이의 교과서 공동연구는 일본의 역사교과서 기술에 어느 정도 영향을 끼쳤다고 볼 수 있다. 기미지마는 1993년에 검정을 신청하여 1995년부터 사용된 고등학교 일본사 교과서 6종에서 한일병합에 관해 어떻게 기술했는가를 분석한 결과 공동연구의 성과가 반영되었다고 결론짓고 있다.[57]

예를 들어 이전의 일본 역사교과서에서는 안중근이 이토 히로부미(伊藤博文)를 암살한 사건을 '계기로' 일본이 한국 병합을 강행했다고 대부분 기술하고 있었다. 병합의 책임을 안중근에 떠넘기고 일본의 치밀한 전략으로 대한제국을 식민지로 만들었다는 사실을 은폐했던 것이다. 우리는 여기에서 일본인들의 불철저한 침략책임을 확인할 수 있고, 의병투쟁의 연속선상에서 이 사건을 바라보지 않는 일본인들의 시대인식을 볼 수 있다. 하지만 공동연구 작업이 끝난 이후 6종의 모든 교과서는 '계기로'라는 말을 빼고 안중근이 이토 히로부미를 사살한 사건을 기술하기 시작했으며, 의병투쟁에 대한 구체적인 서술의 연장선상에서 안중근의 행위를 언급하였다.[58] 비록 민간 차원의 소규모 대화였지만, 그 효과가 어떻게 나타났는

---

57) 君島和彦, 『教科書の思想』, 118~134쪽. 기미지마 가즈히코는 1994년과 1995년부터 사용된 고등학교 역사교과서를 모두 분석한 것은 아니라, 도쿄쇼세키(東京書籍)의 『日本史B』, 짓쿄슛판(實教出版)의 『高校日本史B』, 산세이도(三省堂)의 『詳解日本史B』와 『新日本史B』, 시미즈쇼인(清水書院)의 『詳解日本史B』, 지유쇼보(自由書房)의 『ワイド日本の歴史B』를 분석대상으로 하였다. 당시 출판된 역사교과서는 일본사A · B 23종, 세계사A · B 27종이었으므로 기미지마 가즈히코의 분석은 분석대상이 충분하다고 볼 수 없다. 필자는 후일 이에 관한 논문을 발표할 때 모두 분석해 볼 생각이다.

가를 확인할 수 있는 대목이다.

기미지마는 교과서 공동연구가 일본 측 참가자들에게 자국의 관점만이 아니라 일본의 식민지지배와 침략으로 인해 아시아인들에게 끼친 고통을 생각하는 반성적인 성찰 내지는 상대편의 민족적 관점, 곧 아시아적 관점에서 자국사를 다시 보아야 한다는 과제를 남겼다고 평가하였다. 동시에 한국의 교과서에서 "'일제 36년'의 식민지 통치시대만이 아니라 전후의 일본에 관해서도 있는 그대로의 모습을 전달할 것을 요구하고 있다"고 지적하였다.[59]

그런데 한국 교과서는 이 점에 관한 한 그다지 큰 변화가 없었다고 보아야 할 것이다. 사실 공동연구가 진행되는 와중에도 일본 측 참가자들은 자신들의 교과서 가운데 개선이 요구되는 사항에 대해 폭넓게 지적하고 한국 측의 문제제기를 이해하려고 노력하였다. 한일 간의 첫 교과서 공동연구가 주로 일본 역사교과서를 분석대상으로 한 이유 가운데 하나도 여기에 있었다. 그러면서도 일본 측은 공동연구 과정에서 재일조선인 · 한국인에 대한 서술의 문제, 조선인을 이해한 지극히 소수의 일본인을 한국의 교과서에 기술하는 문제 등을 제기하였다. 일본 측은 「共同覺書」를 작성할 때도 자신들이 수정을 희망하는 사항으로 비록 소수의 일본인이지만 당시에 반전 · 반식민지 입장을 일관되게 고수하고 실천한 일본인이 있었다는 점을 한국 측도 이해할 필요가 있다는 내용을 언급하려고 하였다.

하지만 한국 측 대표가 이 사항을 「共同覺書」에 기술하는 데 주저하였다.[60] 소수의 일본인에 관한 기술문제는 독일-폴란드 교과서대화의 권고안 제20항, 곧 '제2차 세계대전 속에서 나치스의 점령정책과 저항'에서 독

---

58) 자세한 내용은 신주백, 「한일간의 유동하는 국민적 기억 — 역사교과서에서 '안중근의거'와 '이등박문저격사건', 그리고 '한국병합'의 관계(1945~2007)」, 『한일관계사연구』 26, 2007. 4 참조.

59) 君島和彦, 『教科書の思想』, 134쪽.

60) 日韓歷史教科書研究會 編, 『教科書を日韓協力で考える』, 148쪽.

일인의 반나치운동을 취급하는 것도 바람직하다고 합의한 사항으로부터 일본 측이 힌트를 얻은 것이었다. 일제 강점기임에도 불구하고 다양한 일본인이 있었다는 사실을 기술하는 것은 한국 학생들로 하여금 일본에 대한 획일적인 이미지를 벗어나게 해 줄 수 있는 생각의 기회를 제공하는 것이고, 소수의 양심 있는 일본인을 한국의 교과서에서 기술하고 있다는 사실을 일본의 학생들이 알면 한국에 대한 긍정적인 호감을 가질 수 있는 효과가 있다.

하지만 한국의 교과서에서는 이러한 일본 측의 문제제기조차 현재까지 개선되지 않고 있다. 한국 측의 협소한 민족주의 정서가 반영된 결과이다. 특히 일본의 역사문제와 관련하여 선택하고 서술하는 폭이 좁을 수밖에 없게 만드는 한국사회의 미묘한 분위기와 깊은 연관이 있을 것이다. 「共同覺書」가 나오지 못한 원인 가운데 하나도 여기에 있었다. 한국 측 참가자들은 독일－폴란드 교과서대화에 대해 구체적이고 진정으로 이해하지 않았던 것이다.

한국 측의 한계는 21세기 들어 점차 극복되고 있다고 볼 수 있다. 예를 들어 한중일의 공동역사교재인 『미래를 여는 역사』에서는 재일조선인과 한국인의 역사만이 아니라 가네코 후미코(金子文子), 후세 다쓰지(布施辰治)에 대해서도 언급하고 있다.[61] 또한 처음 이루어진 교과서 공동연구 때 맺어진 인적관계와 경험을 바탕으로 서울시립대학(역사교과서연구회)과 도쿄가쿠에대학(역사교육연구회) 사이에 1997년부터 한일관계사 전반을 기술하는 공동역사교재를 만들려는 연구가 시작되었다. 이 모임은 그동안의 심포지엄 내용을 모아 중간보고 성격을 띠는 책을 두 권 발행하였고, 『한일교류의 역사』(혜안, 2007)란 공동역사교재도 출판하였다.[62]

---

61) 한중일3국공동역사교재편찬위원회 지음, 『미래를 여는 역사』, 한겨레신문사, 2005, 106~108 · 220쪽.

62) － 한국역사교과서연구회 · 일본역사교육연구회 공편, 『역사교과서 속의 한국과 일본』,

5. 맺음말

이상으로 1982년부터 1993년까지 한국과 일본의 역사교육 관계자들이 독일－폴란드의 경험을 어떻게 이해하며 한일 간의 역사대화를 진행해 왔는지를 살펴보았다. 더불어 일본의 우익과 일부 보수세력이 독일－폴란드의 경험을 자의적으로 어떻게 비틀고 있는지도 확인하였다. 본문의 내용을 특별히 요약하지 않고, 교과서대화가 갖는 현재적 의미만을 간략히 언급하면서 역사대화의 역사를 정리해야 하는 이유를 되새겨 보겠다.

1982년과 1986년 일본의 역사교과서 문제는 외교적으로 봉합되었다. 2003년 중국의 동북공정으로 인한 역사갈등 역시 외교라인에서 구두 양해사항으로 봉합되었다. 정치적 타협은 역사인식의 차이를 좁히려 하지 않기 때문에 갈등을 반복적으로 재연하게 만든다. 이제 그 한계를 깨닫고 대화와 협력의 방법을 모색하고 실천할 때이다. 계속 싸우기만 하고, 끝도 없이 자기주장만 되풀이하며 각자 자기장벽 쌓기만을 시도할 수는 없다. 한일 간에는 1982년부터만 따져도 20여 년 이상 그렇게 해 왔지만, 역사갈등이 완화되기는커녕 증폭되고 있는 현실을 직시하고 이제는 이를 지양해야 한다.

교과서대화는 자신을 절대화하는 인식과 행동을 방지하고 '무의식적인 선입견'까지 해소하면서 상호이해를 증진시켜 분쟁을 피할 수 있는 바탕을 제공한다. 교과서대화는 상대방의 역사인식을 통해 자신의 내면을 볼 수 있는 기회를 제공해 준다. 교과서대화는 자기중심적인 역사인식에서 벗어나 상대화 과정에서 다중심적인 역사관, 복수(複數)의 역사를 지향해

혜안, 2000 ;『日本と韓国の歴史教科書を読む視点－先史時代から現代までの日韓関係史』, 梨の木舎, 2000.

－ 歴史教育研究會 編,『日本と韓國の歴史共通教材をつくる視点－先史時代から現代までの日韓関係史』, 梨の木舎, 2003.

야 성공할 수 있다. 우리에게도 권고안은 추천사항이지 절대적 기준치가 아니며 교과서 집필자와 교사 등이 참고해야 할 여러 자료 가운데 하나일 뿐이다.

독일－프랑스, 독일－폴란드의 교과서대화는 이를 보여주었다. 그들의 경험은 우리에게도 소중한 자산이다. 교과서대화는 독일의 통일에 기여했고, 결과적으로 EU가 등장할 수 있는 밑거름이 되었다.

마찬가지로 한일 간에도 교과서대화는 교과서의 기술 내용을 수정하는 데 그치지 않고, 양국 간 내지는 동아시아 역내의 주민 간 상호이해와 존중의 정서를 심어줄 수 있다. 유럽에서처럼 동아시아에서도 교과서대화는 지역의 안정과 평화체제를 구축하는 토대를 만들어 줄 수 있다. 우리로서는 분단을 극복할 유리한 외적 환경을 조성하는 것이다. 지역통합의 과정에서 분단을 극복할 수 있기 때문이다. 한반도의 긴장을 완화시키고 남북 분단을 평화적으로 관리하는 과정에서 동아시아의 지역통합을 추진할 수 있는 힘이 나오기 때문이다. 결국 동아시아에서 역사교과서대화는 동아시아 역사 만들기의 초석 쌓기이다.

참고문헌

「君島和彦의 증언(2006. 11. 8)」.
「西川正雄의 증언(2006. 10. 29)」.
「이태영 소장과 대담(2006. 9. 11)」.

「'社會科教科書執筆者懇談會'の發足」, 『歷史評論』 391.

게오르크 에커트 국제교과서연구소, 「유럽역사 서술에 있어서의 지난 10년간의 회고」, 이광주 · 오주환 역, 『역사이론』, 문학과 지성사, 1987.
곤도 다카히로(近藤孝弘), 「유럽의 역사교과서 국제협력활동 : 동아시아의 모범?」, 김승렬 · 이진모 역, 『국제화해 게오르크-에케르트 국제교과서연구소 25주년 기념 논총』, 한국교육개발원, 2002.
國際教科書研究所 編, 『韓 · 日 歷史教科書 修正의 諸問題』, 白山資料院, 1994.
김승렬, 「숙적관계에서 협력관계로 : 독일-프랑스 역사교과서 협의」, 『역사와 경계』 49, 2003.
김유경, 「기억을 둘러싼 갈등과 화해-독일 · 프랑스 및 독일 · 폴란드의 역사교과서 협의」, 『역사비평』 59, 2002.
金漢植, 「日本 歷史教育에서의 世界史像」, 『歷史教育』 34, 1983.
니시가와 마사오(西川正雄), 「역사교과서 개선의 국제협력」, 이광주 · 오주환 역, 『역사이론』, 문학과 지성사, 1987.
文基相, 「獨逸의 歷史教育」, 『歷史教育』 34, 1983.
박재영, 「한 · 중 · 일 3국의 역사교과서 협의의 제문제-유럽의 교과서 협의와 비교하여」, 『白山學報』 75, 2006.
신주백, 「일본의 역사왜곡에 대한 한국사회의 대응(1965~2001)」, 『한국근현대사연구』 17, 2001.
신주백, 「한국과 일본에서 대일과거청산운동의 역사-한국과 관련하여」, 『역사문제연구』 14, 2005.
신주백, 「韓日間의 流動하는 國民的 記憶 — 歷史教科書에서 '安重根義擧'와 '伊藤博文狙擊事件', 그리고 '韓國併合'의 關係(1945~2007)」, 『韓日關係史研究』 26, 2007.
申採湜, 「日本 近代史學의 成立」, 『歷史教育』 34, 1983.
오토 에른스트 쉬데코프 외 지음, 김승렬 옮김, 『미래를 건설하는 역사교육-1945~

1965 유럽 역사교과서 개선활동』, 역사비평사, 2003.
尹世哲, 「'日本의 歷史教育' 特輯부쳐」, 『歷史教育』 34, 1983.
尹世哲, 「日本의 歷史教育課程과 教科書」, 『歷史教育』 34, 1983.
이민호, 「독일－폴란드 교과서 협의」, 『독일 · 독일민족 · 독일사 : 분단 독일의 역사의식』, 느티나무, 1990.
李敏鎬, 「歷史學과 歷史教育」, 『歷史教育』 34, 1983.
李元淳, 「日本 歷史教育의 變遷」, 『歷史教育』 34, 1983.
정재정, 「역사교과서를 위한 한국 · 일본 협의활동과 몇 가지 과제」, 유네스코한국위원회 편, 『21세기 역사교육과 역사교과서』, 오름, 1998.
鄭在貞, 「日本 歷史教育의 韓國觀」, 『歷史教育』 34, 1983.
정재정, 「한일 역사대화의 구도－역사교과서와 역사인식을 중심으로」, 이원덕 엮음, 『일본은 한국에게 무엇인가』, 한울, 2006.
崔鍜鎬, 「日本 歷史教育의 現場」, 『歷史教育』 34, 1983.
한국역사교과서연구회 · 일본역사교육연구회 공편, 『역사교과서 속의 한국과 일본』, 혜안, 2000.
한운석, 「독일과 프랑스 및 폴란드 간의 역사교과서 합의가 동북아에 주는 교훈」, 2006년 9월 외국어대학 발표문.
한운석, 「역사교과서 수정을 통한 독일－폴란드간의 화해노력」, 『西洋史論』 75, 2002.
한중일3국공동역사교재편찬위원회 지음, 『미래를 여는 역사』, 한겨레신문사, 2005.

君島和彦, 『教科書の思想』, すずさわ書店, 1996.
近藤孝弘, 「西ドイツにおける'ドイツ＝ポーランド教科書勧告'の受容」, 『比較教育学』 15, 1989.
近藤孝弘, 「国際教科書改善作業の可能性－西ドイツ＝ポーランド教科書改善作業の西ドイツの教科書における反映」, 『東京大学教育学部紀要』 28, 1988.
渡部昇一, 「萬犬虛に吠えた教科書問題」, 『諸君』, 1982.
藤澤法暎, 「'日韓合同歷史教科書研究會'－何をめざすのか」, 高崎宗司 編, 『歷史教科書と國際理解』, 岩波書店, 1991.
藤澤法暎, 「西ドイツの教科書つくりが示唆するもの」, 『歷史地理教育』, 1982.
藤澤法暎, 「第1章 日韓歷史認識の落差を埋めるために－日本の戰後責任の一環として」, 日韓歷史教科書研究會 編, 『教科書を日韓協力で考える』, 大月書店, 1993.
別技篤彦, 『戰爭の教え方－世界の教科書にみる』, 新潮社, 1983.
比較史 · 比較歷史教育研究会, 『自国史と世界史－歷史教育の国際化をもとめて』, 未來社, 1985.
比較史・比較歴史教育研究会,『帝国主義の時代と現在：東アジアの対話』, 未來社, 2002.
比較史・比較歴史教育研究会,『黒船と日清戦争：歴史認識をめぐる対話』, 未來社, 1996.
比較史・比較歴史教育研究会,『アジアの「近代」と歴史教育』, 未來社, 1991.
社會科教科書執筆者懇談會 編,『教科書問題とは何か』, 未來社, 1984.
山田三雄,『外国教科書の日本偏見』, 芙蓉書房, 1977.
西尾幹二・藤岡信勝,『國民の油斷』, PHP, 1996.
西義之,「西ドイツの‘教科書論爭’」,『諸君』, 1982.
西川正雄 外,「‘西ドイツ＝ポーランド教科書勸告’と西ドイツの歴史教育（上）・(中)・(下)」,『教育』35－2・3・4, 1985.
西川正雄,「ヨーロッパにおける‘過去の克服’－ドイツの教科書記述から」,『文化評論』258, 新日本出版社, 1982.
西川正雄,『自國史を越えた歴史教育』, 三省堂, 1992.
歴史教育研究會 編,『日本と韓國の歴史共通教材をつくる視点－先史時代から現代までの日韓関係史』, 梨の木舍, 2003.
伊ケ崎曉生,「教科書改善の國際的協力の經驗から(解說と資料)」,『國民教育』57, 1983.
林量俶,「西ドイツの教科書制度」,『国民教育』53, 1982.
天野正治,「特集 教科書問題－世界の教科書はどうなっているか：西ドイツ」,『季刊教育法』41, 1981.
川喜田敦子,「第二次世界大戰とドイツの歴史教育－錯綜する被害＝加害關係と歴史對話」,『歴史地理教育』693, 2005.
太田忠男,「西ドイツの現代史教科書」,『国民教育』53, 1982.
阪東宏,「歴史教科書の国際的検討について－西ドイツ・ポーランド‘連合教科書委員会’の仕事に照らして」,『歴史評論』391, 1982.
坂井俊樹,「共同研究會を終えて－成果と今後の課題」, 日韓歴史教科書研究會 編,『教科書を日韓協力で考える』, 大月書店, 1993.
韓國歴史教科書研究會・日本歴史教育研究會 共編,『日本と韓国の歴史教科書を読む視点－先史時代から現代までの日韓関係史』, 梨の木舍, 2000.

부록

국제교과서연구소와 일한역사교과서연구회의 공통 세미나 일정표

▣ 제1회

〈제1일〉

開會のあいさつ：旗田外

경과보고：藤澤法暎

• 제1섹션 아시아 속의 일본 교육

사회：大槻健 浪本勝年

보고 1：아시아 속의 일본, 지금 요구되고 있는 것
－유럽 속의 독일과의 비교 이태영

보고 2：日韓歷史教科書の視點 坂井俊樹

• 제2섹션 한국 역사교과서에의 제언

사회：加藤章 奈良和夫

보고 1：韓國の高校歷史教科にみる日朝關係史(とくに近代)の記述をめぐて
－檢討・改善が求められる点について 高崎宗司

보고 2：한국에서 근대 한일관계사 연구의 현황과 과제 유원동

〈제2일〉

• 제3섹션 일본 역사교과서에의 제언 I

사회：影山清四郎 石度廷男

보고 1：일본 역사교과서에서 보는 일조관계사(특히 근대)의 기술을 둘러

싸고－종합적 소견, 아울러 검토 · 개선이 특히 요구되는 점을 중심으로 박성수

보고 2 : 日本の歷史教科書をめぐて諸問題 君島和彦

• 제4섹션 종합토론 일본 역사교과서에의 제언 Ⅱ

사회 : 佐藤伸雄 鬼頭明成

閉會のあいさつ : 이규호

▣ 제2회

〈제1일〉

개회사 : 유원동

경과보고 : 이태영

기조강연 : 日韓兩國民の歷史意識の接近をめざして

－ドイツの經驗に學びつつ 藤澤法暎

사회 : 이민호

• 제1주제

日本の高校歷史教科書における日朝關係史の現狀と課題

－近代I期(19世紀半ばから韓國'併合')に卽して 君島和彦

日本 역사교과서의 한국근대사 시정 방향 이찬희

• 제2주제

近代日本における反植民地の思想と行動－朝鮮の場合 高崎宗司

일본에 있어서 反戰 · 反植民地運動과 在日韓國人 김승일

• 종합토론

사회 : 이원순　　　　　　　　　　지정 토론자 : 이태영, 김흥수, 정재정

〈제2일〉

• 제3주제

'征韓論'から日朝修好條規「江華島條約」の締結による朝鮮開港までの記述をめぐって　加藤章

開港(1876)을 前後한 韓日關係－征韓論과 江華島條約　이현희

• 제4주제

高校日本史教科書における朝鮮記述の問題

－壬午軍亂から下關條約までの記述をめぐて　坂井俊樹

日本 歴史教科書의'進出'史觀을 批判한다

－壬午軍亂에서 日淸戰爭까지　박성수

• 제5주제

日淸戰爭後から韓國'併合'までの日朝・日韓關係の記述をめぐて　君島和彦

露日戰爭(1904년) 前後의 韓日關係　조항래

• 종합토론

사회 : 김창수

지정 토론자 : 유준기, 김호일, 김원모

〈제3일〉

韓日兩國主題發表者並びに討論者合同協議會[63]

---

63) 국제교과서연구소 편, 『한・일 역사교과서 수정의 제문제』, 390쪽에는 '(비공개)'라는 말이 추가되어 있다.

▣ 제3회

〈제1일〉

경과보고 : 藤澤法暎

한국 측 대표 발언 : 이태영

• 제1섹션

사회 : 大槻健, 浪本勝年

보고 1 : 1910年代 武斷統治와 民族獨立運動
−高校日本史 敎科書 敍述과 關聯하여 김창수

보고 2 : 3·1運動에 關한 韓日 歷史敎科書의 記述 內容檢討 박성수

일본 측 지정 발언 : 二谷貞夫

• 제2섹션

사회 : 加藤章 二谷貞夫

보고 3 : '文化統治期' 日本 敎科書의 韓國史認識
−1920年代를 中心으로 이현희

보고 4 : 關東大地震と朝鮮人虐殺−とくに虐殺の原因について 山田昭次

일본 측 지정 발언 : 佐藤伸雄

〈제2일〉

• 제3섹션

사회 : 安達喜彦 石山久男

보고 5 : '15年戰爭'과 朝鮮·朝鮮人 정재정

보고 6 : 15年戰爭と'皇國臣民化'政策 奈良和夫

일본 측 지정 발언 : 君島和彦, 高野邦夫

• 제4섹션

사회 : 影山淸四郎 沼尾實

보고 7 : 日本史教科書에 나타난 韓國近代史 關聯 內容分析
－國權侵奪 以後 光復까지 이찬희

보고 8 : 日本の歷史教科書の分析と批判－近代II期・III期 高崎宗司

▣ 제4회

개회사 : 이광린

경과보고 : 이태영

〈제1일〉

• 제1주제

사회 : 윤병석

보고 1 : 日帝 末期의 戰時動員・收奪政策 이현희

보고 2 : '15年戰爭(滿洲事變~太平洋戰爭末)'の概念について 君島和彦[64)]

지정토론 : 정진성, 安達喜彦

• 제2주제

사회 : 홍종필

보고 1 : 日帝 植民統治時代와 日本 歷史教科書 박성수

보고 2 : 在日韓國・朝鮮人問題と歷史教育の課題 坂井俊樹

지정토론 : 김승일, 高崎宗司

• 제3주제

사회 : 유재택

64) 일본 측이 정리한 제목은 "15年戰爭と朝日關係"였다.

보고 1 : 韓國近代史 關聯 日本教科書의 바람직한 敍述 이찬희

보고 2 : 日本の教科書制度をめぐる諸問題 浪本勝年

지정토론 : 조용환, 三上昭彦

〈제2일〉

• 제4주제

사회 : 이민호

보고 1 : 보다 깊은 國際理解를 위한 歷史教育 이태영

보고 2 : 歷史教科書研究の今後の課題 加藤章[65]

지정토론 : 주진오, 大槻健

• 종합토론

65) 일본 측이 정리한 제목은 "これからの歷史教科書のあり方をめくって"이다. 필자는 당시 심포지엄 자료집에 나와 있는 제목을 일본어로 번역했을 뿐이다.

'동아시아형 교과서대화'의 본격적인 모색과 협력모델 찾기 (1993~2006)*

신주백**

1. 머리말

1982년 일본 문부성의 편향검정을 발단으로 시작된 국제 교과서 문제는 21세기 들어 강력한 마찰음을 더 빈번하게 일으키고 있다. 반면에 이를 해결하기 위한 대화 노력 또한 구체화하면서 최근 들어 작은 결실이 맺어지고 있다. 특히 역사교과서대화를 통해 역사인식의 차이를 해소하고 갈등을 예방하려는 노력은 나름대로 성과를 거두고 있다. 역사교과서대화는 21세기 들어 동아시아에서 진행되고 있는 다양한 역사문제, 곧 영토 · 국경문제, 바다의 명칭문제, 야스쿠니신사 문제, 강제동원 문제, 그리고 교과서 문제 등을 해결하기 위한 노력의 출발점이 되고 있다.[1)]

동아시아 역사대화의 한 영역으로 자리매김한 역사교과서대화는 1982

---

* 이 글은 『역사교육』 101(2007. 3)에 수록된 것을 약간 수정 · 보완한 것이다.

** 국민대학교 연구교수.

1) 본고에서 '역사교과서대화'는 '교과서대화'로 줄이겠으며, '역사대화'는 다섯 가지 역사문제를 가리킨다.

년도 파동 때 독일-폴란드 교과서대화를 주목하면서부터 동아시아인의 뇌리 속에 맴돌기 시작하였다. 이 글은 동아시아 사람들이 자신의 머릿속에 맴돌기 시작한 독일-폴란드 교과서대화를 어떻게 이해하였으며, 그들의 경험에 자극된 동아시아인들이 그동안 벌여 온 다양한 노력과 고민의 역사를 정리하면서 역사갈등을 해소하기 위한 대안적 협력모델을 찾는 데 목적이 있다. 1982년부터 1993년까지의 역사대화 경험은 이 글보다 먼저 정리하여 발표하였는데, 이 책의 제1부에도 첫 번째 글로 수록되어 있다.[2] 이 글은 그 두 번째 작업으로 1993년부터 2006년까지의 다양한 경험을 분석하였다.[3]

1990년대 역사인식을 둘러싼 교류에 대해서는 정재정과 신주백의 글이 있다. 정재정은 교과서대화에 참가한 당사자로서 역사교육연구회 등 주요 단체의 교류현황을 정리하였다.[4] 신주백은 2001년까지 일본의 역사왜곡에 대해 한국사회가 어떻게 대응해 왔는지 정리하였다.[5] 본고의 제2장에서는 두 사람의 연구 성과를 바탕으로 1991, 1992년도에 진행된 한일 간 첫 교과서 공동연구의 경험이 1990년대에 어떻게 이어졌는지를 좀 더 체계적으로 정리하고, 국제 교과서대화에 관한 1990년대 논의 수준과 한계를 검토하겠다.[6]

---

2) 신주백, 「한일간 역사대화의 모색과 협력모델 찾기(1982~1993)」, 『한일민족문제연구』 11, 2006. 12.

3) 1993년부터 분석하려는 이유는 한일 간의 첫 교과서 공동연구 모임인 국제교과서연구소와 일한역사교과서연구회의 활동이 1993년 초에 종료되었기 때문이다. 이후부터 현재까지 역사인식을 둘러싼 교류에 대해서는 2001년도 일본의 교과서 파동을 전후로 크게 두 시기로 나누어 분석하겠다.

4) 정재정, 「역사교과서를 위한 한국 · 일본 협의활동과 몇 가지 과제」, 유네스코한국위원회 편, 『21세기 역사교육과 역사교과서』, 오름, 1998.

5) 신주백, 「일본의 역사왜곡에 대한 한국사회의 대응(1965~2001)」, 『한국근현대사연구』 17, 2001. 6.

6) 이때 문헌자료 이외에 「이태영 소장의 증언(2006. 9. 11)」; 「西川正雄의 증언(2006. 10. 29)」; 「강대근 원장의 증언(2006. 7. 23)」을 적극 참조하였다.

또한 21세기 역사대화에 대해서는 정재정의 글이 있다. 정재정은 한일 간 역사대화의 진척에 따라 양국의 교과서가 많이 개선되었다고 하면서, 21세기 들어 확산된 역사대화의 현황, 내용과 논점, 그리고 역사대화와 역사인식을 더욱 심화시키기 위한 방향성을 제시하였다.[7] 자신의 풍부한 대화 경험을 정리하면서 이론화하고 있다는 점에서 신뢰도가 높은 글이라 말할 수 있다. 다만, 정재정은 본고에서 관심을 두고 있는 독일－폴란드 교과서대화의 동아시아적 활용의 문제와 여러 교과서대화를 구체적으로 소개하고 분석하지 않았다.

제3, 4장에서는 우리가 경험한 교과서대화 속에 내재한 함의와 한계를 짚어내고, 앞으로의 활동방향을 분석하여 이를 보완하겠다. 특히 제4장에서 2002년부터 구체화했던 정부 차원의 한일 간 역사대화와 민간에서 벌인 공동역사교재 편찬사업들에 관해 집중적으로 분석하겠다. 다만, 제4장에서는 이 사업에 참가한 필자의 경험과 유럽의 경험 중에서도 독일－폴란드의 교과서대화 경험[8]을 염두에 두고 분석할 것이므로 전거를 하나하나 제시하지는 않겠다. 또 공동역사교재들의 내용 자체를 분석하지 않고 협력방식과 그것의 의미를 분석하는 데 치중하겠다.[9]

---

7) 정재정, 「한일 역사대화의 구도－역사교과서와 역사인식을 중심으로」, 이원덕 엮음, 『일본은 한국에게 무엇인가』, 한울, 2006.

8) 선행연구 및 보고서 이외에 「독일－프랑스 청소년 교류원 관장 등의 증언(2006. 6. 28)」; 「독일－폴란드 청소년 교류원 관장의 증언(2006. 6. 29)」; 「라이어 여사의 증언(2006. 6. 29)」; 「로버트 마이어의 증언(2006. 7. 4)」을 적극 참조하겠다.

9) 공동역사교재의 내용 자체에 대해서는 이 책에 수록된 김정인의 논문을 참조하기 바란다.

2. 1993년 이후 역사인식에 관한 국제교류의 활성화

1) 민간 차원의 다양한 교류

한일 간 민간 차원의 교과서 공동연구가 끝난 후에도 국제교과서연구소의 교류활동은 끝나지 않았다. 오히려 더 다양해졌다고 볼 수 있다. 이를 정리하면 아래 〈표 1〉과 같다.

〈표 1〉 국제교과서연구소 주최 심포지엄의 시기와 주제

	시기	대 주 제
제5회	1993.10.8~9	東北亞 三國의 文化史的 連繫性
제6회	1995.6.8~9	國際化時代의 歷史教育과 歷史教科書
제7회	1996.10.23~24	世界化時代의 歷史學과 歷史教科書
제8회	1997.10.23	各國 歷史教科書에 나타난 全體主義像
제9회	2000.5.23~24	各國의 歷史教科書에 비친 過去清算問題
제10회	2001.10.23~24	亞細亞諸國의 歷史教科書에 비친 抗日運動
제11회	2003.11.11	各國의 歷史教科書에 나타난 民族主義
제12회	2005.10.26~27	8·15解放과 우리의 올바른 歷史認識
제13회	2006.10.24~25	韓中 大學生의 非暴力 抗日 愛國運動의 比較

비고 : 제10·12회 심포지엄은 중국 상하이와 베이징에서, 나머지는 서울에서 열렸다.

한일 간의 공동연구가 끝나자 국제교과서연구소의 교과서 연구활동은 중국, 독일, 폴란드, 심지어 불가리아의 연구자도 참여한 가운데 진행되었다. 지금까지는 한일 간의 대화였지만, 공동연구가 끝난 이후부터는 한중일을 중심으로 여러 외국 연구자들과 협력했던 것이다. 일찍이 한국에서 교과서 내용을 분석하기 위해 이처럼 다양한 네트워크를 형성한 경우는 없었다.

하지만 심포지엄 이후 발표자와 토론자를 중심으로 네트워크를 형성하

고 역사인식과 역사교육의 상호이해와 협력을 증진시킬 수 있는 실제적인 활동으로까지는 이어지지 않았다. 교과서 분석 또한 지속적으로 축적되어 가지 않았다. 위의 대주제만 보아도 알 수 있듯이 한국사회의 시대적 흐름에 맞추어 시의적절하게 주제를 선정하여 교과서 내용을 검토하는 방식이었을 뿐이다. 각 심포지엄이 사실상 일회성 학술회의였기 때문에 한국을 비롯하여 일본, 중국의 교과서 서술과 역사교육에 미친 실질적인 파급효과는 들인 노력에 비해 눈의 띄지 않았다.[10] 1991년부터 2년 동안 진행된 국제교과서연구소와 일한역사교과서연구회의 공동연구활동과 다른 점이 바로 이것이다.[11]

역사인식을 둘러싼 1990년대의 교류에서 새롭게 떠오른 주체는 한국교육개발원이었다. 한국정부의 출연기관이었기 때문에 재정을 안정적으로 확보할 수 있다는 장점이 있었으며, 자신의 파트너 역시 일본 외무성의 외곽단체인 국제교육정보센터였다는 점에서 대화 상대자 역시 명확히 신뢰할 수 있는 존재였다. 두 조직은 1991년 제1차 회의를 한 이후, 1994년과 1995년에 서울과 도쿄에서 두 나라의 학교교육과 역사교육 및 상호교류 등에 대해 토론하였다. 하지만 두 기관 모두 정부의 공식적 입장을 벗어난 활동을 할 수 없었다. 두 기관은 기본적으로 상호인식을 심화 확대하기 위해 활동하는 기관이라기보다는 상대방이 자국의 역사에 대해 틀린 사실과 왜곡된 이미지를 '시정'하는 데 주된 목적을 두고 설립된 기관이기 때문에 교과서대화의 대단히 중요한 원칙인 상호성을 보장할 수 없는 조직이었다. 또한 한국교육개발원 자체가 이러한 시정활동, 또는 교과서 연구 및

10) 심포지엄의 조직자였던 이태영은 이에 대해 1) 중국 측 참가자들은 정부비판을 할 수 없을 뿐만 아니라 정치적으로 강성이며, 2) 일본 측 참가자 가운데 일본 학계의 핵심이 참가하지 않았기 때문이라고 진단하였다(「이태영 소장의 증언(2006. 9. 11)」, 국제교과서연구소 사무실).

11) 신주백, 「한일간 역사대화의 모색과 협력모델 찾기(1982~1993)」, 『한일민족문제연구』 11, '제Ⅳ장' 참조.

교류 활동을 안정적으로 지속하려는 상설기구도 갖추고 있지 않았기 때문에 불안할 수밖에 없었다.[12)]

1993년 이후 역사인식을 둘러싼 상호교류 가운데 위에서 언급한 두 조직의 교류사업보다 더 주목해야 할 사실은 다음 두 가지였다.[13)]

하나는 한일 간에 다양해지고 있던 역사대화 가운데 실질적인 성과를 거두기 위한 첫 움직임이 태동하였다는 점이다. 1997년부터 서울시립대학(역사교과서연구회)과 도쿄가쿠에대학(역사교육연구회) 사이에 한일관계사 전반을 기술하는 공동역사교재를 만들려는 연구가 바로 그것이다. 이 모임은 1991년과 1992년의 공동연구 경험과 인적관계를 바탕으로 진행되었기 때문에 출발 때부터 참가자 상호 간에 안정된 신뢰관계를 바탕으로 작업을 진행할 수 있었으며, 매년 두 차례 한국과 일본을 오가며 공동심포지엄을 개최하고 연구를 심화시켰다. 그리고 그 일부 내용을 모아 중간보고 성격을 띠는 책도 발행하였고, 2007년에 『한 · 일 교류의 역사』(혜안, 明石書店)도 발간하였다.[14)]

다른 하나는 유네스코한국위원회가 독일위원회와 협조하여 1997년 9월 서울에서 공동심포지엄을 개최하였다는 점이다. 심포지엄에서는 그동안

---

12) 상설기구화를 본격적으로 모색한 것은 2001년도 교과서 파동이 일어나면서부터였다(『설명자료 : 한국바로알리기센터 상설기구 설립방안』, 한국교육개발원, 2001. 8). 이 기구는 2003년 2월 한국학중앙연구원으로 이관되었다. 자료를 제공해 준 이찬희 선생님께 감사드린다.

13) 첨언하자면, 출판과 관련해서는 유럽 공동의 역사교과서가 1995년에 처음 번역되어 나온 이래 개정판도 번역되었다는 사실이 주목된다(프레데리크 들루슈 편, 윤승준 역, 『개정판 새 유럽의 역사』, 까치, 2002). 일본의 경우 1994년에 제1판이 나온 이래 1998년에 제2판이 번역되었다(花上克己 譯, 『ヨーロッパの歴史』, 東京書籍, 1992).

14) 이 모임은 공동역사교재가 나오기까지 아래와 같은 중간보고서 성격의 연구서를 발간하였다.
한국역사교과서연구회 · 일본역사교육연구회 공편, 『역사교과서 속의 한국과 일본』, 혜안, 2000 ; 『日本と韓国の歴史教科書を読む視点－先史時代から現代までの日韓関係史』, 梨の木舍, 2000 ; 歴史教育研究會 編, 『日本と韓國の歴史共通教材をつくる視点－先史時代から現代までの日韓関係史』, 梨の木舍, 2003.

한일 간 역사대화에 적극적으로 참여했던 한일 양국의 학자들 뿐만 아니라 독일, 프랑스, 폴란드, 그리고 유네스코 관계자들도 참여하여 유럽에서의 국제 교과서대화를 폭넓게 소개하면서 한일 간의 협력관계를 어떻게 진행해야 하는지에 관해 토론하였다. 이 회의는 독일을 비롯한 유럽의 경험을 당사자들로부터 직접 배우고 우리의 구체적인 활동방향을 그들과 함께 실제적으로 논의한 사실상의 첫 국제회의였다.

이 밖에 한일관계사연구회는 1997년에 상호인식과 역사교육 문제를 다룬 국제심포지엄을 두 차례 개최하였고, 일본의 비교사·비교역사교육연구회에서도 1984년부터 5년에 한 차례씩 조직한 국제심포지엄을 계속하였다.[15)]

그러면 1997년 유네스코한국위원회가 주최한 심포지엄에 대해 좀 더 깊이 있는 분석을 시도해 보자.

2) 국제 교과서대화에 관한 1990년대 논의 수준

심포지엄에서 필자의 관심과 관련하여 제기된 핵심 쟁점은 공동역사교재, 곧 공동의 역사교과서, 부교재, 권고안 등의 발행문제였다. 긴 인용문이지만 이를 소개하면 다음과 같다.

> 이번 포럼에서는 아무래도 한·일 간의 공동의 역사교과서 문제가 초점이 된 것 같습니다. 이 문제에 대한 한편의 입장은 공동의 역사교과서라는 것이 다양한 해석과 견해를 개진하는 데 장애가 될 뿐이며 한·일 간의 역사인식의 차이는 교과서의 문언(文言)으로는 축소될 수 없다는 것입니다. 대칭적으로 다른 쪽에서는 공동교과서가 단 하나의 역사, 다양성을 구속하는 역사는 아니며 동일한 역사 사실에 대해 최소한의 인식만이라도 공유할

---

15) 심포지엄의 결과물로 『黒船と日清戦争：歴史認識をめぐる対話』(1996. 3)와 『帝国主義の時代と現在：東アジアの対話』(2002. 3)가 각각 발행되었다.

> 수 있도록 뚜렷한 목표를 설정하는 것이 향후 협의활동의 성과를 위해 필요한 것 아니냐는 의견을 제시하고 있습니다. 후자의 입장에서는 공동교과서가 단시일에 마련되기 어려운 것이라면 권고안 혹은 부교재의 성격을 띤 공동연구의 성과를 정리하는 것도 방안이 될 수 있음을 덧붙이고 있습니다. 독일－폴란드 그리고 독일－프랑스 간의 협력활동과 그 성과는 후자의 입장을 지원하는 사례라 할 수 있겠습니다. 이러한 차이점에도 불구하고 양편 모두 한일 양국인이 동일한 역사인식을 가져야 한다거나 설사 합의된 바가 있더라도 그것을 역사교육에 강요해서는 안 된다는 점에는 의견을 같이하고 있는 듯합니다.[16)]

심포지엄에서 공동교과서의 필요성을 부인한 대표적인 사람은 니시가와 마사오(西川正雄)였다. 그는 국제교과서연구소와 일한역사교과서연구회의 공동연구도 반대한 사람이다. 니시가와 마사오는 시민조직에 의해 주도되는 역사인식의 교류를 주장하였는데, 실제 그는 비교사 · 비교역사교육연구회를 주도하며 동아시아 역사교육 관계자들 간의 교류를 실행하고 있었다.[17)] 그는 교과서는 분석 대상이 될 수 없으며, 공통된 하나의 역사인식을 갖는 것이 어렵다는 입장을 갖고 있다. 그럼에도 불구하고 시민차원의 광범위한 교류를 통해 서로 다른 점을 인정하고 공존하며 공동의 역사인식을 획득해 나가는 노력의 과정이 필요하다고 보고 있다.[18)]

필자는 한일 간에 '관계사'라는 측면을 넘어서는 통사로서의 공동역사교과서는 현실적으로 불가능하다고 본다. 한국과 일본의 교류의 역사는 지속적이고 광범위하며 심도 깊지 않았기 때문이다. 오히려 '지역으로서의 동아시아사'는 전망할 수 있겠지만, 그것도 국민국가의 상대화와 극복을 전망하지 않고서는 제대로 기술된 지역사로서의 공동역사교과서가 나올

---

16) 양호환, 「토론 : 니시카와 교수와 리멘슈나이더 박사의 발표에 대하여」, 유네스코한국위원회 편, 『21세기 역사교육과 역사교과서』, 오름, 1998, 202~203쪽.

17) 니시가와 마사오, 「21세기 국제협력을 위한 역사교육(2)」, 유네스코한국위원회 편, 『21세기 역사교육과 역사교과서』, 오름, 1998, 183쪽.

18) 「西川正雄의 증언(2006. 10. 29)」, ホテルはあといん 1층 커피숍에서.

수 없을 것이다.

공동역사교재를 개발하는 방안에 관한 토론에서 주목해야 할 사항 가운데 하나는 중국에 관한 고려가 전혀 없었다는 점이다. 한일을 중심으로 발표자와 토론자가 구성된 자연스런 결과라고도 볼 수 있지만, 기본적으로 참석자들의 시야에 중국이 들어있지 않았다고 보는 것이 더 정확한 진단이다. 한중 간에 역사인식을 둘러싼 상호교류가 당시까지만 해도 그리 활발하지 않았고, 중국과의 역사인식 차이가 우리 사회에서 전면적으로 부각되지 않았으며, 중국이 중국공산당에서 통치하는 사회주의 국가였기 때문일 것이다.

심포지엄에서 제기된 공동협력방안 가운데 부교재의 성격을 띤 공동연구의 성과는 제4장에서 보겠지만, 21세기 들어 다양한 작업 과정을 거친 공동역사교재로 가시화하였다. 1982년 한일 양국의 일부 역사교육자들이 독일－폴란드 교과서대화에 처음 주목한 이래, 동아시아적 현실에 맞는 공동협력방안을 처음으로 모색한 것은 1997년 유네스코한국위원회가 주최한 국제심포지엄 때였다고 말할 수 있다. 달리 말하면, 서울시립대학과 도쿄가쿠에대학의 공동협력이 이즈음 시작되었다는 점까지 염두에 둔다면, 한일 간 교과서대화의 새로운 이정표가 1997년에 세워진 것이다.

하지만 유네스코한국위원회에서 주최한 국제심포지엄은 유네스코일본위원회에서 참석을 거부하였기 때문에 우리에게 또 다른 한계를 명확히 보여준 회의이기도 하였다. 사실 독일－폴란드 교과서대화는 두 나라 유네스코위원회의 이름으로 진행되었다. 독일－폴란드 교과서대화는 1946년에 결성된 직후부터 교과서 및 교재를 개선하여 국제이해를 깊게 하기 위한 프로그램을 개발하는 작업에 착수한 유네스코의 취지에도 맞는 활동이었다.[19]

---

19) 필자는 일본역사교과서왜곡대책반에서 번역한 『교과서 연구와 수정을 위한 유네스코 지침서』(2001)를 참조하였다.

일본 측은 회의에 참석할 수 없는 이유로, 일본의 검인정제도 때문에 공동연구의 성과를 반영하도록 필자들에게 강요할 수 없으며, 일본의 역사교과서가 충분히 시정되었기 때문에 한일 간에 다른 의견이 있을 수 없다는 점 등을 들었다.[20] 전자의 명분은 국제 교과서대화의 기본 취지와 접근방식을 곡해한 것이다. 후자와 같은 이유는 역사의식의 상대성을 인정하지 않는 답변으로 거부를 위한 명분에 불과하다.

한국과 달리 일본 문부과학성의 산하 기관인 유네스코일본위원회로서는 한계를 가질 수밖에 없다. 공동연구의 성과를 교과서에 반영하도록 권유하는 것 자체가 문부과학성의 바람도 아니었을 것이다. 왜냐하면 교과서대화를 지속하다 보면 일본의 침략문제, 식민지 문제에 관해 토론이 있을 수밖에 없는 것이고, 대화가 더 진전되다 보면 천황제 문제를 건드릴 수밖에 없게 될 것이기 때문에 교육정책을 총괄하고 있는 문부과학성으로서는 뻔히 예견되는 난처하고 부담스러운 상황을 만들고 싶지 않았을 것이기 때문이다. 일본위원회는 이후에도 빈부격차 해소와 문화의 다양성이란 이름으로 한일 간 역사대화를 조직하자는 한국위원회의 제안을 거부하고 있다.[21] 일본정부는 역사고백과 역사화해에 대해 기본적인 의지와 의사도 없는 것이다.

한일 간 교과서대화는 독일-폴란드, 독일-프랑스의 경험과 달리 유네스코를 통해 이루어질 수 없음이 명백해졌다. 2002년부터 이루어진 한일 역사공동연구위원회 활동이 두 나라의 외교채널을 통로로 할 수밖에 없는 이유 가운데 하나도 여기에 있다. 달리 말하면, 유네스코를 매개로 한 교과서대화가 불가능해짐에 따라 양국의 외교기관이 나설 수밖에 없게 되면

20) 정재정, 「역사교과서를 위한 한국 · 일본 협의활동과 몇 가지 과제」, 유네스코한국위원회 편, 『21세기 역사교육과 역사교과서』, 125~126쪽.

21) 「강대근 원장의 증언(2006. 7. 23)」. 강대근은 유네스코한국위원회에도 관여하며 아시아 태평양국제이해교육원의 원장을 맡고 있다.

서 외교활동이 역사대화를 종속하여 역사를 외교에서 분리시키지 못하게 하고 있다. 외교와 역사문제의 미분리는 결국 역사대화의 진척을 가로막는 원인의 하나로 되고 있기 때문에 국가 간 상황이 꼬일수록 '제4장 3절'에서도 살펴볼 민간 차원의 공동역사교재 작업은 더욱 빛을 발하였고, 앞으로도 그럴 개연성이 아주 높다.

3. 21세기 동아시아 정세의 특징과 교과서대화의 함의

1) 동아시아 국제정세의 특징

21세기 들어 '새로운 역사교과서를 만드는 모임'(이하 새역모)이 주도한 역사교과서 파동은 4년 주기의 검정 심사에 맞추어 일어나고 있다. 새역모는 역사교과서만이 아니라 다른 출판사의 공민과 지리, 정치경제 교과서 등의 내용을 개악하는 데도 주도적이고 선도적이었을 뿐만 아니라 일본사회 전체의 보수화 경향까지 추동하였다. 2006년에 검정을 통과한 고등학교 『日本史』, 『世界史』, 『地理』, 『現代社會』, 『政治經濟』 교과서 45종 가운데 30종에서 독도가 일본의 영토이며 한국과 분쟁이 일어나고 있는 곳이라고 적극 기술하려는 경향이 뚜렷이 나타났다.[22] 일본정부가 나서서 '일본의 고유영토인 독도'라는 표현을 적극 기술하도록 검정 지도를 하였기 때문이다. 이는 일본정부가 1982년도 교과서 파동의 수습책으로 국제사회에 스스로 약속한 '근린제국조항'을 사문서화(死文書化)했음을 의미한다. 이제 일본정부는 화해와 협력의 메신저로서의 역할을 포기하고 갈등유발자로 나서는 데 주저하지 않겠다는 의지를 드러낸 것이다.

---

22) 자세한 것은 신주백, 「21세기 일본 교과서의 독도문제 서술 경향과 한국의 대응기조」, 『독도연구』 2, 2006. 12 참조.

더구나 21세기 들어서는 한일 간의 역사문제만이 아니라 한중 간에도 역사갈등이 일어나고 있다. 한국의 많은 사람들은 2003년 중국의 '동북공정'이 고구려사 등 한국의 고대사를 빼앗고 간도 영유권을 영원히 장악하려는 프로젝트라고 규정하며 비판하였다. 2004년 8월 두 나라 외교 담당자끼리 만나 5개 항목의 양해사항을 구두로 합의하면서 한중 간의 역사갈등이 일단락되는 듯하였다.[23] 그러나 2006년 9월 한국 언론이 주도하여 동북공정 문제가 다시 한국사회를 뜨겁게 달구었다. 이번에는 그동안 중국 측의 움직임이 특별히 새로울 것이 없는 상황에서 언론의 집중보도로 여론의 관심을 모았다는 점에서 다소 갑작스럽게 제기된 측면도 있었다. 그럼에도 불구하고 일본의 역사교과서 서술문제에 대한 한일 양국의 대응방식에 문제가 있는 데서도 알 수 있듯이, 3년 만에 같은 사안에 대해 동일한 양상으로 역사갈등이 되풀이 되었다는 사실은 외교적 봉합의 한계를 다시 한번 보여 주었다.

중국 동북공정식의 역사인식은 고대 한국인의 민족형성 과정에 대한 훼손이고, 대다수 한국인의 간도 영유권의식을 부인하는 주장이다. 한국정부는 민족형성 과정과 관련하여 중국의 역사교과서에서 고구려를 '지방정권' 내지는 '소수민족정권'으로 기술하는지의 여부에 판단의 마지노선을 두고 있다. 하지만 동아시아의 정치적 안정을 필요로 하는 중국정부로서는 교과서에서 이를 기술하지 않을 것이다. 중국 교육부 입장에서 교과서에 고구려를 지방정권으로 기술하는 편집은 작은 형식에 불과하다. 중국 역사에 관해 학생들에게 가르쳐야 할 사실이 많은 중국 교육부로서는 고

---

23) 구두 양해사항의 개요는 다음과 같다. 1) 중국정부는 고구려사 문제가 양국 간 중대현안으로 대두된 데 유념하고, 2) 역사문제로 한중 우호협력 관계의 손상 방지와 전면적 협력 동반자 관계 발전에 노력하며, 3) 고구려사 문제의 공정한 해결을 도모하고 필요한 조치를 취해 정치문제화하는 것을 방지하고, 4) 중국 측은 중앙 및 지방 정부 차원에서의 고구려사 관련 기술에 대한 한국 측의 관심에 이해를 표명하고 필요한 조치를 취해 나감으로써 문제가 복잡해지는 것을 방지하며, 5) 학술교류의 조속한 개최를 통해 해결한다(『연합뉴스』 2006. 9. 6).

구려사가 변방의 역사 가운데 극히 일부에 지나지 않기 때문이다.[24] 굳이 전달하려 한다면, 교학방침을 따르는 교사들이 수업하면서 학생들에게 직접 전달하는 실제적인 방식을 지향할 것이다. 역사교과서 기술의 지침이 되는 「課程標準」을 만들고 교과서 기술을 검토하는 사람들은 이미 고구려가 중국의 '소수민족정권'이고 '지방정권'이라는 역사관에 입각하여 역사교육정책을 이끌고 있기 때문이다.[25] 우리가 중국과 교과서대화를 당장이라도 추진해야 하는 진정한 이유가 바로 여기에 있다.

더구나 동북공정을 계기로 중국과도 영토문제가 커다란 쟁점으로 급속히 부상하고 있다. 간도 영유권 문제는 연변조선족자치주 등지에 거주하는 조선족의 미래와 직결되는 문제이며, 중국 국내 정치의 불안요인 가운데 하나인 변방문제를 안정되게 관리해야 한다는 차원에서 보면 중국 국내 정치사안이기도 하다. 그래서 중국정부는 간도 영유권 문제에 대처하기 위해 학술연구를 진행하고, 백두산 개발과 장백산문화만들기 과정에서 연변조선족자치주를 배제하는 한편, 중국 길림성정부와 통화시정부 등이 다양한 정책적 조치를 취하며 맞대응하는 데 제동을 걸지 않고 있다.[26] 독도문제처럼 중국과의 영토문제도 단순한 자연지리의 문제가 아니라 역사문제이며, 한중의 국내 정치문제이고, 미래의 통일문제이자 동아시아 문제인 것이다.

이처럼 21세기 들어 한중일 간의 역사문제는 이제 교과서 문제로 제한되지 않고 있다. 동아시아 역사갈등이 교과서 문제에서 영토문제로까지

---

24) 가령 티벳에 있는 학생이 고구려사에 대해 목매달고 열심히 공부할 이유는 없을 것이고, 교사 입장에서도 이를 성심성의껏 전달할 이유도 없을 것이다.

25) 2006년 「제5회 역사인식과 동아시아 평화포럼 교토대회(2006. 11. 2~11. 6)」의 '제4섹션 동아시아의 미래를 어떻게 열 것인가'의 청중석에서 북경사범대학 역사학과 주한국(朱漢國) 교수의 발언에서 이를 확인하였다.

26) 신주백, 「동북아 정세의 특징과 간도영유권문제 해결의 접근법 탐색」, 『일본문화연구』 20, '제4장 1절' 참조.

확장되는 와중에 바다의 명칭문제, 강제동원 문제, 야스쿠니신사 문제도 더 강력히 제기되어 왔다. 모든 역사문제가 과거사와 밀접히 연관되어 있으며, 개별적 사안이면서도 복잡하게 얽혀 있어 처음에는 '사안별 양국 간 대화'를 통해 해결방안을 모색하기 시작하겠지만, 양자 간 대화만으로는 궁극적인 해결점을 찾기도 어려운 실정이다. 더 나아가 다양한 역사문제가 제기되면서 동아시아 외교관계를 제약하는 정도에까지 이르고 있다. 21세기 들어 역사문제는 동아시아 정세의 종속 변수(變數)가 아니라 독립된 상수(常數)로 되었고, '역사의 정치화' 경향이 뚜렷해지고 있다. 중국정부는 '중화민족'의 부흥을 위해, 일본정부는 '보통국가화'를 위해 각자 이를 조장하고 있다.

그렇다고 당장 해결할 수 있는 전망이 있는 것도 아니다. 동아시아 국제관계를 규정하는 가장 기본적인 특징은 냉전 시기의 기본 질서 구도, 곧 구자본주의권과 구사회주의권 사이의 관계, 곧 냉전적 잔재가 여전히 강하게 남아 있을 뿐만 아니라 동아시아에서 국가 간의 관계가 쌍무적인 수준에 머물러 있다는 데 있다.[27] 그만큼 동아시아의 대화 수준과 협력의 정도가 낮으며, 신뢰도 역시 깊지 않다는 것을 의미한다.

동아시아 역사문제는 각 사안의 발생 과정과 나름의 역사로 인해, 그리고 외교적 합의기준의 일관성이란 측면을 고려할 때 양국 간 대화로만 해결될 수 없다. 사안별로 양국 간 대화가 우선 진행되어야겠지만, 관련 당사국 모두, 곧 최소한 한중일이 참가하는 다자 간 협의채널도 갖추어야만 궁극적인 해결전망을 전략적 일정에 올릴 수 있다. 달리 말하면, 양국 간 대화와 더불어 현재의 동아시아 질서 구도를 넘어서는 상시적인 다자 간 협력시스템을 만들어 내지 않고서는 21세기 들어 빈번히 드러나고 있는 역사갈등을 해결할 수 없다.

---

27) 이에 관한 자세한 분석은 신주백, 「동북아 정세의 특징과 간도영유권문제 해결의 접근법 탐색」, 『일본문화연구』 20, '제3장' 참조.

2) 교과서대화의 현재적 의미와 전략적 가치

양자 간, 그리고 다자 간 역사대화를 병행하는 과정은 교과서대화로부터 시작하는 것이 현실적이다. 동아시아에서 일어나고 있는 다섯 가지 핵심적 역사문제 가운데 그나마 성과를 얻었던 분야가 교과서대화이기 때문이다. 독일-프랑스의 공동역사교과서 출판과 독일-폴란드 사이에 교과서대화를 시작한 계기에서처럼,[28] 국가 간 교과서대화는 지도자들의 정치적 결단 곧, 권력의지가 대단히 중요한 사안이지만 동아시아의 현실에서 이를 전향적으로 기대하기는 어렵다. 다만, 다음 '제4장'에서 언급하겠지만 정부 간, 또는 민간 차원의 실질적인 협력관계 속에서 미약한 성과나마 조금씩 나오고 있다.

이것이 가능했던 이유는 교과서 문제의 특징에 있다고 할 수 있다. 첫째, 교과서 문제는 역사적 사실에 입각한 기술의 문제이므로 상호배려의 차원에서 논의 주제의 선정과 권유할 수 있는 합의점 등을 어느 정도 타협할 수 있다. 대화하는 시기의 정치상황과 협력의 수준에 따라 단계적으로 역사인식의 차이를 메우고 그 수준을 높일 수 있기 때문이다. 실제 독일-폴란드의 교과서대화에서도 '최소 해법의 법칙'을 적용하여 실현 가능한 것부터 시작하였다. 예를 들어 독일-폴란드 교과서대화의 결과 1977년에 공식 발표된 권고안에서는 1939년 독일의 폴란드침공 직전에 체결된 독일-소련불가침협정 및 그 부속의정서의 내용에 관해 다루지 않았다. 독일의 폴란드 침공 직후 소련이 폴란드를 공격하여 폴란드군 장교 1만여 명을 학살한 '카친 숲의 학살사건'에 대해서도 언급하지 않았다. 사회주의권의 맹주 소련을 건드려서는 독일-폴란드 교과서대화가 어렵다는 독일 측의 판단이 크게 작용한 결과였다. 양국의 위원들은 1989년까지도 독일-

---

28) 필자는 지면 관계상 자세한 언급을 하지 못하지만, 이렇게 말한다고 해서 지도자 상호 간의 개인적 친분관계, 그리고 시민사회의 특별한 노력을 무시하는 것은 아니다.

폴란드 관계사에만 대화를 집중했지 폴란드의 민감한 현대사 문제는 언급하지 않았다.

둘째, 교과서 문제는 각국 정부의 대외정책의 전환을 반드시 동반하지 않아도 되기 때문에 각국의 정치지도자들로서도 다른 역사문제에 비해 운신의 폭이 넓다. 앞서 언급한 첫 번째 특징을 염두에 두는 가운데, 타인의 시선으로 자국 역사교과서의 문제점을 찾고, 수준을 향상시키면서 인류의 보편적 가치를 신장한다는 차원에서 접근할 수 있기 때문이다. 세계화(국제화) 시대에 국제적 기준에 맞는 자국민을 양성한다는 방향성은 한중일의 교육정책 담당자들조차 모두 공감하고 있는 기본기조이다. 그런 의미에서 교과서대화는 사실의 판정과 더불어 교과서 문장의 맥락 속에 숨겨져 있는 '무의식적 편견'까지를 검토할 수 있어야 한다. 교과서대화가 이 단계까지 나아가야 상호이해와 협력의 국민적 공감대를 근본적으로 준비한다고 말할 수 있다.

셋째, 교과서 문제는 반드시 정부가 직접 나서지 않아도 된다. 독일－폴란드와 독일－프랑스의 경험에서도 확인되었듯이,[29] 정부는 '지원'의 임무만 충실히 하면 되기 때문에 합의사항에 대한 정치적 부담을 짊어질 필요가 없다. 오히려 부담은 교과서대화에 참가한 연구자와 교사들의 몫이다. 그들은 자신이 소속한 사회로부터의 시선을 의식하지 않을 수 없는데, 이에 대한 부담을 경감시켜 주는 것이 '지원'의 또 다른 의미이다. 대신에 대화에 참가한 사람들은 실사구시에 입각해야 하며, 진리를 추구하는 학자의 양식과 창조적 자발성, 학문적 성실성을 기본으로 해야 한다. 정부가 해야 할 지원의 기본방향은 민간인 참가자들이 이러한 태도를 적극적이고 장기간 지속할 수 있도록 하는 데 있다.

넷째, 동아시아에서 현재 제기되고 있는 역사문제는 세 나라 역사교과

---

29) 자세한 내용은 뒤의 각주 32)에 수록된 김승렬, 김유경, 한운석의 논문 참조.

서의 기술과 밀접한 연관이 있다. 따라서 교과서 문제는 동아시아 역사문제의 종합판으로서 역사대화의 디딤돌 역할을 할 수 있으며, 교과서대화의 과정에서 합의된 내용을 수렴할 수 있는 지적 공간이다. 이러한 사례는 독일-폴란드의 교과서대화에서 확인할 수 있다. 즉 강고한 냉전체제하에서 자본주의 국가 서독이 공산당 독재 국가인 폴란드와 교과서대화를 하면서 외교와 경제관계를 넓혀 나갔고, 축적된 신뢰를 자산으로 하여 동서독의 통일 과정에서 폴란드 측의 협조를 이끌어 낼 수 있었다. 한국이 일당 지배국가인 중국과 대화할 수 있는 여지는 여기에서 찾을 수 있다. 왜냐하면 정치적 조건이라는 측면에서 볼 때 중국은 최소한 1970년대의 폴란드보다 운신할 수 있는 폭이 넓기 때문이다. '교과서대화의 정치성'에도 주목할 필요가 있는 것이다.

교과서 문제의 이와 같은 특징으로 인해 양국 간 또는 다국 간 국제 교과서대화는 동아시아 역사대화의 가능성을 현실화시켜 줄 것이고, 교과서대화 과정에서 쌓인 상호이해와 신뢰도를 바탕으로 다양한 역사대화를 진행할 수 있는 정치적·사회심리적 준비를 하는 데 큰 보탬에 될 것이다. 독일-폴란드 사이에 오더-나이세강 동쪽의 영유권 문제를 서독 측에서 문제 삼지 않기로 약속한 것이 두 나라 간 교과서대화의 진전에 큰 영향을 주었듯이, 한일 간의 독도문제와 한중 간의 간도 영유권 문제 역시 교과서대화 속에서 자연스럽게 제기될 수밖에 없다. 교과서대화 자체가 영토문제까지 해결해 줄 수는 없겠지만, 대화 과정에서 문제를 해결하기 위한 기본적인 관점도 도출할 수 있고, 서로 간에 쌓인 신뢰 그 자체가 문제해결에 큰 도움이 될 수 있다. 다른 역사문제도 영토문제와 마찬가지로 영향을 받을 수밖에 없다. 결국 교과서대화는 동아시아형 역사대화의 디딤돌을 놓는 초석이다. 이것이 동아시아형 역사대화의 전개양상이고 기본 프로세스다.

4. '동아시아형 교과서대화'의 다양한 시도

1) 2001년도 교과서 파동과 독일-폴란드의 경험 배우기

동아시아에서 역사문제로 인해 외교문제가 처음 일어난 것은 1982년이다. 주지하듯이, 일본정부의 편향된 검정으로 인해 한국과 중국 등 동아시아의 여러 국가는 일본의 역사교과서 서술에 대해 대단히 비판적인 태도를 취하였다. 한국정부는 국사편찬위원회에서 분석한 24개 항목 가운데 19개 항목을 일본정부에 시정하도록 요구하였다. 이해 9월, 일본정부가 미야자와 관방장관을 통해 교과서 검정의 기준으로 '근린제국조항'을 새로 추가하겠다고 국제사회에 스스로 약속함으로써 사태는 일단 마무리되었다.

하지만 일본정부는 한국정부의 요구에 대해 15개 항목의 시정약속과 4개 항목을 보류한다고 통고해 왔지만, 시정해야 할 15개 항목은 1983년과 1984년, 그리고 이후 검정을 통과한 교과서에 반영되지 않았다.[30] 그것은 일본 외무성 북동아시아과가 1983년, 1984년의 검정결과와 1982년 교과서를 비교하여 변경된 기술 내용을 나름대로 정리하고 이것을 한국 외교부에 통보한 내용이었다. 교과서 검정을 지도하는 일본 문부성은 시정을 약속한 적이 없다. 그렇지만 연구자를 비롯한 많은 한국인은 일본의 교과서가 시정된 것으로 알고 있었다. 한국정부와 언론, 그리고 연구자들은 1990년 한일 간의 첫 교과서 공동연구의 제1차 회의가 열릴 때까지도 일본 외무성과 문부성의 엄밀한 차이에 대해 모르고 있었다.[31] 결국 1982년 일본 역사교과서 문제는 처음부터 끝까지 두 나라 정치 지도자들과 외교기관이 외교적으로 봉합함으로써 정치적으로 일단락시킨 사건이었다.

---

[30] 국사편찬위원회에서 분석한 내용 등에 대해서는 박성수 엮음, 「82년도 검정교과서의 한국사왜곡」, 『일본 교과서와 한국사의 왜곡』, 민지사, 1982 참조.

[31] 이상의 경과에 대해서는 君島和彦, 『教科書の思想』, すずさわ書店, 1996, 38~40쪽 참조.

역사인식의 차이를 둘러싼 갈등을 외교적으로 봉합한 접근법은 1986년에 검정을 통과한 『新編日本史』(原書房)라는 고등학교 역사교과서에서 1982년도 파동 때 문제되었던 내용과 비슷한 서술이 재연될 수 있게 하였고, 21세기 들어 침략을 희석화시키고 식민지지배를 미화하려는 편향된 서술이 오히려 강화되는 데 빌미를 제공해 주었다. 물론 한일관계사에 관해 현행 교과서의 서술과 1980년대 교과서의 해당 부분을 비교하면 현행본이 많이 개선되었음을 알 수 있다. 그렇다고 1982년부터 20여 년 동안 한일 간 역사인식의 간극이 근본적으로 사라지고, 다름을 인정하는 관계로까지 발전했다고 볼 수 없다. 일본의 우익 시민단체인 새역모가 일부 정치세력의 후원을 받으며 주도한 2001년도 교과서 파동은 역사인식의 간극을 더 선명하게 벌여놓았기 때문이다.

한국사회는 이즈음부터 독일-폴란드의 교과서대화를 비롯하여 유럽의 경험에 특별히 주목하였다. 관심의 정도가 이전과 비교할 수 없을 정도였다는 사실은 한국교육개발원에서 2002년도에 발주한 용역과제에서도 확인할 수 있다. 그중 몇 가지만 들어보면 아래와 같다.

1. 연구보고 CR 2002-32 독일-폴란드 교과서 협의 사례연구
2. 연구자료 RR 2002-35 한국교육개발원 국제학술회의 : 국가 간 상호이해 증진을 위한 교과서 개선
3. 수탁연구 CR 2002-36 국제이해를 위한 교과서 개선 활동에 관한 연구
4. 연구자료 RM 2002-50 20년간의 서유럽 역사교과서 개선 활동 : 1945~1965
5. 연구자료 RM 2002-61 20세기의 독일과 폴란드 : 분석, 사료, 교수법 시사
6. 연구자료 RM 2002-62 역사분야 독일-폴란드 교과서회의의 학문적 성과 1972~1987
7. 연구자료 RM 2002-63 역사분야 독일-폴란드 교과서회의의 교육학적 성과 1972~1987
8. 국제이해를 위한 교과서 개선 활동에 관한 연구 「부록 2」 : 국제화해 게오르크 에커트 국제교과서연구소 25주년 기념 논총

위의 발행도서 가운데 4번부터 8번까지의 번역물은 모두 게오르크 에커트 국제교과서연구소에서 발행한 연구서이다. 책의 제목에서도 시사받을 수 있듯이, 이것들은 독일 등 유럽 측의 경험을 정리하고 더욱 발전적인 교과서대화를 전개하기 위한 방안을 모색했던 책이다. 1번과 3번 책은 김기봉, 김승렬, 이민호, 한운석이 직접 연구하여 한국사회가 독일로부터 어떤 경험을 배워야 하는지를 분석한 결과물이다. 이들을 비롯한 독일사 연구자들은 독일－폴란드, 독일－프랑스의 교과서대화가 교과서 개선에 끼친 영향과 그들의 대화가 성공한 요인과 조건을 분석하고, 더 나아가 한일간 역사대화의 원칙과 부교재 개발 등 실제적인 협력방안을 제시하며 구체적이고 깊이 있는 논문을 발표하였다.[32)]

이처럼 한국사회는 2001년도 교과서 파동을 계기로 독일을 비롯한 유럽의 노력을 구체적이고 다양하게 이해하려고 적극 노력하였다. 심지어 정부의 역사왜곡대책반에서는 독일－폴란드 교과서대화 때 확정된 권고안을 비공식적으로 번역하기도 했으며, 『교과서 연구와 수정을 위한 유네스코 지침서』도 비공개로 출판하였다. 한국사회의 새로운 노력은 일본에 일방적으로 요구하고 싸우기만 하던 기존의 대응방식과 다른 활동방식, 특히 문제를 해결하기 위한 대안을 모색하려는 노력이 우리 손으로 본격화했음을 의미한다. 또한 여전히 완고하지만, 역사의 피해자인 한국사회의 내셔널리즘, 특히 반일내셔널리즘과 깊은 연관이 있는 한국 민족주의가 점차 타자와의 공존을 모색하는 방향에서 유연하고 열린 방향으로 바뀌고 있음을 의미한다. 2002년에 제1기 한일역사공동연구위원회가 출범하고 공동역사교재 개발을 위한 민간 차원의 여러 움직임이 가시화한 것도 결코

---

32) 지면의 분량 때문에 구체적으로 언급할 수는 없지만 다음 논문이 대표적인 글이다. 김유경, 「기억을 둘러싼 갈등과 화해－독일 · 프랑스 및 독일 · 폴란드의 역사교과서 협의」, 『역사비평』 59, 2002년 여름호 ; 한운석, 「역사교과서 수정을 통한 독일－폴란드간의 화해노력」, 『서양사론』 75, 2002. 12 ; 김승렬, 「숙적관계에서 협력관계로 : 독일－프랑스 역사교과서 협의」, 『역사와 경계』 49, 2003. 12 참조.

우연한 현상이 아니며 이와 같은 사회적 흐름과 깊은 연관이 있다.

이제 독일을 비롯한 유럽의 역사대화 경험은 한국사회에 어느 정도 소개되었다고 보아도 무방할 정도가 되었다. 한국에서는 독일을 비롯한 유럽의 경험을 알고 분석하는 데 필요한 양질의 정보가 2002년도에 이르러서야 제대로 확보된 것이다.[33)]

하지만 한중일 간 공동역사교재 작업에 참가한 한국 측 필자들 대부분이 처음부터 유럽의 경험을 제대로 숙지하고 뛰어들었던 것은 아니다. 그럼에도 불구하고 그들은 역사갈등을 해결하기 위해 국가(국민) 대 국가(국민)의 자격이 아니라 개인 대 개인의 자격으로 만나 타자를 인정하고 대화를 하며 우선 차이를 드러내고 공유점을 찾아야 한다는 데 공감하였다.[34)] 교과서대화를 하기 위한 최소한의 출발점을 올바로 설정한 것이다.

이제 남은 문제는 우리의 처지에 맞게 이것을 어떻게 소화하느냐였다. 다음 '제2)절'과 '제3)절'에서 언급할 2002년부터 2006년의 직접적인 경험은 '어떻게'에 대해 작지만 알찬 해답을 제시해 주었다. 먼저 정부 차원의 역사대화인 한일역사공동연구위원회에 대해 검토해 보자.

2) 제1기 한일역사공동연구위원회의 성과와 한계

2001년 일본의 역사교과서 문제로 인해 두 나라 사이의 외교관계가 흔들릴 정도로 파동이 커지자, 양국의 정상은 2001년 10월 서울에서 열린 정상회담에서 한국과 일본의 역사공동연구기구로 한일역사공동연구위원회

33) 2002년 이전까지 다음과 같은 두 편의 논문과 한 편의 번역문이 전부였다. 문기상, 「독일의 역사교육 : 독일·폴란드 역사교과서 협의회 추천문항을 중심으로」, 『역사교육』 34, 1983 ; 이민호, 「독일-폴란드 교과서 협의」, 『독일·독일민족·독일사 : 분단 독일의 역사의식』, 느티나무, 1990 ; 니시가와 마사오, 「역사교과서 개선의 국제협력」, 이광주·오주환 역, 『역사이론』, 문학과 지성사, 1987.

34) 「한일 공통 역사인식의 견고한 초석이 되길 바라며」, 『조선통신사』, 한길사, 2005, 7쪽 ; 「독자 여러분에게」, 『마주보는 한일사』 I, 사계절, 2006, 5쪽.

를 조직하고 이를 지원할 한일역사공동연구지원위원회를 설치하기로 합의하였다. 두 나라 간 공동연구는 2002년 5월 서울에서 제1회 전체 위원회가 열린 것을 시작으로 2005년 3월 도쿄에서 열린 제6회 전체회의 때까지 진행되었고, 『한일역사공동연구보고서』 1-6을 발간함으로써 제1기 활동을 끝마쳤다. 같은 기간 동안 공동연구위원회를 지원하기 위해 외교통상부 관계자, 공동연구위원회의 위원, 기타 민간 측 관계자 등이 참여한 민관 합동의 역사공동연구지원위원회도 활동하였다.

한일역사공동연구위원회는 민간 연구자를 중심으로 전체회의와 3개 분과위원회(고대사, 중 근세사, 근 현대사)로 구성되었으며, 모두 19개의 공동연구 주제를 선정하고 3년 동안 45차례의 분과별 발표 및 토론회와 한 차례의 공동연구발표회를 비공개로 진행하였다. 한일 간 공동연구는 양측에서 19개 주제에 대해 각각 논문을 발표하여 앞서 언급한 연구보고서에 수록했으며, 인터넷으로도 공개하고 있다.[35] 한국 측의 경우 공동연구 주제와 관련된 소주제를 89개 선정하여 자체 연구를 진행하고 『韓日關係史硏究論集 1~10』(경인문화사, 2005)을 발간하였다.

공동연구위원회가 선정한 19개 연구과제를 정리하면 〈표 2〉와 같다.

이상의 연구 주제에 대해 한일 두 나라 위원들은 공통된 이해를 갖는 경우도 있었고, 현격한 견해 차이를 드러낸 경우도 있었다. 이를 다소 거칠게 정리하면 다음과 같다.

제1분과에서는 한일 고대사의 큰 쟁점인 임나일본부설이 두 나라 학계에서 거의 인정받지 못한 학설임을 확인하였고, 왜의 남부 경영과 임나 지배를 모두 부정하였다. 짧은 연구기간 때문에 고대 한일관계사의 기본 성격에 대해 합의하지 못한 아쉬운 점은 있으나, 이 정도의 합의점에 도달했다는 노력 자체는 성과로 인정해야 할 것이다. 그런데 왜군의 활동에 대해

35) http://www.mofat.go.kr/ek/kor_paper.html.

〈표 2〉 제1기 한일역사공동연구위원회 연구주제

분 과	연 구 주 제
제1분과 (고대사)	* 4세기의 한일관계 * 5세기의 한일관계 * 6세기의 한일관계
제2분과 (중근세사)	* 僞使 * 壬辰倭亂 * 通信使
제3분과 (근현대사) * 13개 주제	* 한일 간의 諸條約 * 동아시아 국제관계의 근대화 * 청일전쟁－러일전쟁기의 한일관계 * 조선주둔 일본군의 실태(1876~1945) * 일제의 식민지 통치정책과 한민족의 대응 * 식민지기, 문화와 사회의 변용 * 전시체제기 국가총동원 체제와 그 실상 * 식민지 '開發論'과 '收奪論' * 한일회담과 한일조약 * 1945년 이후 조일관계 * 1945년 이후 한일 간 경제관계의 전개 * 근현대 한일 간의 상호인식 * 근현대 한일관계 연구사

서는 두 나라 사이에 큰 의견 차이가 있었다. 한국 측은 한반도에 온 왜군이 교류 차원의 원군이거나 용병이라 보았는 데 비해, 일본 측은 왜군이 한반도의 남부에서 군사활동을 한 때가 있었고, 왜의 왕권도 이 지역을 지배하려는 의도를 갖고 있었다고 보았다.[36]

제2분과에서는 특정한 합의점을 도출했다기보다 상호 간의 인식 차이가 확연히 드러났다. 즉 위사(僞史)에 대해 한국 측은 통교위반자라 규정한 데 비해, 일본 측은 당시 동아시아에 공통으로 존재하던 통교권을 의미한다고 보았다.

그런데 제2분과의 보고서를 보면, 같은 연구주제임에도 불구하고 분과

---

36) 한일역사공동연구위원회, 『한일역사공동연구보고서』 1, 2005. 7.

회의가 진행되는 동안 토론의 초점이 일치하지 않았던 것으로 보인다. 즉 한국 측은 연구사 정리를 통해 두 나라 사이의 임진왜란에 대한 인식 차이를 지적하고, 침략을 미화하지 않으면서 참혹한 전쟁을 막아야 한다는 연구관점을 강조하였다. 반면에 일본 측은 임진왜란 개전 3개월 동안의 군량과 전쟁수행의 문제점을 해명하는 데 초점을 두었다. 제2분과의 세 번째 공동연구 주제인 조선통신사에 대한 연구에서도 두 나라 사이에 초점이 맞지 않았다. 한국 측은 한일관계사에서 조선통신사가 선린우호와 문화교류의 상징임을 강조하였고, 「보론」으로 조선통신사에 대한 인식을 정리하였다. 이에 비해 일본 측은 일본 중세 때 온 조선 사절의 전반적인 실태를 정리하고, 무로마치막부(室町幕府)가 조선의 사절을 '가상의 조공사절'로 간주했다고 분석하였다.[37)]

이처럼 두 주제에 대해 핀트가 어긋나는 공동연구는 초보적인 경험에서 나오는 결과라기보다, 일본 측과 한국 측이 위원회를 바라보는 생각의 차이, 내지는 큰 쟁점을 둘러싸고 되도록 직접적인 협의를 피해 보려는 일부 위원의 태도와 어떤 연관이 없었는지 검토해 볼 필요가 있다. 왜냐하면 향후 공동연구 활동에서 되풀이될 개연성이 농후하기 때문이다.

제3분과에서는 공동연구에 참가한 두 나라 연구자 모두 일본의 조선 침략과 식민지지배가 부당했다는 점에 대해 대체로 의견의 일치를 보았다. 또한 이 시기의 역사를 침략과 저항, 근대화와 수탈이란 이분법적인 구도로만 보지 말고 일상생활의 다양한 측면도 함께 검토해야 한다는 데는 큰 차이가 없었다. 제3분과에서는 근대 한일관계사 연구의 기본 쟁점이라고 할 수 있는 사항에 대해 최근 한일 두 나라의 공통된 연구동향과 맞물려 상호이해할 수 있는 여지를 위원들 사이에서 확인할 수 있었다.

하지만 각론으로 들어가서는 상당한 견해 차이가 있었다.[38)] 예를 들어

---

37) 한일역사공동연구위원회, 『한일역사공동연구보고서』 2·3, 2005. 7.

38) 제3분과의 쟁점을 제1, 2분과처럼 하나하나 설명하면 분량이 너무 많아 이러한 방식으로

전통적 동아시아 국제관계에서 조공－책봉 관계를 어떻게 보아야 하고, 이것과 청일전쟁의 관계를 어떻게 평가해야 하는가, 을사조약과 한일병합조약은 합법인가 불법인가, 그리고 유효인가 무효인가, 일본의 식민통치를 부당하다고 보더라도 이것과 지배의 근대적 측면의 관계를 어떻게 해석해야 하는가, 일본의 강제동원정책에 대한 조선인의 저항을 어떻게 보아야 하며, 더 나아가 이들 쟁점과 연관되어 있다고도 볼 수 있는 조선인의 민족운동을 식민지지배 전체 속에서 어떻게 자리매김해야 하는가, 한일협정에서 개인청구권은 여전히 남아있는 것인가 등에 대해 좁혀지지 않는 인식의 간극이 있었다.[39]

전체적으로 보면, 상호인식의 공통점을 찾기보다 차이를 드러내고 확인한 측면이 훨씬 많았다. 제1기 활동의 첫 번째 의의는 바로 여기에 있다. 필자는 제1기의 연구활동에 대해 비판할 점이 있으면 지적해야겠지만 활동의 의의를 부정해서는 안 된다고 본다. 왜냐하면 정부 차원에서 지원하는 한일 간의 역사대화는 한일관계사 전반에 걸쳐 당사자들이 직접 머리를 맞대고 무엇이 쟁점인지를 토론하고 확인한 첫 경험이었으며, 역사대화의 현 수준은 이것으로부터 제한받을 수밖에 없기 때문이다. 또 제1기의 활동 결과 향후 두 나라 사이에 인식의 간극을 메우는 데 필요한 한일관계사의 주요 논점이 거의 다 드러났다고 볼 수 있기 때문이다. 달리 말하면, 1945년 이후 자기 주장의 정당성만을 내세우며 장벽 쌓기를 해 왔던 한일 양국이 57년 만에 처음으로 지금까지의 태도와 다른 변화가 싹트고 있음을 보여준 역사대화였던 것이다.

그럼에도 불구하고 한일역사공동연구위원회가 2001년도 한일 간 교과서 갈등을 계기로 조직되었다는 점을 고려할 때, 교과서 문제를 전혀 다루지 못했다는 점은 분명한 한계였음을 지적해야 한다. 공동연구 과정에서

정리하였다.

39) 한일역사공동연구위원회, 『한일역사공동연구보고서』 4·5·6, 2005. 7.

제기된 쟁점이 양국의 역사교과서에서도 내용적으로 충돌하는 주제이므로 그냥 지나칠 수도 있겠지만, 역사교육 등을 고려해야 하는 교과서대화와 공동연구는 논의의 방향과 내용이 다른 영역이다.

이 점은 한일역사공동연구위원회가 연구자들 간의 또 하나의 공동연구 모임으로 그칠 것인지, 아니면 교과서 서술상의 상호 쟁점에 대해서까지 연구의 영역을 확장하여 두 나라 국민 사이의 긍정적인 상호이해를 끌어낼 수 있는 실질적 기반을 마련하는 데까지 나아갈 수 있을 것인지와 깊은 연관이 있다. 한일역사공동연구위원회를 조직한 의의는 『한일역사공동연구보고서』의 「인사말」에서 두 나라 위원장이 공동으로 밝혔듯이, "일본 역사교과서 문제와 관련, 정확한 역사 사실 및 인식을 통한 양국 간 상호이해 촉진을 위하여" 활동하는 데 있다는 점에서 후자 곧, 교과서 서술상의 상호 쟁점에 대해 연구하는 방향으로 설정하는 것이 옳다. 그리고 연구교류에 머물지 말고 실질적인 협력을 확보할 수 있는 토대를 제공해야 한다. 현실적으로 상호이해와 협력을 방해하는 각국 대중의 부정적인 인식을 극복하는 데 있어 국가 간 대화의 수단으로 교과서만한 기제는 없다. 또 교과서를 통한 역사인식의 공유만큼 대중의 역사인식에 영향을 끼치는 실질적 협력의 수단도 없다.

그렇지만 제1기 위원회의 활동은 목적(이상)과 현실의 격차가 대단히 크다는 또 다른 현실을 보여주었다. 따라서 정부 차원의 위원회는 단계적으로 접근하되 전략적 전망을 갖고 운영해야 할 필요성이 있다. 독일-폴란드 교과서대화에 참가한 양국의 위원들도 처음 시작할 때는 성공할 것이라 기대하지 않았다.[40] 그들은 누구도 성공을 장담하지 못했지만 결국 역사를 만들었다.

한일역사공동연구위원회의 두 번째 의의는 역사문제를 둘러싸고 일본

---

40) 「로버트 마이어의 증언(2006. 7. 4)」, 독일 게오르크 에커트 국제교과서연구소의 마이어 연구실에서.

정부와 처음으로 공식적인 대화의 장을 마련했을 뿐만 아니라 정례적인 만남을 실현했다는 데 있다. 제1기에 이어 제2기의 활동을 서로 약속하고, 2007년 6월 제2기 위원회가 공식 출범하였다. 제2기 위원회도 역사교과서 문제만을 다루기는 하지만, 4개 분과 가운데 하나로 교과서위원회(일본 측 이름은 교과서소그룹)를 두고 한일 양국의 역사교과서에 대해 검토하고 있다.

앞으로 제3기, 제4기로 이어지면서 점차 역사교과서의 내용을 직접 검토하는 방향으로 활동의 폭을 넓혀야 한다. 교과서대화의 목적은 사실이 맞고 틀리는지를 판정하고 수정하는 데 있지 않다. 잘못된 사실을 수정하는 활동은 기본 중에 기본이다. 교과서대화의 더 궁극적인 목적은 상대방에 대한 자국민의 무지를 만들어내는 부분, 그리고 교과서 내용의 전후 맥락을 통해 조장되는 무의식적인 선입견까지를 확인하고 바로잡으며 상호 중첩된 오랜 역사 과정에서 형성된 상대방에 대한 편견과 무지, 그리고 응어리진 적대적 감정을 해소하고 상호이해와 신뢰를 심화시킬 수 있는 토대를 제공하는 데 있다. 이는 앞서 지적한 한일 간, 한중 간 외교적 봉합은 역사갈등을 해결하는 궁극적인 방안이 아니며, 위원회는 또 하나의 연구 중심 프로젝트 조직에 머물러서는 안 된다는 것을 시사한다.

교과서대화의 목적을 달성하기 위해서는 1935년부터 시작한 독일-프랑스 교과서대화, 1972년부터 시작한 독일-폴란드 교과서대화에서도 알 수 있듯이 장기적인 전망을 가질 필요가 있다. 교과서라는 매개를 통해 전략적 접근이 필요한 것이다. 이를 위해서는 단계적 접근을 고려해야 하며 장기적으로 지속할 수 있는 지원체제가 반드시 마련되어야 한다. 현실적으로 국민국가 내에서 이러한 체제를 갖출 수 있는 곳은 정부뿐이다. 따라서 국가 상호 간의 국민적 인식의 차이를 해결하는 데 있어 가장 중요한 핵심은 최고 통치권자 등 정치권의 권력의지이다. 교과서대화의 이상(목적)과 21세기 동아시아의 현실 사이에 큰 격차도 바로 여기에서 나온다.

현실에서 두 나라 사이에 교과서대화의 수준을 가늠할 수 있는 또 다른 사례는 공동연구 조직과 더불어 지원위원회라는 이름의 기구를 두고 있다는 점을 들 수 있다. 위원회는 공동연구 자체를 제외한 두 나라 국가 간 접촉을 지원위원회를 통해 진행하고 있다. 이러한 운영방식은 현재의 대화 수준에서 양면적인 역할을 하고 있다. 즉 국제 외교문제화할 수 있는 사안이므로 정부 간 역사대화를 중단시키지 못하는 안전장치의 역할을 하고 있는 반면에, 위원회의 활동이 두 나라 외교관계로부터 근본적으로 규정받고 있다. 이상하지만 오묘한 조합인 것이다. 달리 보면 위원회의 투톱 체제는 역사와 외교가 분리되지 않고 있는 동아시아 역사대화의 수준을 반영한 것이고, '동아시아 역사의 정치화' 현상을 조직적으로 노출하고 있다. 장차 공동위원회의 투톱체제는 공동연구가 진척되는 과정에서 해체되고 지원의 임무를 연구위원회 산하의 사무국 또는 특정한 별도기관에서 담당해야 한다. 역사와 외교를 분리하는 것이 바람직하기 때문이다.

3) 민간 차원의 다양한 공동역사교재 발행과 시사점

2001년도 일본 역사교과서 문제는 정부 차원에서 한일역사공동연구위원회를 탄생시키는 계기였던 동시에, 민간 차원에서도 일본을 비판하는 데만 머무르지 않고, 실질적인 협력을 달성하면서 대안을 모색하려는 움직임이 활발히 일어나는 계기이기도 하였다. 실질적인 협력은 2001년에 일본의 시민단체와 함께 후소샤판 역사교과서의 채택률이 0%에 가깝게 되도록 하는 공동 활동으로 나타났고, 공동역사교재를 만들어 2005년에 출판하는 것으로도 이어졌다. 출판된 순서를 따라 언급하면, 『조선통신사』(한길사), 『미래를 여는 역사』(한겨레신문사), 『여성의 눈으로 본 한일 근현대사』(한울아카데미), 그리고 2006년 8월에 출판된 『마주보는 한일사』 I · II(사계절), 2007년 3월에 출판된 『한일 교류의 역사』(혜안)를 들 수 있다.

본격적인 논의에 앞서 미리 지적해 두어야 할 것은, 이들 공동역사교재가 독일-폴란드의 경험과 비교의 대상이 될 수 없다는 점이다.[41] 또한 공동역사교재 개발에 참가한 사람들과 교재의 대표성을 문제 삼아서도 안 된다는 점이다. 민간 차원에서 자발적으로 노력하여 달성한 지극히 협소한 규모의 성과이며, 교과서대화의 역사를 고려할 때 상징성에 더 주목해야 하기 때문이다.

그렇지만 동아시아의 역사갈등이 첨예화되고 있는 현실을 고려할 때 공동역사교재 개발의 의미를 깊이 되새겨 보아야 한다. 교과서대화가 가능하다는 현실을 보여주었고, 대안을 모색했다는 점에서도 그렇고, 단발성으로 그치지 않는 상시적인 협력시스템을 자발적으로 만들었다는 점에서도 그렇다. 더구나 정부 차원의 역사대화 기구가 어렵게 출범하면서 정치외교의 영향을 크게 받는 현실 등을 고려할 때 민간 차원에서 자발적으로 공동역사교재를 개발하는 과정을 통해 실질적인 역사대화를 시도했다는 점에서도 그렇다.

독일-프랑스와 독일-폴란드의 경험을 볼 때, 민간 차원의 상시적인 협력시스템을 구축하고 공동역사교재를 개발하는 활동은 교과서를 놓고 대화하는, 그리고 본격적인 역사대화를 시작하는 정치적 준비이고 사회심리적 준비의 일환이라고 보아도 좋을 것이다. 그런데 독일-프랑스, 독일-폴란드의 교과서대화에 관심 있는 많은 한국 사람들이 쉽게 간과해 온 점은, 이들 나라에서 정부 차원의 교과서대화가 진행되기 이전, 그리고 그 이후에도 민간 차원의 다양한 역사대화와 협력시스템이 있었다는 사실이다.[42]

---

41) 박재영, 「한·중·일 3국의 역사교과서 협의의 제문제-유럽의 교과서 협의와 비교하여」, 『백산학보』 75, 2006. 8.

42) 시민사회의 적극적인 노력이 국제 교과서대화를 성공시키는 발판이고, 그 가운데 청소년교류가 대단히 중요하다는 점은 독일-프랑스 경험에서도 마찬가지였다(「독일-프랑스 청소년 교류원 관장 등의 증언(2006. 6. 28)」, 독일-프랑스 청소년 교류원 관장실에서

예를 들어 1970년 빌리 브란트(Willy Brandt) 수상이 서독의 총리로서는 처음으로 폴란드를 방문했을 때, 바르샤바의 게토지역에 있는 유대인 추모비에서 무릎을 꿇고 진정으로 반성하는 모습을 보여준 행위는 그가 즉흥적으로 선택한 개인적인 행동으로 보아서는 안 된다. 이미 1950년대부터 서독에서 진행된 피해자들과의 눈높이를 맞추며 봉사하려는 서독 측 민간 참가자들, 특히 가톨릭계의 '무릎 꿇기 운동'의 연장선상에서 보아야 한다.[43] 또한 오늘날 독일-폴란드 교과서대화의 역사를 기술할 때 김나지움의 교사인 엔노 마이어(E. Meyer) 박사가 1956년 47개 테제를 발표한 사실을 반드시 언급하는 것도 되새겨 볼 필요가 있다.[44] 독일-프랑스 교과서대화도 1935년부터 교사 등이 자발적으로 참여한 가운데 시작되었다는 점 역시 주목해야 한다. 정부 차원의 공식적인 교과서대화는 어느 날 갑자기 시작된 것처럼 보이지만, 실제로는 다양하고 풍부한 전사(前史)가 있었다. 그런데 우리는 정부 차원의 독일-폴란드 교과서대화와 그 결과물에만 관심을 갖고 있지, 그것이 가능할 수 있었던 여러 조건과 역사를 분석하는 데는 그다지 관심을 기울이지 않고 있다.[45]

물론 앞서도 언급했지만, 교과서대화는 정부 차원의 지원과 대화에 참가한 민간인의 자발적이고 독립적인 활동에 의해서만 실질적인 효과를 거둘 수 있다. 정부 차원의 대화에서는 권력의지가 대단히 중요하고, 지도자의 정치적 결단으로부터 대화가 본격적으로 시작되는 경우가 허다하다. 그럼에도 불구하고 한편으로 우리가 주목해야 할 점은 교과서대화를 할

관장인 Dr. Eva Sabine 등과 대담).

43) 「독일-폴란드 청소년 교류원 관장의 증언(2006. 6. 29)」, 독일-폴란드 청소년 교류원 관장실에서 ; 「라이어 여사의 증언(2006. 6. 29)」, 라이어 여사의 집에서. 이 자리에는 동독출신의 여성목사님도 참가하여 함께 증언해 주었다.

44) 『연구보고 CR 2002-32 독일-폴란드 교과서 협의 사례연구』, 한국교육개발원, 2002, 25쪽.

45) 한국과 일본에서 독일-폴란드 교과서대화의 전사를 언급한 거의 모든 글에서도 독일 시민사회의 특별한 노력에 주목한 경우는 없었다.

수 있다는, 내지는 해야 한다는 정치적 결정을 내릴 수 있는 축적된 경험이 없으면 여론을 고려하는 정치가로서도 결단을 내릴 수 없으며, 설령 교과서대화를 추진한다 하더라도 성공할 수 없다는 것이다. 왜냐하면 교과서대화는 상대방의 교과서만을 검토대상으로 삼는 것이 아니라 자신의 교과서도 분석해야 하는 호혜성과 균등성을 원칙으로 하며 자신의 정체성을 상대화하려는 태도도 갖추어야 하기 때문이다.[46] 더구나 정부 차원에서 진행된 교과서대화는 자국의 역사교육정책에 직접 영향을 주는 문제이므로 당연히 정치적 반향을 불러일으키게 되어 있고, 교과서대화에 참가한 사람은 사회적 부담을 감내해야 하며 교과서대화를 지원하기로 결단을 내린 정치가와 정치세력은 이것까지 감당해야 한다.[47]

열린 자세를 동반하지 않고는 어떤 합의도 도달할 수 없다는 사실은 1991년, 1992년에 있었던 한일 간 첫 교과서 공동연구 때 A4 한 장 분량의 「共同覺書」조차 빛을 보지 못했던 경험에서도 확인할 수 있다.[48] 반대로 21세기 들어 민간 차원에서 여러 종류의 공동역사교재가 한꺼번에 출판될 수 있었던 이유도 우리는 주목해야 한다. 다양한 원인이 있었겠지만, 한 가지 분명한 사실은 한국의 민족주의 특히 반일민족정서에 변화가 있었기 때문에 가능했다는 점이다. 즉 일본의 교과서만이 문제이고 우리의 교과서는 아무런 문제가 없다는 인식, 그리고 가해자인 일본만이 무조건 반성해야 한다는 공격적이고 고압적인 반일태도 등은 극복되어야 하며, 우리 자신도 성찰적으로 반성해야 한다는 공감대가 널리 확산되고 있었기 때문

---

46) 『연구보고 CR 2002-32 독일-폴란드 교과서 협의 사례연구』, 한국교육개발원, 2002 참조.

47) 독일-폴란드의 권고안을 둘러싸고 서독의 11개 주(州) 모두에서 벌어진 논쟁은 교과서 문제라는 차원으로 보아서는 안 되며, '보혁논쟁'의 양상으로 전개되었다고 보아야 한다. 이것은 정치논쟁이었다. 자세한 내용은 곤도 다카히로(近藤孝弘)의 『ドイツ現代史と國際教科書改善』(名古屋大學出版會, 1993) ; 『國際歷史教科書對話』(中公新書, 1998) 참조.

48) 자세한 것은 신주백, 「한일간 역사대화의 모색과 협력모델 찾기(1982~1993)」, 『한일민족문제연구』 11, '제Ⅳ장 2절' 참조.

에 가능하였다.[49)]

이상이 조직적 협력방식과 관련된 언급이라면, 이제부터는 협력의 결과물인 공동역사교재의 협력형식에 관해 언급하겠다.

민간 차원의 공동역사교재는 모두 '교과서적인 서술', 곧 기승전결의 완결된 문장으로 시간의 순서를 따라 설명하는 형식을 취하고 있다는 공통점이 있다. 각 작업팀들이 그렇게 해야 할 이유를 얼마나 자각하고 실시했는지 알 수 없지만, 우연하게도 공통된 서술 형식이었다는 데 주목할 필요가 있다. 독일－프랑스와 독일－폴란드처럼 권고안도 아니고, 수업 실천 사례집이나 교사용안내서도 아니며, 자료집 발간형식은 더더욱 아니었다는 점을 되새겨 볼 필요가 있는 것이다.

공동역사교재들이 '교과서적인 서술' 형식을 취한 것은 2001년 일본 역사교과서 파동의 주범인 새역모가 후소샤를 통해『新しい歴史教科書』라는 교과서를 발행했기 때문이다.[50)] 달리 말하면 학교현장에서 교과서를 매개로 침략사관과 식민지지배 미화사관을 퍼뜨리려는 정치운동에 맞서 민간 차원에서 대응할 필요가 있었기 때문이다.[51)]『미래를 여는 역사』(한겨레신문사, 2005)의 편집진만이 아니라 다른 공동역사교재의 참가자들도 후소샤판 교과서의 채택을 저지하는 데 이보다 더 좋은 형식의 공동역사교재는 없다고 보았다.[52)] 따라서 교재의 형식과 활동방식으로 보아 이를 '동아시아형 교과서대화'의 일부로 볼 수 있다.

앞으로도 역사인식의 차이를 해소하려는 협력의 형식과 결과물은 더욱

49) 신주백,「우리는 일본으로부터 해방되었는가－일본에 대한 선망과 경멸 사이에서」,『황해문화』48, 2005. 8 참조.

50) 이 점은 1982년 역사교과서 파동이 문부성의 검정조사관의 검정문제로부터 일어났다는 사실과 대비하여 생각하면 더욱 쉽게 이해할 수 있을 것이다.

51) 자세한 분석은 신주백,「논단과 현장 : 동아시아 역사 만들기」,『창작과 비평』132, 2006년 여름호 참조. 이 책의 제3부에 수록되어 있다.

52)『마주보는 한일사』;「공동 역사부교재 집필 지침」,『한일 공동 역사 부교재 백서』(미공개) ;『조선통신사』;『역사부교재 편찬의 성과와 과제(대구와 히로시마)』(미공개).

다양한 방향에서 장려되어야 한다. 그중에서도 교과서적 서술형식이 특히 장려되어야 한다. 정부 간 교과서대화가 본격적으로 진행되기에는 아직 난망한 데 반해, 각국의 학교교육에서는 국가 간 역사인식의 차이를 줄이기보다 자기중심적으로 간극을 넓히려는 방향에서 역사교육을 강조하고 있기 때문이다. 또 교과서적인 서술형식은 불특정 다수의 대중, 특히 미래의 세대인 학생들을 상대로 실제적인 설득력을 가질 수 있는 기제이기 때문이다. 따라서 앞으로 간행될 공동역사교재들은 각국의 대중들, 특히 학생들에게 지속적인 설득력을 가지려면 협력의 수준을 계속 높여가는 모습을 보여주어야 한다. 협력의 수준을 높이는 과정은 서로 다른 인식의 폭과 깊이를 극복해 가는 것을 의미한다. 이를 위해서는 반드시 공동연구를 동반해야만 한다. 동시에 학교현장에서 그것을 어떻게 활용할 수 있을까를 고민해야 한다. 연구자나 교사 각각이 아니라 두 주체가 함께 협력하여 공동역사교재를 만들어야 하는 이유 가운데 하나도 바로 여기에 있다.

교과서적인 서술형식을 취하는 공동역사교재를 민간 차원에서 발간한다는 의미는 독일-프랑스, 독일-폴란드와 다른 교과서대화 형식이다. 더 논의를 진전시키면, 동아시아에서는 아직 권고안을 이야기할 단계가 아니라는 것이다. 독일-폴란드의 경험을 놓고 볼 때, 권고안은 교과서대화의 당사자인 양국 정부 차원의 꾸준한 지원과 민간의 자율적인 협력을 동반해야만 가능하다. 누차 지적했지만 동아시아의 현실은 이러한 대화형식을 취하기에 아직 요원하다.

그렇다고 민간 차원에서 독자적으로 권고안을 만들 수 없다는 이야기는 아니다. 할 수는 있을 것이다. 하지만 독일-프랑스와 독일-폴란드의 권고안이 갖는 성격을 조금만이라도 이해한다면 섣불리 달려들지 못할 것이다. 권고안은 법적 강제조치를 동원하여 합의 내용을 교사와 학생들이 받아들이도록 하는 외교문서가 아니며, 오로지 학문적 설득력만으로 내용을 채워야 한다. 권고안은 이미 발행되었거나 앞으로 발행될 다양한 수업안

내서와 수업자료 가운데 하나에 불과하다.[53] 서독의 경우 독일－폴란드 교과서대화에 참가할 위원을 선정할 때, 1) 교과서대화에 관심과 열정을 갖고 화해할 준비가 되어 있는 사람, 2) 학문적으로 인정받은 사람, 3) 독일－폴란드 관계사에 정통한 사람을 기준으로 내세웠다.[54] 한마디로 말해 참가자들의 학문적 권위와 대화의지를 바탕으로 권고안이 만들어져야 한다는 점을 시사한다. 현재 민간 차원의 한일 또는 한중 간 교과서대화는 이 부분을 충족시키기에 버거운 것이 현실임을 직시해야 한다.

더구나 일본의 정세와 관련지어 볼 때 독일－폴란드와 같은 형식과 내용의 권고안 작성은 상당히 위험한 접근법일 수도 있다. 권고안을 받아들인다는 것은 일본의 우익과 일부 보수세력의 입장에서 볼 때 21세기 들어 두 차례의 역사교과서 파동과 2006년도 검정교과서에서의 독도기술 강화로 사실상 사문서화(死文書化)시킨 '근린제국조항'을 부활시키는 것으로 이해할 수 있다. 달리 보면, 교과서공격을 통해 일본사회의 보수우경화를 선도해 왔던 기존의 정치전략을 수정해야 하는 상황에 직면하게 되는 것을 의미한다.

이에 비해 일본의 진보적 교과서 필자들로서는 권고안을 만든다는 것이 문부과학성의 검정조사관들에게 예기치 못한 칼자루를 합법적으로 쥐어주는 꼴이 될 우려도 있다는 불안감을 갖게 한다. 이에나가(家永) 소송으로 대표되는 일본의 교과서운동은 검정을 수단으로 교과서의 내용과 출판을 통제하려는 문부성(문부과학성)과의 기나긴 싸움의 역사였다. 실제 독일－폴란드의 권고안만큼 서술하는 형식과 추상도 높은 내용이라면 현재와 같은 일본의 분위기에서 교과서조사관들에게 자의적인 해석의 여지를

---

53) 이런 점에서 볼 때 '제2장'에서 언급한 유네스코일본위원회의 태도는 교과서대화를 거부하기 위한 변명에 불과하다고 말할 수 있다.

54) 「로버트 마이어의 증언(2006. 7. 4)」, 여기에 더 추가하자면, 세 가지 조건에 충족한 사람이라 하더라도 민족주의와 보수주의적 사고를 하지 말아야 하며, 특정 이해단체를 대변하지 않고 개인적으로 참가해야 한다는 점도 고려되었다.

줄 가능성은 충분히 있다. 왜냐하면 독일-폴란드의 권고안은 압축적이고 추상적이어서 현장의 교사들조차 어려워하며 처음에는 어떻게 사용해야 할지 몰랐으며, 설령 사용하더라도 그것만을 가지고 수업을 하는 데는 많은 어려움을 호소할 정도였기 때문이다. 그래서 독일-폴란드 교과서대화에서는 권고안 발표 이후 10년간 공동연구를 진행하였고, 이어 다양한 내용의 교사용 안내서를 발간하였다.[55]

5. 맺음말

이상으로 1993년부터 지금까지 한국사회는 독일-폴란드의 경험을 어떻게 이해하며 동아시아의 역사대화를 진행해 왔는지 정리하였다. 또 세계화 시대의 21세기에 역사갈등을 해소하고 역내의 안정과 평화체제를 구축하는 데 기여할 수 있는 교과서대화의 협력모델이 무엇인지 탐색해 보았다.

교과서대화는 자신을 절대화하는 인식과 행동을 방지하고 상대방에 대한 무지와 '무의식적인 선입견'까지 해소하면서 상호이해를 증진시켜 분쟁을 피할 수 있는 바탕을 제공한다. 독일-폴란드와 독일-프랑스의 경험은 우리에게 이를 선험적으로 보여주었다. 국제 교과서대화의 경험은 성공의 조건과 요인을 우리에게 가르쳐 주었고, 「권고안」과 「교사용안내서」라는 결과물을 제시해 주었다.

하지만 이런 것들은 유럽적인 산물이다. 우리는 이 경험을 동아시아적 상황에 창조적으로 응용할 필요가 있다. 2국 간 또는 다자 간 동아시아형 교과서대화는 동아시아형 역사대화의 가장 기초적인 디딤돌의 초석을 놓는 작업의 시작이다. 왜냐하면 교과서대화는 교과서의 기술 내용을 수정

55) 「로버트 마이어의 증언(2006. 7. 4)」.

하는 데 그치지 않고, 양국 간 내지는 동아시아 역내의 주민 간 상호이해와 존중의 정서를 심어줄 수 있기 때문이다.

우리에게 있어 동아시아형 역사대화는 역내의 안정과 평화 질서를 구축하고 남북분단을 극복하여 통일문제를 해결할 수 있는 디딤돌이다. 또 주변국과의 역사분쟁을 유도하지 않고 동아시아의 안정과 협력에 기여하는 국가로서의 한국 이미지를 획득할 수 있는 기회를 제공할 것이며, 분단을 극복한 이후에도 역내의 동반자이자 평화지향적인 국가로서의 특징이 계속 유지될 것이라는 신뢰감을 국제사회에 심어줄 수 있다. 요컨대 동아시아형 역사대화는 한국이 동아시아의 말썽꾸러기가 아니라 평화지향적인 국가임을 증명하는 연속된 미래기획이다. 우리는 동아시아형 역사대화의 코디네이터로 거듭나야 한다.

지금 단계에서 동아시아형 교과서대화의 조직적 협력방식은 외교관계의 제약을 받는 정부 지원의 대화조직과 민간 차원의 자발적인 대화조직이 각각 독립하여 병렬적으로 존재해야 한다. 두 영역은 공동보조를 맞추며 상호보완적인 관계여야 하며, 어느 쪽이 일방적으로 주도하거나 독식하는 관계여서는 안 된다. 한국의 경우, 2006년에 출범한 동북아역사재단은 이 측면에서 전략적 사고를 해야 하며, 자신이 직접 주도할 사업과 지원할 사업을 적절히 구분할 줄 알아야 한다. 예를 들어 지원의 영역에는 민간 차원의 공동역사교재 개발사업과 유네스코한국위원회의 국제이해사업이 반드시 포함되어야 한다. 특히 한국현대사의 부끄러운 부분을 치유하기 위해서라도 유네스코한국위원회가 대만 및 베트남과 역사대화를 주도할 수 있도록 지원해야 한다.

공동역사교재에 관한 협력방식은 통사적인 서술에서 사료집까지 다양한 형식의 결과물일수록 좋다. 그럼에도 불구하고 정부의 지원을 받는 대화조직의 궁극적인 결과물은 독일－프랑스나 독일－폴란드와 같은 형식이면서 '압축적인 권고안'이어서는 안 된다. 국제 교과서대화의 정신적 합작품인 권고안의 장점을 계승하면서도 단점을 만회할 수 있는 서술분량과 편집형식, 그리고 교수법적인 성찰이 반영된 교사용안내서와 같은 성격까지 모두 가미된 것이어야 한다. 다만, 이것조차 여러 수업자료와 교재 가운데 하나이며, 절대적 기준이 되어서도 안 된다. 민간 차원의 결과물은 대화 주체의 신분과 조건에 따라 다양한 공동역사교재를 개발하는 과정에서 2국 간 관계사, 또는 한중일을 중심으로 한 ‘동아시아 국제관계사’, 더 나아간다면 ‘동아시아와 세계’라는 ‘역사’ 교재 또는 국민국가의 극복을 전망할 수 있는 ‘동아시아사’ 교재를 편찬하는 작업이 궁극적인 대안이어야 한다. 2005년에 발간된 교과서적 서술형식의 공동역사교재는 이를 준비하는 첫 단추에 불과하다.

1982년도 교과서 파동 직후부터 외교적 봉합으로 일관하지 않고 교과서대화를 실행해 왔다면, 오늘날 동아시아 국제관계에서 최소한 ‘역사전쟁’이란 말이 자연스럽게 쓰이지는 못했을 것이다. 하지만 동아시아 역사갈등이 점차 첨예해지고 있는 이면에서 그 열기를 식히는 동아시아형 교과서대화가 이제 본격화하고 있다.

참고문헌

「강대근 원장의 증언(2006. 7. 23)」.
「독·폴 청소년 교류원 관장의 증언(2006. 6. 29)」.
「독·프 청소년 교류원 관장 등의 증언(2006. 6. 28)」.
「라이어 여사의 증언(2006. 6. 29)」.
「로버트 마이어의 증언(2006. 7. 4)」.
「西川正雄의 증언(2006. 10. 29)」.
「이태영 소장의 증언(2006. 9. 11)」.

「공동 역사부교재 집필 지침」, 『한일 공동 역사 부교재 백서』(미공개).
『역사부교재 편찬의 성과와 과제(대구와 히로시마)』(미공개).

『국제이해를 위한 교과서 개선 활동에 관한 연구 「부록 2」: 국제화해 게오르크 에커트 국제교과서연구소 25주년 기념 논총』, 한국교육개발원, 2002.
『설명자료 : 한국바로알리기센터 상설기구 설립방안』, 한국교육개발원, 2001.
『수탁연구 CR 2002-36 국제이해를 위한 교과서 개선 활동에 관한 연구』, 한국교육개발원, 2002.
『연구보고 CR 2002-32 독일-폴란드 교과서 협의 사례연구』, 한국교육개발원, 2002.
『연구자료 RM 2002-50 20년간의 서유럽 역사교과서 개선 활동 : 1945~1965』, 한국교육개발원, 2002.
『연구자료 RM 2002-61 20세기의 독일과 폴란드 : 분석, 사료, 교수법 시사』, 한국교육개발원, 2002.
『연구자료 RM 2002-62 역사분야 독일-폴란드 교과서회의의 학문적 성과 1972~1987』, 한국교육개발원, 2002.
『연구자료 RM 2002-63 역사분야 독일-폴란드 교과서회의의 교육학적 성과 1972~1987』, 한국교육개발원, 2002.
『연구자료 RR 2002-35 한국교육개발원 국제학술회의 : 국가 간 상호이해 증진을 위한 교과서 개선』, 한국교육개발원, 2002.

김승렬, 「숙적관계에서 협력관계로 : 독일-프랑스 역사교과서 협의」, 『역사와 경계』 49, 2003.

김유경, 「기억을 둘러싼 갈등과 화해－독일 · 프랑스 및 독일 · 폴란드의 역사교과서 협의」, 『역사비평』 59, 2002.
니시가와 마사오(西川正雄), 「21세기 국제협력을 위한 역사교육(2)」, 유네스코한국위원회 편, 『21세기 역사교육과 역사교과서』, 오름, 1998.
니시가와 마사오(西川正雄), 「역사교과서 개선의 국제협력」, 이광주 · 오주환 역, 『역사이론』, 문학과 지성사, 1987.
文基相, 「獨逸의 歷史教育 : 독일 · 폴란드 역사교과서 협의회 추천문항을 중심으로」, 『歷史教育』 34, 1983.
박성수 엮음, 「82년도 검정교과서의 韓國史歪曲」, 『일본 교과서와 韓國史의 歪曲』, 民知社, 1982.
박재영, 「한 · 중 · 일 3국의 역사교과서 협의의 제문제－유럽의 교과서 협의와 비교하여」, 『白山學報』 75, 2006.
신주백, 「21세기 일본 교과서의 독도문제 서술 경향과 한국의 대응기조」, 『독도연구』 2, 2006.
신주백, 「논단과 현장 : 동아시아 역사 만들기」, 『창작과 비평』 132, 2006.
신주백, 「동북아 정세의 특징과 간도영유권문제 해결의 접근법 탐색」, 『日本文化研究』 20.
신주백, 「우리는 일본으로부터 해방되었는가－일본에 대한 선망과 경멸 사이에서」, 『황해문화』 48, 2005.
신주백, 「일본의 역사왜곡에 대한 한국사회의 대응(1965~2001)」, 『한국근현대사연구』 17, 2001.
辛珠柏, 「韓日間 歷史對話의 摸索과 協力모델 찾기(1982~1993)」, 『韓日民族問題研究』 11, 2006.
양호환, 「토론 : 니시카와 교수와 리멘슈나이더 박사의 발표에 대하여」, 유네스코한국위원회 편, 『21세기 역사교육과 역사교과서』, 오름, 1998.
이민호, 「독일－폴란드 교과서 협의」, 『독일 · 독일민족 · 독일사 : 분단 독일의 역사의식』, 느티나무, 1990.
일본역사교과서왜곡대책반 역, 『교과서 연구와 수정을 위한 유네스코 지침서』, 2001.
전국역사교사모임 외, 「독자 여러분에게」, 『마주보는 한일사』 I, 사계절, 2006.
정재정, 「역사교과서를 위한 한국 · 일본 협의활동과 몇 가지 과제」, 유네스코한국위원회 편, 『21세기 역사교육과 역사교과서』, 오름, 1998.
정재정, 「한일 역사대화의 구도－역사교과서와 역사인식을 중심으로」, 이원덕 엮음, 『일본은 한국에게 무엇인가』, 한울, 2006.

프레데리크 들루슈 편, 윤승준 역, 『개정판 새 유럽의 역사』, 까치, 2002.
한국역사교과서연구회 · 일본역사교육연구회 공편, 『역사교과서 속의 한국과 일본』, 혜안, 2000.
한국역사교과서연구회 · 일본역사교육연구회 공편, 『한일교류의 역사』, 혜안, 2007.
한운석, 「역사교과서 수정을 통한 독일－폴란드간의 화해노력」, 『西洋史論』 75, 2002.
한일공동역사교재제작팀, 「한일공통역사인식의 견고한 초석이 되길 바라며」, 『조선통신사』, 한길사, 2005.
한일역사공동연구위원회, 『한일역사공동연구보고서』 1~5, 2005. (http://www.mofat.go.kr/ek/kor_paper.html.)

君島和彦, 『教科書の思想』, すずさわ書店, 1996.
近藤孝弘, 『國際歴史教科書對話』, 中公新書, 1998.
近藤孝弘, 『ドイツ現代史と國際教科書改善』, 名古屋大學出版會, 1993.
比較史 · 比較歴史教育研究会, 『自国史と世界史－歴史教育の国際化をもとめて』, 未來社, 1985.
比較史 · 比較歴史教育研究会, 『帝国主義の時代と現在：東アジアの対話』, 未來社, 2002.
比較史 · 比較歴史教育研究会, 『黒船と日清戦争：歴史認識をめぐる対話』, 未來社, 1996.
比較史 · 比較歴史教育研究会, 『アジアの「近代」と歴史教育』, 未來社, 1991.
韓國歴史教科書研究會 · 日本歴史教育研究會 共編, 『日本と韓國の歴史共通教材をつくる視点－先史時代から現代までの日韓関係史』, 梨の木舍, 2003.
韓國歴史教科書研究會 · 日本歴史教育研究會 共編, 『日本と韓国の歴史教科書を読む視点－先史時代から現代までの日韓関係史』, 梨の木舍, 2000.
花上克己 譯, 『ヨーロッパの歴史』, 東京書籍, 1992.

동아시아 공동역사교재 개발, 그 경험의 공유와 도약을 위한 모색

김정인*

1. 머리말

지금 동아시아 정세는 그야말로 낙관을 불허한다. 미국의 일방적인 패권이 일본이라는 강력한 동맹자의 조력에 힘입어 동아시아에서 신냉전기류를 형성하며 관철되고 있다. 게다가 이런 상황에서 치열한 역사 분쟁이 전개되고 있다. 그 불씨를 제공한 것은 2001년에 등장한 일본 후소샤(扶桑社)의 『새로운 역사교과서』였다. 2002년부터는 중국의 동북공정 추진이 한중 간의 역사분쟁을 야기했다. 2005년에는 일본 시마네현이 다케시마(竹島)의 날을 기념하는 조례를 제정하면서 독도문제가 역사전쟁의 전면에 등장했다. 또한 자민당을 비롯한 일본 우익은 노골적으로 후소샤의 『새로운 역사교과서』의 채택률을 제고하기 위한 운동에 적극 나섰다. 2006년 3월에는 일본정부가 고교 교과서 검정을 실시하면서 독도 영유권에 대한 일방적 기술을 주도해 논란이 일었다. 이러한 한일 간의 노골적인 역사 분

* 춘천교육대학교 교수.

쟁, 한중 간의 잠복된 역사갈등은 앞으로도 쉽게 해결될 사안이 아니다.

그런데 이처럼 역사전쟁이 치열한 시점에 동아시아의 화해와 평화를 표방하는 공동역사교재들이 잇달아 발간되어 주목을 받았다. 『조선통신사』(2005. 4), 『미래를 여는 역사』(2005. 6), 『여성의 눈으로 본 한일근현대사』(2005. 10), 『마주보는 한일사』(2006. 8), 『한일교류의 역사』(2007. 3) 등이 그것이다. 이들 공동역사교재는 2001년 일본 후소샤의 『새로운 역사교과서』의 역사왜곡이 계기가 되어 추진되었다는 공통점을 갖고 있다.

동아시아 공동역사교재의 출간은 결코 쉽지 않은 역사갈등 해결의 실마리를 민간 차원에서 마련했다는 점에서 주목할 만한 사건이다. 한일 정부 간에 상호 간 역사인식의 증진을 위해 설립했던 제1기 한일공동역사위원회가 실질적인 성과 없이 양국의 역사인식의 차이만을 확인하고 활동을 종료한 것과 대비되는 사건이라 할 수 있다.

이처럼 쌍방 혹은 다자 간 합의에 의해 민간 차원에서 공동역사교재가 발간된 것은 국가의 협조와 지원 아래 장기간의 협의를 거쳐 권고안 혹은 공동교과서를 발간한 유럽 사례와는 다른 동아시아적 현상이라 할 수 있다. 일본의 역사교과서 왜곡이라는 현실 앞에 적극적 대응의 일환으로 '협력이 강제되었기 때문'에 가능했던 일이었다. 그러므로 동아시아에서의 공동역사교재의 발간은 역사갈등 해결의 귀착점이 아니라 진정한 출발을 알리는 신호탄이라 할 수 있다.

본고에서는 『조선통신사』, 『마주보는 한일사』, 『미래를 여는 역사』 등 3종의 공동역사교재의 발간 과정과 성과를 분석하고자 한다.[1] 아쉽지만

---

1) 본고에서는 무척이나 아쉽지만 두 권의 공동역사교재를 분석하지 못했다. 『여성의 눈으로 본 한일근현대사』의 경우, 필자가 발간 과정과 관련된 한국 측 자료를 수집하지 못해 부득이하게 분석에서 제외할 수밖에 없었다. 이 교재는 1997년 5월 설립된 '여성 · 전쟁 · 인권학회'의 주도로 2001년 10월에 결성된 '한일 여성에 의한 공동역사교재 만들기' 모임에서 4년간 공동연구한 한일근현대사 관련 성과물로, 60여 명이 집필에 참가했다. 한편, 이들 공동교재가 일본의 역사왜곡에 대응한다는 운동적 차원의 성과라면 『한일교류의 역사』(한국역사교과서연구회 · 일본역사교육연구회, 혜안, 2007. 3)는 10년간의 공

공동교재임에도 불구하고 발간 과정에 관련된 자료는 한국 측의 것만을 이용해야 했다. 일본과 중국 측 관련 자료를 입수하지 못했기 때문이다. 공동역사교재의 발간은 앞으로도 계속될 전망이다. 그러므로 이 글에서는 미력하나마 기존 교재의 발간 과정과 성과에 관한 성찰을 바탕으로 미래의 역사대화에서 상호 수용 가능한 원칙이 필요하다는 인식하에 일찍이 유네스코가 마련한 역사대화의 원칙을 동아시아 현실에 맞게 원용하여 그 잣대로 공동역사교재를 평가해 보고자 한다. 또한 각국 교과서와의 비교를 통해 공동역사교재의 의미를 재음미하면서 동아시아 역사대화의 진전 가능성을 전망해 보고자 한다.

2. 공동역사교재의 발간 과정과 성과

1) 『조선통신사』 : 한일 지역 교사 모임 간의 역사대화

전교조 대구지부는 2001년 일본 후소샤 교과서 문제가 야기되자, 히로시마 교직원조합에 "쌍방의 역사인식을 깊게 하고 학생들에게 폭넓은 인식을 제공할 수 있는" 교류를 제안했다. 국제이해교육의 일환으로 한국 관련 교육을 실시하고 있던 히로시마 교직원조합은 "한일 아이들에게 일본과 대한민국의 진실한 우호와 평화를 촉진하기 위해 평화교육, 인권교육을 추진"하자는 내용의 의정서 교환을 제안했다. 협의를 거쳐 그해 8월 「상호교류와 협력에 관한 의정서」가 채택되었는데, 그중 다음 3항이 역사부교재 제작에 관한 것이었다.

동 작업 끝에 내놓은 고교생 대상의 공동역사교재로 주목을 받고 있다. 학문적 차원의 차분한 역사대화의 결실이므로 분석 가치가 높음에도 불구하고 본고에서 다루지 못한 점을 아쉽게 생각한다.

전교조 대구지부와 히로시마 교직원조합은 양국의 역사를 왜곡하는 집단에 대해 연대하여 싸우고 올바른 역사교육을 추진하기 위해 공동사업의 일환으로 교직원으로 구성되는 집필위원에 의한 공통의 부교재 작성을 추진한다. 또 이를 위해 역사교육의 연구를 진행한다.[2)]

그리고 2001년 12월 전교조 대구지부와 히로시마 교직원 조합이 공동역사교재를 편찬하기로 합의한 이래[3)] 만 3년 만인 2005년 2월에 개최된 일곱 번째 세미나에서 최종 합의에 이르러 집필에 들어갔다. 처음에는 민중적 입장에서 상호의 지역적 특성을 살릴 수 있는 근현대사, 특히 한일관계사를 중심으로 자료집을 제작하는 데 합의했다. 한국 측은 대구와 히로시마의 지역적 특성이 반영된 내용을 중심으로 우호와 연대의 역사와 침략의 구체적 사실과 한국 및 일본 민중의 공통된 억압적 상황을 중심으로 내용을 선정하는 데 주안점을 두고자 했다. 하지만 검토 과정에서 이런 작업 경험이 전혀 없어 주제의 무거움을 느끼던 중 2002년 6월 일본 측에서 조선통신사를 중심으로 부교재를 편찬하자는 제안을 하게 되고, 대구지부가 이를 받아들이면서 최종적으로 주제는 임진왜란 · 정유재란과 조선통신사로 확정되었다.[4)] 시기가 전쟁과 평화라는 큰 틀에서 역사를 검토할 수 있는 시대이고 히로시마의 가마가리와 도모 항이 조선통신사가 머물며 교류를 한 역사적 장소라는 점에 주목한 것이었다.[5)]

『조선통신사』를 제작하기 위해 상호교류를 진행하면서 한일의 집필진

---

2) 전교조 대구지부, 「역사부교재 편찬의 성과와 과제」, 2005, 3쪽.

3) 강태원, 「끝이 아니라, 이제 시작입니다」, 『조선통신사』, 한길사, 2005, 168쪽.

4) 전교조 대구지부에서는 조선통신사와 관련한 사적이 대구에는 남아 있지 않음으로 일본사신과 관련있는 왜관과 부산 등을 중심으로 자료를 수집하고 임진왜란 시기에 귀화한 일본인 사야카(沙也可) 관련 자료를 수집하기로 결정했다(「역사부교재 편찬의 성과와 과제」, 2005, 4쪽).

5) 김양기, 「머리말 : 한일 공통 역사인식의 견고한 초석이 되길 바라며」, 『조선통신사』, 한길사, 2005, 9쪽.

모두 상호 우호적인 역사교육을 추구해야 할 필요성을 절감하나, 상대국의 역사는 물론 양국 관계사를 제대로 알지 못하고 또한 비교사적 입장에서 역사를 바라보는 시각을 갖추지 못했다는 성찰을 하게 된다. 또한 교사에 의해 학생에게 그저 지식을 전달하는 수준의 수업으로는 결코 학생들에게 올바른 관계사를 교육할 수 없다고 판단하게 된다. 학생이 스스로 한일의 역사 및 한일관계사를 올바르게 이해하고 판단할 수 있도록 역사 지식과 사고능력을 길러주는 것이 중요하다는 것을 깨닫게 된 것이다. 즉 학생이 사회에 나가서도 스스로 우호적인 입장에서 사고하고, 판단하고, 비판하고 실천할 수 있는 자질을 갖추도록 하는 데 역사교육의 목표를 두어야 한다는 것이다.

이러한 역사대화의 산물인 『조선통신사』는 8장으로 구성되었는데, 도요토미 히데요시(豊臣秀吉)의 조선 침략과 이로 인해 삶이 뒤바뀐 이삼평(李參平)과 사야카(沙也可. 한국명 金忠善)라는 두 조선인과 일본인의 이야기로 시작한다. 그리고 화해와 교류의 관점에서 일본이 통신사 파견을 요청하고 조선이 이를 받아들인 이유, 통신사의 규모와 역할, 일본의 영접 규모 및 방식, 통신사를 바라보는 양국인의 시각, 통신사 교류가 중단된 이유, 그리고 교류의 결과로 양국은 서로 무엇을 얻었나 등을 그림, 지도, 사진 등을 곁들여 평이하고 자세하게 서술하고 있다.

『조선통신사』는 하나의 주제에 대해 자국사적 시각에서만 파악하고 있던 역사적 사실을 집적하고 상호 비교하면서 '제3의' 역사상을 만들어가는 방식의 접근, 즉 관계사적 역사인식의 전형을 잘 보여주고 있다. 또한 집필진은 '조선과 일본을 넘어서는 동아시아적 관점'이라는 차원에서 양국의 권력자가 아니라 전쟁의 경제적·육체적 고통을 직접 담지해야 했던 농민, 즉 민중의 이해관계에서 본 전쟁과 조선통신사에 주목했다. 이러한 화해와 교류의 관계사적 역사인식의 공유를 통해 양국의 집필진은 자국사 중심의 역사인식이 갖는 배타성을 극복하면서 타국사에 대한 선입견을 극복하는 계기를 마련하는 성과를 얻을 수 있었다고 한다. 또한 앞으로도 수업 실천과 학생 교류를 병행하면서 더 깊은 상호신뢰를 구축하는 것이 필요하다고 보았다. 이처럼 지역 교사 모임 간 역사대화의 산물인 『조선통신사』는 활발해지고 있는 한일 지역 간 교사와 청소년 교류에 있어 좋은 선례로, 그 성과를 공유하기 위한 후속작업이 지속되어야 할 것이다.

2) 『마주보는 한일사』 : 한일 전국 역사 교사 단체 간의 역사대화

『조선통신사』가 지역 단위 교사단체 교류의 산물이라면, 『마주보는 한일사』는 전국 규모의 역사교사 조직 간 협력의 산물이다. 다음은 전국역사교사모임이 일본역사교육자협의회에 교류 협력을 제안하면서 보낸 제안서의 내용이다.

> 자국적인 관점을 뛰어넘는 상호인식이 한국과 일본의 역사교육에서 정착되어야 합니다. 한국, 중국, 일본이 국경을 맞대고 있는 동아시아는 세계적으로 볼 때 민족주의 성향이 가장 강한 지역입니다. 이러한 분위기로부터 탈피하지 않고서는 진정한 상호이해와 상호연대는 이루어지기 어렵습니다. 근대사의 경험이 극단으로 대비되는 한일 양국이 세계사적 시야에서 자국사와 상호관계사를 어떻게 재구성할 것인가는 중요한 과제의 하나라고 할 수 있습니다.[6)]

이 제안을 일본 측이 받아들여 2001년 7월에 첫 회의를 갖고 공동부교재 발간에 합의한 이래 12차례의 회의를 거쳐 탄생한 『마주보는 한일사』는 교사용 교재인 동시에 일본과 한국의 학생이 알아야 하는 초보적인 내용을 중심으로 하여 일반 독자들도 접근할 수 있도록 눈높이를 맞췄다. 처음

---

6) 박중현, 「한일 공동역사교재 발간 경과와 향후 과제」, 『한일 역사 교육자 교류회 제5회 심포지엄 및 마주보는 한일사 출판기념회』, 2006, 24쪽.

에는 전시대를 포괄하고자 했지만, 심도 있는 논의를 위해 주제의 폭을 좁히는 차원에서 전근대사에 집중하게 되었다.

집필 과정에서는 한일 상호 간 역사인식의 차이가 드러나면서 이를 깨닫고 이견을 좁히는 데 적지 않은 어려움을 겪었다. 상대에 대한 무지를 절감하면서 일본 역사를 익혀 가며 원고를 집필하던 한국 측 내부의 이견과 상호 비판도 만만치 않았다. 한국 측의 끈질긴 원고 수정 요구로 시간이 지연되고, 양국의 출판 사정이 달랐던 것 또한 넘어야 할 산이었다. 글쓰기 방식도 차이가 났다. 한국 측은 최대한 쉽게 풀어 독자의 이해를 돕고자 했고, 일본은 생략의 여백을 통해 독자로 하여금 생각하도록 하고자 했다.[7)]

이러한 산고 끝에 나온 『마주보는 한일사』는 선사시대부터 고려시대를 다룬 1권과 조선시대부터 개항기를 다룬 2권으로 나뉘어 발간되었다. 선사시대부터 개항기까지의 개괄적 통사가 아니라, 35개의 주제로 구성되어 있는 것이 특징이다. 특히 독선적 역사관을 극복하고 세계를 향해 열린 역사인식을 키우기 위해 상호이해와 관심의 폭을 확대할 수 있는 '대비'되는 주제들을 배치했다. 이처럼 주제별 접근을 통해 한국과 일본의 역사 비교를 시도한 것은 상호 공통성과 각자의 독자적 개성을 읽어냄으로써, 서로를 인정하고 대등한 존재로 존중하는 관계를 형성하기 위함이었다. 양측이 마련한 「집필 지침」의 제일성(第一聲)도 이에 관한 내용을 담고 있다.

> 한국과 일본의 학생들이 상호 다른 역사와 문화를 가지고 있으며 공생하는 대등한 인간으로서 경의를 가지고 상대국 사람들을 만나는 것이 가능하도록 집필한다. 이를 위해 한일 양국의 역사와 문화의 독자성과 그 매력을 소개하고, 양국의 민족문화의 다른 점을 이해하게 한다. 또한 생활의 향상과

---

7) 박중현, 「한일 공동역사교재 발간 경과와 향후 과제」, 29쪽.

문화의 발전을 지향한 인류의 주체적인 생활방식이 역사를 만들어냈다는 것을 알 수 있다.[8)]

이처럼 『마주보는 한일사』는 양국 간의 관계사, 교류사와 함께 각자의 사회와 문화에 관한 서술에 많은 시변을 할애했다. 관계사반으로는 상대적인 독자성을 이해할 수 없어 결국 자국사적 입장에서만 상대를 보게 될 것을 우려했기 때문이다. 각 주제는 상호 간 일치된 견해를 정리해 싣는 것을 목표로 했다. 물론, 상호 의견 교환은 많은 시간을 필요로 했다. 상호 인식 차이를 좁히기 위한 노력의 일환으로 교재 만들기 작업과 병행해서 5회에 걸친 수업실천교류 심포지엄을 개최하기도 했다. 이처럼 한일 간 전국 단위 역사 교사 단체의 역사대화의 산물인 『마주보는 한일사』는 타국사를 통해 자국사에 대한 역사인식을 재인식할 수 있는 기회를 제공하고 있어, 앞으로의 교과서 개선과 역사 수업의 새로운 방향 모색에 기여할 수 있을 것으로 기대된다.

3) 『미래를 여는 역사』 : 한중일 시민, 교사, 학자 간의 역사대화

『미래를 여는 역사』는 한중일 3국의 시민, 교육자, 학자들이 함께 출간한 동아시아 근현대사이다. 2002년 3월 난징에서 열린 '역사인식과 동아시아 포럼' 제1회 대회에서 공동역사교재 발간에 합의한 이래, 한국 · 중국 · 일본을 오가는 11차례의 국제회의를 거쳐 출간되었다. 중고등학교에서 부교재로 채택하여 3국 청소년이 타국의 역사와 상호 관계사를 이해할 수 있도록 하되, 독자로서 일반인도 염두에 두고 만들었다.[9)] 이를 통해 집필

8) 전국역사교사모임, 「한일공동역사부교재 백서 초안」, 2006, 1쪽.

9) 중등학교에서의 역사 수업에 활용하기 위한 수업 실천 사례집도 발간되었다(아시아평화와역사교육연대, 『'미래를 여는 역사' 수업 실천 사례집』, 2006).

진은 자국 중심의 서술에서 벗어나 평화와 인권이라는 보편적 가치에 입각하여 동아시아 근현대사를 재구성함으로써 국가주의적 역사교육을 뛰어넘는 보편적 역사교육의 가능성을 보여주고자 했다.[10)]

하지만 의사소통을 위해 중역(重譯)을 감내해야 했던 것처럼, 3국 간의 역사대화의 길을 순탄하지 않았다. 우선 동아시아 근현대사, 특히 한중일 3국의 근현대사를 체계적으로 저술한 경험이 거의 없는 상태라, 목차를 구성하고 합의하는 데 상당한 시간을 소요했다. 결국 3국의 청소년이 타국의 역사를 내면적으로 이해하고 존중하도록 하기 위해 각국별 역사를 서술하는 동시에 동아시아적 차원의 역사 흐름도 이해하도록 상호 관계사를 엮은 목차를 구성했다. 목차를 합의한 이후에는 각국이 분담 집필한 원고를 일일이 검토 및 논의하고 수정 · 보완하는 작업을 진행했다. 매번 회의에서는 각국의 역사인식의 차이를 확인하고 동시에 그 극복 대안을 마련하는 데 골몰해야 했다.

『미래를 여는 역사』는 전체적으로 서장과 본문 그리고 종장으로 구성되어 있다. 서장에서는 개항 이전 3국의 상호관계와 각국의 국내 상황을 서술했고, 제1장 「개항과 근대화」에서는 3국의 개항 과정과 이후 근대화를 위한 3국의 자발적 · 주체적 노력을 고찰했다. 제2장 「일본 제국주의의 확장과 한 · 중 양국의 저항」에서는 일본 제국주의의 팽창을 중심으로 서술했으며, 제3장 「침략전쟁과 민중의 피해」에서는 1931년 만주사변 이래 일본의 침략전쟁과 이로 인한 각국 민중의 피해를 자세히 그렸다. 제4장 「제2차 세계대전 후의 동아시아」에서는 일본 패망 이후 3국의 역사를 간략하게 서술하고 있다. 종장 「동아시아의 평화로운 미래를 위하여」에서는 동아시아 3국의 발전적이고 평화로운 미래를 위해 3국이 함께 풀어가야 할 과제를 다뤘다.

---

10) 김성보, 「'미래를 여는 역사' 출간의 취지와 의의, 과제」, 『한중일 3국간의 역사갈등 해결을 위한 심층 보고』, 2005, 1~9쪽.

이처럼 『미래를 여는 역사』는 일본의 과거 침략과 지배의 사실 및 그로 인한 민중 피해를 구체적으로 서술하여 역사왜곡에 정면으로 대응한 공동 역사교재라는 특징을 갖고 있다. 평화와 인권이라는 보편적 가치에 입각하여 관계사로서의 동아시아 근현대사를 구성하고자 했던 이 책은 동시에 타자로서의 상대국의 역사를 존중할 수 있도록 '삼국사' 즉, 각국의 역사 진전 과정을 서술하는 데도 많은 지면을 할애했다.[11] 이 교재는 역사적으로 침략과 지배, 식민과 피지배의 고통으로 점철된 20세기 동아시아사의 첨예한 쟁점들을 3국이 역사대화를 통해 합의하고 공동의 역사인식을 추구한 점에서 앞으로 동아시아 다자 간 역사대화의 초석을 놓았다고 평가할 수 있을 것이다.

이러한 긍정적 평가와 함께 『미래를 여는 역사』는 학계와 교육계의 큰 관심 속에 여러 가지 비판에 직면해야 했다. 여러 방면에서 한일 간의 공동교재 발간이 추진되는 것과 달리 중국이 함께 결합하여 만든 교재로는 『미래를 여는 역사』가 유일했기 때문이다. 일단 내용이 상당히 간략하게 서술되어 있고 생소한 내용이 많다는 지적이 있었다. 특히 현대사 분량이 간략한 것에 많은 아쉬움을 나타냈다. 또한 3국이 분량을 균형 배분하여 서술한 것은 내용 요소의 유기적인 결합에 실패한 것으로 결국 동아시아사를 꿈꾸었으나, 삼국지에 그쳤다는 비판도 있었다.[12] 『미래를 여는 역사』에 대한 비판은 한중일 간 역사대화의 첫 번째 성과물에 대한 기대를 반영한 것이라 할 수 있다.

---

11) 김한종, 「한 · 중 · 일 3국의 역사교육과 역사인식 공유 방안」, 『한 · 중 · 일 3국의 근대사 인식과 역사교육』, 고구려연구재단, 2005, 40~41쪽.

12) 『미래를 여는 역사』에 관한 서평은 다음과 같다. 남궁원, 「서평 : 미래를 여는 역사」, 『역사교육』 95, 2005 ; 김인호, 「미래를 여는 역사, 민중의 삶을 통해서 그린 새로운 동아시아 역사 교과서」, 『호서사학』 41, 2005 ; 현명철, 「서평 : 미래를 여는 역사」, 『역사교육연구』 1, 2005 ; 백영서, 「동아시아 평화를 앞당기는 소중한 첫걸음」, 『창작과비평』 129, 2005.

3. 공동역사교재 분석의 원칙

공동역사교재인 『조선통신사』, 『마주보는 한일사』, 『미래를 여는 역사』의 공통점은 자국사 중심의 역사인식을 탈피하여 동아시아적 역사인식의 공유를 추구한다는 데 있다. 그 역사인식 공유의 토대는 한중일 각국의 역사와 상호관계사를 아는 데 있다. 이러한 기초 작업을 통해 이들 교재가 궁극적으로 지향하는 것은 동아시아 공동의 기억을 구성하는 것이다. 그 동아시아 역사 연대의 주체는 한중일의 민중이다. 임진왜란으로 인한 한일 양국 민중의 고통, 전근대 시기 한일 민중의 삶의 공통점과 차이점, 전쟁과 침략으로 인한 한국과 중국의 민중은 물론 일본 민중의 피해 등을 주목하면서 이들 교재들은 동아시아 민중이 주체가 되는 동아시아 공동의 기억을 모색하고자 한다. 공동역사교재의 출간은 이 원대한 포부를 달성하기 위한 역사대화의 첫 장을 연 것이라 할 수 있다.

앞으로 역사대화의 진전을 위해서는 공동역사교재 발간의 경험을 축적하는 동시에 도약을 위한 진지한 모색이 요구된다. 이를 위해 우선 타국사와 관계사를 이해하는 우리 역사인식의 한계를 지적하지 않을 수 없다. 그간 우리는 역사교과서, 독도, 고구려사 문제 등을 통상 왜곡이라는 잣대로만 접근해 왔다. 그런데 종종 이런 질문을 받는다. "일본이 한국 역사를 왜곡했다고 비판하는데, 한국은 일본 역사를 왜곡하지 않는가?" 이에 대한 성찰적 답변은 "우리 교과서에도 왜곡이 있을 수 있다"는 것이다. 본래 역사왜곡이란 보편가치를 인정하지 않는 잘못된 역사인식에 대한 비판을 내포한다. 하지만 오늘날 왜곡이라는 잣대가 보편지향적 차원에서가 아니라 자의적 역사인식을 일방적으로 상대에게 요구하는 데 사용되고 있는 것은 아닌지 성찰해 볼 필요가 있다.[13] 혹시라도 제3자, 가령 서구인의 입장에

---

13) 2001년 일본의 역사왜곡 사태를 맞아 우리 역사교과서의 현주소를 성찰하려는 움직임이 가시화된 것은 반가운 일이었다. 그 초기 성과는 『한국사 교과서의 희망을 찾아서』(일

서 보면 우리의 역사왜곡의 주장이 자국의 역사상을 타국에 강요하는 것으로 비춰질 수도 있을 것이다. 만일 사실 기술이 틀렸다면, 그건 명백한 왜곡으로 시정 요구가 가능하다. 하지만 각자의 역사 경험에서 발원한 역사인식의 차이까지 왜곡이라 주장하며 '바른 역사'로 시정하라고 요구한다면 곤란하다. 그것은 신뢰와 인내를 바탕으로 상호 편견과 증오 · 적개심을 극복하고자 하는 장기간 역사대화를 통해 해결할 수 있는 문제이기 때문이다.

이제는 우리와 역사인식이 다를 수 있음을 고려하지 않고, 일단 왜곡이라는 하나의 잣대로 대응하던 습속을 버려야 한다. 이를 위해 무엇보다 정서에 기초한 편견, 즉 선입견을 되짚어내고 이를 극복하려는 노력이 필요하다. 사실 오류를 찾아내는 것은 쉽지만, 선입견이나 편견이 녹아들어가 있는 역사인식의 문제점을 자각하기란 쉽지 않다. 그런데 이러한 복잡한 현실이 비단 동아시아에서만 국한된 것은 아니었다. 오랜 교과서대화의 역사를 갖고 있는 유럽은 그 과정에서 특정한 민족공동체의 공통관념과 선입견을 연구하여 '민족적 고정관념(national stereotypes)'이라는 개념을 도출해냈다. 그리고 국제 화해를 저해하는 긴장은 바로 이 민족적 고정관념에 의해 발생하거나 큰 영향을 받는 것으로 보았다. 그래서 민족이 적대하지 않고 서로 간에 평화로운 협력관계를 유지하기를 원한다면, 서로 이해하는 것, 특히 상대방의 역사관을 알고 이해하는 것이 필요함을 역설했다. 여기에 더 나아가 '타자는 우리를 어떻게 보는가'라는 시각까지 확보되어야 제대로 된 역사대화가 가능할 수 있다는 것이다.[14]

자국사 · 자민족 중심의 배타적 시각이 배여 있는 타국사 인식에 왜곡이

본교과서바로잡기운동본부 · 역사문제연구소 · 전국역사교사모임 · 한국역사연구회, 역사비평사, 2003)에 담겨 있다.

14) 오토 에른스트 쉬데코프 외 지음, 김승렬 옮김, 『미래를 건설하는 역사교육－1945~1965 유럽 역사교과서 개선활동』, 역사비평사, 2003, 133~142쪽.

라는 잣대가 주로 구사되고 있다면, 관계사 인식에서는 탈정치화의 의미를 함축하고 있는 객관성이라는 잣대가 통상적인 비판 도구로 사용되고 있다. 가령 "화해와 공존을 명분으로 한 한일관계사 관련 책들이 오히려 객관적이며 실증적이어야 할 역사를 외교 협상하듯이 양보하고 타협하면 되는 안건처럼 다루는 역효과를 내고 있다"[15]는 주장이 그 대표적 사례다. 역사대화가 동아시아의 평화 추구라는 미래적 가치를 전면에 내세우는 고도의 정치적 행위이고 나름의 외교협상인 것은 분명하다. 게다가 현실은 신냉전이라는 새로운 기류가 조성되고 있어 더욱 암담하다. 그런데 적어도 역사대화의 장에 참가한 이들은 이러한 정치적 한계를 절감하면서 다만 모든 역사적 진실이 아니라 상호 공유가 가능한 역사적 진실들을 축적해 나가고자 할 뿐이다. 우리가 알고 있는 역사적 진실로 빚어 만든 우리만의 역사상이 아니라, 합의 가능한 역사적 사실로 공동의 기억을 구성해 나가는 것이다. 이는 학문을 희생양으로 삼지 않는다는 암묵적 절대 동의 하에 쉬운 문제부터 해결한다는 최소 해법의 원칙에 입각해서 진행된다. 서로 합의할 수 없을 땐, 생략하거나 혹은 병기한다. 동북공정이나 독도 영유권과 같은 첨예한 역사 쟁점을 생략하는 것조차 의미 있는 행위가 될 수 있는 것이 바로 역사대화인 것이다. 또한 냉엄한 동아시아 현실에서 역사대화는 상호 적대감정을 유발하거나 이해 증진에 방해요소가 될 수 있는 역사적 갈등요소를 제거하는 소극적인 역할만으로도 그 의의를 충분히 높이 살 수 있다.

앞으로도 공동역사교재의 발간을 도모하는 역사대화는 계속될 전망이다. 그때마다 왜곡 혹은 객관성이라는 기존의 통상적이고 식상한 관점, 즉 자국사 중심의 역사인식에 근거한 원칙을 잣대로 공동교재를 분석하고 역사대화를 비평할 수는 없다. 그러므로 역사대화의 진전을 위해서는 공동

15) 「한·일 관계사 관련 책 우후죽순」, 『연합뉴스』, 2006. 8. 8.

역사교재 나아가 역사대화를 분석할 수 있는 원칙을 마련하는 일이 시급하다. 일찍부터 국가 간 역사대화를 주도하면서 인류 평화의 가치를 추구해왔던 유네스코가 1949년 유럽에서의 역사대화 경험을 바탕으로 나름의 분석 원칙을 제시한 바 있다. 여기서 제시한 원칙은 지금까지도 세계 여러 지역의 역사대화에서 주요 기준으로 역할하거나 원용되고 있다. 유네스코가 제시한 원칙은 정확성(Accuracy), 공정성(Fairness), 현대문명에의 적합성(Worth), 포괄성과 균형성(Comprehensiveness and Balance), 보편가치 지향성(World-mindedness), 국제협력(International Co-operation) 등 6개 항목이었다.[16] 그런데 현대문명에의 적합성 항목은 모호할 뿐 아니라 진보

---

16) ○ **정확성** : 교과서와 보조교재의 서술은 정확하며 최근의 자료에 기초해야 한다. 사실의 측면에서 왜곡은 허용되지 않는다. 사건에 대한 해석과 그 해석에 기초하여 일반화된 명제들은 제시된 사실과 구체적인 연관성이 있어야 한다. 즉, 사실적 근거가 없거나 희박한 경우는 피해야 한다. 사용된 어휘나 개념은 구체적인 예에 의해 정확히 그리고 명확하게 규정되어야 한다. 화보, 차트, 그래프 그리고 지도도 위의 기준에 부합해야 한다.
○ **공정성** : 한 국민국가 내의 소수그룹, 다른 인종, 다른 민족구성원들이 공정하게(fairly) 다루어져야 한다. 한 국가에 적용되는 학문성, 정의 그리고 도덕은 이전이나 현재 적대관계인 국가에도 동일하게 적용되어야 한다. 자국에 바람직하지 않은 사실이나 행위가 무시되어서는 안 되며, 오히려 화해 증진이라는 전망 속에서 적절히 서술되어야 한다. 그리고 논쟁적인 문제도 객관적으로(objectively) 서술되어야 한다. 만약, 협의에 참여한 학자들이 사건에 대한 해석에 합의점을 찾지 못한다면, 최소한 양자 또는 다자 간의 의견과 입장이 모두 교과서에 서술되어야 최소한의 공정성을 확보할 수 있다. 편견, 오해, 갈등을 야기할 소지가 있는 개념이나 표현은 되도록 피해야 한다.
○ **현대문명에의 적합성** : 교과서와 보조교재에 나타난 서술, 문제, 화보 등은 현대의 가치에 적합한 지식, 태도, 기술의 발전과 연관성을 갖고 있어야 한다.
○ **포괄성과 균형성** : 제시된 자료의 선택과 그 자료에 대한 해석은 포괄적이며 균형적이어야 한다. 교과서를 배울 학생의 수준에 적합하게 세계사와 지리, 다른 민족문화, 현대사들이 서술되어야 한다. 전쟁과 국제 갈등은 국제적 관계의 총체성 속에서 다루어져야 한다. 정치뿐 아니라 예술, 음악, 문학, 종교, 교육, 여가문화, 과학, 건강, 산업, 노동, 농업 그리고 기타 삶의 다른 측면 모두가 균형 있게 다루어져야 한다.
○ **보편가치 지향성** : 자유, 인간의 존엄성, 평등 그리고 우애라는 이상이 특히 강조되어야 한다. 따라서 인간 상호관계에 대한 도덕적 기준과 인류에 대한 공통의 책임감도 함께 강조되어야 한다. 문명의 발전, 인류 진보에의 장애, 세계의 이상과 영웅, 세계의 상호의존성, 국제기구와 국제협력의 필요성도 마찬가지로 분명히 서술되어야 한다.
○ **국제 협력** : 국가 간의 평화적 관계의 성취를 위한 노력과 현재 유엔과 기타 국제기구의 성과에 대해 적절한 정보가 제공되어야 한다. 평화를 성취하기 위한 국제적 노력을

주의사관에 기초한 것으로 구태의연하고, 보편가치 지향성 항목과 국제협력 항목은 하나로 설정해도 무리가 없어 보인다. 그렇다면 유네스코가 마련한 분석 원칙을 정확성, 공정성, 포괄성과 균형성, 보편가치 지향성 등 4가지로 정리하여 오늘날 동아시아 역사대화에 원용해 보자. 동아시아 역사대화의 경험이 축적된다면, 나름의 대화 현실을 담은 독자적인 분석 원칙이 마련될 수 있을 것이다. 하지만 현재는 역사대화의 출발점에 서 있음에도 좀 더 진전된 역사대화는 더욱 절실히 요구되고 있으므로, 아쉽지만 유럽의 경험에 기반한 유네스코의 분석 원칙 중 일반 원칙으로서 수용 가능하다고 판단되는 4가지를 선택해 동아시아 역사대화에 원용하고자 한다. 유네스코가 원칙과 함께 제시한 기준들도 매우 복잡하고 유럽 경험에 근거한 것이므로, 앞에서 분석한 공동역사교재의 성과에 근거하여 이 또한 동아시아 역사대화의 현실에 맞게 원용하려 한다. 이를 적시하면 다음 〈표 1〉과 같다.

〈표 1〉 동아시아 역사대화의 분석 원칙

원 칙	구 체 적 기 준
정확성	○ 사실을 왜곡해서는 안 된다. ○ 정확한 어휘나 개념을 사용해야 한다. ○ 해석에 있어 사실적 근거가 없거나 희박한 경우는 피한다.
공정성	○ 편견, 오해, 갈등을 야기할 수 있는 개념이나 표현은 피해야 한다. ○ 자국 내 소수민족, 타국민, 타민족, 타인종을 공정하게 다루어야 한다. ○ 상호 합의가 어려운 논쟁적인 문제는 각국의 의견과 입장을 모두 서술해야 한다.

다루는 것은 국제협력을 통한 정의 실현의 중요성을 강조하는 것이어야 한다. 이때 최고의 목적은 무조건적인 평화가 아니라 국제법과 자유와 안전에 기초한 평화여야 한다 (UNESCO, "A Model Plan for the Analysis and Improvement of Textbooks and Teaching Materials as Aids to Internatinal Understanding", *A Handbook for the Improvement of Textbooks and Teaching Materials*, 1949, pp.78~79 ; 이민호 외, 『국제이해를 위한 교과서 개선 활동에 관한 연구』, 한국교육개발원, 2002, 68~74쪽 참조).

포괄성과 균형성	○ 자료의 선택과 해석은 포괄적이며 균형적이어야 한다. ○ 양국, 혹은 다국적 갈등과 전쟁은 국제관계라는 총체적 시각에서 다루어야 한다. ○ 정치만이 아니라 경제, 사회, 사상, 문화, 과학기술 등을 균형적으로 다루어야 한다.
보편가치 지향성	○ 인간의 존엄성, 자유, 평등 그리고 우애라는 이상을 강조해야 한다. ○ 인류 보편의 도덕적 기준과 인류에 대한 공통의 책임감을 강조해야 한다. ○ 자국에 유리하지 않은 사실이라도 상호이해에 유용하다면 적절히 서술해야 한다.

역사대화의 적극적[최대] 목적은 보편 가치 지향적인 역사교육을 실시하는 데 있다. 역사적 진실에 더욱 접근할 수 있는 역사대화를 위해서는 포괄성과 균형성 원칙을 주목해야 할 것이다. 한편, 역사대화의 소극적[최소] 목적은 역사교육이 역사 분쟁의 빌미를 제공하는 것을 막는 데 있다. 이를 위해서는 선입견과 편견의 제거가 우선이므로, 공정성은 역사대화에서 가장 비중 있는 기본 원칙이라 할 수 있다. 정확성은 굳이 언급하지 않더라도 역사적 사실을 기술하는 데 있어 토대가 되는 필수 원칙이다.

4. 동아시아 역사대화 분석 원칙에 입각한 공동역사교재의 평가

동아시아 역사대화의 분석 원칙으로 제시한 정확성, 공정성, 포괄성과 균형성, 보편가치 지향성의 구체적 기준에 의거해 공동역사교재를 평가해 보자. 이 분석 원칙과 기준은 유네스코가 제시한 원칙과 기준을 동아시아 공동역사교재 발간 경험에 대한 분석을 바탕으로 원용한 것이다. 유럽적 원칙과 동아시아의 경험이 상호 작용을 하면서 어우러져 만들어진 분석 원칙과 구체적 기준의 적용은 각 공동교재의 특성에 따라 구성, 내용은 물론 집필 과정의 논쟁까지 포함하는 등 각기 달리 분석하는 방식을 취하고자 한다. 이러한 차이를 드러내는 분석방식이 공동교재와 역사대화의 현실을 더 실감나게 보여 줄 수 있을 것이다. 각 원칙과 구체적 기준에 따라 분류되어 서술된 사례는 각 교재에서 주목되거나 대표성을 갖는 것으로 추출하고자 한다.

1) 『조선통신사』

『조선통신사』의 경우, 주로 한일 공동의 역사 사례를 대비하는 방식으로 공정성의 원칙을 충실히 따르고 있다. 또한 조선통신사를 정치적인 측면만이 아니라, 사회적 · 경제적 차원에서 접근하고 명－조선－일본의 관

〈표 2〉 동아시아 역사대화 분석 원칙에 의한 『조선통신사』 분석

원 칙	사 례
공정성	○ 임진왜란 당시 조선에 귀순한 사야카(김충선)에 관련된 한국 중학교 『도덕』과 일본 고등학교 『高校日本史』의 서술을 함께 소개하고 있다. ○ 통신사의 파견과 초빙으로 힘들어 하는 조선과 일본 농민의 모습을 동시에 그리고 있다. ○ 일본으로 끌려간 조선인과 조선으로 귀순한 일본인을 대비해서 서술하고 있다. ○ 중국의 화이의식과 조선의 소중화사상, 일본식 화이의식을 상호 비교하고 있다.
포괄성과 균형성	○ 조선통신사를 정치만이 아니라 사회적 · 경제적 측면에서 접근하고 있다. ○ 명－조선－일본 관계에 대해 명 황제로부터 조선 국왕과 무로마치 막부 쇼군이 책봉을 받았고 조선과 일본은 대등한 교린관계라고 서술하고 있다.
보편가치 지향성	○ 전쟁을 극복하면서 화해와 교류를 진전시키는 모습을 구체적으로 서술하고 있다.

계를 동아시아에서의 책봉과 조공체제라는 국제적 시야에서 보는 등 포괄성과 균형성의 원칙을 충실히 준용하고 있다.

2) 『마주보는 한일사』

『마주보는 한일사』는 한일 양국의 주체적 발전 과정에 주목하여 상호 대비 가능한 주제들을 서술하고 있기 때문에 공정성의 측면이 단연 부각되는 교재다. 관계사의 경우에도 공정한 서술이 되도록 유의하고 있다. 공정성 원칙의 백미는 왜구에 대한 양국의 입장 차이를 좁히지 못하자, 각자 원고를 집필한 부분이다. 이처럼 주요한 역사적 사실에 합의하기 어렵자, 생략 대신 병기를 택하여 상호 역사인식의 차이를 드러낸 대화 자세를 주목해야 할 것이다. 각 장마다 서두에 한중일의 역사를 요약하여 동아시아사적 시야를 확보하고 임진왜란을 동아시아 차원의 국제전쟁으로 서술하는 등 포괄성과 균형성의 차원에서 주목해야 할 서술도 적지 않다. 특히 양국에서 기본사서로 인정받고 있는 『日本書紀』와 『三國史記』의 사료적 가치에 대해 동시에 비판한 부분이 눈길을 끈다.

〈표 3〉 동아시아 역사대화 분석 원칙에 의한 『마주보는 한일사』 분석

원 칙	사 례
공정성	○ 한국과 일본 역사의 공통점과 차이점을 학습하여 상호 역사와 문화 전통을 비교할 수 있도록 유사한 주제를 짝지어 배열하고 있다. 예) 무신이 지배한 고려, 무사가 지배한 일본/양반과 에도시대의 무사/탈춤과 민화가 말해주는 조선시대 모습, 가부키와 우키요에가 말해주는 에도시대 모습/서양문명과의 충돌과 일본의 선택, 서양문명과의 충돌과 조선의 선택/가나문자와 한글 ○ 고분, 불상, 통신사 등의 공동주제에 대해 양국의 역사인식을 비교하고 있다.

	예) 고분으로 만나는 한국과 일본/고대 한국과 일본의 불상/선린우호 사절단 ○ 왜구에 관한 양국의 입장을 병기하고 있다. 예) 고려를 침략한 왜구, 왜구와 동아시아 ○ 동일한 한자어이나, 한국과 일본에서 서로 다른 역사적 사실을 가리키는 사례를 소개하고 있다. 예) 일본의 쇼인즈쿠리(書院造)와 한국의 서원
포괄성과 균형성	○ 양국의 주요 사료인 『日本書紀』와 『三國史記』에 대해 사료적 비판을 가하여 역사대화에서의 자료의 선택과 해석에 관한 문제를 제기하고 있다. ○ 한일 간의 역사가 아니라, 동아시아적인 차원에서 역사를 이해하려는 시도를 하고 있다. 예) 중국의 역사서로 보는 동아시아/중국을 둘러싼 고대 동아시아/동아시아 속의 몽골 ○ 각 장의 서두에 한국, 중국, 일본의 역사를 간략히 소개하고 있다. ○ 지배자 중심의 정치사뿐 아니라 사회 경제사와 민중 생활사까지 포괄하고 있다. ○ 임진왜란을 동아시아사 차원의 국제전쟁으로 서술하고 있다. ○ 전쟁으로 나라와 운명이 바뀐 사람으로 조선의 이삼평, 일본의 사야카, 명의 두사충 등을 예로 들고 있다.

3) 『미래를 여는 역사』

『미래를 여는 역사』는 4원칙에 입각해 분석할 때, 공(功)과 과(過)가 분명하게 드러나는 특징을 보인다. 한중일의 교재 집필진만이 아니라, 일본 우익의 비판과 공격을 의식하여 용어 사용에서 정확성을 기하는 데 많은 노력이 들었다. 공정성과 관련해서는 특히 일본의 침략전쟁을 서술하는 과정에서 많은 논란이 있었고, 수정이 거듭되는 고투가 있었다. 포괄성과 균형성이라는 맥락에서도 전쟁 서술이 가장 큰 문제로 대두되었다. 다만, 일본 내에서 반제·반전 운동에 참여했던 인물들이 소개되어 상당한 관심과 반향을 일으키기도 했다. 역시 한중일이 공동으로 만든 이 교재의 가치는 보편가치 지향성이라는 원칙을 관철시켜 동아시아 공동의 기억을 구성할 수 있는 가능성을 제시한 데 있다고 할 수 있다. 양자가 아닌 다자 간의 역사대화에는 그만큼 굴곡이 많았는데, 네 가지 원칙이 어떤 경로를 거치면서 관철되어 갔는지를 살피는 것도 흥미로운 일일 것이다.

〈표 4〉 동아시아 역사대화 분석 원칙에 의한 『미래를 여는 역사』 분석

원 칙	사 례
정확성	○ 일본 우익에게 비판의 빌미를 제공하지 않기 위해 단어, 문장 표현, 문체 등에서 정확성을 기하고자 했다. ○ 일본의 침략으로 인한 중국 민중의 고통을 다룰 때, 피해자의 수와 피해 정도는 신빙성 있는 사료를 제시하는 경우에만 적용했다.
공정성	○ 일본의 침략성에 관한 논란 예) 일본의 대만 정벌은 침략인가, 진출인가의 문제/임오군란 이후 청의 조선 내정 간섭은 이후 일본의 조선 침략과 다른 성질의 것인가의 문제 ○ 대만 원주민 호칭에 관한 논란 중국 측은 고산족이라 불렀고, 한국 측은 그것이 일본이 만든 용어니 선주민으로 하자고 제안했고 일본 측이 이에 동의했다. 그런데 중국이 대만총독부 설치 이전에 고산족으로 부른 증거를 제시하지 못했다. 최종적으로는 한국과 중국은 토착인으로, 일본은 선주민으로 기술했다. ○ 3·1운동이 5·4운동에 영향을 주었는지의 여부 중국이 3·1운동과 5·4운동과의 무관성을 주장하여 각각 별개의 항목으로 다루어 서술했다. ○ 중일전쟁 당시 화학무기 사용 여부 중국 측은 일본 참모총장과 대본영이 화학무기 사용에 관여되었다고 주장했고, 일본 측은 증명불가이므로 주체를 일본군으로 표기하자고 제안했다. 결국 중국 측이 참모총장이 관여한 사실을 적시한 자료를 제시하면서 대본영만 삭제했다. ○ 민간인 학살에 관한 논란 미군의 동경대공습과 일본의 충칭 폭격이 대표적 민간 학살이라 보는 일본 입장에 대해 중국은 미군의 폭격은 침략만행에 대한 응징이며 일본의 충칭 폭격은 명백한 침략행위라는 반론을 제기했다. 결국 충칭 폭격 사례는 생략되었다. ○ 서양세력의 식민지지배로부터 아시아를 해방시키고 팔굉일우

	(八紘一宇)라는 대정신을 바탕으로 아시아 각 민족이 함께 번영하는 대동아공영권을 실현한다는 논리가 결국 일본의 지배와 침략을 치장한 허울적 논리에 불과함을 명시하고 있다. ○ 1945년 이후를 다루면서 동아시아와 냉전(한국)/동아시아와 분열(중국)/동아시아와 분단(일본)으로 각국이 별도의 소제목을 채택했다. 합의하지 못한 유일한 목차다. ○ 한국전쟁에 대한 각국 간의 외교적 역학관계와 역사인식의 차이가 그대로 서술에 반영되었는데, 상호 재협의를 거친 개정판에서도 여전히 그 발발 과정에 대해 한일이 공동으로, 중국은 별도로 서술하고 있다.
포괄성과 균형성	○ '유교문화와 삼국' 등을 통해 동아시아 문화의 공통성 설명을 시도하고 있다. ○ 중일전쟁, 태평양전쟁을 동아시아적 시각과 함께 세계사적 차원의 반파시즘전쟁의 일환으로 서술하고 있다. ○ 일본 침략에 대한 동남아시아인의 저항을 기술하고 있다. ○ 중국 동북지방(만주)에서 중국인과 한국인이 함께 항일무장투쟁에 나섰음을 서술하고 있다. ○ 일본의 부당한 침략행위에 반대하며 상호 연대와 평화를 위해 투쟁했던 일본인 가네코 후미코(金子文子), 후세 다쓰지(布施辰治) 등을 소개하고 있다.
보편가치 지향성	○ 침략과 전쟁의 역사를 반성하고 평화와 인권 가치를 추구하는 국제 협력과 연대를 강조한다. "평화와 인권, 민주주의는 동아시아와 세계의 바람직한 미래를 위해 필요한 중요한 보편적 가치입니다." ○ 전쟁을 막기 위한 평화의 노력을 강조한다. 전쟁으로 인한 피해에 많은 지면을 할애했으며, 가해국 민중도 가해자이자 피해자라는 인식과 동시에 피해국에서 침략에 동조한 자 역시 가해자라는 점을 강조하며, 제국주의 침략과 전쟁의 문제점 등을 지적한다. ○ 종장인 「동아시아의 평화로운 미래를 위하여」는 일본정부의 보상과 배상문제, 일본군'위안부' 문제, 역사교과서 문제, 야스쿠니신사 문제 등 동아시아의 화해와 평화에 장애가 되고 있는 역사적 쟁점과 그 해결을 위한 노력을 설명하고 있다.

5. 공동역사교재와 각국 교과서의 사례 비교

역사대화를 통해 자기중심적인 역사인식의 틀을 벗어나, 동아시아의 역사를 공유하고자 하는 희망은 위의 사례에서 보았듯이, 역사인식의 공통분모를 넓히려는 노력이 수반되어야 가능하다. 이런 지향을 실천하고자 했던 공동역사교재를 자국사적 역사인식이 녹아있는 각국 교과서와 비교해 나름의 특성과 가치를 검토해 보자. 『조선통신사』, 『마주보는 한일사』, 『미래를 여는 역사』가 대략 중학생 수준에 초점을 맞추고 있으므로, 분석 대상 교과서로는 한국의 2005년판 국정 중학교 『국사』 교과서와 일본의 2005년판 검인정 중학교 사회과 교과서 가운데 역사 분야의 것을 선택하고자 한다. 특히 역사왜곡 논란을 불러 일으킨 후소샤, 채택률이 가장 높은 도쿄쇼세키(東京書籍), 다소 진보적이라고 평가받는 니혼쇼세키신사(日本書籍新社)의 교과서의 서술 내용을 분석하고자 한다.

분석 대상으로는 『조선통신사』와 한일 교과서의 조선통신사 관련 서술, 『마주보는 한일사』와 한일 교과서의 왜구 관련 서술, 『미래를 여는 역사』와 한일 교과서의 일본군'위안부' 관련 서술 등을 채택했다. 조선통신사와 왜구 문제는 한일 양국에서 자국사적 역사인식의 특징을 가장 잘 드러내는 핵심 쟁점으로 역사인식의 차이를 비교할 때 우선적으로 거론되는 주제들이다.[17] 일본군'위안부'는 『미래를 여는 역사』에서 가장 많은 분량을 할애한 주제로서, 한중일 모두가 관심을 갖는 과거사이자 현재의 역사이며 또한 미래사로, 교과서가 이 주제를 어떻게 다루고 있는지도 관심의 대상이 될 수 있다. 그런데 중국 중학교급 교과서에서는 분석 대상인 조선통신사, 왜구, 일본군'위안부' 관련 기술 내용을 찾지 못해 아쉽게도 다루지 못했다.

---

17) 박수철, 「일본 중학교 역사교과서의 중·근세사 서술과 역사인식－후소샤 교과서를 중심으로」, 『한국사연구』 129, 2005.

1) 조선통신사(『조선통신사』)

『조선통신사』의 부제는 "도요토미 히데요시의 조선 침략과 우호의 조선통신사"이다. 부제에는 침략의 주체를 일본이 아닌 도요토미 히데요시라고 표기한 점, 그럼에도 전후 조선통신사의 성격은 우호적이라는 집필진의 시각이 고스란히 드러나 있다. 도요토미 히데요시의 조선 침략으로부터 시작하는 이 책은 곧바로 조선 침략에 반대한 일본인들과 함께 전쟁에 동원된 일본 민중의 고통을 서술하여 전쟁이 한일 민중 모두에게 고통을 안겨주었다는 점을 강조하고 있다. 그리고 당시 조선군에 투항했던 일본군 병사가 사야카를 비롯해 1만 명에 달했던 사실을 서술하고 있다. 조선통신사 파견에서는 조선 임금과 도쿠가와 쇼군이 주고받은 선물과 히로시마 번과 후쿠야마 번의 접대 내용을 자세히 다루고 있다. 조선통신사가 일본 학자들과 유학을 논하며 교류하거나 민간과 교류했던 사실도 기술하고 있다.

〈표 5〉 조선통신사에 관한 한국과 일본 중학교 교과서의 서술 내용

교과서명	서술 내용
중학교 『국사』	왜란 후, 일본은 조선에 사신을 보내어 통교할 것을 여러 차례 요청해 왔다. 이에 조선은 승려 유정을 일본에 파견하여 조선인 포로를 데려온 뒤, 다시 국교를 맺었다. 그러나 조선은 일본 사신이 서울에 들어오는 것을 금하고, 동래의 왜관에서만 일을 보고 돌아가게 하였다. 이에 비해, 조선통신사는 일본의 에도(도쿄)까지 가서 막부의 장군을 만나는 등 활발한 외교활동을 벌였다. 조선통신사는 일본의 요청을 받고 일본에 건너가 극진한 대우를 받았으며, 일본의 문화 발전에 공헌하였다. 조선 통신사가 다녀간 후에는 일본 내에 조선의 문화와 풍속이 퍼질 정도였다. 그러나 일본에서 조선 통신사에 대한 반대 여론이 확산되어 200여 년간 유지되어 오던 조선 통신사 파견은 19세기 초에 막을 내렸다(150쪽).

『새로운 역사교과서』(扶桑社)	막부는 이에야스 때 쓰시마의 종씨(宗氏)를 통해 히데요시의 출병으로 단절되어 있던 조선과의 국교를 회복했다. 양국은 대등한 관계를 맺어, 조선으로부터는 장군이 바뀔 때마다 조선통신사라고 하는 사절이 에도를 방문하여 각지에서 환영을 받았다. 또 조선의 부산에는 종씨의 왜관이 설치되어 약 400~500인의 일본인이 살면서, 무역이나 정보수집에 종사했다(106쪽).
『새로운 사회 –역사–』(東京書籍)	조선과는 이에야스시대에 강화가 체결되어 장군이 바뀔 때 400~500인의 사절(통신사)이 오는 것이 관례가 되었다. 쓰시마 번은 국교의 실무를 담당하는 동시에 무역을 허가받아 조선의 부산에 설치된 왜관에서 은과 구리 등을 수출하고 목면과 조선 인삼, 견직물 등을 수입했다(97쪽).
『우리들의 중학사회–역사적 분야』(日本書籍新社)	이에야스는 쓰시마의 종씨를 내세워 조선과 국교회복에 성공하고 쓰시마 번은 매년 무역선을 보냈다. 이에야스 때부터 장군이 바뀔 때 400명 정도의 조선의 사절단(통신사)이 오게 되었다(107쪽).

『조선통신사』는 왜란이라는 강렬한 침략의 기억을 되새기며 반일 정서를 품고 있는 오늘날 우리가 잊고 사는 문제, 즉 장기간의 전쟁이 끝난 후 불과 몇 해 만에 통신사를 파견하면서 국교를 회복하고 평화적 교류를 재개한 조선의 현실적 선택이 갖는 의미를 곱씹게 한다.

그런데 우리 교과서의 경우는 기존의 통념대로 일방적인 선진 문물의 전달자로서의 조선의 역할을 강조하고 있다. 일본 교과서의 경우, 후소샤 교과서가 통신사를 장군 취임 시 파견하는 사절로 기술하여 일본 우위의 입장을 견지하고 있다. 그리고 2001년도판에서는 "대등한 관계를 유지하고"라고 서술했으나, 2005년도판에는 "대등한 관계를 맺고"라고 표현하고 있다. 이는 대등한 관계가 계속 지속된 것이 아님을 은근히 암시하는 대목으로 해석할 수 있다. 다른 역사교과서의 경우, 통신사에 의한 문물 전수는 거의 언급하지 않고 주로 양국 간의 문물 교류를 강조하는 특징을 보인다.[18)]

『조선통신사』는 전쟁이라는 극단적 충돌과 이를 극복하고자 하는 화해와 교류의 문제를 다룰 경우, 승자와 패자, 가해자 혹은 피해자 어느 한 편에 서야 하는 자국사적 시각에서는 서술할 수 없는 역사적 진실들이 존재한다는 것을 깨닫게 한다. 자국 중심 시각이 의도적 생략은 아니지만, 적어도 역사적 전모를 파악하는 데는 한계가 있을 수 있다는 것이다. 또한 이 교재는 관계의 역사란 상생과 상극의 연속으로, 무엇보다 평화롭고 상호 생산적이었던 국면과 순간을 발견하여 연구하고 가르친다면, 절대시되었던 대립의 역사로부터 빠져 나올 수 있음을 보여준다.[19]

2) 왜구(『마주보는 한일사』)

『마주보는 한일사』의 집필 과정에서 가장 논란이 된 쟁점은 왜구였다. 일본 측은 왜구를 '전기 왜구'와 '후기 왜구'로 구분하며, 특히 후기 왜구의 경우에 동아시아 해역에 살고 있었던 '국적과 민족을 초월한 인간 집단'으로 보고자 하였으며, 이를 '해민(海民)'이라 부를 것을 제안했다. 한국 측에서는 설령 일부 그런 세력이 있다 하여도 주체는 일본인이었으며, 이러한 주장은 일본의 책임을 회피하려는 핑계라고 비판했다. 왜구의 성격을 무장 도적 집단이 아닌 교역 활동을 하는 세력으로 보는 시각 역시 왜구의 침략성을 희석시키는 것이라고 공격했다.[20]

양국의 교과서는 왜구의 구성에 관해 판이한 견해를 갖고 있다. 우리 교과서는 일찍부터 왜구를 당연히 일본인 해적으로 인식하며 민족항쟁사의

---

18) 박수철, 「일본 중학교 역사교과서의 중 · 근세사 서술과 역사인식－후소샤 교과서를 중심으로」, 224~227쪽.

19) 로버트 마이어, 「독일－폴란드 간 역사교과서 협의 난제 해결에 관해」, 『역사대화의 경험공유와 동아시아 협력모델 찾기』(동아시아 역사인식 공유를 위한 국제심포지엄Ⅲ), 2006, 148쪽.

20) 박중현, 「한일 공동역사교재 발간 경과와 향후 과제」, 28쪽.

시각에서 서술해 왔다.[21] 일본 교과서에서는 서술의 차이를 보인다. 후소샤 교과서는 전기 왜구에 조선인이 많았다고 기술했고, 후기 왜구에는 구성원의 대부분이 중국인이었다고 서술하고 있다. 니혼쇼세키신사 교과서는 왜구가 일본인이었다고 기술하고 있다. 도쿄쇼세키 교과서에는 왜구에 일본인 이외의 사람도 많았다고 다소 모호하게 서술하고 있다. 이처럼 후소샤의 것을 제외한 다른 7종의 교과서들은 일본인이 주체였음을 인정하면서도 약탈보다는 무역행위를 강조하는 경향을 보인다.[22]

〈표 6〉 왜구에 관한 한국과 일본 중학교 교과서의 서술 내용

교과서명	서술 내용
중학교 『국사』	왜구는 일본의 쓰시마 섬에 근거를 둔 해적으로, 일찍부터 해안 지방에 침입하여 노략질을 하였다. 공민왕 대에는 왜구에게 강화도까지 약탈당하고 개경이 위협을 받을 정도였다. 왜구의 침입으로 조세의 해상 운송이 어려워져 국가 재정이 궁핍하게 되었고 해안에서 멀리 떨어진 내륙까지 큰 피해를 입었다. 이때 최영·이성계 등이 나서서 왜구를 토벌하였고, 최무선은 화포를 사용하여 왜구를 격퇴하는 데 큰 공을 세웠다. 이어서 박위는 전함 100척을 이끌고 왜구의 소굴인 쓰시마 섬을 토벌하여 그 기세를 꺾었다(117쪽).
『새로운 역사교과서』(扶桑社)	14세기 후반 중국에서는 한민족의 반란으로 원이 북방으로 쫓겨나고 명(明)이 건국되었다. 명은 일본에게 왜구의 단속을 요구해 왔다. 왜구란 이 무렵 조선반도와 중국 연안에 출몰하고 있던 해적 집단을 말한다. 그들 중에는 일본인 외에 조선인도 다수 포함되어 있었다. 요시미츠는 곧바로 이에 부응하여 왜구를 금지시키고 명과 무역을 시작했다. 이 무역은 왜구와 구별하기 위해 증명서(勘合)를 사용했기 때문에 감합무역이라고 불린다. 일본은 도검, 동, 유황, 마키에 등을 수출하고 동전, 견직물, 서화 등을 명으

21) 대안교과서로 나온 『살아있는 한국사 교과서』 1도 왜구를 쓰시마 섬에 사는 해적으로 표현하며 민족항쟁사적 시각에서 서술하고 있다(전국역사교사모임, 『살아있는 한국사 교과서』 1, 휴머니스트, 2002, 166쪽).

22) 박수철, 「일본 중학교 역사교과서의 중·근세사 서술과 역사인식－후소샤 교과서를 중심으로」, 214~218쪽.

	로부터 수입해서 무로마치 막부의 중요한 재원으로 삼았다. 막부의 힘이 약해지자 슈고 다이묘인 오우치씨가 무역의 실권을 장악하였다. 16세기 중반 무렵에 감합무역이 정지되자 다시 왜구가 활개를 쳤는데, 그 구성원들은 거의가 중국인이었다. 왜구가 조선반도로부터 중국 연안을 휩쓸고 다녔기 때문에 명은 국력이 약해졌다(79쪽).
『새로운 사회 −역사−』 (東京書籍)	이 무렵 중국에서는 한민족이 몽골 민족을 북쪽으로 추방하고, 명을 건국하였다. 명은 대륙 연안을 습격하는 왜구(왜구 중에는 일본인 외의 사람들도 많이 있었다)의 단속을 일본에 요구하였다. 서국(西國)의 무사 및 상인 어민 중에는 집단을 만들어 무역을 강요하고 해적행위를 하는 자가 있어 왜구라고 불렸던 것이다(58~59쪽).
『우리들의 중학사회 −역사적 분야』 (日本書籍新社)	남북조 내란 무렵 기타큐슈(北九州) 등의 무사, 상인, 농어민 가운데는 무장한 대선단(大船團)으로 조선반도에 건너가서 쌀이나 콩 등의 식료를 빼앗기도 하고, 사람을 잡아 노예로 팔기도 하는 자가 나타났다. 조선에서는 그들을 왜구라고[왜구는 이키(壹岐)나 쓰시마(對馬) 등을 근거지로 한 일본인이었다] 부르며 두려워했다(74쪽).

이처럼 왜구를 둘러싼 인식 차이가 좁혀지지 않는 이유에 대해 『마주보는 한일사』는 왜구에 관한 자료가 부족하기 때문이라고 보고 있다. 한편, 지금까지 연구가 너무 자국사 중심이기 때문에 발생한 인식 차이라는 비판도 있다. 결국 『마주보는 한일사』는 '고려를 침략한 왜구'와 '동아시아와 왜구'라는 항목을 각각 한일이 서술하면서 왜구의 주체와 활동 성격을 둘러싼 논란을 별도로 정리하여 소개하는 방식을 취했다. 대비되는 주제별 서술이기 때문이기도 하지만, 사실상 병기로 볼 수 있다. 정확성에 대해 서로 확신하지 못하는 가운데, 공정성의 잣대로 병기를 선택한 것이라 볼 수 있다. 왜구=일본인 해적이라는 선입견이 절대불변의 역사적 사실로 굳어져버린 우리 역사 체계에서 이와 같은 새삼스러운 의문 제기는 역사대화의 필요성을 다시 한번 절감하게 만든다. 왜구는 일본 교과서를 분석하면서 늘 대표적인 왜곡 사례로 치부되어 왔던 문제였다. 이를 관계사적

측면에서 서술하면서 정확성의 차원에서 학계에 재인식을 위한 연구를 촉구한 것은 유의미한 성과라 할 수 있다.

3) 일본군'위안부'(『미래를 여는 역사』)

『미래를 여는 역사』는 쌍방이 아닌 한중일 3국 간 역사대화의 성과물이다. 또한 전근대를 다룬 『조선통신사』나 『마주보는 한일사』와는 달리 한중일이 갈등하고 투쟁하면서 상호 간 흥망과 성쇠를 좌우했던 20세기를 정면으로 다루고 있다. 그렇기 때문에 목차를 짜는 과정부터 3국 간의 역사인식의 차이는 첨예하게 충돌하지 않을 수 없었다. 집필 과정에서도 사건마다 3국 간에 역사인식의 차이를 절감하며 극복하는 과정을 수없이 반복해야 했다. 두 나라 간의 역사인식의 차이는 양자가 합의를 통해 비교적 간단하게 해결되는 경우도 있었으나, 19세기 상호 관계사처럼 세 나라 간의 역사인식의 차이가 불거질 경우, 합의에 이르는 데 쉽지 않았다. 하지만 "미래를 여는 역사"라는 제목처럼 동아시아의 미래를 준비하기 위해 넘어야 할 과제에 관한 서술에는 3국이 쉽게 합의하는 경향을 보였다. 이처럼 인권과 평화라는 보편가치를 실현하기 위한 역사인식 공유를 모색하려는 노력이 돋보이는 사례가 바로 일본군'위안부'에 대한 서술이다.

우리 교과서의 경우, 일본군'위안부'에 대해 간단명료하게 서술하고 있다. 그런데 일본의 경우 후소샤나 도쿄쇼세키는 물론 대부분의 교과서가 일본군'위안부'에 관해 서술하지 않고 있다. 1997년판 중학교 교과서의 경우, 7개 출판사가 모두 일본군'위안부'를 기술한 데 반해, 2002년판부터는 8개 출판사 중 3개 사만이 서술하는 등 점차 배제되는 추이를 보였다.[23] 게다가 2005년도판에서 일본군'위안부'에 관한 내용을 언급한 니혼쇼세키

---

23) 나시노 루미코, 「일본군'위안부' 관련 기술의 현실과 앞으로의 과제」, 『한·중·일 역사인식과 일본교과서』, 역사비평사, 2002.

〈표 7〉 일본군 '위안부' 에 관한 한국과 일본 중학교 교과서의 서술 내용

교과서명	서술 내용
중학교 『국사』	일제는 여성들도 근로보국대, 여자 근로 정신대 등의 이름으로 끌고 가 노동력을 착취하였다. 더욱이 많은 수의 여성을 강제로 동원하여 일본군이 주둔하고 있고 아시아 각 지역으로 보내 군대 위안부를 만들어 비인간적인 생활을 하게 하였다. 군대 위안부란, 한국 · 중국 · 필리핀 등 일본의 식민지와 점령지에서 일본군에 의해 강제로 전쟁터에 끌려가 성노예 생활을 강요당한 여성을 일컫는 말이다. 1930년대 초부터 자행된 이러한 만행은 1945년 일제가 패망할 때까지 계속되었다(262쪽).
『우리들의 중학사회 –역사적 분야』 (日本書籍新社)	군의 요청에 의해, 일본군 병사를 위해 조선 등 아시아의 각지에서 젊은 여성이 모집되어, 전장으로 보내졌다(202쪽).

신사의 경우라도, 위안부라는 단어와 강제성을 직접 언급하지 않고 있다. 중국의 중등 교과서에도 일본군'위안부'에 대한 서술이 없다. 일본군이 저지른 부녀자 강간 등에 대한 서술만 있을 뿐이다. 이는 중국에서 일본군'위안부'에 관한 관심이 최근에서야 본격화된 것과 관련이 있다.

『미래를 여는 역사』는 관련 실태 및 사례와 함께 이런 비극을 극복하려는 전후 여성운동의 활약까지 모두 7쪽에 걸쳐 상세히 설명하고 있다.[24] 한국과 중국 여성 피해자는 물론 당시 군 위안소를 설치한 일본인의 생생한 증언을 함께 실었다. 이를 통해 일본군'위안부' 문제가 일본정부가 체계적 조직적으로 주도한 전쟁범죄라는 것을 통렬히 고발하고 있다.

이처럼 『미래를 여는 역사』는 3국 간의 쟁점을 다루었기 때문에 일본군 '위안부' 문제처럼 보편가치 지향성이라는 차원에서 합의에 이른 항목들이 적지 않다. 또한 3국 간의 쟁점이 되는 문제를 병기하지 않고 최대한 합의

24) 중국인 '위안부'를 다룬 「일본 군대의 성폭력」, 한국인 '위안부'를 다룬 「일본군'위안부'로 끌려간 한국 여성들」, 「그림으로 일본군'위안부'의 피해를 고발한 강덕경 할머니」, 그리고 전후 일본의 사죄와 배상을 요구하는 여성 운동을 다룬 「일본군'위안부' 문제와 여성 인권 운동」 등의 글이 실려 있다.

하는 과정을 거쳐 서술하고자 했다. 독도문제와 같이 도저히 합의에 이룰 수 없고 정치적 부담이 어느 것보다 높은 문제를 피해갔기에 가능했던 일이다. 하지만 이러한 '생략'은 비판의 대상이 될 수 없다. 역사인식의 공유는 그 지평을 점차 넓혀가는 가운데 가능한 것이지, 모든 문제에 대한 완전 합의를 의미하는 것은 아니다.

6. 맺음말

이상에서 동아시아 역사전쟁 와중에 탄생한 한일 혹은 한중일 간의 공동역사교재인 『조선통신사』, 『마주보는 한일사』, 『미래를 여는 역사』의 발간 과정과 성과를 분석하고, 일찍이 유네스코가 정립했던 원칙을 원용해 마련한 동아시아 역사대화의 분석 원칙에 입각하여 이들 공동역사교재를 평가한 뒤, 각국 교과서와의 비교를 시도해 보았다. 이는 동아시아의 현실에서 공동역사교재의 발간이 갖는 의미를 짚어보고, 나아가 그 경험을 공유하는 동시에 더 높은 수준의 역사대화로의 도약을 모색하기 위한 여정의 일환이라 할 수 있다. 아쉬운 점은 공동역사교재 발간에 참여했던 일본과 중국 측의 자료를 입수해 함께 분석하지 못한 것이다. 이는 양국에서 공동역사교재 발간을 분석한 연구 성과가 나와 상호 보완하는 방식으로 해결할 수 있을 것이다.

공동역사교재의 발간은 동아시아 역사전쟁에 맞선 학자, 교사, 시민운동가의 평화 운동의 성과라 할 수 있다. 또한 역사인식 공유의 장을 넓혀 궁극적으로는 공동의 동아시아상을 만들어가고자 하는 미래지향적 운동이다. 역사적으로 동아시아 3국인은 국민 혹은 민족으로서의 정체성과 함께 '동아시아인'이라는 나름의 정체성도 갖고 있다. 하지만 가해와 피해, 침략과 저항으로 점철된 근대사, 그리고 일본의 불충분한 과거청산으로 말미암아 상호 간 적대와 불신의 벽은 여전히 높다. 이러한 장벽을 넘어 공동의 동아시아상을 만들어내고 공유하기란 쉽지 않다. 그런데 그 어려움을 더욱 절감했을 공동역사교재 집필진들이 '동아시아 민중 연대'라는 관점에서 오히려 그 가능성에 더욱 집착하는 경향을 보여 흥미롭다. 교재 집필 과정에서 상호이해의 폭이 넓어지고 신뢰가 형성되었다는 공통된 평가에는 공동의 역사상을 모색하려는 그들의 노력이 지속될 것이라는 의지가 담겨 있다.

그런데 이들 공동역사교재는 후소샤 교과서의 역사왜곡에 대응한다는 절박한 운동적 요구에 의해 다분히 시간에 쫓긴 채 만들어져 충분한 상호 논의를 통해 나름의 통일성을 갖춘 공동의 역사서술 체제를 마련하지는 못했다. 하나의 주제에 대한 양방의 시각을 다루거나, 전근대사를 상호 대비하거나, 3국의 근현대사를 병렬적으로 서술하는 절충방식으로 대처해야 했다. 앞으로는 상호 논의 과정에서 드러났던 쟁점을 본격적으로 다루는 학술 토론이 더욱 활성화되고 역사인식 공유를 지향하는 이론적 검토가 병행되어 내용상으로도 실질적인 도약을 이룩할 수 있는 역사대화가 진행되어야 할 것이다.

역사대화는 현재형 역사다. 그리고 국가가 역사교육에 강한 영향력을 행사하는 한중일 3국을 주축으로 하는 동아시아 역사대화의 핵심은 역시 교과서대화이다. 그러나 이 대화가 현 정세상 불가능하므로 쟁점을 드러내어 논쟁하고 협의하여 출간하는 방식의 동아시아형 공동역사교재 전략은 상당기간 유효할 것이다. 앞으로 전근대와 근현대를 아우르는 풍부한 역사대화가 진전된다면, 역사 연구와 교육에서 동아시아의 공통의 역사인식을 고민하면서 관계사적인 차원에서 자국사를 재인식하려는 움직임이 본격화되고, 마침내는 국가 간 교과서대화도 시작되지 않을까 감히 기대해 본다. 새로운 교육 과정에 고교 선택 심화 과목으로 '동아시아사' 과목을 지정한 것은 이러한 기대에 부응하는 첫 신호탄으로 여겨진다.

참고문헌

「한·일 관계사 관련 책 우후죽순」, 『연합뉴스』, 2006. 8. 8.

강태원, 「끝이 아니라, 이제 시작입니다」, 『조선통신사』, 한길사, 2005.
김성보, 「미래를 여는 역사 출간의 취지와 의의, 과제」, 『한중일 3국간의 역사갈등 해결을 위한 심층 보고』, 2005.
김양기, 「머리말 : 한일 공통 역사인식의 견고한 초석이 되길 바라며」, 『조선통신사』, 한길사, 2005.
김인호, 「미래를 여는 역사, 민중의 삶을 통해서 그린 새로운 동아시아 역사 교과서」, 『湖西史學』 41, 2005.
김한종, 「한·중·일 3국의 역사교육과 역사인식 공유 방안」, 『한·중·일 3국의 근대사 인식과 역사교육』, 고구려연구재단, 2005.
나시노 루미코, 「일본군 '위안부' 관련기술의 현실과 앞으로의 과제」, 『한·중·일 역사인식과 일본교과서』, 역사비평사, 2002.
남궁원, 「서평 : 미래를 여는 역사」, 『歷史敎育』 95, 2005.
로버트 마이어, 「독일-폴란드 간 역사교과서 협의 난제 해결에 관해」, 『역사대화의 경험공유와 동아시아 협력모델 찾기』(동아시아 역사인식 공유를 위한 국제심포지엄Ⅲ), 2006.
박수철, 「일본 중학교 역사교과서의 중·근세사 서술과 역사인식-후소샤 교과서를 중심으로」, 『韓國史硏究』 129, 2005.
박중현, 「한일공동 역사교재 발간 경과와 향후 과제」, 『한일 역사 교육자 교류회 제5회 심포지엄 및 마주보는 한일사 출판기념회』, 2006.
백영서, 「동아시아 평화를 앞당기는 소중한 첫걸음」, 『창작과비평』 129, 2005.
아시아평화와역사교육연대, 『미래를 여는 역사 수업실천사례집』, 2006.
오토 에른스트 쉬데코프 외 저, 김승렬 역, 『미래를 건설하는 역사교육』, 역사비평사, 2003.
이민호 외, 『국제이해를 위한 교과서 개선 활동에 관한 연구』, 한국교육개발원, 2002.
일본교과서바로잡기운동본부·역사문제연구소·전국역사교사모임·한국역사연구회, 『한국사교과서의 희망을 찾아서』, 역사비평사, 2003.
전교조 대구지부, 「역사부교재 편찬의 성과와 과제」, 2005.
전국역사교사모임, 「한일공동역사부교재 백서 초안」, 2006.

전국역사교사모임, 『살아있는 한국사교과서』 1, 휴머니스트, 2002.
한국역사교과서연구회 · 일본역사교육연구회, 『한일교류의 역사』, 혜안, 2007.
현명철, 「서평 : 미래를 여는 역사」, 『역사교육연구』 1, 2005.

UNESCO, "A Model Plan for the Analysis and Improvement of Textbooks and Teaching Materials as Aids to Internatinal Understanding", *A Handbook for the Improvement of Textbooks and Teaching Materials*, 1949.

동아시아의 화해를 위한 시민사회의 역사대화*

양미강**

1. 갈등의 고리, 어떻게 풀 것인가?

2000년대에 들어서면서 한중일을 둘러싼 역사갈등의 양상이 갈수록 심각해지고 있다. 2001년과 2005년 일본의 후소샤(扶桑社) 교과서의 출현으로 야기된 한일 간의 역사갈등, 2003년 이후 중국의 동북공정에서 비롯된 고구려사를 둘러싼 한중 간의 역사갈등에서 나타난 것과 같이 한중일 3국은 상이한 역사인식을 가지고 있고 그 차이도 심각하다. 최근 3국 내 민족주의 고양으로 인해 각국 간의 역사인식이 상호충돌하고 있는데, 이것은 그동안 자국사적인 측면에서 역사교육을 해 온 결과라 할 수 있다. 이 같은 역사인식의 충돌은 동북아의 평화를 저해하는 중요한 걸림돌로 작용하고 있다.

1990년대 이후 한중일 3국의 관계는 이중적이다. 역사갈등으로 인해 3국 간의 갈등양상이 고조되는 동시에, 한중일 3국 모두 인적 · 물적 교류가

* 이 글은 2005년도 한국학술진흥재단의 지원에 의하여 연구되었음(KRF-2005-044-A00002).
** 아시아평화와역사교육연대 전 상임운영위원장, 조지워싱턴대학(George Washington University) 방문연구원.

활발해지면서 상호의존도가 심화되고 있다. 특히 한일 간의 인적교류는 1965년 한일국교 정상화 이후 매년 증가하고 있으며, 현재 한국의 입장에서 일본은 수입 1위, 수출 3위국을 차지할 정도로 경제적으로 긴밀한 관계에 있다.[1] 중국 역시 1992년 한중국교 수립 이후 한반도를 둘러싼 화해분위기가 고조되면서 활발한 경제협력과 교류가 이루어지고 있다. 무역 규모도 증가하여 서로 상대방의 5대 교역국이 될 정도로 매우 밀접하다.[2]

그러나 폭발적으로 증가하고 있는 한일, 한중 간의 경제와 문화 및 인적교류에도 불구하고 여전히 한중일을 둘러싼 역사갈등은 심화되고 있어, 그로 인해 인적교류가 위축될 가능성마저 있다. 2005년 3월 독도문제가 불거졌을 때, 한일 간의 관광객이 현저하게 줄어들었고, 한일 간 자매교류가 중단된 점은 이러한 현실을 반영하고 있다.

이러한 상황 속에서 어떻게 갈등을 극복하면서 협력과 상생의 관계로 나아갈 수 있을 것인가라는 문제인식으로부터 이 글은 출발한다. 갈등의 원인인 역사인식의 차이를 어떻게 극복할 수 있을까? 차이를 극복하는 일은 일국적 차원에서 이루어질 수 없으며, 갈등 주체국 간 합의를 통해 이루어가는 일이 필요하다. 3국 간 합의를 이끌어 가는 과정은 역사인식을 공유하기 위한 다양한 창구를 만드는 것에서 출발해야 한다. 정부와 민간, 더 나아가 학계와 시민사회 등에 이르기까지 다양한 차원, 다양한 영역 간의 역사대화를 통해 상호이해에 바탕을 둔 협력이 이루어져야 하는 것이다. 그런 점에서 역사대화는 역사인식을 '공유'하기 위한 과정이며 방법인 것이다.

---

[1] 또한 인적교류가 해마다 증가하여 한국을 방문하는 일본인이 2003년 143만 명, 일본을 방문하는 한국인이 80만 명에 달하고 있다. 1995년 한국에 입국하는 일본인 수는 167만 명이었으나, 2001년에는 238만 명으로 증가하고 있다.

[2] 한중 간의 인적 교류도 늘어나 2000년 중국을 여행한 외국인 관광객 중 한국인은 134만 5,000명으로 일본에 이어 2위를 차지하였다. 한국을 여행한 중국 관광객 수도 2000년 32만 명으로 1993년의 4만 명보다 8배가 증가하였다.

현재 한중일 3국을 둘러싼 역사대화는 시작되고 있으나, 초보적인 수준에 머물러 있다. 주로 협력의 형태도 3국 간의 합의를 위한 다자 간 대화보다는 양자 간을 중심으로 한일, 한중, 중일 간 대화가 주를 이루고 있다. 또한 대화의 주체가 정부 차원과 민간 차원으로 나누어져 있다. 2001년 일본의 역사교과서 문제로 촉발된 한일 정부 간의 역사대화는 한일역사공동연구위원회를 중심으로 1기(2002~2005), 2기(2006~현재)로 이어지고 있다. 중일 간의 역사대화 역시, 한일역사공동연구위원회가 유사한 형태로 2006년부터 이어지고 있다. 정부 차원의 역사대화는 공식적인 차원에서 양국 정부가 합의하고 이루어진다는 점에서 의미가 있는 일이지만, 서로 간의 인식의 차이를 좁히고 접점을 찾기란 매우 어려운 일이다. 고구려사 문제를 둘러싸고 갈등이 고조되었던 2004년 이후 한중 간의 역사대화가 시도되었지만, 역시 서로 간의 인식의 차이가 너무 크고 공감대를 형성하기가 어려워 지속성 자체를 담보하기도 쉽지 않았다.

반면, 민간 차원의 역사대화는 비교적 구체적인 성과물을 내고 있다는 점에서 주목할 만하다. 2001년 이후 본격적으로 시작된 민간 차원의 역사대화는 연구자와 교사, 시민활동가에 이르기까지 다양한 계층을 아우르면서 진행되고 있다. 특히 역사대화를 통한 구체적인 결과물이 공동역사교재로 출판되고 있다는 점은 매우 고무적이다. 한일 양국 간의 교사들과 연구자들이 함께 만들어낸 『조선통신사』와 『마주보는 한일사』, 연구자들이 중심이 된 『여성의 눈으로 본 한일근현대사』, 『한일교류의 역사』와 한중일 연구자와 교사, 시민활동가가 함께 만든 『미래를 여는 역사』는 공동의 역사인식을 추구하고자 하는 역사대화의 중요한 성과물이라고 할 수 있다. 이러한 공동역사교재를 통한 역사대화 이외에도 시민사회에는 한중일 간의 공동협력사업을 통해 공동의 인식을 높이기 위한 시민사회 차원의 협력사업들이 지속적으로 전개되고 있다.

민간 차원의 노력들이 실질적인 성과를 거둘 수 있었던 이유는 이전부터 진행되어 온 다양한 형태의 교류가 선행되었기 때문에 가능한 일이었다. 따라서 역사대화는 다양한 계층이 참여하는 보다 광범위한 차원의 교류가 활발하게 이루어져야만 그 성과를 기대할 수 있다. 이러한 역사대화는 갈등의 폭이 깊어만 가는 한중일의 상호이해와 상호인식의 폭을 증진시킬 수 있는 계기를 마련할 것이다.

따라서 이 글은 동아시아 역사갈등을 해결하기 위해 시민사회가 어떻게 역사대화를 주체적으로 이끌어갈 것인가에 주된 관심이 있다. 그리고 그 관심으로부터 역사대화를 위한 바람직한 모델이 무엇인지를 도출해 보려 한다. 2장은 21세기 동아시아 역사갈등 문제를 한일, 한중 갈등을 중심으로 다룰 것이다. 3장은 시민사회가 진행하고 있는 역사대화의 시도들을 각 영역별로 살펴볼 것이다. 여기서는 대표적으로 한중일 차원의 시민사회 역사대화를 진행하고 있는 아시아평화와역사교육연대를 중심으로 살펴보고자 한다. 4장은 현재 한중일 3국의 역사대화의 과제를 유럽의 사례에 비추어 볼 것이다. 5장은 역사대화를 위한 이론적 조건과 모델이 무엇인지를 포괄적으로 다루게 될 것이다. 이 글을 통해 초보적 단계에 머물러 있는 동아시아 시민사회의 역사대화가 좀 더 발전할 수 있기를 기대한다.

2. 한중일을 둘러싼 갈등, 무엇이 문제인가?

1) 고대사 인식을 둘러싼 한중 역사갈등

1980년대 이후 중국은 개혁개방을 통한 '붉은 자본주의'의 건설을 국가정책의 목표로 설정하면서, 급격하게 경제성장을 이루었다. 이러한 경제적 변화는 중국에 새로운 과제를 던졌는데, 개방경제로 인한 국내 체제의 이완을 어떻게 수습할 것인가가 문제의 핵심이었다. 달라이 라마의 방한 논란이 보여준 티베트 문제, 연변의 조선족이 던진 재외동포법 등 중국의 내적문제는 적지 않은 문제를 내포하고 있다. 급격한 경제성장을 바탕으로 대외관계에서도 중국은 이전과는 다른 모습을 보이고 있다. 대만의 '독립'을 둘러싼 양안관계는 한치의 양보를 보이지 않고 있으며, 6자회담에서도 적극적인 조정자 역할을 자임하면서 동북아 국제 질서의 안정을 위해 나서고 있다.[3)]

2004년부터 한중 갈등의 핵심으로 부각한 중국의 동북공정은 중국이 내부의 사회적 불안 요인을 해결하기 위한 국민 통합 방안으로 추진하고 있는 국가프로젝트 중의 하나이다. 동북지방의 안정을 추구하기 위해 2002년 2월부터 약 5년간 중국사회과학원 산하 중국변강사지연구중심과 동북 3성이 연합하여 동북공정을 시작하였다. 동북 3성 지역의 역사와 민족, 강역, 국경 등 과거와 현재, 미래에 관련된 연구 프로젝트인 동북공정은 향후 한반도에서 예상되는 정세변화가 중국 동북지역에 미칠 정치적 · 사회적 영향과 충격을 차단해서 동북지역을 안정화시키고 동북아 국제 질서에 적극적으로 대처하려고 한 것이다. 왜 중국정부는 동북공정을 시작하였을까? 중국은 수많은 소수민족들이 살고 있기 때문에 이들을 통합시키기 위해서는 국가주의적 역사관, 그중에서도 각 민족의 단결을 강조하는 '통일적 다민족국가론'이 필요했던 것이다. 특히 한국과 밀접한 동북지역의 특수성을 고려해볼 때 '통일적 다민족국가론'을 동북지역에 적용하여 중국의 역사적 정체성을 완결하려고 했던 것이다. 동시에 조선족이 중국 국민으로서의 정체성을 확고히 가져 동요하거나 이탈하지 못하도록 사전에 방지하려고 한 것이다.

역사갈등은 중국이 고구려를 중국의 지방국가로 취급하는 것을 둘러싸고 일어났다. 중국의 논리는 '부여사, 고구려사, 발해사는 곧 중국사'라는

3) 아시아평화와역사교육연대, 「2004년도 정책제안서」, 2004 참조.

것을 일반화하고 있다. 이것은 만주는 한반도의 옛 영토이며, '고조선사, 부여, 고구려, 발해사는 한국의 역사'라는 한국의 역사인식에 대응하는 것으로, 한반도와 중국 동북지역의 역사적 관련성을 부정하고 있다. 한국의 논리대로 고조선사와 부여사, 고구려사, 발해사를 한국의 역사로 강조하는 경우 몽골, 베트남 등 중국과 밀접하게 연결되어 있는 역사가 분열되고 일맥상통한 중국의 역사관을 만들어가는 것이 점차 힘들어질 것은 자명한 일이다. 최근 동북공정은 고구려사 문제를 넘어 고조선, 발해로 넓혀지고 있으며, 백두산 등 국경문제로 확대되고 있다. 동북공정의 역사적 논리는 주변국가들과의 학문교류를 통해 만들어진 것이라기보다는 현재 중국이 처한 문제를 해소하기 위한 국가전략적 측면이 강하다.[4] 이에 대해 중국 정부는 동북공정이 학술연구라는 점을 강조하고 있으나 여전히 한중 간의 인식의 차이를 극복하지 못하고 갈등하고 있다. 학계에서는 동북공정의 의도와 목적에 대한 의견이 엇갈렸는데, 한쪽에서는 동북공정이 중국의 또 다른 패권주의적 경향으로 공격적인 자세에서 출발한 것이라고 비판한 반면, 다른 한쪽에서는 중국 내부결집용으로 인한 방어적인 측면이 있다는 의견도 제시되었다. 어찌되었든, 동북공정 추진 과정에서 고구려사를 중국사로 편입하려는 연구를 수행하는 것이 알려져 학계는 물론 한국사회 전체에 큰 충격을 주었다.

한국사회는 중국의 동북공정에 대해 매우 민감한 반응을 보였다. 중국의 '동북공정'이 '한국 고대사 빼앗기'이고 간도 영유권을 영원히 장악하려는 프로젝트라고 규정하고 이에 대해 격렬히 비난하였다. 이처럼 한국사회가 민감한 것은 이것이 고대 한국인의 민족형성 과정에 대한 훼손, 그리고 간도 영유권 문제와 깊은 연관이 있기 때문이다. 1909년 한일합방이 되기 직전 일본과 청나라 사이에 처리되었던 간도문제는 중국과의 국경문제

---

4) 동북아역사재단, 『동북공정바로알기』, 2007 참조.

로 지금까지 불씨를 남기고 있기 때문이다. 이 문제는 직접적으로는 중국과 북한과의 문제로서, 난항을 거듭하고 있는 북한 핵문제가 해결되어 북한이 국제사회에 복귀하게 된다면 남북이 어떤 조치를 취할지도 모른다는 중국의 우려가 담긴 것이기도 하다.

하여튼 동북공정은 역사문제로 촉발된 갈등이지만, 역사적인 문제로 한정짓기에는 한중 양국 간의 고도의 정치적인 전략이 깊게 배어있다. 현재 중국과 북한이 역사문제에 관해 상호조율하고 있는 것은 두 나라가 동북아 비핵화라는 당면과제를 우선시하고 외교에 반영하였기 때문이다. 또한 한중 양국이 한국의 들끓는 여론에도 불구하고 역사문제를 강하게 부각시키지 않는 것은 북한문제에 공동의 이해관계를 가지고 있기 때문이다. 그런 점에서 동북공정을 둘러싼 한중 간의 역사갈등은 역사문제인 동시에 정치문제이며, 미래의 동북아 문제이기도 하다.

2) 역사교과서를 둘러싼 한일 역사갈등

전후 일본의 역사교과서 파동은 세 번 있었다. 1955년은 전후 A급 전범이 정계에 복귀했던 시기에 일어나 그 결과 일본 문부성의 검정제도가 강화되었고, 1982년은 일본이 아시아의 경제대국으로 부상하면서 일본의 침략전쟁과 피해사실을 제대로 다루지 않은 일본의 역사교과서가 검정을 통과하여 한일 간의 큰 쟁점이 되었다. 2001년에는 일본 우익그룹인 '새로운 역사교과서를 만드는 모임'(이하 새역모)이 만든 교과서가 검정을 통과하면서 일본은 한국과 중국, 그리고 일본 국내로부터 혹독한 비판에 시달렸다. 세 번에 걸친 일본 교과서 문제는 더 이상 일본 국내의 역사교육과 역사인식의 문제가 아니라 동아시아 평화와 관련된 문제로 인식되면서 그 지평이 확대되었다.

지금까지 일본의 역사인식에 관한 태도를 비추어볼 때, 1990년대는 일본이 냉전 이후 아시아에서의 역할에 대해 심각하게 고민했던 시기이다. 그러나 일본은 중요한 기회를 놓쳤다. 1991년은 진주만 공격 50주년과 걸프전쟁이 연결되어 일본의 국제공헌에 대한 태도가 주목을 받기 시작한 시기로 역사인식에 관한 해결이 필요했다. 그러나 일본은 냉전 시기에 형성되었던 정책결정 및 집행체제가 강하게 남아 있어 정책전환을 막았고, 정권의 운영이 담합에 의존하고 있어 변혁의 지도력을 발휘하지 못했다. 또한 1990년대 후반에는 보수 정계를 중심으로 민족주의를 통한 국민통합의 경향이 두드러져 역사인식의 문제를 해결하는 데 한층 어려움을 겪게 되면서 일본의 과거청산은 더욱 힘들어지게 되었다.[5)]

일본은 1980년대의 나카소네 야스히로(中曾根康弘) 정권 이후 구상되었던 아시아 '중시'의 방침을 철회하고 미일동맹의 강화를 통해 21세기적 '탈아입구(脫亞入歐)'를 모색한다는 전략을 세웠다. 아시아에 대한 최소한의 그리고 마지막 배려로서 1995년 '부전결의'가 탄생했고 1998년의 한일 파트너십이 선언되었지만, 이후 일본의 보수정치는 일미동맹 강화 등을 통한 미국 일변도의 성향으로 재편되고 있다. 일본이 '탈구입아(脫歐入亞)'에서 '탈아입구'로 전환한 배경에는 두 가지 이유가 있다. 하나는 동북아시아에서 민족주의가 부흥하고 있고 대만문제와 북핵문제 등 동북아시아 갈등이 증폭되고 있는 상황에서 일본의 경제력에 걸맞는 군사력과 정치적 발언권을 갖춘 '보통국가'를 만들기 위해서이다. 또 하나는 1990년대 이후 장기 불황 속에서 취약해진 자민당의 정권 기반을 강화하는 차원에서 국익 내셔널리즘을 강조하는 것이 필요했기 때문이다. 그 결과 국기국가법 및 유사법제의 제정, 자위대의 위상 강화, 평화헌법 9조와 교육기본법의 개정 시도 등을 통해 국내 체제를 정비하고 있으며, 대외적으로는 9·11테러와 이라크전쟁을 빌미로 유엔 안보리 진출을 꾀하고 있다.[6)]

---

5) 아라이 신이치(荒井信一), 김태웅 역, 『역사화해는 가능한 것인가』, 미래 M&B, 2006, 149쪽 참조.

1996년 12월 출범한 새역모의 역사인식은 일본의 현재 상황에 기반하여 만들어졌다. 이들은 냉전체제 이후의 일본의 반성적이고 성찰적인 역사인식은 일본 스스로를 자학하는 것으로 일본의 정체성을 찾는 데 장애물이 될 뿐이라고 비판한다. 이들은 자학사관이 현재 민족주의의 폭발기를 맞이하고 있는 동북아시아의 상황에 대처하기에는 적절치 않다며 자랑스런 일본인을 만들어가기 위한 새로운 민족주의의 궐기를 촉구했다. 이에 대응할 수 있는 가장 적절한 수단이 바로 역사교과서라는 점에 착안하여 자신들의 입장을 대변하는 교과서를 만든 것이다. 새역모는 후소샤판 역사교과서를 통해 침략을 부정하고 식민지지배를 미화하려는 역사인식을 숨김없이 드러냈다. 그 결과 식민지 침략의 상징적 피해라 할 수 있는 일본군 '위안부' 문제를 과감하게 걷어냈다. 그리고 식민지 침략전쟁을 아시아를 해방하는 전쟁이었다고 서슴없이 기술하였다. 1982년에도 문제되었던 역사인식이 또다시 재현되었던 것이다. 새역모의 후원자들을 보면 알 수 있듯이, 새역모는 자민당과 문부성 관료, 재계와 학계를 두루 섭렵하는 등 일본의 우익 주류세력들에 의해 유지되고 있다. 이처럼 일본사회의 정치 질서와 사회인식의 변화를 동반하지 않는 한 한일 간의 역사갈등은 지속될 수밖에 없는 것이다.

3. 시민사회의 협력을 통한 역사대화 현황과 한계

2001년 일본의 후소샤 교과서가 출현하면서 한중일 간 시민연대는 어느 때보다도 강력한 형태로 진행되었다. 그동안 대일문제에 관련한 시민운동은 주로 일제피해자운동에 국한된 측면이 있었다. 일제에 의해 피해를 입

6) 아시아평화와역사교육연대, 「2004년도 정책제안서」 참조.

은 피해자 중심으로 문제를 접근하다 보니, 운동성을 확보하지 못한 한계들이 많이 노출되었다. 2000년대에 들어서면서 대일문제는 일제 피해자 문제뿐 아니라 역사인식의 문제를 포함하게 되어 시민운동의 폭도 넓어지고 연구자들의 참여도 늘어나 과거에 비해 시민운동이 다양화되었다. 2001년 4월 창립된 아시아평화와역사교육연대(구 일본교과서바로잡기운동본부)는 한국의 시민사회가 본격적으로 역사인식의 문제를 시민운동의 영역으로 담은 대표적인 경우라 할 수 있다.

한중일은 각국이 처한 상황에 따라 한일을 중심으로 한 양자 간 연대와 한중일이 중심이 된 다자 간 연대를 해왔다. 그동안에는 대부분 양자 간 연대활동이 중심이었으나, 2000년 이후 본격적인 다자 간 연대활동을 통해 국제연대의 발판을 만들어 왔다. 그 결정적인 계기가 일본의 역사왜곡 교과서인 후소샤 교과서였다. 후소샤 교과서 대응활동에 대한 공동협력 형태를 통해 내용과 방식에 있어서도 질적인 도약을 이루었다고 할 수 있다. 2000년 이전에는 주로 교류 차원에서 전개되었던 연대활동이 2001년 이후에는 공동의 아젠다를 설정하고 공동활동을 전개하는 강력한 연대방식을 취하는 형태로 발전해온 것이다. 협력의 내용 역시 일본 역사왜곡에 대한 직접적인 대응방식인 후소샤 교과서의 채택을 막는 불채택운동부터 장기적인 대안을 마련하고 동아시아 공동의 역사인식을 만드는 과정으로서 한중일 공동 근현대사 교재인 『미래를 여는 역사』를 공동출판하고, 한중일 청소년들의 역사캠프를 개최하는 일에 이르기까지 매우 다양한 형태로 전개되었다.

1) 평화포럼을 통한 역사대화의 장

한중일 시민사회들이 역사대화를 구체적으로 모색한 것은 2002년부터 시작된 '역사인식과 동아시아 평화포럼'(이하 평화포럼)을 통해서였다. 2001년 후소샤 교과서 문제를 계기로 한중일 시민협력이 구체화된 것은 2002년 3월 남경포럼에서였다. 평화포럼은 한중일 3국이 모여서 후소샤 교과서에 대응하고, 동아시아 역사인식을 공유하기 위한 연대망을 형성하는 데 일차적 목표가 있었다. 이러한 목표는 한중일 3국 시민사회의 공동의 목표와 실천을 향한 동아시아 공동협력모델을 만들어가는 과정으로 동아시아 역사대화를 위한 민간 차원의 다양한 영역들 간의 네트워킹을 형성하는 데 중요한 역할을 담당하고 있다.

평화포럼은 지난 7년간 일곱 차례에 걸쳐 한중일 3국을 순회하면서 진행되었다. 제1회 남경포럼(2002)을 시작으로, 제2회 동경포럼(2003), 제3회 서울포럼(2004), 제4회 북경포럼(2006), 제5회 경도포럼(2006), 제6회 서울포럼(2007)을 개최하고 올해 2008년에는 중국에서 개최할 예정이다. 평화포럼은 한중일 3국이 공동 주최하되, 해당국에서 주관하는 형식을 취하고 있다. 주제를 선정할 때 해당국은 다른 나라와 협의하여 공동으로 주제를 선정하고, 하나의 주제를 3개국에서 각각 연구하고 발표하게 되어 있다. 한중일 3국의 연구자들과 교사, 시민활동가들이 발표자와 토론자로 참여하고 있다.

평화포럼의 주제를 보면 평화포럼이 어떤 내용과 형식으로 발전되는지를 볼 수 있다.[7] 제1회는 후소샤 교과서 문제에 집중하여 일본 역사왜곡의 실체를 규명하는 것이 중심이었다면, 2회는 글로벌화라는 세계화의 흐름에 맞추어 교과서와 인권의 문제를 결합한 주제였다. 이때 한중일 3국은 일본의 역사왜곡뿐 아니라 자국사 교과서에 대한 비판적 문제제기를 통해 인권의 문제와 역사교육의 문제를 함께 다루었다. 3회 심포지엄에서는 역사인식의 문제가 교과서라는 텍스트를 넘어서, 역사를 기억하는 다

7) 평화포럼의 한국 측 주체는 아시아평화와역사교육연대가, 일본은 어린이와 교과서 전국네트 21을 중심으로 한 평화포럼 일본실행위원회가, 중국은 중국사회과학원근대사연구소와 사회과학문헌출판사 등이 참여하고 있다.

양한 매체인 기념관과 대중매체에서 어떻게 표상되고 있는가까지 발표의 영역을 확산시켰다. 4회는 2005년 전후 60년에 맞추어 전후 60주년의 역사인식을 총괄적으로 평가하였다. 2006년 11월 교토에서 열린 평화포럼은 북핵문제, 야스쿠니신사 문제 등 동아시아 갈등상황이 고조되고 있는 상황에서 전후의 역사와 평화의 선택이 무엇인지를 평화헌법 개정문제와 맞물려 살펴보고자 했다. 평화포럼의 주제 선택은 역사인식을 주요골격으로 하면서 시대적인 상황 속에서 현안문제를 적절하게 배치하여 역사인식과 평화문제를 연결시키고 있다는 점에서 매우 시의적절하다.

평화포럼은 그동안 개별적으로 전개되었던 각국의 역사인식의 문제를 한곳으로 종합하고 토론하는 장을 제도화했다는 데 의미를 가지고 있다. 제도적인 틀로서 평화포럼은 한중일 3국이 1년에 한 번씩 공동의 주제를 통해 각국의 연구동향을 소개하고 연구결과를 발표하며, 교류하는 구체적인 장이 되고 있다. 한중일 3국이 공동작업한 공동역사교재인 『미래를 여는 역사』의 출판도 평화포럼에서 합의된 것이다. 그런 점에서 평화포럼은 교과서 협력의 근원지인 동시에, 연구자와 교사, 시민단체들이 함께 만나는 역사대화의 장으로의 역할을 하고 있다. 또한 시민단체들이 중심이 된 이 포럼을 계기로 한중일 시민사회 공동협력 프로젝트가 확장되고 있다. 미래세대의 주인공들인 청소년들을 위한 역사인식을 공유하기 위해 모색된 한중일청소년역사체험캠프가 한중일 공동협력사업으로 채택되었다.

그러나 평화포럼은 한중일 간의 정기적인 역사대화의 장을 마련했다는 의의에도 불구하고, 역사인식을 공유하기 위한 장기적인 전망은 아직까지 부족하다. 매년 개최되는 평화포럼의 주제는 주최국의 상황에 따라 기획이 되나, 한중일이 어떤 형태로 역사대화를 이끌어갈 것인가에 대한 전체적인 조망이 부족하다. 이뿐 아니라 평화포럼 결과물의 공유와 확산이라는 측면에서 심도 있는 논의가 진행되고 있지 않다. 평화포럼의 주제가 시의적절하게 선정되기는 하나, 연구와 현장을 밀도 있게 연결시키는 것과 다양한 계층의 참여를 유도하는 문제는 아직까지 해결해야 할 과제이다.

2) 한중일 공동역사교재『미래를 여는 역사』

시민사회 역사대화의 가장 큰 성과는 한중일 공동역사교재를 출판한 일이다. 이 책의 출판은 가장 강력한 역사대화의 하나이다. 공동의 역사교재를 만드는 일은 우선 상이한 역사인식을 조율하고 조종하는 수많은 시간이 필요하고, 그것이 조율된 이후에나 책이 출판되기 때문에 그 어떤 협력방식보다도 강력하다. 한중일이 함께 만든 근현대사 교재인『미래를 여는 역사』가 출판되기까지 4년의 시간이 필요했으며, 13번에 걸친 국제회의와 40여 차례에 걸친 국내회의 이외에 수많은 토론의 결과가 모여 한 권의 책으로 만들어졌다. 이러한 예는 한일 사이에 만들어진 공동역사교재인『조선통신사』,『마주보는 한일사』,『여성의 눈으로 본 한일근현대사』,『한일교류사』도 예외는 아니다.[8]

『미래를 여는 역사』가 돋보이는 것은 한중일 3국 시민사회 차원의 노력의 결과였다는 점이다. 대부분의 공동역사교재가 연구자들 혹은 교사들에 의해 진행된 것이었다면, 이 교재는 연구자와 교사, 시민활동가가 머리를 맞대고 시민운동의 차원에서 어떻게 공동의 역사인식을 도출할 것인가를 고민한 실천적 의미를 갖고 있다. 그렇다면 한중일은 공동역사교재 제작을 통해 어떤 협력의 내용을 만들어온 것일까? 가장 중요한 것은 한중일

---

[8] 김정인은「동아시아 공동역사교재 개발, 그 경험의 공유와 도약을 위한 모색」,『역사대화의 경험공유와 동아시아 협력모델 찾기』(동아시아 역사인식 공유를 위한 국제심포지엄Ⅲ, 2006. 11)에서 자세하게 성과와 한계를 분석하고 있다.『조선통신사』는 전국교직원노동조합 대구지부와 히로시마 일본교직원조합이 함께 만들었으며,『마주보는 한일사』는 한국의 전국역사교사모임과 일본의 일본역사교육자협의회가 함께 만들었다.『여성의 눈으로 본 한일근현대사』는 한국정신대문제대책협의회 부설 전쟁과여성인권센터와 일본의 여성전쟁인권학회가 공동 작업하였다.『한일교류의 역사』는 한국 시립대학교와 일본의 도쿄가쿠에대학이 공동연구한 결과이다.

모두 공동의 역사인식에 도달했다는 점이다. 그것은 일본의 역사왜곡을 비판하는 수준에 머물렀던 동아시아 3국의 연대활동 속에 직접 역사를 공동으로 서술하고 이를 교육에 반영하고자 하는 적극적인 의지가 들어있었기 때문에 가능한 일이었다. 평화와 인권이라는 보편적 가치를 지향하고, 과거의 갈등을 넘어 평화의 미래로 나아가기 위해 19세기 중엽 이후 침략과 전쟁으로 얼룩졌던 과거의 역사를 깊이 반성하며 평화와 인권, 민주주의가 보장되는 동아시아의 미래를 지향하려는 염원이 그 속에 담겨 있었기에 가능했던 것이다. 아울러 폐쇄적인 국수주의에서 벗어나 열린 시야로 역사를 바라보면서 서로를 존중하며 공존하는 미래지향적 역사의식을 가졌기에 가능했던 일로, 승자와 강자의 역사가 아니라 억눌렸던 여성, 소수자, 민중의 시각에서 역사를 바라보고자 했다.[9)]

『미래를 여는 역사』는 교과서 협력의 틀을 넘어서 한중일 3국에 대한 역사와 문화에 대한 이해를 심화시켰다. 연구자들 간의 협력을 통해 한중일 3국의 축적된 연구의 깊이와 내용, 그리고 연구 방법의 상이성을 알게 되었으며, 또한 상대국의 역사에 대해 얼마나 무지한지를 깨닫는 계기가 되었다. 또한 만 4년간의 협력 작업을 통해 언어의 차이, 문화의 차이, 생활방식의 차이 이외에 생활의 차이를 몸으로 깨닫는 시간들이었다. 이러한 차이를 아는 일이 바로 상호신뢰의 기본을 형성하였다. 상호신뢰야말로 그 무엇보다도 귀중한 협력의 산물이다.[10)]

한 권으로 만들어진 한중일의 공동협력의 결과물인 『미래를 여는 역사』는 수십 년 이상의 교과서 협력의 역사를 가지고 있는 독일과 폴란드처럼 교과서 권고안을 만드는 것으로부터 역사대화를 시작하지 않았음을 의미한다. 독일과 폴란드와 달리, 독일과 프랑스의 경우도 오랜 기간의 역사대

---

9) 『미래를 여는 역사』 홍보책자 참조.

10) 『미래를 여는 역사』의 백서인 『한중일 3국간의 역사갈등 해결을 위한 심층보고』(아시아평화와역사연구소, 2005. 12)를 참조.

화와 협력이 있었음에도 불구하고 2006년에 이르러서야 공동교과서를 출판하였다. 2002년 독일과 프랑스 청소년의회에서 청소년들의 제안에 의해 시작되었던 독일과 프랑스 공동교과서는 만 4년 만에 첫 선을 보였으며, 총 3권 중 1권이 2006년 7월에 출판되었다. 독일과 프랑스 공동교과서의 출판이 가능할 수 있었던 조건은 이전부터 양국 간의 오랜 협력의 역사가 깊었기 때문에 가능했다. 그러나 이와 달리 한국과 일본, 중국이 처해있는 조건은 전혀 다르다. 그럼에도 불구하고 한중일이 공동교과서를 출판할 수 있었던 것은 그만큼 역사적 현실이 척박한 상황에서 이 문제를 해결하고자 하는 시민사회 차원의 강력한 요구가 있었기에 가능한 일이었다.

이제 『미래를 여는 역사』를 만드는 사람들은 제2단계로 나아가고 있다. 그동안 한중일 3국은 각국이 처한 조건과 상황이 다름에도 불구하고 지난 4년 동안 공동의 역사인식을 만들어가고자 하는 강한 신념으로 어려움을 극복해 왔다. 이것이 자산이 되어, 2007년부터는 새로운 형식과 내용으로 한중일 3국은 공동연구와 공동교재 작업을 진행할 것을 합의하고 현재 진행 중에 있다. 2006년 11월 경도포럼에서 통사 중심의 교과서 형식보다는 주제별 공동역사교재를 만들기로 합의하였다. 이를 위해 한국과 일본, 중국은 연구진을 보강하고 2010년 출판을 목표로 진행 중에 있다. 아직까지 한중일 모두 재정적인 어려움과 강도 높은 작업으로 인한 어려움이 있지만, 그동안 한중일 3국에서 쌓아놓은 신뢰를 바탕으로 더 완성도 있는 교재를 만들기 위해 노력할 것이다.

3) 한일 공동연대를 통한 후소샤 교과서 불채택운동

한중일 시민사회의 연대활동은 일본의 역사왜곡 교과서인 후소샤 교과서에 대한 공동대응을 시작으로 본격화되었다. 2001년 일본 문부성의 검정을 통과한 후소샤 교과서는 일본의 울트라 우익들에 의한 조직적인 역사왜곡이 이루어진 대표적인 왜곡교과서였다. 후소샤 교과서는 일본의 침략전쟁을 정당한 전쟁이었다고 강변하면서, 일본군'위안부' 문제를 비롯한 일제 식민지 가해사실을 부정하고 은폐하였다. 한중일 시민사회는 일본의 중학교 역사교과서 8종 중에 가장 위험수위가 심각하다고 판단한 후소샤 교과서를 주 타겟으로 하여 집중적인 불채택운동을 벌였고, 그 결과 2001년에는 0.039%, 2005년에는 0.39%의 채택률에 머물게 함으로써 일본의 학교에 뿌리내리지 못하게 하는 성과를 거두었다.

후소샤 교과서를 주 타겟으로 한 불채택운동이라는 네거티브 전략은 성공하였다. 후소샤 교과서가 전쟁을 찬미하는 '위험한 교과서'인 까닭에 한국과 중국 등 이웃나라에 악영향을 끼친다는 점이 일본 시민들에게 부각된 것이다. 전쟁이 없는 평화로운 협력관계를 구축해야 할 21세기에 후소샤 교과서야말로 한일 협력관계를 해친다는 점을 집중 부각시킨 것이 설득력을 가졌기 때문이다. 아이러니하지만, 후소샤 교과서는 한중일 시민연대를 가능하게 만든 원인제공을 한 것이다.

2000년대 들어 후소샤 교과서 불채택운동은 2001년과 2005년에 걸쳐 두 번 이루어졌다. 그것은 일본의 교과서 검정이 4년마다 있기 때문에 교과서 불채택운동 역시 4년의 주기에 따라 진행된 것이다. 사실 2001년 상황은 한중일 시민연대가 만들어지기 직전의 상황이라, 체계적인 대응방식보다는 상황에 대처하는 연대형식이 주를 이루었다. 그러나 4년 뒤에 전개된 2005년 불채택운동은 2001년의 경험 속에서 가장 적절한 방법을 모색하였고, 이러한 노력들이 축적되어 한중일 시민연대의 대응이 비교적 조직적이고 원활하게 이루어졌다. 한일 시민사회의 조직적 연대는 한일 간 자매결연 도시를 중심으로 한 민관정(民官政) 네트워크였다. 그동안 개별적으로 전개되었던 운동을 한곳에 접맥시켜 상호 간의 시너지 효과를 누린 것이다.[11]

민관정 네트워크 사업이란 국내의 지자체와 지역시민단체, 더 나아가

지역에 기반을 둔 국회의원을 원스톱 시스템으로 연계하는 것을 말한다. 한국의 지자체와 자매결연이 되어 있는 일본의 지역단체들과의 연계 속에서 일본 지역교육위원회에 후소샤 교과서 불채택운동을 전개하는 것이다. 민관정 네트워크는 기본적으로 국내의 민관합동 조직을 꾸리는 것인 동시에 자매결연 도시를 중심으로 한 한일 연대를 조직적으로 만들어내는 것을 의미한다. 한국의 지자체나 시민단체 모두 일본 역사왜곡에 대응해야 한다는 공감대가 형성되어 있었고, 한국과 일본의 양 지역에서 활동하는 풀뿌리 시민단체들이 있었기에, 한일 간의 자매결연도시를 근간으로 한 네트워크 형성이 가능했다.[12)]

민관정 네트워크는 2005년 6월부터 8월 사이 일본의 각 지역교육위원회에서 교과서를 채택하는 국면에서 가장 큰 힘을 발휘하였다. 한일 지역 시민단체들이 힘을 합쳐 일본 현지를 방문하는 공동캠페인단을 만들어 직접 일본캠페인을 전개하였다. 일본캠페인이란 자매결연도시의 지역교육위원회를 방문하여 후소샤 교과서의 문제점을 설명하고, 지역시민들과의 공청회 및 세미나 등을 열어 한일 간의 연대활동을 강화하는 일이다.[13)] 일본캠

---

11) 민관정 네트워크는 2001년 교과서운동 평가에서 자매결연 도시 간의 활동이 중요하다는 일본 시민사회의 요구가 받아들여진 경우이다. 일본 시민단체들은 2001년 자매결연도시에서 오는 후소샤 교과서 불채택요청서가 일본의 각 지역교육위원회가 후소샤 교과서를 채택하지 않게 하는 가장 적절한 방법이었다고 이야기했다.

12) 자매결연 도시를 먼저 파악하고, 이곳에서 활동하고 있는 한일 양국 시민단체들을 파악하여 연결하는 것이 주요 관건이었다. 자매결연 도시에 한일 시민단체가 있을 경우, 그 시민단체들을 연결하고, 지방자치제와의 연계 및 지역구 국회의원과의 연계를 시도하였다. 물론 모든 자매결연 도시를 대상으로 하기 어려웠기 때문에 몇 개의 샘플링을 통해 네트워크를 만들어 갔다. 이렇게 해서 2005년 6월 일본 시민단체들은 서울시, 안양시, 전주시, 정읍시, 대구시 등 전국 12개 지자체와 지역 시민단체를 방문하였다. 이때 일본의 14개 시민단체, 한국의 20개 시민단체가 참여하였다.

13) 민관정 네트워크는 이후 사업에도 중요한 근간이 되었는데, 일본 각 지역의 교육위원회에 불채택요청서 보내기 운동을 비롯해 일본캠페인에도 자매결연 도시의 시민단체와 지자체가 큰 역할을 담당했다. 그중에서도 서초구(스기나미구)와 동대문구(도시마구), 안양시(사이타마현)의 경우는 해당 지역구 국회의원이나 시의원이 일본을 직접 방문하는 등 보다 강화된 연대활동을 진행했다.

페인에는 민관정 네트워크를 통해 구축된 각 지역단체들이 동참하였고, 이 결과 후소샤 교과서 채택률 0.39%라는 좋은 성과를 거두었다.

민관정 네트워크 연계 과정은 우리 모두에게 새로운 경험이었다. 아직까지 본격적인 민관협력이 이루어지지 않은 상황에서, 일본 역사왜곡이라는 대의에 동참한 한국의 지자체와 시민단체들 간의 연대활동은 생각보다 쉬운 일은 아니었지만, 서로에 대해 알아가는 시간이었다. 민관정 네트워크 사업은 다분히 국내적인 측면이 많았지만, 일본의 시민사회가 일본 역사왜곡 저지라는 분명한 공감대를 형성하지 않았다면 여기에 참여하기 어려웠을 것이다.

2005년 한중일 시민단체들의 후소샤 교과서 불채택을 위한 연대활동은 역사왜곡 저지라는 일회적인 사업에서 더 나가 지속적인 활동을 담보하여 역사인식을 공유하는 데까지 나가야 한다는 데 대부분 동의하였다. 그러나 일본의 시민단체들은 운동에 참여하는 사람이 교육기본법 문제, 평화헌법 문제 등 각종 현안 등에 이중삼중으로 결합하고 있어 제한된 인원으로 이를 수행하기 어려운 조건이었고, 한국의 지역시민단체들 역시 다른 현안들을 수행하는 과정에 있어 역사인식 문제를 중심으로 집중하기 어려운 조건이긴 마찬가지였다.

이 같은 조건을 극복하기 위해선, 우선 민관정 네트워크 활동을 해온 한일 양국 시민단체들 간의 지속적인 공동사업을 위한 합의를 이끌어내는 일이 선행되어야만 했다. 일회성 사업에서 벗어나 지속적으로 한일 양국의 각 지역에서 활동하는 단체들 간의 상호교류를 진행하고 공동협력 사업을 통해 서로를 이해하기 위한 실질적인 노력이 필요했던 것이다. 이러한 활동을 매개하는 틀로 평화교육을 상정하였고, 상호방문을 통해 평화교육을 학교뿐 아니라 시민사회까지 확대하여 상호이해를 위한 기반을 만들고자 했다. 한일 양국 시민단체들이 중고등학교를 상호방문하면서 수업을 진행하고, 지역의 유적지를 돌아보고, 시민세미나 등을 개최하면서 서로의 역사인식의 차이를 좁히기 위한 노력을 하였다.[14] 이렇게 진행된 역사대화를 위한 한일 시민사회의 공동협력사업은 아직 초보적인 단계에 머물러 있다. 일시적 연대활동은 일정 기간만 공동 아젠다를 가지고 활동하면 가능한 일이지만, 지속적인 연대활동은 양국의 지역단체들 간의 생각과 내용의 이질성을 조율하고, 그것을 공동의 인식으로 끌어올리려는 노력이 필요하다. 그런 점에서 이제 시작된 역사대화를 위한 한일 시민사회의 공동협력사업은 첫걸음일 뿐이다.

4) 청소년캠프를 통한 공동 역사인식 증진

청소년 국제교류는 정부와 지자체, 민간단체 등 다양한 영역에서 활발하게 전개되고 있다. 최근에는 동아시아 지역의 중요성과 청소년 국제교류의 필요성을 인식하면서 더욱더 확대되고 있다. 한일 양국 정부는 1984년 한일 양국정상회담에서 청소년 교류를 추진하기로 하고 1987년부터 한일 정부 간 청소년 교류를 실시하였다. 매년 양국 청소년이 40명씩 상호 방문하였고 2004년까지 약 1,100명이 참여했다. 특히 2005년 "한일 우정의 해"를 계기로 양국 정부는 청소년 교류의 수를 늘려 해마다 1만 명 이상이 참여하는 대규모 한일공동프로젝트를 기획하고 있다. 이와 유사한 방식으로 한국과 중국 역시 한중 간 청소년 교류를 진행하고 있다.

정부뿐 아니라 청소년단체들 역시 청소년들의 국제교류에 많은 관심을 기울이며 프로그램을 개발하고 있다. 국가 산하의 청소년위원회나 청소년

---

14) 2006년 9월 20~25일까지 대구와 히로시마, 충남과 구마모토, 평택과 에히메, 서초구와 스기나미구, 동대문과 도시마구 5개 지역에서 진행된 한일공동협력사업은 4박 5일간 진행되었다. 3박 4일은 각 지역에서 평화교육, 유적지방문, 시민간담회 등으로 이어졌고, 마지막 1박 2일은 전체가 모여 평가심포지엄을 개최하였다. 양미강, 「역사대화를 위한 한일시민협력 과제와 전망」, 『역사대화를 위한 한일 시민협력 과제와 전망』(동아시아 역사인식 공유를 위한 국제심포지엄Ⅱ), 2006. 9. 23 참조.

관련 단체, 청소년 시민단체들에 의한 동아시아를 대상으로 한 교류프로그램이 활발하게 전개되는데, 캠프 · 야영 · 견학 위주의 단기프로그램에서 벗어나 포럼 · 워크숍 · 사회봉사체험 등의 형식으로 인권, 환경, 정보화, 빈곤, 복지문제와 같은 실천적 이슈들을 제기하면서 진행하는 프로그램들이 늘어나고 추세이다.[15)]

청소년 국제교류는 청소년들의 글로벌 마인드를 키우고, 국제사회에 대한 안목과 장래 비전을 만들어준다는 점에서 매우 의미 있는 일이다. 또한 동아시아를 대상으로 한 다양한 프로그램들이 비록 초보적인 형태지만 이루어지고 있다는 점에서, 청소년들이 가져야 할 동아시아 정체성이나 동아시아 일원으로서의 자세 등에 대한 깊은 관심을 유도한다는 점에서 중요하다.

그러나 최근 이루어지는 청소년 국제교류가 갖고 있는 의미에도 불구하고 여전히 우리를 둘러싸고 있는 동아시아의 갈등구조를 어떻게 청소년들 간의 교류와 협력으로 풀어볼 것인가에 대한 문제의식까지는 나아가지 못하고 있다. 동아시아 청소년 교류를 현재 우리가 당면하고 있는 역사갈등의 문제와 결합하여 역사인식을 공유하기 위한 역사대화의 장으로 활용하고 있는 청소년 교류는 별로 없는 것이다. 있다고 해도 주로 견학과 탐방으로 진행되는 일방적인 형태이지, 동아시아 청소년들 간의 역사대화를 이끌어내지는 못하고 있는 것이 우리의 현실이다.

또한 우리 청소년들이 가지고 있는 동아시아에 관한 인식의 문제를 제대로 점검하고 올바른 동아시아 관을 형성하는 것도 이루어지고 있지 못하다. 한국의 일본 인식에 대한 조사연구를 보면, 대체적으로 한국인들은 일본에 대해 이중적인 인식을 갖고 있는 것으로 드러났다. 일제 식민지시대를 경험한 1세대들이나 전후세대인 2세대, 그리고 청소년들인 3세대 역

15) 시민정보미디어센터, 「2005 동아시아공동체형성을 위한 청소년 지도자 국제교류 프로그램 연구개발」, 2005.

시 일본은 선망의 대상이자 증오의 대상이다.[16] 전쟁을 경험한 세대나 경험하지 않은 세대 모두 일본에 대해 이중적인 감정을 가지고 있는 이유는 식민지시대를 경험한 나라에서 문화적으로 전수되는 반일의식으로 인한 증오심과, 경제대국인 일본에 대한 동경심이 뒤엉켜 있기 때문이다.

한국 청소년들이 일본에 대해 갖고 있는 이중적인 이미지는 매스컴에 의한 영향이 매우 크다. 물론 조사 시점이 2006년이기 때문에 2005년 일본 역사왜곡과 독도문제로 야기된 한일갈등에 따른 사회적인 분위기에 기인한 것으로 보인다.[17] 설문조사 결과 한국 청소년들의 일본에 대한 인식은 매우 양가적이었다. 일본역사왜곡과 독도문제, 일본군'위안부' 문제 등 역사적인 문제가 한일관계의 갈등구조라고 파악하지만, 동시에 일본문화와 관련해서는 일본음식과 축구 등에 관심을 보이는 것을 볼 때 여전히 한국 청소년들에게 일본은 미워하는 대상인 동시에 함께 문화를 공유하고 싶은 대상이라는 것을 알 수 있다.[18]

시민사회는 2002년부터 시작된 한중일청소년캠프를 통해 대안적 역사교육을 모색하는 청소년 협력사업을 시작하였다. 공식적인 학교교육만으

---

16) 1세대는 식민지시대를 경험한 사람들로 선진 일본을 배울 수밖에 없다는 의식과 증오심이 동시에 존재하는 반면, 2세대는 경제대국이지만 일본 국민은 못산다는 격하의식을 지니고 항상 일본의 군사대국화를 경계하며, 3세대는 공식적으로는 거부감을 가지지만 비공식적으로는 일본의 대중문화를 인정하고 수용한다고 결론 내린다. 박정화, 「한일 양국인의 상호인식에 관한 연구」, 『동일어문연구』 12, 동덕일어일문학회, 1997, 96~97쪽 ; 박중현, 「청소년들의 일본인식에 관해－무지와 무관심에서 서로 보기로－고등학교 역사교과서에 나타난 한국과 일본의 상호인식」, 『한일교과서세미나』(2006. 7)에서 재인용.

17) 박중현은 서울시내에 있는 고등학교 5곳의 273명을 대상으로 설문조사를 하였다. 박중현, 「청소년들의 일본인식에 관해－무지와 무관심에서 서로 보기로－고등학교 역사교과서에 나타난 한국과 일본의 상호인식」 참조.

18) 현재 한일관계를 묻는 질문에 좋다고 말한 경우는 없으며, 나쁘거나 아주 나쁘다고 말한 경우가 80%를 넘었다. 한일관계가 나쁜 이유를 묻는 질문에서 잘못된 역사교육, 교과서의 부적절한 기술 등을 꼽았다. 그리고 일본에 대한 이미지를 묻는 질문에서 독도문제, 식민지배, 역사교과서 문제를 언급하고, 이와 달리 애니메이션, 패션기모노, 스시 등 일본문화를 언급하기도 하였다.

로는 결코 해결하기 어려운 역사갈등 문제는 오히려 교과서 밖에서, 학교교육 밖에서 다양한 형태로 이루어질 때 해결의 실마리가 보일 수 있기 때문이다. 특히 역사갈등의 핵심인 일제 식민지 침략에 대한 역사인식 문제를 해결하는 데 있어 자라나는 청소년들이 어떻게 역사를 올바로 인식하고, 상호이해를 심화시켜 나갈 것인가는 매우 중요한 문제이다. 때문에 시민사회는 한중일 3국의 청소년들이 상대국의 역사를 제대로 이해하고, 또한 일제 식민지 전쟁과 피해의 문제를 제대로 알 때, 위의 설문 결과에서 보이는 것과 같은 일본에 대한 이중적인 인식을 극복할 수 있다고 본 것이다.

역사대화의 기본적 원칙은 무엇이 문제인지 정확히 알고, 그 문제를 해결하기 위해 상호 간 어떤 노력이 필요한지 그 과정에 함께 참여하여 서로에 대한 차이와 공통점에 관한 대화를 시작하는 것이다. 그렇다면 청소년들의 역사대화 역시 자국사적인 관점에서 배우는 학교의 공식적인 역사교육에서 벗어나 한중일 청소년들과 직접 만나 대화하면서 체험하는 것에서 시작해야 한다. 이것이 한중일청소년역사체험캠프의 목적이었다. 앞서 언급한『미래를 여는 역사』가 청소년들의 역사인식 공유를 위한 대안교과서라면, 한중일 캠프는 한중일 청소년들이 오프라인을 통해 서로 만나고 대화하면서 역사인식을 공유하도록 하기 위한 실천적 프로그램이다. 3국의 네트워크는『미래를 여는 역사』가 2005년 4월 한중일 3국에서 출판된 이래 한중일 청소년캠프를 매개로 더욱 긴밀한 관계를 유지하고 있다.[19)]

청소년캠프는 한 해도 거르지 않고 빠짐없이 이어지고 있다. 점차 참여대상이 확대되고 있어 매년 캠프 규모는 한중일 청소년 각 40명과 관계자를 포함하여 200명 내외로 진행되고 있다. 제1회는 서울에서 한일 청소년

19) 한중일 캠프에 참여할 자격은 한중일 청소년 중『미래를 여는 역사』독후감을 낸 학생에게 주어지며, 캠프 프로그램에서도『미래를 여는 역사』골든 벨 퀴즈, 토론회 등 다양한 형식으로 이루어지고 있다.

이 4박 5일간 함께 하였으며, 제2회는 오사카와 교토, 나라와 히로시마에서 한일 청소년들과 함께 재일청소년들이 같은 일정을 소화했고, 제3회는 서울에서 열렸는데 처음으로 중국 청소년들이 참석하여 명실상부하게 한중일 청소년이 5박 6일간 캠프에 참여하였다. 제4회는 처음으로 중국이 베이징에서 개최했는데, 한중일 청소년이 참여한 가운데 6박 7일의 캠프가 진행되었다. 제5회는 오키나와에서 한중일 재일청소년이 참여하여 6박 7일간의 일정으로 진행되었으며, 제6회는 한국 제주도에서 한중일 청소년들이 6박 7일간 캠프에 참여하였다. 7회는 중국에서 개최할 계획이다.

청소년캠프는 지난 7년 동안 적지 않은 발전을 해왔다. 일단 캠프의 주최가 한중일 공동사업으로 진행된다는 점이다.[20] 2002년 캠프를 처음 시작할 때만 해도 중국과 일본의 고정적인 캠프주체단체를 찾기가 매우 어려웠다. 중국은 청소년캠프를 담당할 주체가 아직 형성되지 않았고, 일본은 각 지역단위로 움직여 일본 전역을 담당할 주체가 형성되기 어려운 측면이 있었다. 그러나 2004년 중국이 참가하면서 2005년 중국이 캠프 주최국이 되고, 일본 역시 전국단위의 캠프실행위원회가 구성되면서 한중일 3국이 공동으로 캠프를 진행하기에 이르렀다. 이것은 한중일 시민사회 영역에서 청소년들 간의 역사대화의 필요성을 공감하고 있다는 것을 반증한다.

앞서 언급한 대로 이 캠프의 형식은 일제 식민지 피해의 흔적을 돌아보는 필드워크와 토론 중심이다. 일제 식민지 피해의 현장과 피해자의 증언을 직접 들으면서, 한중일 청소년들이 전쟁과 평화에 대해 깊게 생각하고 토론하여 역사인식을 공유하게 하려는 것이다. 이러한 캠프의 형식은 학교에서 들어보지 못했던, 만나보지 못했던 피해자들과의 만남을 통해 전쟁과 인권의 문제를 청소년들의 삶과 직접 연계시키는 데 그 목적이 있다. 주

---

20) 한중일청소년역사체험캠프의 주최 단위는, 한국은 아시아평화와역사교육연대, 중국은 사회과학문헌출판사, 일본은 캠프실행위원회이다.

로 필드워크 지역은 한국의 경우는 서대문형무소, 나눔의집, 위안부 할머니들의 수요시위, 도라산 전망대 등 일제 식민지 피해의 흔적과 분단의 현장이며, 일본은 강제징용의 흔적이 있는 망간기념관, 평화박물관, 오키나와 전투기지, 히로시마 평화박물관 등 전쟁의 상처와 평화를 위한 노력들이 있는 곳이며, 중국은 베이징의 항일전쟁기념관, 노구교, 만리장성, 이화원, 자금성 등 중국의 문화전통과 일제 식민지 피해의 흔적이 있는 유적이다.

매년 한중일 각 지역을 순회하면서 진행하는 필드워크에 있어 지역이 갖는 의미는 대단히 크다. 난징, 오키나와, 히로시마, 교토 등 각 지역에 묻어있는 일본 식민지 전쟁의 상흔과 아픈 역사를 청소년들로 하여금 느끼고 체험하게 하는 것이 중요하기 때문이다. 한중일 3국 공동의 근현대사교재인 『미래를 여는 역사』를 교재로 해서 그 속에 나오는 역사의 현장을 둘러보고, 전쟁 피해자들의 증언을 직접 들으면서 청소년들은 역사가 과거뿐 아니라 현재도 진행되고 있음을 몸으로 느끼게 된다. 필드워크 후 반드시 토론이 병행되는데, 이 토론을 통해 한중일 3국의 청소년들은 서로의 인식상의 차이를 깨닫게 된다. 또한 학생들 스스로 자국의 문화를 상대방에게 소개하는 오픈카페는 가장 인기있는 프로그램 중의 하나로 자리잡고 있다.

매년 캠프참가자들의 평가서를 보면,[21] 참가자들에게 일제피해자의 증언이나 유적지 답사는 깊은 인상을 남겨주었다. 또한 중국과 일본의 청소년들과 6일간 교류하면서 상대국에 대한 고정관념과 편견을 극복하였고, 처음 만날 때는 반일감정을 가졌던 청소년들이 캠프가 끝날 때는 서로가 친구임을 확인하고 지속적으로 교류하는 경우도 많았다. 비록 언어와 문화는 달랐지만, 청소년캠프를 통해 반일감정이 사라지게 되었다고 평가하기도 한다. 참가자들 대부분에게는 다음 캠프를 기다리면서 서로를 이해

21) 2002~2006년까지 매년 열렸던 한중일청소년역사체험캠프의 자료집을 참조하라.

하고, 무엇을 함께 고민하고 함께 나눠야 하는지를 알게 되는 중요한 기회가 되었던 것이다. 이것은 지속적으로 캠프에 참가하는 청소년들이 다른 캠프에 비해 높은 비율을 차지하는 것으로 나타난다.[22)]

한중일 청소년들은 가해와 피해의 흔적이 교차한 역사의 현장에서 서로에 대한 팽팽한 긴장감을 가지면서도 그들 간의 역사대화를 지속하고 있었다. 그들의 역사대화는 서로에 대한 이해와 신뢰로 발전하면서, 누구에게 책임을 묻는 것이 아니라 앞으로 우리가 무엇을 해야 할 것인가로 인식이 확장되고 있다. 일본은 자체평가에서 일본 학생들 모두 한국과 중국의 청소년들과 만나면서 그들이 갖고 있는 역사인식과 정치인식에 놀라고 있으며, 춤과 노래 등 다양한 문화교류를 통해 이질성과 동질성을 공유한다는 것 자체에 기뻐하고 있다고 평가했다. 그리고 앞서 언급한 대로 캠프에 참여한 한국 청소년들은 피상적인 일본에 대한 이중인식에서 벗어나 일본 청소년들과 만나면서 어떻게 일본과 상호이해를 통한 공존을 해야 할지를 몸으로 느끼고 체험하고 있는 것이다.

한중일 청소년들의 역사대화로 자리잡은 청소년역사캠프는 7년이라는 시간이 흘렀음에도 불구하고 해결해야 할 과제를 가지고 있다. 청소년캠프가 한중일 청소년들 간의 협력의 내용을 충실히 담보하기에는 1년 1회 행사로는 지속성을 이어가기 어려운 측면이 있다. 청소년들의 역사대화를 위해서는 상시적인 협력프로그램을 개발하여 청소년들의 상호인식을 심화시키기 위한 노력을 해야 한다. 한일 청소년, 한중일 청소년들이 그들 앞에 놓여있는 역사갈등의 문제에 대해 깊이 토론할 수 있는 공동프로젝트 사업을 개발하여 상시적인 협력구조를 만들어가는 일이 필요하다. 그런 점에서 인접국가와 다양한 청소년교류를 시행하고 있는 독일을 비롯한

---

22) 大八木賢次,「歴史認識の共有をめざす歴史教育の課題－日中韓背少年歴史体験キャンプの取り組みから－」,『戦後史と平和の選択』(第5回歴史認識と東アジア平和フォーラム京都会議), 2006. 11.

유럽국가의 사례는 매우 유익할 것이다.

4. 유럽의 사례를 통해 본 한국 시민운동의 과제

한국 시민사회가 갖는 역사대화의 한계를 극복하고 보다 성과 있는 역사대화가 되기 위해서는 먼저 우리보다 앞서 역사화해를 이루었던 독일과 폴란드, 독일과 프랑스 등의 협력사례에서 시사점을 찾는 일이 필요하다. 물론 유럽과 동아시아의 상황은 다르지만, 유럽의 역사화해를 이루기 위한 과정이나 노력이 현재 한일 간의 협력을 한 단계 끌어올리면서 역사대화를 시도하는 데 통찰력을 줄 수 있기 때문이다.

첫째, 독일의 경우 시민사회와 정치지도자들이 역사대화에 적극적으로 참여했다는 점이다. 독일 시민사회는 패전 이후 새로운 역사를 만들고 싶다는 강한 의지가 있었다. 이러한 시민사회의 의지는 독일과 폴란드가 수교하기 이전부터 독일과 폴란드 간의 역사화해를 이루기 위한 노력들로 나타났다. '화해상징'이라는 독일 시민단체가 폴란드의 전쟁 피해자들을 돌보는 데 앞장섰고, 독일의 교회들도 적극적으로 참여했다.[23] 독일 시민사회의 활동은 1969년 독일과 폴란드의 수교가 성립된 후 1970년 빌리 브란트(Willy Brandt) 서독 총리가 폴란드를 방문하여 무릎을 꿇고 사죄할 수 있는 배경이 되었던 것이다. 이러한 시민사회의 노력과 함께 독일 정치지도자들은 독일과 폴란드, 독일과 프랑스 등 양국 간 교류에 관한 확고한 의지를 가지고

23) 독일의 '화해상징'이라는 단체는 1958년 변호사인 로사 크라이시히(Lother Kreisig)에 의해 설립되었으며, 독일 청년들이 폴란드의 전쟁 피해자를 찾아가 무릎을 꿇고 사죄하면서 그들을 돕는 활동을 전개하였고, 이것이 폴란드인의 독일인에 대한 적대이미지를 감소시키는 데 큰 역할을 했다고 한다. 이 단체는 2008년 50주년을 맞이하면서 50주년사를 기획하고 있다고 한다. 현재는 성소수자, 약자를 지원하며 독일 전쟁범죄에 대한 스터디 투어를 진행하는 활동을 하고 있다. 사이트 www.asf-ev.de 참조.

국가 차원에서 각계각층의 교류를 뒷받침하고 있다. 독일과 폴란드 양국에 연구소를 설립하여 연구자 교류를 하고 있으며, 독일과 폴란드, 독일과 프랑스 등 양국에 청소년교류원을 세워 청소년교류를 체계적으로 실시하고 있다.

둘째, 유럽의 경우 주목할 점은 양자 간, 다자 간 공동협력사업이 활발하게 이루어지고 있다는 점이다. 이미 독일과 폴란드, 프랑스 등 인접국가 간의 역사화해를 위해 연구소, 청소년교류원이 양국 모두에 설립되어 공동사무국을 만들고, 양국에서 공동의 활동을 진행하고 있다. 또한 독일과 프랑스는 독일과 프랑스 청소년들이 만든 청소년의회의 제안을 받아들여 독일-프랑스 공동교과서를 제작하였다. 독일과 폴란드 청소년교류원의 경우 2005년에는 총 4,500개의 프로젝트 중 2,500개는 자매결연을 대상으로 공동프로젝트를 진행하고 있다. 또한 독일과 폴란드, 거기에 덴마크, 이스라엘을 연계시킨 다자 간 공동프로젝트 사업도 진행하고 있다.[24)]

현재 독일은 1990년대 이후 역사화해가 이루어졌다고 평가한다. 이 점은 현재 갈등의 회오리에 있는 동아시아와는 분명 다른 상황이다. 독일의 경우 시민사회의 끊임없는 역사대화의 노력이 선행되어 정치지도자들의 결단을 이끌어내는 계기를 마련했으며, 이 같은 정치지도자들의 결단은 양국 간의 역사화해를 앞당기는 데 결정적인 역할을 했다. 또한 제도적으로 이루어지는 양국 간 교류는 현재 공동프로젝트 사업으로 이어져 양국 시민들이나 청소년들의 공동의 인식을 만들어가는 데 중요한 일익을 담당하고 있다.

동아시아형 역사대화의 모델을 만들어가는 데 유럽의 사례는 우리에게

---

24) 독일과 프랑스청소년교류원 Eva Sabine관장과의 인터뷰(2006. 6. 28, 독일 베를린) ; 독일과 폴란드청소년교류원 T.Hetzer과의 인터뷰(2006. 6. 28, 독일 베를린) ; 독일과 폴란드, 이스라엘의 경우 가장 어려운 다자협력으로 평가되며, 폴란드와 이스라엘 사이에는 1945년 이후 켈체도시에서 2만 명의 유대인이 학살된 역사적 경험으로 쉽게 성사되기 어려웠다고 한다. 반면 독일과 폴란드, 덴마크 사례는 독일과 덴마크 경계지역에 소수민족이 거주해서 잘 융합한 경우로 비교적 성공적이었다고 평가했다.

많은 시사점을 준다. 아직까지 동아시아형 역사대화는 초기단계에 있지만, 2005년을 중심으로 전개된 한중일 시민협력사업은 우리의 한계와 과제를 분명하게 인식하게 하는 중요한 계기가 되었다. 동아시아 역사갈등을 해소하기 위해서는 유럽의 사례에서 보듯, 정치지도자들의 의지를 비롯한 정치적 환경 형성이 매우 중요하다. 문제는 전후 60년이 지나도록 동아시아의 정치적 환경, 특히 일본의 정치적 환경은 별로 달라진 것이 없다는 점이다. 그렇다면 어떻게 정치적 환경을 변화시킬 것인가? 정치지도자들의 의지를 담보해낼 시민사회의 강력한 요구가 필요하다. 그런 점에서 한중일 시민사회의 초국가적 연대망이 필요하다. 지금까지 개별 국가 차원에서 시민운동이 이루어져 왔다면, 이제부터는 초국가적인 시민연대활동으로 그 한계를 극복하도록 노력해야 할 것이다. 그렇기 때문에 이미 진행 중에 있는 한중일 연대활동은 매우 중요하다. 이제는 장기적인 전망 속에서 초국가적 연대를 형성하고 실천하는 것이 필요하다. 역사대화란 바로 이러한 실천 속에서 이루어지는 것이며, 시민사회의 역사대화를 통해서만이 역사갈등의 간극을 메우고 상호신뢰 속에 협력의 길로 나아갈 수 있기 때문이다. 다음 장에서 좀 더 구체적으로 언급하겠지만 다자 간, 다층적 연대를 확대하는 것도 필수적인 일이다. 시민사회, 청소년, 교사, 연구자 등 다양한 계층 간의 교류와 함께 지방자치제, 학교, 정부 등의 협력을 촉진시켜 역사대화를 다양한 측면에서 이어가야 한다. 한일, 한중뿐 아니라, 지금까지 해온 한중일, 한중일러 등 그 대화의 대상도 넓혀감으로써 갈등을 극복하기 위한 노력을 해 나가야 할 것이다.

그렇다면 한국의 시민사회가 당면한 과제는 무엇인가? 역사대화를 지속하면서, 심층화시키기 위한 과제는 무엇인가?

첫째, 후소샤 불채택운동이라는 형식으로 전개된 네거티브 전략은 4년마다 실시되는 일본의 교과서 검정이라는 특성 때문에 가능했지만, 포지티브 전략으로 전환되지 않고는 대중적인 파급력을 지속하기 어렵다. 그런 점에서 『미래를 여는 역사』라는 공동역사교재를 제시한 포지티브 전략은 이 운동을 지속할 수 있는 힘으로 작용할 수 있다는 장점이 있다. 따라서 『미래를 여는 역사』를 대중적으로 확대 · 보급하고, 시민교육, 청소년교육의 영역에서 활용할 방법을 찾아야 한다.

둘째, 각 지역 단위에서 풀뿌리 시민단체들이 일본을 비롯한 갈등 국가의 시민사회와 함께 역사대화를 활발하게 진행해야 한다. 또한 시민사회뿐 아니라 지방자치제, 정부에 이르기까지 다양한 주체들이 다양한 형식으로 역사대화에 나서야 한다. 그리고 그 형식은 개별화되기보다는 다층적, 다자 간 역사대화로 발전해야 한다. 역사대화는 분명하게 파트너가 있는 것이고 그 역사대화는 상호존중과 상호이해의 측면에서 이루어져야 한다.

셋째, 각국 내의 시민운동의 차이를 명확히 인식하면서 상호이해를 위한 노력을 해야 한다. 예를 들면 한국과 일본의 상황은 매우 다르다. 한국은 민관정 네트워크가 어렵지 않을 정도로 시민사회와 지자체, 혹은 정부와의 관계가 비교적 원활한 반면, 일본은 정반대다. 또한 한국의 시민사회에는 일본과의 쟁점 중에 역사왜곡 이외에 독도문제도 중요한 이슈이다. 그러나 일본의 시민사회에 독도문제의 중요성은 그리 심각하지 않다. 반대로 일본은 평화헌법 문제가 심각한 사안이지만, 한국은 그만큼의 심각성을 느끼지 않는다. 결국 한일 시민사회가 갖고 있는 사회적 조건들에 의해 관심도가 달라진다는 점을 이해해야만 한다. 그 상황 속에서 어떻게 상호이해를 만들어갈 것인가가 중요한 문제이다.

넷째, 한국 시민사회의 역할문제이다. 다시 말해 일본 역사왜곡 문제 해결 운동의 주체는 누구인가 하는 점이다. 그동안 이 문제는 본격적으로 표면에 드러나지는 않았다. 그러나 한국의 역할을 지원의 영역에 한정할 것인가의 문제는 향후 활동방향에 있어서 중요한 문제가 될 가능성이 많다. 일본의 교과서 문제가 동아시아 평화문제와 직결되어 있음을 고려해 볼 때, 한국의 시민운동을 지원자의 역할에서 더 나아가 공동주체자의 역할

로 확대하는 것이 필요하다.[25)]

5. 바람직한 역사대화의 토대, 어떻게 만들어갈 것인가?

1) 이론적 토대

역사대화를 위한 토대는 어떻게 만들어갈 것인가? 어떤 토대 위에서 협력의 내용을 어떻게 만들어갈 것인가? 원칙과 내용, 그리고 과정을 중심으로 살펴보자.

(1) 목표

첫째, 역사갈등 문제를 해결하기 위해서는 역사인식을 '공유'하는 것이 필요하다. 역사인식의 '공유'는 단일한 역사인식을 만드는 것이 아니라 다양한 방식과 다양한 내용의 역사대화를 통해 가능하다. 따라서 시민협력의 목표는 고정불변하기보다는 역사대화를 통해 끊임없이 조절되고 전개된다는 점에서 진행형이다.

둘째, 평화와 인권이라는 보편적 가치에 충실한 동북아 시민의식을 형성하는 것이다. 20세기 전쟁의 기억은 '가해'와 '피해'라는 이분법적인 구도 속에서 시민들을 구분하고, 역사화해를 위한 진전을 가로막았다. 향후 전개될 시민협력은 동북아 시민의식을 만들어나가는 기초로서 평화와 인권이라는 보편적 가치를 중심으로 두어야 한다.

---

25) 아시아평화와역사교육연대의 2005년 후소샤 교과서 불채택 평가심포지엄 중에서 정리된 논의이다.

(2) 원칙[26)]

첫째, 다자 간 협력 원칙이다. 시민협력의 궁극적인 목표는 다자 간 협력을 통해 역사인식의 '공유'를 확대하는 것이지만, 현실적인 측면에서 볼 때 다자 간 협력을 시도하는 것은 쉬운 일이 아니다. 중국의 경우 시민사회가 발전하지 않았기 때문에 더욱 그렇다. 또한 각국 시민운동의 상황이 매우 다르므로 필요에 따라서, 사안에 따라서 한국과 일본을 중심으로 양자 간 협력을 심화시키면서 다자 간 협력을 강화하는 것이 현실적으로 보인다.

둘째, 다층 간 협력 원칙이다. 그동안 시민협력은 개별적으로 전개되었으나 역사대화를 위한 시민협력은 연구자와 교사, 활동가의 연계구도 속에서 청소년을 결합하는 다층적 구조로 진행되어야 한다. 그 영역 또한 역사 이외에 농민, 환경, 평화 등 다양한 영역으로 확장될 필요성도 있다.

셋째, 최소 해법의 원칙이다. 시민협력은 지속적으로 가능하게 하는 것이 중요하며, 지속 가능한 시민협력이 되기 위해서는 최고 수준을 목표로 삼는 것이 아니라 최소 차원에서 협력이 가능하도록 하는 것이 우선적으로 필요하다.

(3) 내용

첫째, 역사와 문화를 결합시켜 역사인식에 대한 대중적인 이해를 높이는 일이 필요하다. 대중들에게 가장 흡입력이 높은 것은 과거와 현재를 잘 결합시켜 문화적인 코드로 재구성하는 일이다. 예를 들면 역사토론회와 문화유산 탐방을 결합하는 방법 등이다.

둘째, 지역 주체들의 상황과 여건을 고려한 협력의 내용을 만드는 일이 필요하다. 결국 시민협력은 지역주체들 사이에서 이루어지는 것이므로 지역상황을 고려한 내용을 창조적으로 만들어가는 것이 중요하다. 예를 들

---

26) 참여정부의 대통령직속 동북아시대위원회 소속 사회문화전문위원회에서 논의한 내용을 기초로 하였다.

면 평택과 에히메(愛媛)의 경우 교과서 소송이 매개가 되는 지역협력을 만들어가고 있으며, 대구와 히로시마의 경우 공동교재 개발을 중심으로 한 평화교육을 모델로 만들고 있다.

셋째, 평화교육 방법론을 개발하여 상호인식의 차이를 실제로 좁히는 일이 필요하다. 그동안 시민협력 프로그램은 상호방문하는 수준의 교류프로그램이 대부분으로, 상호 인식을 좁히는 데 있어서 부족한 부분이 많았다. 머리가 아닌 몸으로 느끼는 프로그램, 역사와 문화를 접맥한 감성과 이성을 연결하는 방법론을 개발하여 한일 양국의 역사인식을 좁히는 프로그램을 만들고 적용하는 일이 필요하다.

(4) 구성요소

첫째, 왜 협력하는지에 대한 목표를 분명하게 인식하고 상대방과 함께 공유하는 것이 협력의 시작이다. 목표의식이 불분명할수록 시민협력은 어려울 수밖에 없다. 분명한 목표의식은 어려운 난관을 헤쳐 나갈 수 있는 기본이 되기 때문이다.

둘째, 상대방과 어떤 차이가 있는지 분명하게 인식하는 것이 협력의 시작이다. 우리가 협력하는 상대방은 우리와는 다른 문화와 언어, 그리고 사고의 차이를 가지고 있다. 차이가 있다는 것을 전제하지 않고 일을 진행하다가는 오해만 무성해진다. 차이가 무엇인지 정확히 아는 일이 중요하다.

셋째, 가장 큰 난관은 언어문제와 재정문제이다. 이 난관을 극복하기 위해 적극적으로 주변에서 도움을 줄 수 있는 사람을 찾아야 한다. 언어문제의 경우 미묘한 감정이나 상황을 전달하는 데 있어 본의 아니게 더 문제를 어렵게 만들 수 있기 때문이다.

넷째, 과정을 통해 상호신뢰를 쌓는 것이 필요하다. 처음부터 많은 것을 하려고 하지 말고 하나라도 충분하게 소통하면서 상대방과 공감하며 신뢰를 쌓아가는 것이 필수적이다. 첫술에 배부를 수 없고 한 술에 배부를 수 없다.

2) 협력의 모델안

공동의 위기 인식 공유
동아시아 역사갈등으로 인한 위기의식 고조 동아시아 평화정착 저해 한중, 한일 간 역사갈등 영토분쟁

⇩

공동대응 전략 공유
목표 : 역사대화를 통한 상호이해의 증진과 역사인식 공유 원칙 : 연대를 통한 다자 간, 다층적 상호협력

⇩

공동 아젠다 공유
교류와 협력방안 모색 동아시아 역사와 문화상호 교류 다양한 인적교류를 통한 평화교육 실시

⇩

공동의 가치형성 공유
역사적 진실에 기초한 역사인식 평화와 인권의 가치 존중 동아시아 시민의식 형성

6. 우리가 가야 할 평화의 길

동아시아의 역사갈등은 식민지 문제, 전쟁의 가해와 피해의 문제에만 국한되지 않는다. '동북공정' 문제에서 드러나듯이 빠른 속도로 경제, 군사 대국으로 성장하고 있는 중국은 사회주의 이념의 퇴조 속에서 내적 단결을 위해 '애국주의'를 강화하고 있으며, 그 과정에서 팽창적 내셔널리즘이 한국의 내셔널리즘과 충돌하는 문제를 낳고 있다. 제국주의 전쟁의 어두운 역사를 반성하고 더 나아가 극단적인 내셔널리즘에서 벗어나 동아시아 공동의 역사의식을 창출해내지 못하는 한, 동아시아의 평화와 안정, 번영은 언제든지 허물어질 수 있다.

다행히 동아시아 지역 내 역사갈등의 한편에서는 그 갈등을 해소하고 역사인식을 공유하기 위한 다양한 노력이 전개되고 있다. 교사, 학자, 일반 시민 등 시민사회 차원에서는 상호 교류가 더욱 증가하고 있으며, 여러 가지 구체적인 결과물들이 제시되고 있다. 한중일 3국의 학자, 교사, 시민들이 함께 출간한 동아시아 근현대사 공동교재인 『미래를 여는 역사』가 대표적인 성과물이며, 그 외에도 한일 간 여러 공동교재가 출간되었다. 또한 동아시아 평화포럼 등 학술 및 시민교류가 활발하게 진행되고 있고, 3국 학생들의 직접적인 상호 교류도 진전되고 있다. 3국 간 역사갈등, 특히 일본 역사교과서 왜곡문제에 대처하는 과정에서 동아시아 시민들의 역사의식 공유, 교류의 네트워크 진전이라고 하는 긍정적인 결과가 축적되고 있는 것이다.

지금 진행되고 있는 동아시아의 역사대화는 초기단계이다. 아직 가야 할 길이 멀다. 동아시아 역사갈등에서 교류와 협력을 통한 공존과 공생의 길이 우리의 목표이다. 반드시 해결해야 할 난제인 역사갈등 문제를 해결하고 역사화해를 이루기 위한 노력은 평화를 향한 우리의 의무이다. 이 길을 위해서는 한국과 중국, 그리고 일본을 비롯한 동아시아 시민사회의 성장이 필수적이다. 동아시아 시민사회가 2001년과 2005년 일본의 역사왜곡에 대응해 온 공동협력사업을 통해 쌓아 온 상호이해와 신뢰는 향후 큰 자산이 될 것이다. 이러한 자산을 바탕으로 동아시아 시민사회는 동아시아 평화를 위한 동아시아형 역사대화 모델을 개발하고 함께 성장해 나가야 할 것이다.

참고문헌

독일과 폴란드청소년교류원 T.Hetzer과의 인터뷰(2006. 6. 28, 독일 베를린).
독일과 프랑스청소년교류원 Eva Sabine관장과의 인터뷰(2006. 6. 28, 독일 베를린).

『미래를 여는 역사』 홍보책자.

김정인, 「동아시아 공동역사교재 개발, 그 경험의 공유와 도약을 위한 모색」, 『역사대화의 경험공유와 동아시아 협력모델 찾기』(동아시아 역사인식 공유를 위한 국제심포지엄Ⅲ), 2006.
동북아역사재단, 『동북공정바로알기』, 2007.
박정화, 「한일 양국인의 상호인식에 관한 연구」, 『동일어문연구』(12), 동덕일어일문학회, 1997.
박중현, 「청소년들의 일본인식에 관해－무지와 무관심에서 서로 보기로－고등학교 역사교과서에 나타난 한국과 일본의 상호인식」, 『한일교과서세미나』, 2006.
시민정보미디어센터, 「2005 동아시아공동체형성을 위한 청소년 지도자 국제교류 프로그램 연구개발」, 2005.
아라이 신이치(荒井信一), 김태웅 역, 『역사화해는 가능한 것인가』, 미래 M&B, 2006.
아시아평화와역사교육연대, 「2004년도 정책제안서」, 2004.
아시아평화와역사연구소, 『한중일 3국간의 역사갈등 해결을 위한 심층보고』, 2005. 12.
양미강, 「역사대화를 위한 한일시민협력 과제와 전망」, 『역사대화를 위한 한일 시민협력 과제와 전망』(동아시아 역사인식 공유를 위한 국제심포지엄Ⅱ), 2006.

大八木賢次, 「歴史認識の共有をめざす歴史教育の課題－日中韓背少年歴史体験キャンプの取り組みから－」, 『戦後史と平和の選択』(第5回歴史認識と東アジア平和フォーラム京都会議), 2006.

“두 개의 시선”으로 바라본 민족사

독일-폴란드 역사교과서대화

김승렬*

1. 독일-폴란드 역사교과서대화는 우리에게 무엇인가

일본 역사교과서 문제로 야기된 동아시아의 위기를 진단하고 해법의 실마리를 찾는 작업은 이제 우리 역사학의 중요한 과제 중 하나가 됐다. 최근 한국의 서양사학계가 2차 대전 이후 서독을 중심으로 전개된 국제 교과서대화의 역사에 관심을 갖게 된 것도 바로 이 때문이다. 가장 많은 관심을 끈 대상은 서독-폴란드 교과서대화다. 이것이 국제 교과서대화 중 가장 큰 성과를 산출했을 뿐 아니라 동아시아의 역사 분쟁 해결에 많은 시사점을 줄 수 있다는 인식 때문이다. 일본과 달리 독일은 자신의 침략행위를 잘못되었던 일로 받아들이고, 국내외에서 이에 상응하는 실질적 조치를 취해 왔다. 이 사례는 일본의 우경화에 대한 우리의 비판을 더욱 설득력 있게 하는 역사적 근거로 작용한다.[1)]

---

* 경상대학교 교수.

1) 노무현 정부가 일본의 우경화에 대응하는 방안으로 독일의 사례를 주목하는 것은 과거

독일-폴란드 교과서대화가 우리에게 처음 소개된 것은 1980년대지만, 독일-폴란드 교과서대화에 참여했던 독일인과 폴란드인이 한국에서 개최된 국제학술회의에서 자신의 경험을 소개한 것은 1980년대 이후의 일이다.[2] 독일-폴란드 교과서대화의 전체 모습을 알 수 있도록 이러한 발표문들이 체계를 갖춘 책자로 종합되고 정리되어야 했는데, 그러지 못한 점이 아쉽다. 이 부분을 보완한 것이 한운석의 연구다.[3] 그는 독일-폴란드 교과서대화의 배경, 동기, 과정, 결과에 대해 총괄적인 분석을 했다. 하지만 독일-폴란드 공동권고안에 대한 비판(대안 권고안) 및 이에 대한 독일 측 독일-폴란드 공동위원들의 대응을 단순하게 처리했다. 그 결과 그의 연구는 역사적 진실과 현실적 타협 사이에서 어렵사리 균형을 유지했던 독일-폴란드 공동권고안의 진정한 성과를 역사학(역사교육)의 평화지향성 측면에서 일면적으로 평가했다. 이 글에서는 이 점을 살펴봄으로써 국제 교과서대화의 기본 정신을 파악하고자 한다.

동북아 역사분쟁 해결을 위해 유럽의 사례를 참고할 때 절실하게 필요한 것은 권고안 자체에 대한 분석이다. 2002년에 교육인적자원부가 권고

극복, 영토분쟁 그리고 교과서 파동 등 모든 영역에 있어서 좋은 전략이라고 생각한다. 『연합뉴스』(2006. 4. 25) ; 「동북아 역사재단 출범기념식 노무현 대통령 축사」(2006. 9. 28), http://www.historyfoundation.or.kr/Inform/InformView.asp?p_gubun=public&FIELD=&KEY=&PAGE=&IDX=290(2006. 10. 8 검색).

2) 문기상, 「독일의 역사교육」, 『역사교육』 34, 1983, 223~257쪽 ; 니시가와 마사오(西川正雄), 「역사교과서 개선의 국제 협력 : 서독-폴란드 교과서 회의」, 이광주 역, 이광주·오주환 편, 『역사이론』, 문학과 지성사, 1987, 249~272쪽 ; 이민호, 「독일-폴란드 교과서 협의」, 『독일·독일민족·독일사 : 분단 독일의 역사의식』, 느티나무, 1990, 209~229쪽 ; 마르키에비츠(W. Markiewicz), 「폴란드의 입장에서 본 독일 교과서 연구」, 국제역사교과서연구소, 『국제화시대의 역사교육과 역사교과서. 종합보고서』, 1995. 6. 8~6. 9, 117~143쪽 ; 지머(K. Ziemer), 「1945년 이후 폴란드 내 독일 문화유산의 처리」, 한국학중앙연구원 한국문화교류센터 편, 『민족주의와 역사교과서 : 역사 갈등을 보는 다양한 시각』, 에디터, 2005, 256~281쪽.

3) 한운석, 「역사교과서 수정을 통한 독일-폴란드간의 화해노력」, 『서양사론』 75, 2002. 12, 203~236쪽.

안 번역본을 출간했지만,[4] 이것은 너무 많은 오역을 포함하고 있다. 독일-폴란드 역사교과서 권고안 중 중요한 부분을 번역하고 해제한 곤도 다카히로(近藤孝弘)의 연구서가 최근 번역됐다.[5] 하지만 이것도 적지 않은 오역을 포함하고 있을 뿐 아니라 비체계적이라는 문제점을 안고 있다. 이 글에서는 독일-폴란드 공동권고안 분석을 위한 기초 작업으로서 26항목에 달하는 권고안의 체계적인 분류를 시도하겠다.

2. 배경 : "부정적 폴란드정책" vs "부정적 독일정책"

국가로서 독일과 폴란드가 갈등하기 시작한 것은 아무리 그 역사적 연원을 멀리 잡아도 18세기 말 폴란드 분할 이전까지는 올라가기 어렵다. 러시아, 오스트리아, 프로이센이 폴란드를 분할함으로써, 몇백 년의 역사를 자랑하던 폴란드 국가는 해체됐다. 프로이센에게 폴란드 분할은 특히 큰 의미가 있었다. 프로이센이 이를 통해 유럽의 강대국 반열에 올라섰고, 이 힘을 기반으로 독일 통일(1871)을 달성했기 때문이다. 폴란드 분할, 비스마르크의 폴란드 억압정책과 독일 통일정책, 히틀러의 동유럽 침공은 서로 성격이 다르지만, 폴란드 입장에서는 "부정적 폴란드정책(negative Polenpolitik)"이라는 점에서 동일한 것이었다. 2차 대전에서 독일이 패한 후 프로이센이 해체되고 프로이센의 동부 영토(오더-나이쎄 강 이동)에서 독일인들이 쫓겨났으며 독일이 분단됨으로써 이 관계는 역전됐다. 이 역전된 관계는 오더-나이쎄 국경선의 공인을 통해 안정적으로 보장되어야 했다. 150년 동안의 "부정적 폴란드정책"은 새로운 "부정적 독일정책

---

4) 교육인적자원부 일본역사교과서왜곡대책반 역, 『독일과 폴란드의 역사 및 지리 교과서 편찬을 위한 권고안 외』, 2002.

5) 곤도 다카히로(近藤孝弘), 박경희 역, 『역사교과서의 대화』, 역사비평사, 2006.

(negative Deutschlandpolitik)"으로 대체되었다.[6)]

그런데 오더-나이쎄 국경선은 문제가 많았다. 소련이 1차 대전 이후 잃었던 서부 영토를 회복하기 원했으며, 이것은 폴란드의 동부 영토 상당 부분을 상실한다는 것을 의미했다. 소련은 독일의 동부 영토를 폴란드에게 보전해 줌으로써 이를 해결했다. 이렇게 형성된 오더-나이쎄 국경선은 1차 대전 이후 복원된 폴란드의 서부 국경보다 더 왼쪽으로 이동한 것이었다. 하지만 서독은 독일이 영토를 확장하기 이전인 1937년의 국경선을 역사적으로 정당한 것으로 보았고, 서방 연합국들도 이것을 부정하지 않았다. 이 때문에 서독은 오더-나이쎄 국경선을 인정하지 않았다. 더군다나 오더-나이쎄 이동 지방에서 몇백 년 동안 살다가 "추방된" 수백만 명의 서독인들의 정치활동은 폴란드인들에게는 큰 우려의 대상이었다. 소련에 의한 폴란드 동부 국경 변경과 서독의 1937년 국경선 주장(오더-나이쎄 국경선 부정)은 폴란드에게 새로운 "부정적 폴란드정책"을 의미했다. 소련에게 항의할 수 없었기 때문에 폴란드는 자신의 안전을 위해서 반드시 "부정적 독일정책"을 추진할 수밖에 없다고 생각했다. 바르샤바 정부는 서독의 입장을 18세기 말 이후 프로이센의 "부정적 폴란드정책"의 연장이라고 비난했다. 다시 말하면, 전후 독일-폴란드 관계에 있어서 "부정적 폴란드정책"은 "부정적 독일정책"으로만, 또 "부정적 독일정책"은 "부정적 폴란드정책"으로만 해결될 수 있는 것이었다.

양국의 역사학과 역사교육은 양국의 적대관계를 더욱 악화시키는 데 중요한 역할을 했다. 특히 1차 대전 이후에 그 폐해는 심각했다. 이때 비로소 자신의 국가를 회복한 폴란드는 독일을 포함한 과거 침략자들에 대한

---

6) K. Zernack, "Zwanzig Jahre danach", Gemeinsame deutsch-polnische Schulbuchkommission, *Empfehlungen für Schulbücher der Geschichte und Geographie in der Bundesrepublik Deutschland und in der Volksrepbulik Polen*, Schriftenreihe des Georg-Eckert-Instituts für Internationale Schulbuchforschung, Band 22/XV, 1995, pp.6f.

비판을 자신의 정체성 형성에 중요한 토대로 삼았다. 2차 대전 이후 바뀐 것이 있다면, 적대국의 범주에서 러시아가 제외됐다는 점이다. 폴란드는 새로 획득한 오더-나이쎄 이동 지역을 역사적으로 본래 폴란드 땅이었는데 빼앗겼다가 다시 찾았다는 의미에서 "수복영토"라고 불렀다. 바르샤바 정부는 더 나아가 이 지역에서 독일문화의 잔재를 없애고 다시 폴란드문화를 부활시키는 '폴란드화'정책을 실시했다.[7]

이에 반해 서독의 역사학과 역사교육에서 폴란드 역사가 차지하는 비율은 시기마다 약간 차이를 보이지만 전체적으로 상당히 낮았다. 1차 대전 이후 독일은 빼앗긴 동부 영토뿐 아니라 이 지역에서 이제 소수민족이 된 독일인들에 대한 폴란드의 부당한 대접을 집중적으로 다루었다. 하지만 2차 대전 이후 폴란드에 대한 부정적 역사서술은 서독 국민의 정체성을 형성하는 데 그다지 큰 역할을 하지 못했고, 이에 따라 서독의 역사학과 역사교육에서 폴란드사가 차지하는 비율은 상당히 줄어들었다. 하지만 폴란드에 대한 부정적 이미지가 없어진 것은 아니었다.

양국이 교과서대화를 시작한 1970년대, 각각 상대방에 대한 독일과 폴란드의 역사의식(교육)에서 확인되는 "지식의 불균형"[8]이 문제이긴 했지만, 이것은 외형상 그런 것이고, 사실 양측의 문제는 동일한 것이었다. 폴란드가 적극적인 방식으로 독일을 폄하했다면, 서독은 소극적인 방식으로 폴란드를 폄하했다. 양측 모두 상대방에 대한 각각의 왜곡되거나 일방적인 역사인식(교육)을 개선하려 했던 것이다. 힘 관계상 서독은 폴란드를 폴란드가 독일에 대해 기술하는 비중만큼 다룰 수 없고, 또 그렇게 하는 것은 바람직하지 않았다. 서독의 역사교육이 폴란드를 적게 다루더라도 폴란드 입장을 깊이 고려하는 것이 폴란드에게 더 중요하고, 이것이 실현 가능한 것이었다.

---

[7] 지머, 「1945년 이후 폴란드 내 독일 문화유산의 처리」, 257~281쪽.

[8] K. Zernack, "Zwanzig Jahre danach", p.8.

3. 주역 : 엔노 마이어와 게오르크 에커트

독일－폴란드 교과서대화의 계기는 1950년대 서독에서 마련됐다. 브라운슈바이크 국제교과서연구소가 주도한 독일－프랑스 간 교과서대화가 그 계기 중 하나였다. 이것은 독일－폴란드 교과서대화도 가능할 수 있음을 시사하는 하나의 성공 사례이자 이를 위한 하나의 모델이었다.[9] 또 다른 하나는 김나지움 교사인 엔노 마이어(E. Meyer)의 노력이었다. 마이어는 폴란드 망명 언론인 노르비트－노바키(T. Norwid－Nowacki)에게 보낸 편지(1949. 8. 4)에서 독일－폴란드 교과서대화가 절실히 필요한 이유를 다음과 같이 이야기했다. "1939년 당시 8만 5,000명이 거주했던 내 고향(올덴부르크－필자)에 지금은 13만 명이 살고 있습니다. 이들 중 4만 5,000명은 (2차 대전 이전 독일의 영토였으나 현재 폴란드 영토가 된 지역 출신－필자) 피난민(避難民)과 피추방자(被追放者)입니다. 교사인 저는 독일－폴란드 문제 해결에 대한 질문을 종종 받습니다. 유럽 민족들 간에 다시 한번 평화로운 관계가 성립되기를 원한다면, 현재의 극심한 적대적 관계 속에서도 이 질문에 대한 답을 찾아야 합니다. (하지만－필자) 민족의 명예, 역사적 경계, 안보, 생활터전 그리고 보복과 같은 개념들로는 평화가 달성될 수 없다고 생각합니다."[10] 마이어는 1955년 독일－폴란드 관계사에 대한 47개 테제를 완성했다. 이 테제는 1956년 브라운슈바이크 국제교과서연구소의 지원을 받아 책으로 출간됐다.[11] 게오르크 에커트(Georg Eckert)는 서문에 독일－폴란드 교과서대화의 필요성을 다음과 같이 역설했다. "철

---

9) 이에 대해서는 다음을 참조. 김승렬, 「숙적관계에서 협력관계로 : 독일－프랑스 역사교과서 협의」, 『역사와경계』, 2003. 12, 139~170쪽.

10) K. Ruchniewicz, "Der Entstehungsprozess der Gemeinsamen deutsch－polnischen Schulbuchkommission 1937/38~1972", *Archiv für Sozialgeschichte*, 2005, pp.248f.

11) E. Meyer, *Über die Darstellung der deutsch－polnischen Beziehungen im Geschichtsunterricht*. Sonderdruck aus dem Jahrbuch für Geschichtsunterricht, Braunschweig, 1956.

의 장막 건너편에 자유세계의 역사가들이나 그들의 협회들과 함께 사실을 따지며 독립적으로 토론할 수 있는 역사가나 협회가 없다. 사실 이러한 대화가 반드시 필요한데 말이다. 하지만 독일인들과 슬라브인들 사이에 놓여 있는, 없어져야 할 역사적인 선입견과 오류에서 벗어나도록 하자. 독일 권력자들이 1939~1945년 동안 슬라브인들에게 만행을 저지른 데는, 지도적 위치에 있는 독일인들이 슬라브 민족에 대해 잘못된 생각을 갖고 있었거나 심지어 아무런 지식이 없었다는 점도 한몫을 했다. 독일에서 예나 지금이나 앵글로 색슨족과 프랑스인에 대한 연구는 선호되지만 이웃 슬라브인은 주목받지 못한다. 독일의 운명은 폴란드와 체코의 운명과 긴밀히 얽혀있는데도 말이다!"[12)]

독일과 폴란드 사이에 적대관계가 형성된 데에 민족적 명예, 역사적 국경, 영토문제들이 원인으로 작용했기 때문에 양국 간 평화적인 관계를 만들기 위해 이러한 민족주의적이며 역사적인 문제를 해결하려는 것이 마이어의 의중이었다. 에커트 또한 양국 간 역사적인 선입견과 오류를 개선하자는 선언을 통해 마이어에 대한 전폭적인 동의를 표했다. 이러한 의도는 폴란드 내에서도 큰 반향을 일으켰다. 1971년 에커트는 폴란드와의 역사교과서대화를 시도했고, 그 결과 1972년 2월 22일 유네스코의 주선으로 바르샤바에서 양국 사절단의 첫 만남이 이루어졌다. 여기서 교과서대화를 위한 방법을 논의하고 14개에 이르는 최초의 권고안이 작성되어 이후 논의의 중요한 기초 문건으로 기능했다. 동년 10월 브라운슈바이크에서 개최된 회의에서 독일 유네스코위원회 의장 에커트와 폴란드 유네스코위원회 의장 마르키에비츠(W. Markiewicz)는 교과서위원회 활동에 관한 협정을 체결했다.[13)] 이것이 독일－폴란드 교과서대화의 시작이다. 그런데 독일－폴란드

---

12) G. Eckert, "Vorwort", Meyer, *Über die Darstellung*, p.1.

13) Ruchniewicz, "Der Entstehungsprozess", pp.248f ; 한운석, 「역사교과서 수정을 통한 독일－폴란드간의 화해노력」, 『서양사론』 75, 2002. 12, 212~213쪽.

교과서대화에 대한 노력이 비로소 1972년에 와서야 결실을 맺게 된 이유는 무엇일까?

4. 국제적 · 국내적 조건 : 데탕트, 신동방정책 그리고 과거정책

서독과 폴란드는 각각 대립하고 있던 동서양 체제에 속한 국가였다. 세계적 차원의 미소 대립이 해소되지 않으면, 하위 단위인 서독과 폴란드의 대립은 개선될 가능성이 매우 적었다. 1962년 쿠바 위기 이후 미국과 소련은 1963년 부분적 핵무기실험 금지조약을 시작으로 1968년 핵무기확산방지조약, 1972년 제1차 전략무기제한협정(SALT)을 체결했다. 이러한 긴장완화정책은 1975년 헬싱키 유럽안보협력회의 최종의정서 채택(주권의 평등, 무력행사 포기, 국경 불가침, 인권 · 사상 · 양심의 자유, 경제 · 과학 · 기술 협력 등)으로 그 절정에 이르렀다. 데탕트는 무엇보다 미소 간 힘의 균형에서 비롯된 결과였다. 이것은 서로 다른 이념과 체제를 갖고 있는 두 세계가 서로의 입장을 존중한다는 적극적인 내용과 현재의 세력범위 설정에 대한 적대적인 논쟁을 포기한다는 소극적이 내용을 포함한다. 독일과 폴란드의 경우, 이는 독일 분단과 폴란드 서부 국경에 대한 국제적 승인이자 이를 둘러싼 분쟁의 봉합을 의미했다.

그러면 국제적 차원의 데탕트가 서독과 폴란드에는 어떠한 영향을 미쳤는가? 폴란드의 서부 국경은 반(反)히틀러 연합세력인 4대 강국의 포츠담 회담에서 결정됐지만, 그 성격은 잠정적인 것이었다. 1950년 괴를리츠 협정을 통해 동독으로부터 폴란드의 서부 국경을 승인받았지만, 폴란드는 이것만으로 만족할 수 없었다. 왜냐하면 폴란드 입장에서 볼 때, 독일을 대변하는 국가는 역시 서독이었기 때문이다. 폴란드에게 데탕트는 1차 대전 이후 폴란드를 위협했던 국제상황과 흡사했다. 1차 대전 이후 복구된 폴란드는 히틀러의 수정주의적 침략정책[14)]과 국제적 방관으로 말미암아 고난을 당했었다. 그것도 독일－소련 불가침 협정의 결과였다. 폴란드로서는 서독으로부터 오더－나이쎄 국경선에 대한 최종적 승인을 받는 것이 국가 안보에서 가장 중요한 사안이었다.

서독에게 데탕트는 이데올로기와 힘의 우위에 기초한 아데나워 방식의 통일정책이 더 이상 국제사회에 호소력을 가질 수 없다는 점과 함께 분단이 영구화될 가능성을 의미했다. 빌리 브란트(Willy Brandt) 서독 수상의 신동방정책은 이러한 위기를 타개하기 위한 돌파구였다. 서독의 데탕트 정책은 "현상유지를 기본으로 하여 독일문제를 해결하기 위한 전술적 도구"였다.[15)] 이를 위해 —그리고 유럽의 안전과 독일의 안전을 위해— 브란트는 동구 국가들과 관계를 개선해야 했다. 서독이 폴란드와 관계를 개선해야 할 가장 강력한 이유가 바로 여기에 있었다. 이러한 필요와 정책에 따라 서독은 일련의 조약을 —모스크바조약(1970. 8), 바르샤바조약(1970. 12), 4대 강국에 의한 베를린 협정(1971. 9), 동·서독 기본조약(1972. 12)— 체결했다. 1973년 9월에는 동·서독이 동시에 유엔에 가입했고, 1975년 8월 서독은 유럽안보협력회의 최종의정서에 조인했다.

바르샤바조약을 좀 더 자세히 살펴보자. 바르샤바조약은 유럽의 데탕트와 평화 질서 구축이라는 정신에 바탕을 두고 있다. 양국은 1) 1945년 8월 2일 포츠담회담 결의 제9장에 정해진 오더－나이쎄 국경선이 폴란드인민

14) 독일의 수정주의(Revisionismus)란 1차 세계대전 전후 처리 결과 탄생한 베르사유 체제를 독일에게 유리하게 수정한다는 뜻으로 바이마르 공화국 시기 나치를 포함한 보수주의 자들이 내세운 정책이었다. 나치의 수정주의정책으로 2차 세계대전이 발발했고, 폴란드는 다시 독일의 침략을 받았다. 2차 세계대전 이후 폴란드가 우려했던 독일의 수정주의는 이러한 역사적 배경을 갖고 있는 것으로써 오더－나이쎄 국경선을 1937년의 국경선으로 변경하는 것을 의미했다.

15) 백경남, 『독일의 길, 한국의 길』, 한울, 1999, 16쪽.

공화국의 서부 국경이며, 2) 현재와 장래에 기존 국경의 불가침을 보장하고 영토 보전을 무조건 존중하는 의무를 지며, 3) 경제, 학술, 과학기술 및 문화와 기타 부분에서 협력을 확대할 것에 합의했다.[16] 여기서 주목해야 할 것은 서독이 국가적 차원에서 공식적으로 폴란드의 서부 국경을, 그 정당성에 대한 논쟁을 포기한 채 현상 그대로 인정했다는 점이다.

1972년 9월 중순 폴란드 외무장관 올쪼우스키(Stefan Olszowski)와 서독 외무장관 쉘(Walter Scheel)은 "교과서 내용 검증과 관련된 전문가들의 현재까지의 작업을 긍정적으로 평가" 하고, "이 작업이 가능한 빨리 끝나고 여기서 합의된 사항들이 실현되는 데 관심을" 보였다. 실제 유네스코 활동에 대한 서독정부의 관심은 더 오래됐다. 서독 외무부는 1960년대 중반부터 동구의 사회주의 국가들과 관계망을 갖고 있는 유네스코의 활동에 주목하고 있었다. 서독 유네스코위원회가 폴란드 유네스코위원회와 독일－폴란드 교과서위원회 활동에 관한 협정을 체결했을 때(1972. 10), 서독 외무부는 이로 인해 국가가 통제할 수 없는 결과가 발생하지 않을까 우려했지만, 바르샤바조약 체결 이후에도 양국 간 교류가 거의 없는 상황에서 교과서대화를 양국 관계 정상화를 위한 중요한 "대안적 외교정책"으로 삼고 이를 적극 지원했다. 특히 바르샤바 소재 서독 대사 루에테(M. Ruete)는 협의 중인 권고안의 내용까지 언급하며 이를 지지한다는 메시지를 교과서위원회에 전하기까지 했다. 하지만 외무부는 독일－폴란드 교과서위원회의 독립성을 침해하지 않기 위해 협의 내용에 간섭하지 않았다. 유네스코는 독일－폴란드 교과서위원회의 독립성을 보장하는 보호막 역할을 했다.[17]

그런데 정치적으로 영향력 있는 수백만의 "피추방자"가 존재하고, 폴란

---

16) 백경남, 『독일의 길, 한국의 길』, 23쪽.

17) T. Strobel, "Die Gemeinsame deutsch－polnische Schulbuchkommission. Ein spezifischer Beitrag zur Ost－West－Verständigung 1972~1989", *Archiv für Sozialgeschichte*, 2005, pp.253~268.

드를 무시하는 전통적 이미지와 함께 반공주의적 적대적 이미지까지 존재했던 서독에서 오더-나이쎄 국경선을 승인한다는 것이 어떻게 가능할 수 있었을까? 이는 서독인이 꾸준히 자기성찰적인 과거극복 노력을 해 왔고, 신동방정책을 추진한 사민-자민 연정이 이러한 노력을 지지했기 때문에 가능했다. 그 결과 점점 더 많은 서독인들은 분단뿐 아니라 수많은 "피추방자" 및 독일의 영토 축소, 폴란드 국경의 서부이동을 나치 범죄와 깊이 연관된 역사적 결과로 인식하게 되었다. 이러한 인식 전환은 역사교육에도 영향을 주어 서독에 나치 시기뿐 아니라 근대화 과정 전반에 대한 자기성찰적 역사교육이 강조되기 시작했다.[18)]

역으로 폴란드와의 관계정상화는 서독의 과거극복 역사에서 중요한 의미를 지녔다. 서독은 1958년 나치 전력 혐의자에 대한 조사를 위해 루드빅스부르크 중앙심사국(Ludwigsburger Zentrale Stelle)을 설립했다. 중앙심사국이 필요로 하는 자료는 상당 부분 동독이나 폴란드 등 동구 공산국가에 있었는데, 이것을 열람하기가 쉽지 않았다. 왜냐하면 1960년대 중반까지 서독정부는 독일의 대표권이 서독에게만 있다는 할슈타인 독트린을 고집하면서 동구 국가들과의 접촉을 승인해주지 않았기 때문이다. 더구나 나치 전력 혐의자들과 이들을 비호하는 세력은 반공주의를 강조하며 루드빅스부르크 중앙심사국의 활동이 서독 사회의 분열을 조장한다고 비판했다. 하지만 과거를 둘러싼 1960년대 서독 사회의 논쟁은 과거 극복 노력을 촉진하는 쪽으로 귀결됐다.[19)] 이에 따라 루드빅스부르크 중앙심사국은 나치 전력 혐의자들의 입증자료 조사를 위해 동구 국가들과의 협력관계를 제도화하고자 했다. 1970년 바르샤바조약과 독일-폴란드 교과서대화가 독일

---

18) 김승렬, 「분단 시기 구서독의 역사문화, 역사교육 그리고 역사교과서」, 국사편찬위원회 편, 『북한의 한국사 연구동향(4)』, 2004, 393~421쪽.

19) 김승렬, 「나치 과거극복을 둘러싼 동서독 대결의 동학, 1945~90년」, 김승렬 · 신주백 편, 『분단의 두 얼굴. 테마로 읽는 독일과 한반도 비교사』, 역사비평사, 2005, 202~204쪽.

-폴란드 관계 정상화에 기여함으로써 결국 서독의 과거 극복 노력에 기여했던 것이다.

과거 극복 노력이 없었다면 서독정부가 폴란드 서부 국경을 공인하기도 쉽지 않았을 뿐 아니라, 독일-폴란드 교과서대화가 시작되기도 쉽지 않았고, 시작됐다 해도 성공하기 어려웠을 것이다. 게오르크 에커트 국제교과서연구소 전임 소장 횝켄(W. Höpken)은 적대적 국가 간 역사교과서대화가 성공하기 위한 기초적 조건으로 다음을 들었다. 첫째, 정치 엘리트가 교과서대화를 지원하거나 최소한 용인해야 한다. 둘째, 역사교육목표가 민족주의적 국민 정체성 확립보다 자국에 대한 비판적 성찰이라는 점에 교육계와 일반 사회가 어느 정도 합의해야 한다.[20]

5. 독일-폴란드 교과서위원회 구성과 활동방식

독일-폴란드 교과서대화는 1972년부터 1975년까지 4년 동안 총 8차에 걸쳐 진행되어 1977년 최종적인 역사 관련 권고안 26개 테제와 지리 관련 7개 테제를 발표했다. 이 대화에서 가장 중요했던 원칙은 독립성(교과서대화가 정치권의 관심과 지원을 받되 간섭을 받지 말아야 한다)과 쌍무성(모든 협의 사안에 있어서 서독과 폴란드 양측의 관점과 입장이 균형 있게 고려되어야 한다)이다. 이에 대해서는 다른 글들에서 이미 많이 강조되었으므로 여기서는 생략하기로 한다.

독일-폴란드 교과서위원회 위원은 서독 측의 경우 다음과 같은 기준에 따라 인선됐다. 첫째, 폴란드사와 독일사에 정통한 사람으로 양측 학계에서 인정받은 사람, 둘째, 폴란드와 화해할 준비가 되어 있고 민족주의에

20) 횝켄, 「교과서 개선 : 경험, 성과, 문제」, 한국교육개발원, 『국가간 상호이해 증진을 위한 교과서 개선. 자료집』, 2004, 11~13쪽.

대해 비판적인 사람, 셋째, 특정한 정당이나 단체를 대변하지 않고 개인적 양심에 따라 활동할 수 있는 사람이다. 각국 위원회의 구성은 각자 독립적으로 했지만, 대화 기간 한 번도 상대방 위원 선임에 대한 논란은 없었다.[21] 오히려 위원들 간에 맺어진 돈독한 개인적 친분관계가 위원회 작업에 있어서 대단히 중요한 역할을 했다. 예컨대, 현대사와 국경문제를 다룰 때 —이 부분이 협의 활동에서 가장 어려웠다— 위원회 활동이 결렬 위기에 직면했다. 두 대표 에커트(서독)와 마르키에비츠(폴란드)의 협력은 이 난국을 극복하는 데 특히 중요했다.[22] 그런데 역사위원회의 경우 독일사와 폴란드사 전 기간을 다루었기 때문에 그 회의 주제에 따라 그 구성이 바뀌었다. 특이한 것은 서독의 적지 않은 교과서 출판업자도 참석했다는 점이다. 이는 폴란드와 달리 검인정제를 실시하고 있던 서독에서 교과서 시장이 발전했고, 여기에 교과서 출판업자의 이니셔티브가 대단히 중요한 데 기인한다. 4년 동안 위원회 활동에 참석한 서독 측 인사는 42명, 폴란드 측 인사는 31명, 도합 총 73명에 이른다.

회의 주제에 따라 수시로 참가 인원은 변했지만, 에커트와 마르키에비츠를 중심으로 한 상임위원회가 작업의 일관성을 유지하는 역할을 했다. 위원회 사무처는 위 두 위원장이 주도적으로 관여하고 있던 브라운슈바이크 국제교과서연구소(서독)와 교육부 예하의 교과과정연구소(폴란드)였다. 회의는 통상 1년에 두 차례 서독과 폴란드에서 개최됐다. 기본적으로 역사와 지리 위원 전원이 참석하는 전체회의가 있고, 각 영역별, 또는 특정 주제별 위원회가 별도로 개최됐다. 하지만 회의의 최종 결정은 전체회의에서 내려졌고, 결정방식도 기본적으로 만장일치제였다. 예컨대, 위원

---

21) Robert Maier와의 인터뷰, 브라운슈바이크, 독일, 2006. 7. 4.

22) 이것은 위원회 활동에 직접 참석했던 보로쥐에이나 마이어도 인정하는 사항이다. Robert Maier와의 인터뷰, 2006. 7. 4 ; 마르키에비츠, 「폴란드의 입장에서 본 독일 교과서 연구」, 123쪽.

중에서 선별된 인사들로 구성된 편집위원회가 권고안 편집을 맡았으나, 그 최종 승인은 전체회의에서 이루어졌다. 회의 자체가 쉽지 않았지만, 편집도 쉽지 않았다. 구체적인 권고안 내용에 대한 합의가 있은 이후 최종 권고안이 출판되기까지 1년이 소요되었는데, 이는 민감한 사안을 독일어와 폴란드어로 표현하되 그 의미가 동일하도록 만드는 것이 쉽지 않았기 때문이다. 예컨대, 추방(Vertreibung)과 이주(Umsiedlung)에 대한 논의가 그 좋은 예일 것이다.[23]

위원회 활동의 원칙인 쌍무성은 대체적으로 지켜졌다. 교과서 회의에 참가한 양국 연구자들은 우선 상대방 교과서에서 자기 민족사와 양국 관계사가 어떻게 다루어졌는지를 분석했다. 그리고 각자 그 결과를 발표하고 비교하여 역사해석이 크게 엇갈리거나, 중요함에도 불구하고 전혀 다루어지지 않은 문제들을 파악하고 그것을 개선하는 방안을 모색했다. 참석자들은 전자의 경우 공통의 해석을 끌어내기 위해 최대한의 노력을 기울였고, 그것이 결국 불가능할 경우에는 상이한 해석들을 병렬적으로 서술했다.[24]

하지만 위원회 공식 언어는 쌍무성의 원칙이 적용되지 않았던 예외였다. 폴란드어를 구사하는 서독 위원들보다 독일어를 잘 구사하는 폴란드 위원들이 훨씬 더 많았다는 현실적 이유에서 독일어가 공식 회의 언어로 채택됐다. 그 결과 폴란드 위원들이 토론에서 —어떤 경우는 크게— 불이익을 보았다고 폴란드 위원 보로쥐에이(Włodzimierz Borodziej)는 회상한다. 이러한 불균형 속에서 대화가 성공할 수 있었던 것은 위원들의 의지가 크게 작용했기 때문이라고 보로쥐에이는 지적한다. 하지만 1980년대 후반

---

23) 마르키에비츠, 「폴란드의 입장에서 본 독일 교과서 연구」, 123~124쪽.

24) Gemeinsame deutsch－polnische Schulbuchkommission, *Empfehlungen für Schulbücher der Geschichte und Geographie in der Bundesrepublik Deutschland und in der Volksrepbulik Polen*, Schriftenreihe des Georg－Eckert－Instituts für Internationale Schulbuchforschung. Band 22/XV, 1995, pp.13f.

부터 서독 측 위원으로 참석했던 마이어는 다른 회상을 한다. 서독 위원들은 폴란드어를 잘 할 줄 몰라서 폴란드 측 자료(예컨대 교과서)나 폴란드 위원들 간에 오가던 이야기를 이해하지 못했지만, 폴란드 위원들은 독일 측 자료와 독일 위원들 간에 오가던 이야기 전부를 이해할 수 있었다는 점에서 언어 문제가 폴란드 측에 반드시 불리했던 것은 아니었다는 것이다.[25]

그리고 위원회 운영 경비의 상당 부분은 서독과 폴란드정부가 지원했다. 하지만 재정 지원을 빌미로 서독정부가 위원회 활동에 대해 구체적으로 간섭하지 않았다는 것은 위에서 말한 바와 같다.[26]

6. 권고안의 구조와 내용

제1차 회의(바르샤바, 1972. 2. 22~26)에서 고대부터 나치시대까지의 독일-폴란드 관계사의 주요 쟁점들에 대한 13개의 테제와 지리교과에 관련된 1개 테제가 작성됐다. 18세기 말 폴란드 분할과 2차 대전 나치의 폴란드 침략이 가장 다루기 어려운 부분일 것 같지만, 이것은 독일의 침략성을 강조한다는 데 양측이 쉽게 합의함으로써 해결됐다.[27] 이에 반해 중세의 두 가지 주제[권고 4 '폴란드사 초기(10~13세기) 슐레지엔(Schlesien)과 포머른(Pommern)', 권고 6 '폴란드와 독일 기사단']에 관해서는 양측의 의견이 상이하여 결국 합의에 이르지 못했다. 하지만 양측이 각자의 의견을 병기하고 이에 대한 향후 공동연구 과제 설정에 합의했다는 점에서 이 문

25) Robert Maier와의 인터뷰, 2006. 7. 4.

26) 폴란드는 공산주의 국가였기 때문에 서독정부와 달리 위원회 활동에 간여했을 것으로 추측되나, 아직 그 명확한 내막은 알 수 없다.

27) 마르키에비츠, 「폴란드의 입장에서 본 독일 교과서 연구」, 125쪽.

제가 전혀 해결되지 못했다고 볼 수는 없다. 또한 권고 대상에서 제외시킬 주제에 대한 것도 그리 어렵지 않게 합의됐다. 폴란드와 소련의 우호관계를 해칠 우려가 있는 주제들로서 히틀러－스탈린 비밀협정, 소련에 의해 자행된 폴란드 장교 학살(카틴의 학살) 등이 제외 대상에 해당됐다. 가장 큰 난관은 2차 대전 이후 양국 관계, 특히 독일인 "피추방자" 문제였다. 하지만 이 난제에 대해서도 양측은 결국 합의에 도달했고, 이로써 양국 교과서대화는 성공했다. 이제 『Empfehlungen für Schulbücher der Geschichte und Geographie in der Bundesrepublik Deutschland und in der Volksrepublik Polen』[28]의 주요 내용을 살펴보고 그 특징에 따라 분류해 보자. 독일－폴란드 공동권고안과 이에 비판적인 대안 권고안의 비교를 위해 필요한 범위에서 권고안 원문을 인용하겠다.[29]

1) 권고안의 기초

(1) 독일의 침략과 억압적 지배의 부당성에 대한 인정

> (생략) 프리드리히 2세는 자신에게 유리한 유럽의 정치적 상황을 이용하고 제1차 폴란드 분할(1772년)을 추진하여 서로 떨어져 있던 영토를 연결했다. 폴란드 분할조약은 프로이센에게 정치적으로 매우 중요했다. 프로이센이 폴란드 분할에 가담한 것은 호엔촐레른가(家)의 목적의식적인 강대국 정치(Machtpolitik)의 귀결이었다. (생략) (권고 9. 프로이센과 폴란드 분할)

> 독일 제국을 다룰 때는, 비스마르크의 폴란드정책과 민족투쟁을, 특히 포젠(Posen/포즈난 Poznań)과 서(西)프로이센 지역에서 전개된 그것을 고려해야 한다. 폴란드에 대한 프로이센의 정책을 다룰 때, 문화투쟁, 억압적 조치들(폴란드어 수업의 폐지 및 프로이센 국적을 소유하지 않은 자의 추방

---

[28] Gemeinsame deutsch－polnische Schulbuchkommission, Empfehlungen, 1995.

[29] 이 범위를 넘는 권고안 인용은 본고의 양적 제한 때문에 불가피하게 생략한다.

등), 주민이주정책이 언급되어야 한다. 비스마르크의 후계자들이 단행한 폴란드정책이 들쭉날쭉하여 일관성이 적었지만, 전체적으로 보았을 때 다양한 수단을 통해 폴란드인을 줄이고 독일인을 늘리려 했다는 점은 명시되어야 한다. 하지만 이 정책은 성공하지 못했다. 왜냐하면 독일인이 차지하는 주민비율은 전체적으로 볼 때 하락했기 때문이다. 오버슐레지엔(Oberschlesien/상부 실롱스크 Górny Śląsk)에서의 폴란드인 민족운동도 이러한 상황을 배경으로 해서 다루어져야 한다. (권고 13. 독일의 폴란드정책)

폴란드정부는 1930년부터 1932년까지 독일의 정치적 추세가 수정주의 방향으로 기울어지고 있다고 생각했지만, 세계 경제공황을 배경으로 부상한 나치즘의 성격과, 히틀러의 권력 장악의 외교적 결과에 대해 오판했다.

1934년의 독일-폴란드 불가침선언은 '우호조약'이 아니었다. 나치 정부는 이 선언에 서명함으로써 스스로를 유럽의 '질서유지자', '평화의 창조자'라 선전할 구실을 얻었다. 폴란드는 이 선언으로 독일과 밀접한 관계를 맺고, 독일이 서유럽 국가들과 제휴해서 폴란드를 위협하는 일이 없어지기를 기대했다. 폴란드의 또 하나의 동기는, 이 선언에 의해 소련이 서유럽 국가들과 관계 맺지 못하도록 하는 것이었다.

히틀러는 폴란드를 위성국으로 만드는 데 실패하자 1939년 전쟁에 의한 해결을 결심했다. '단치히 문제'는 그에게 구실일 뿐이었다. (생략) (권고 19. 나치 시기 독일-폴란드 관계)

나치의 폭력적 지배에 대한 경험은 독일-폴란드 관계에 있어서 두고두고 부담으로 작용했다. 폴란드는 히틀러의 강압정치로 다른 피점령국가보다 훨씬 더 많은 희생을 치렀다(권고 20 참조). 독일 국민도 나치 정권의 테러와 전쟁의 참상을 경험했다.

그러나 전쟁 종결 이후에야 비로소 유럽에서 행한 나치 범죄의 정도가 독일 국민들에게 제대로 알려졌다. 포츠담회담 결정사항에 명시된 바대로, 연합국 군사법정을 통해 나치의 주요 책임자들이 유죄판결을 받고 처단된 후, 연합국은 나치 당원과 그 외곽 조직들의 구성원에 대한 탈나치화 조치 권한을 독일 당국에 넘겼다. 이 탈나치화 조치가 1950년대 초 종결된 이후에야 비로소 나치에 대한 근본적인 논쟁이 정신적, 도덕적 차원에서 광범위하게 전개되기 시작했다. 나치 과거에 대한 논쟁의 방식, 특히 탈나치화 조치의 문제점 및 나치 범죄에 대한 사법처리의 불철저함과 비일관성에 대한 논쟁의 방식은 서독과 폴란드의 관계 및 서독과 다른 국가의 관계에 여러 가지 점에서 부담을 주었다. (권고 24. 과거 극복)

권고안은 18세기 말 폴란드 분할(권고 9), 비스마르크의 억압적 폴란드 정책(권고 13), 나치의 폴란드 침공과 억압적 지배(권고 19, 24)를 밝힘으로써 폴란드에 대한 독일의 침략성과 억압성을 시인했다.

(2) 오더-나이쎄 국경선의 인정

제2차 세계대전 이후 독일-폴란드 국경은 전쟁 결과인 일반적인 영토변경과 국경변경이라는 차원에서 고찰되어야 한다. …… 새로운 폴란드 서부 영토의 범위와 관련하여 제기된 서로 다른 다양한 견해들 간의 대립이 포츠담 연합국 회담에서 해결되지 않았다. 그러나 포츠담회담 이전에 이미 이 지역에 대한 국가 주권이 사실상 폴란드 당국에 이양되어 있었고, 연합국들은 이 사실을 인정했다. 하지만 포츠담회담 이후 서구 연합국들은 폴란드 행정당국에 대한 인정이 독일-폴란드 국경에 대한 국제법적인 최종승인을 뜻하지 않는다고 보았다. 1945년 11월 연합국들은 연합국 통제위원회 명령 제8조(독일 주민의 합법적 이주 Orderly Transfers of German Populations)에 대해 합의하고 이에 대한 실행계획을 수립했다. 그러나 이를 통해 연합국 스스로가, 과거 독일 영토에 대한 현재의 폴란드 지배가 수정 가능한 임시적인 것이 아니라는 점을 미리 확인한 셈이다. (생략)

(생략) 긴장완화 정책이 시작되면서 서구 연합국들에서, 그리고 결국 독일연방공화국에서도, 전쟁 결과 초래된 영토 변경을 존중하려는 여론이 증가했다. (권고 21. 영토 변경)

(생략) 1969년 5월 폴란드의 제안으로 1970년 2월부터 조직적인 교섭이 이루어졌다. 그 결과 1970년 12월 7일 폴란드인민공화국과 독일연방공화국 간 바르샤바조약이 체결됐다. 그러는 와중에 두 나라는 포츠담회담에서 확정된(festgelegt) 기존의 국경선이 폴란드인민공화국의 서부 국경임을 확인했다. 두 나라는 서로 '현재의 국경선이 지금뿐 아니라 앞으로도 침범되지

> 않을 것', 그리고 '영토 완전성의 무조건 존중'을 확인했다. 두 나라는 '결코 서로 영토를 청구하지 않고 앞으로도 하지 않을 것'을 선언했다.
>
> 바르샤바조약은 폴란드인민공화국과 독일연방공화국의 관계를 근본적으로 정상화하고 개선하기 위한 기초를 만들었다. 두 나라 정부는 이 협력을 1975년 8월 1일 헬싱키 협정의 정신에서 적극적으로 계속 발전시켜 나갈 뜻이 있음을 확인했다. (권고 26. 정상화 과정)

권고 21과 26은 오더-나이쎄 국경선 형성부터 이에 대한 최종 승인까지의 과정에 대해 양측이 합의했음을 보여주고 있다. 독일의 침략행위 인정과 함께 오더-나이쎄 국경선 인정은 독일-폴란드 간 합의된 모든 권고안의 초석이다. 양측은 국경 승인을 통해 문제된 영토에 대한 역사적 주권 주장을 정당화할 필요성에서 벗어났다. 그 결과 양측은 과도한 민족주의, 상대방에 대한 역사적 이미지, "추방(追放)" 문제에 대한 자신의 입장을 비판적으로 볼 수 있었다.

2) 과도한 민족주의의 개선

> 큰 범주인 인도-유럽어족, 그중에서 특히 게르만인과 슬라브인의 기원, 그 발상지와 이동, 나아가 동(東)게르만인의 확산에 대해서는 전적으로 가설만 있을 뿐이어서 교과서에는 이를 가설로 써야 한다. 동(東)게르만인이 독일인의 조상이 아님은 분명하다. (생략) (권고 1. 고대와 중세 초기 슬라브인과 게르만인)

> 중세 초기에서 중세 전성기로 이행되는 시기에 후기 카롤링(Karoling) 제국이 붕괴되고, 그 결과 유럽 여러 지역에서 제국이 합병되는 과정을 거치면서 유럽 정치에 국가의 개념이 등장하게 된다.
>
> 이 시기에 프랑스, 잉글랜드, 독일, 스칸디나비아 반도, 폴란드, 보헤미아, 헝가리, 남슬라브 인들과 키예프의 러시아 인들의 거주 지역에서 국가 조직이 형성되었다. 당시에 법 제도(Verfassungsstrukturen), 특정 왕가를 정점으로 하는 인적 결속 그리고 교회 조직과 같은 것들이 국가 조직의 구성

요소로 공통적으로 나타났다. (권고 2. 중세 유럽 여러 국가의 형성)

(생략) 서(西)슬라브 지역의 통치자나 토지귀족은 이러한 새로운 형태(11~12세기 서유럽에서 발전된 경제, 사회, 법률－필자 주)를 모방하면서 이 지역 주민에게 권리와 자유를 보장했는데, 이것이 구(舊)카롤링 왕국의 주민들을 이 지역으로 유인하는 요인이었다. 이들 이주자들은 12~14세기에 서슬라브 여러 국가의 경제적, 사회적 변화에 긍정적 역할을 했다. 그러나 이주자의 수 및 이런 변화에서 이주자가 수행한 역할은 아직 완전히 밝혀지지 않았다. 이주자 중에 독일인이 많았기 때문에 그들의 자유와 의무를 명시한 '독일법(deutsches Recht)'이라는 명칭이 탄생하게 되었다. 13세기 전반기 이후 이 법은 폴란드 정착자들에게도 적용되었다. 그 결과 '독일법'은 13~14세기 폴란드의 경제적, 사회적 변화에서 독일인이 기여한 정도보다 훨씬 넓게 확대되었다. 엘베강 동쪽에 근거지를 둔 새로운 독일 종족이 확실히 형성된 것은 중세 독일인의 이주가 끝나고 몇 세기가 지난 후의 일이다. (권고 5. 중세 중유럽 동부로의 독일인의 이주와 정착)

산업화 이전 오버슐레지엔은 주로 폴란드인이 사는 농업지대였다. 산업화는 사회관계, 인구상황, 민족구성 관계를 근본적으로 변화시켰고, 민족적 대립을 한층 첨예하게 만들었다. 1914년 이전에는 농민 대다수가 폴란드어를 사용했다. 이들은 —노동자와 같이— 슐레지엔 지방의식을 가지고 있었지만, 이와 함께 점점 폴란드인 의식을 갖게 되었다. 이에 비해 대토지 소유자는 독일인이었다. 폴란드 주민 가운데는 폴란드 민족에 대한 귀속의식보다 프로이센 국가의식을 더 갖고 있던 사람들도 있었다. 독일인 주민은 특히 중소도시에 집중해 있었다.

산업화는 오버슐레지엔, 회의폴란드(Kongresspolen)[30], 그리고 그 밖의 지역으로의 주민이동을 촉진했다. 급속하게 번창한 이 지역 도시들에는 오버슐레지엔이나 갈리찌아 출신의 폴란드인과 슐레지엔이나 다른 독일지역 출신 독일인이 살았다. 이 지역에서 폴란드인과 독일인의 민족적 대립은 사회적 대립에 의해 더욱 첨예화되었다. 폴란드어를 구사하는 주민이 노동자

---

30) 러시아에 귀속된 폴란드 분할령. 1815년 비인(Wien) 회의에 의해 만들어졌다 하여 '회의폴란드(Kongresspolen)'라고 불렸다. 러시아 왕이 회의폴란드 왕국의 왕을 겸했지만, 회의폴란드는 상당한 자치권을 가지고 있었다.

대부분을 구성하였고, 그에 비해 산업이나 행정의 요직은 대부분 독일인에 의해 독점되었다. 이 같은 민족적, 사회적 대립에도 불구하고 폴란드인과 독일인 사이에는 많은 공통점이 있었다. 예를 들면, 폴란드인과 독일인 노동자가 함께 하나의 자유노조, 사회민주당, 노동운동의 문화기구에 소속되어 있었다. 또 이것은 독일중앙당과 가톨릭동맹의 경우에도 마찬가지였다. (생략) (권고 17. 국경 문제)

권고 1은 독일이나 폴란드가 독일–폴란드 접경 지역의 역사적 주권을 고대사를 근거로 주장하는 역사서술을 비판하고 있다. 권고 2는 게르만인과 슬라브인의 국가 건설 시기가 비슷함을 지적함으로써 국가 건설 시기의 선후로 영토의 역사적 주권을 주장하는 역사서술을 쌍방이 비판하는 부분이다. 권고 5는 독일이 "독일법"을 근거로 엘베강 이동 지방의 역사적 주권을 주장하는 역사서술이 그다지 설득력이 없다는 점을 밝히고 있다. 특히 중세 역사를 영토 및 신민에 대한 절대적 주권이라는 근대적 주권 개념으로 해석함으로써 인구의 다수를 근거로 그 영토의 소유권을 주장하는 역사인식을 권고 5는 비판하고 있다. 다시 말하면, 공동체 내에서 민족적 귀속이 그다지 중요하지 않았던 때는 민족적 귀속을 기준으로 평가하지 말자는 이야기다. 권고 17은 민족주의 내지 민족적 분쟁의 기원을 분명히 밝히고 있다. 민족주의 시대 이전에는 민족적 대립이 민족주의 시기만큼 큰 의미를 갖지 않았다는 것이다. 이러한 방식으로 권고안은 신화화된 민족사를 해체했다.

3) 부정적 이미지의 개선

상대방에 대한 적대적 이미지나 무시와 차별에 기초한 이미지가 독일과 폴란드의 관계가 악화되는 데 커다란 역할을 해 왔다. 이 이미지들은 역사에 뿌리를 둔 것이기 때문에, 교과서위원회는 이를 개선하기 위해 신화화되고 고착화된 역사상의 진실을 밝히려 했다. 예컨대, 18세기 말 프로이센, 오스트리아, 러시아의 분할로 폴란드 귀족공화국이 몰락했을 때, 프로이센은 그 원인을 폴란드의 분열에서 찾았다. '폴란드 제국의회'는 귀족들의 '무제한적인 거부권(liberum veto)' 행사로 무질서하고 분열된 폴란드를 상징하는 개념이었다. "폴란드 경제"라는 표현은 '질서', '근면', '절약'이라는 독일인의 우월한 속성과 대비되는 것으로서 "무질서하고 깨끗하지 않은 상태, 비효율적이고 낭비적인 태도"를 나타냈다. 19세기 전반기 폴란드의 자유와 독립을 위한 투쟁이 독일의 자유주의자들에게 좋은 이미지를 주었지만, 이것도 19세기 후반기에는 시들해졌다. 1차 대전 이후 폴란드인에 대한 독일인의 이미지에 폴란드 영토에서 소수민족으로 살게 된 독일인들에게 만행을 저지르는 공격적 이미지가 첨가됐다. 국가를 운영하거나 경제를 발전시킬 능력도 없는데, 운 좋게 국제관계의 변화에 편승해서 수혜를 받고 부당하게 독일인을 괴롭히는 폴란드인, 이것이 폴란드인에 대한 독일인의 부정적 이미지다. 거꾸로 독일인에 대한 폴란드이의 이미지도 부정적이었다. 특히 비스마르크의 억압적 폴란드정책 이후 이 이미지는 점점 강화되다가 나치 침략 이후 부정부패, 산적, 강도, 사기꾼, 야만 등이 독일인에 대한 폴란드인의 지배적인 이미지가 됐다.[31] 권고안은 이러한 역사적 이미지를 수정하기 위한 노력의 산물이다.

> 르네상스 및 계몽주의 시기 유럽의 정신문화 발전에 대해 교과서에 기술할 때에는 이 시대 폴란드문화의 주체적인 발전과 업적에 대해서 종래 이상으로 크게 고려해야 한다. 예를 들면, 폴란드 시민이며 유럽의 일류 학자였던 코페르니쿠스의 역할을 생각할 수 있다. (생략)
>
> 민족적, 종교적 관용은 폴란드 왕국의 특성이었으며, 폴란드 종교개혁의

---

31) 한운석, 「역사교과서 수정을 통한 독일-폴란드간의 화해노력」, pp.205ff ; 김용덕, 「제2차 세계대전 당시 폴란드인들의 눈에 비친 독일」, 『독일연구. 역사 · 사회 · 문화』 5, 2003. 6, 1~16쪽.

정신적, 지적 자극과 정치적 동기들은 당시의 전반적인 정신적 혁신의 배경이었다. 이러한 점들을 교과서 서술에서 고려해야 한다. 양국의 역사학계에서 인정된 양국의 상호 영향관계는, 서쪽에서 동쪽으로의 일방적인 문화전파에 기초한 종래의 해석을 대체해야 한다. (생략) (권고 7. 르네상스 및 바로크시대 독일-폴란드의 문화적, 종교적 관계)

(생략) 폴란드의 분할은, 폴란드에서, 특히 스타니스와프 아우구스트 포니아토프스키(Stanisław August Poniatowski) 왕 집권 이래 국가권력구조, 경제, 문화 그리고 사회관계에서 적극적인 변화가 한참 진행 중일 때 단행되었다. 이러한 국가 혁신 중 특히 1764년 의회(Sejm) 개혁, 1788년부터 1792년까지 추진된 대의회(Sejm Wielki) 개혁, 특히 1791년 5월 3일 선포된 헌법은 주목받을 만한 가치가 있다. 왜냐하면, 이러한 개혁들 덕분에 귀족공화국의 정치구조는 완벽하게 조직된 입헌군주국으로 전환됐기 때문이다. 계몽주의 시기 폴란드가 유럽문화의 가장 활동적인 중심지 중 하나였다는 점이 강조되어야 한다. 예를 들면, 폴란드 학교 개혁(1765년 설립된 기사단학교, 1773년 설립된 전국교육위원회)은 유럽에서 선구적인 업적이다.

양국 역사연구의 최근 성과에 따르면, 포니아토프스키 왕이 여기에 큰 역할을 하였다. …… 폴란드 개혁은 러시아-프로이센-오스트리아에 의해 중단되었다. 하지만 폴란드 계몽주의의 커다란 정치적 업적인 이 개혁들은 독일과 유럽의 정치사상과 자유주의적 개혁에 영향을 미쳤다. (권고 8. 계몽주의 시대 폴란드 국가)

독립 상실 이후 폴란드 민족은 3개의 분할지역 어디에서도 외세의 분할 점령에 만족할 수 없었다. 오히려 자유와 독립을 위한 투쟁이 전개되었다. (생략) (권고 10. 자유와 독립을 위한 폴란드 국민의 투쟁)

제2차 세계대전을 다룰 때는 …… 폴란드 국가의 존속을 상징했던 폴란드 군대의 투쟁, 또 폴란드의 저항운동, 특히 바르샤바 게토 봉기(1943년)와 바르샤바 봉기(1944년)가 평가되어야 한다. 폴란드 교과서에서 독일인과 '파시스트'가 구별되는 것은 반가운 일이며, 독일의 저항운동도 폴란드의 그것과 마찬가지로 위대한 유럽 저항운동의 일부로서 한층 상세히 취급되는 것이 바람직하다. (생략) (권고 20. 제2차 세계대전 중 나치의 점령정책과 반나치 저항)

권고 7은 폴란드인의 문화적 업적을 독일 역사교육에서 적극적으로 다룰 것을 권장하고 있으며, 권고 8은 폴란드인의 국가 운영 및 혁신능력을 높이 평가하고 있다. 권고 10은 폴란드인의 독립의지 및 저항정신을 강조했다. 더하여 앞에서 살펴본 권고 5는 독일인들이 폴란드의 경제 발전에 긍정적으로 기여하였음을 보여준다. 특기할 것은 독일인의 동부 이주와 정착을 부정적인 침략적 식민의 역사로 보지 않고, 당시 유럽에서 드물지 않게 일어났던 주민 이동의 일환으로 보았다는 점이다. 권고 20은 나치를 지지하지 않았던 독일인들을 폴란드 역사교육에서 다루어야 함을 강조함으로써 부정적인 독일인 이미지를 수정하려 했다. 특히 주목할 것은 위에서 인용된 권고들이 각 분야에 있어서 독일인과 폴란드인이 서로 협력했던 역사를 강조했다는 점이다.

4) "추방" 개념의 추방

제2차 세계대전이 종결되었을 때, 영토 변경은 광범위한 주민 이동(Bevölkerungsverschiebung)을 수반했다. 영토 변경의 목적은 되도록 국가와 민족의 경계를 일치시키는 데에 있었다. 민족 간 분쟁에 대한 역사적 경험, 특히 나치에 의한 폭력적인 주민정책과 점령정책이 영토 변경에 큰 영향을 미쳤다.

포츠담회담에 의해 폴란드에 양도된 오더－나이쎄 동쪽의 구독일령에는 1939년에 약 850만 명의 독일인이 살고 있었다. 그 절반가량과, 단치히의 독일인 주민, 또 폴란드 영내에 살고 있던 독일인 다수는 이미 전쟁 종결 이전에 큰 손실을 입으면서 오더－나이쎄 서쪽의 독일령으로 소개되거나(evakuiert) 피난했다(flüchtet). 오더－나이쎄 지역에 남아 있던 독일인 주민 대부분은 1945~1947년에 퇴거당하거나(ausgewiesen) 연합국 간의 이전협정에 의거하여 강제로 이주했다(zwangsumgesiedelt). 그 후 1956~1957년에 다시 가족결합(Familienzusammenführung)을 위한 개별 이주(Übersiedlung)나 출국(Ausreise)이 행해졌다.

독일인 주민이 비워준 지역에는 폴란드인의 이주가 체계적으로 이루어졌다.

독일의 4개 점령 지역에서는 난민이나 강제적으로 이주된 사람들이 단기간 내에 사회에 통합되었다. 그들은 서독의 경제부흥에 큰 역할을 했다. 독일연방공화국에서 이런 집단은 모두 '고향에서 추방당한 자(Heimatvertriebene)'라는 개념으로 포괄되었다. 그 대부분이 동향단체에 가입했다. 자신들의 정당(BHE)을 만듦으로써 독자적인 정치세력을 이루려 했던 시도는 1957년에 좌절되었다. 1957년 이전에는 연방정부의 지지를 받았던 이러한 단체가 고향에 대한 권리를 공표할 때, 이 단체는 폴란드에서 수정주의의 수호자로 간주되었다.

그러나 연방정부와 주정부는 여러 가지 방법으로 이 사람들을 물질적으로나 사회적으로 이주지에 통합시키려고 노력했다. 그 결과 이 집단이 사회적 불만 세력이 되어 외교적으로 위험한 사태가 발생하는 것은 피할 수 있었다. 그들은 이미 오래전부터 정치적으로도 독일연방공화국의 대규모의 정당과 사회조직에 통합되어 있었다. (권고 22. 주민 이동)

앞서 말했듯이, "추방(Vertreibung)" 문제에 대해서 양국 위원들이 모두 만족할 만한 합의를 이끌어내기가 쉽지 않았다. 서독에서 오더-나이쎄 이동 지방에 살다가 쫓겨난 사람들은 스스로를 "피추방자들(Vertriebene)"이라고 함으로써 연합국이 공식적으로 명명한 "이주(Transfer : 독일어로 Verschiebung/ Umsiedlung)" 개념을 부정했다. "추방(追放)"은 불법과 강제에 의한 이주를 의미하지만 "이주(移住)"에는 그런 의미가 없다. 폴란드 위원들은 오더-나이쎄 국경선이 정당하고, 주민 이동도 연합국의 명령에 따른 것이므로 독일인 이주에는 불법성이나 강제성이 없기 때문에 획일적으로 "이주"라고 써야 한다고 주장했다. 하지만 서독 위원들은 '이주' 자체가 불법적이지는 않지만 그 집행 과정에서 강제성과 불법성이 있었기 때문에 이를 세분하여 사용해야 한다고 주장했다. 그러나 서독 위원들은 격정적인 용어인 "추방"이란 단어 대신 객관적인 "강제이주(强制移住)"와 "퇴거(退去)"란 용어를 사용했다. 양측은 이에 대한 합의점을 찾지 못해 한때 서로 다른 의견을 병기할 것을 심각하게 고려했다. 그러나 교과서위원회는 서로 다른 견해들을 적절히 하나의 텍스트로 묶어내는 데 성공했다. 서독의 안이 채택된 것이다. 권고 22는 이주 시기와 그 성격에 따라 "소개(疏開, Evakuierung)", "피난(避難, Flucht)", "퇴거(退去, Ausweisung)", "강제이주(强制移住, Zwangsumsiedlung)", "가족결합을 위한 이주(Übersiedlung)나 출국(Ausreise)"이라는 다양한 개념들을 사용했다. 이 중에서 "퇴거"와 "강제이주"가 사실상 "추방"에 해당한다.[32)]

7. 권고안에 대한 비판과 대응 : 역사적 진실 vs 현실적 타협

독일－폴란드 공동교과서위원회 권고안은 폴란드에서보다 서독에서 더 큰 사회적 파장을 일으켰다. 비판은 반공주의적인 보수주의 진영에서 나왔는데, 특히 "피추방자"들의 비판이 거셌다. 기민당 소속 연방의회 의원이며 피추방자연맹(Bund der Vertriebene)의 부위원장인 후프카(H. Hupka)는 — 그는 오버슐레지엔에서 어린 시절을 보내고 전후 서독으로 이주했다— '교과서 개선을 위한 권고안(Schulbuchempfehlungen)'을 '교과서 개악을 위한 안(Schulbuchverfehlungen)'이라고 비난했다. 그는 서독 위원들이 "역사적 진실을 외면하고 주로 공산주의와 폴란드 민족주의의 시각에 따라 역사를 서술"했다고 생각했다. 권고안에 대해 비판적인 기사당(CSU)이 집권하고 있는 바이에른 주 신문『Bayern－Kurier』(1973. 1. 6)는 권고안을 "'친선'을 위한 왜곡"이라고 비판했다.[33)] 1976년 피추방자연맹은 마인쯔대학 교수인

---

32) C. Kleβmann, "Deutschland und Polen nach 1945", Gemeinsame deutsch－polnische Schulbuchkommission, *Zum wissenschaftlichen Ertrag der deutsch－polnischen Schulbuchkonferenzen der Historiker 1971~1987*, Braunschweig, 1988, pp.126f.

33) J. K. Hoensch, "Die Diskussion der deutsch－polnischen Schulbuchempfehlungen in der westdeutschen Öffentlichkeit(am Beispiel der Printmedien)", Gemeinsame deutsch－

멘첼(J. J. Menzel) 등이 그간의 비판을 모아 편집한 대안 권고안을 발표했다. 다음은 그 주요 내용이다. 진하게 표시된 부분이 '대안'이다.[34)]

(생략) 프리드리히 2세, **즉 프리드리히 대왕은**, 자신에게 유리한 유럽의 정치적 상황과 **폴란드의 약화된 내부 질서를** 이용하고, **제1차 폴란드 분할(1772)을 추진함으로써 영토의 연결을 달성했다. 제1차 폴란드 분할은 러시아의 강대국 정치(Machtpolitik)에 의해 시작되었고, 오스트리아가 폴란드의 일부 영토를 합병(Zipser Städte, 1769)함으로써 촉발되었다. 강대국 간 힘의 균형정책의 결과인** 폴란드 분할조약은 프로이센에게 기본적인 정치적 의의를 지니며 프로이센이 폴란드 분할에 가담한 것은 호엔촐레른가의 목적의식적인 강대국 정치(Machtpolitik)의 귀결이었다. **3차례에 걸친 (1772, 1793, 1795) 폴란드 분할과 비엔나 회의(1815) 이후 제1차 세계대전까지 프로이센의 폴란드 분할지역은 전체 폴란드 중 약 8%였다. (오스트리아 분할지역은 10%, 러시아 분할지역은 82%)** (생략) (권고 9)

폴란드정부는 1930년부터 1932년까지 독일의 정치적 추세가 수정주의 방향으로 기울어지고 있다고 생각하고,[35)] **예방전쟁계획(동프로이센의 위협)**

---

polnische Schulbuchkommission, *Zum pädagogischen Ertrag der deutsch-polnischen Schulbuchkonferenzen der Historiker 1971~1987*, Braunschweig, 1989, p.164, p.167.

34) J.J. Menzel/W. Stribrny/E. Völker, "Alternativ-Empfehlungen(1976)", Kulturstiftung der deutschen Vertriebenen, *Materialien zu deutsch-polnischen Schulbuchempfehlungen. Eine Dokumentation kritischer Stellungnahmen*, Bonn, 1980, pp.122~160.

35) 이 부분이 곤도가 오역한 예에 해당한다.
독어(원문) : "Während die deutsche Politik der Jahre 1930/32 in Polen als Verschärfung des revisionistischen Kurses betrachtet wurde,"
일역(곤도 번역) : "一九三O年がら一九三二年はのドイツの對ポーランド政策は、國境の修正主義の先鋭化そのものであり、"(近籐孝弘, 『國際歷史教科書對話』, 中公新書, 1998, 88쪽)
한역(박경희 번역) : "1930년부터 1932년까지 독일의 대 폴란드정책은 국경 수정주의의 첨예화 그 자체였으며," (곤도 다카히로, 박경희 역, 『역사교과서의 대화』, 역사비평사, 2006, 95쪽)
원문 서술의 대상은 객관적 사실이 아니라 폴란드의 인식이다. 그러므로 "그 자체"라고 한 곤도의 번역은 잘못이다. 곤도의 번역대로라면, '대안 권고안'이 위의 문장 다음에 첨가한 내용을 이해할 수 없다. 이러한 오역이 곤도의 일본어 역에서 몇 군데 더 확인된다.

을 언급함으로써 이에 대응했다. 그러나 폴란드정부는 세계 경제공황을 배경으로 부상한 나치즘의 성격과, 히틀러의 권력 장악의 외교적 결과에 대해 오판했다. **폴란드 국민 중에는 반유대주의와 같은 나치의 구호와 계획을 처음에 흥미를 가지고 받아들였던 사람들도 있었다.**

1934년의 독일-폴란드 불가침선언은 '우호조약'이 아니었다. 나치 정부는 이 선언에 서명함으로써 스스로를 유럽의 '질서유지자', '평화의 창조자'라 선전할 구실을 얻었다. 폴란드는 이 선언으로 독일과 밀접한 관계를 맺고, 독일이 서유럽 국가들과 제휴해서 폴란드를 위협하는 일이 없어지기를 기대했다. 폴란드의 또 하나의 동기는, 이 선언에 의해 소련이 서유럽 국가들과 관계 맺지 못하도록 하는 것이었다. **이 당시 공산주의 소련에 대한 폴란드의 두려움이 나치 독일에 대한 두려움보다 더 컸다. 주데텐 위기 때 폴란드는 또한 체코슬로바키아 영토인 올사(Olsa)를 점령했다.**

히틀러는 폴란드를 위성국으로 만드는 데 실패했기 때문에 1939년 전쟁에 의한 해결을 결심했다. '단치히 문제'는 그에게 구실일 뿐이었다. (생략)

히틀러가 폴란드를 공격하기에 앞서 독일-소련 국경 및 우호조약(1939. 8. 23)이 체결됐다. 이 협정에서 히틀러와 스탈린은 폴란드 분할점령에 합의했다. (폴란드 사형선고!) (권고 19)

(생략) **1945년 11월 연합국들은 연합국 통제위원회 명령 제8조(폴란드, 체코슬로바키아 그리고 헝가리 …… 독일 주민의 합법적 이주)에 —폴란드가 행정적으로 관리하는 독일 동부지역에 대해서는 언급이 없다— 대해 합의하고 이에 대한 실행계획을 수립했다. 그러나 이는 최종적인 국경에 대한 승인을 미리 확인한 것이라고 볼 수 없다. 이 실행계획은 인간적 곤경을 경감하기 위한 비상조치였다.** (생략)

(생략) 긴장완화정책이 시작되면서 서구 연합국들에서, 그리고 결국 독일연방공화국에서도, 전쟁 결과 초래된 영토 변경을 존중하려는 여론이 증가했다. **하지만 이때 연합국들과 독일연방공화국은 국경문제에 대한 기존의 국제법적 입장을 고수하고 있었다.** (권고 21)

(생략) **제2차 세계대전이 종결됐을 때 폴란드의 새로운 동부 국경선 설정과 폴란드 행정관리 서부 지역 경계선인 오더-나이쎄 국경선 설정으로 수백 만 명이 고향을 떠나도록 강제되었다.**

> **폴란드 동부지역에서는 소련-폴란드조약에 따라 지역 간 인구이동(Bevölkerungsaustausch)이 있었다. 약 150만 명의 폴란드인과 약 50만 명의 백러시아인 및 우크라이나인이 여기에 해당된다. 폴란드 서부 지역에서는 이에 반해 약 850만 명의 독일인이 독일 땅에서 추방당했다(vertrieben).** …… 민족 간 분쟁에 대한 역사적 경험, 특히 나치에 의한 폭력적인 주민정책과 점령정책이 영토 변경에 큰 영향을 미쳤다.
>
> (생략) **자신의 주거지에서 이주한 독일인 일부는 전쟁 말기 독일 당국에 의해 소개되었고(evakuiert), 일부는 전쟁 와중에 피난했으며(geflüchtet), 또 다른 일부는 폴란드 당국에 의해 폭력적으로(gewaltsam) 추방당했다(verwiesen). 피난과 추방의 전 과정에서 많은 사람이 사망했다. 소개되거나 피난한 사람들은 전쟁이 끝나면 자신의 본래 주거지로 돌아갈 생각을 했지만, 폴란드 당국은 이를 허용하지 않았고 그래서 이들도 추방당한 사람(Vertriebene)이 됐다.** (생략) (권고 22)

> (생략) 1970년 12월 7일 폴란드인민공화국과 독일연방공화국 간 바르샤바조약이 체결됐다. …… 두 나라는 '결코 서로 영토를 청구하지 않고 앞으로도 하지 않을 것'을 선언했다.
>
> **그러나 독일연방공화국의 법해석에 따르면, 이것은 영토와 관련된 구체적인 폭력행사를 포기한다는 뜻이지 1937년 국경 안에 합법적으로 지속된 독일제국 영토를 할양한다는 뜻은 아니다. 독일연방의회는 바르샤바조약 비준안을 통해 —이것은 모든 정당이 공동 발의한 것이다— "바르샤바조약은 오늘날 존재하는 국경에 대한 법적 근거가 아니다"라는 점을 만장일치로 확인했다. 연방헌법재판소의 판결(1973. 7. 31, 1975. 7. 7)에 따르면, 바르샤바조약은 독일 동부 지역을 규정할 법적 근거가 되지 못하고 그곳에 살고 있는 독일인들은 여전히 독일 국민이다.** (생략)
>
> 바르샤바조약은 폴란드인민공화국과 독일연방공화국의 관계를 근본적으로 정상화하고 개선하기 위한 기초를 만들었다. 두 나라 정부는 이 협력을 1975년 8월 1일 헬싱키 협정의 정신에서 적극적으로 계속 발전시켜 나갈 뜻이 있음을 확인했다. (권고 26)

바르샤바조약이 오더-나이쎄 국경선을 공인했지만, 서독의 내부 논쟁 과정에서 그 효력이 변한 점, 전후 오더-나이쎄 이동 지역에서 서독으로

온 모든 독일인이 사실상 '피추방자'라는 점, 추방 과정에서 많은 인명 피해가 있었던 점, 폴란드 분할과 나치의 폴란드 침공에서 소련의 역할이 독일의 역할보다 더 컸다는 점, 폴란드 내에서도 나치 이데올로기 동조자가 있었던 점, 폴란드도 침략적이었던 점, 이것이 "공산주의와 폴란드 민족주의의 시각"에 의한 역사 '왜곡'을 '역사적 진실'에 기초하여 수정한 대안이다.

대안 권고안은 폴란드인의 대화를 거치지 않고 만든 독일인만의 것이기 때문에 독일-폴란드 공동권고안의 대안이 될 수 없다. 하지만 대안 권고안이 "과거 나치시대까지의 독일의 우파 민족주의적 역사인식"과 소련의 부정적 역할을 다룰 수 없는 상황을 "무시한 데서 비롯된 단견"[36]에서 나왔다고 치부할 수만은 없다. 왜냐하면 이 대안은 없는 사실을 제시한 것이 아니기 때문이다. 기존의 권고안을 수정했지만, 전면적으로 부정하지 않았다. 특히 폴란드 분할이나 나치 침략을 인정했다.

권고안에 대한 비판은 서독에서만의 현상은 아니었다. 사회적 파장은 상대적으로 적었을지라도 폴란드에서도 이에 대한 비판이 있었다. 하지만 폴란드의 비판 대상은 권고안 내용이 아니라 그 실천이 잘 안되거나 더디다는 데 있었다. 폴란드정부는 권고안 내용이 가감 없이, 그것도 신속하게 서독 교과서와 교실에서 다루어지기를 원했다.[37]

그러면, 서독 위원들은 이러한 비판에 대해 어떤 논리로 대응했는가? 체르낙(K. Zernack)[38]에 의하면, 대안 권고안의 존재는 교과서위원회가 동-서 대립의 조건 속에서 정치적 한계를 갖고 있을 수밖에 없다는 교과서위원회 위원들의 공통된 상황인식을 입증한 것이다. 이러한 한계 속에서 산

---

36) 한운석, 「역사교과서 수정을 통한 독일-폴란드간의 화해노력」, 216쪽.

37) Zernack, "Zwanzig Jahre danach", p.11.

38) 체르낙은 에커트가 사망한 이후 1974년부터 독일 측 위원장을 지낸 메르티나이트(W. Mertineit)의 비서로서 위원회 작업에 참석했고 1987년부터는 독일 측 위원장으로 활동했다.

출된 결과가, 동-서 대립 속에 안주하려 하거나 이 대립을 주로 힘의 논리로 극복하려는 사람들을 격분시켰던 것은 당연하다고 체르낙은 지적한다. 하지만 독일-폴란드 관계사의 특수성을 감안해야 하며, 이에 대해서 1977년 공식 출판된 권고안 서문을 참조하라고 그는 권한다. 필자가 주목한 1977년도 서문 내용은 다음과 같다.

"폴란드는 독일-폴란드 관계에 대해 의도적으로 큰 관심을 갖고 있는데 반해 독일에서는 이에 대한 관심이 대단히 적다. …… 이러한 독특한 대조는, 폴란드가 19세기 독일과 이탈리아와 달리 민족문제를 해결하지 못했다는 데 그 근본적인 원인이 있다. 폴란드 국가가 해체되고 그 민족문제가 해결되지 않은 상태는 …… 동유럽에서 독일 민족문제에 대한 해법을 찾을 때 기본 전제조건으로 간주됐다. …… 먼저는 비스마르크의 머릿속에서, 그 이후 그의 영향을 받은 모든 독일 정치가들의 머릿속에서. 하지만 폴란드의 역사의식은 독일 민족과 자기 민족의 역사에 대해 독일과 근본적으로 다른 시각을 갖고 있다." 독일-폴란드 교과서위원회는 비스마르크적 사유의 특징인 독일 민족주의적 역사인식을 비판하고 폴란드인의 입장에서도 양국 관계를 보아야 할 필요성을 전제하고 있다. 그래서 독일-폴란드 공동교과서위원회는 "독일과 폴란드가 해석을 둘러싸고 큰 논쟁을 벌이고 있는 역사적 사건이나 양국 중 한쪽에게 너무 적게 알려진 역사적 사건을 우선 다루었다." 달리 표현하면, 폴란드가 독일에게 가한 피해보다 독일이 폴란드에게 가한 피해가 훨씬 컸고, 이로 인한 역사의식과 그 영향을 극복하는 것이 독일-폴란드 교과서위원회의 목적이었다. 그렇기 때문에 권고안에서 폴란드에 대한 독일의 역사의식을 개선한 부분이 그 반대의 경우보다 더 많았다. 그 결과 위원회는 "독일-폴란드 관계에서 중요한 역할을 했던 모든 것을 상세히 다루지 않았다. 하지만 이것은, 권고안에 기록되지 않은 것을 교과서나 수업에서 다루지 말아야 한다는 뜻은 결코 아니다. 권고안을 활용하는 교과서 저자나 교사는 더 많은 사건이나 자료를 다루거나 최소한 알아야 할 것이다."[39] 다시 말하면, 대안 권고안이 제시한 사실이나 해석이 교과서위원회 권고안에 포함되지 않았다고 해서 반드시 교과서나 교실에서 다루어서는 안 된다고 서독 위원들은 생각하지 않았다. 그러므로 첨삭 없이 그것만 서독 교과서나 교실에서 신속하게 다루어져야 한다는 폴란드의 요구도 서독 위원들은 공유하지 않았다. 이런 이유 때문에, 교과서위원회 권고안을 서독 각 주(州) 역사교과서 검정기준 중 하나로 만들려는 사민당의 정책을 서독 위원들은 찬성하지 않았다.[40]

이를 종합하면, 서독 위원들은 독일-폴란드 간 역사인식의 불균형을 해소하며 폴란드와의 관계 개선을 위해 폴란드의 입장을 과거에 비해 상당히 많이 고려했다. 독일-폴란드 권고안이 찬성하지 않는 것은 대안 권고안이 제시한 역사적 사실 자체가 아니다. 폴란드의 입장을 전혀 고려하지 않는 강대국 중심의 민족주의적 역사해석만을 고집하는 역사인식의 불균형이다. 예컨대, 러시아·소련의 위협이 독일의 폴란드 침략에 중요한 요인이었다는 점을 부정한 것이 아니라 이것을 지나치게 강조하고 폴란드에 대한 침략의 부당성을 외면하는 역사인식을 비판한 것이다. 동기야 어쨌든 독일의 침략은 폴란드에게 침략이었다. 그러므로 독일-폴란드 공동 권고안은 그동안 무시됐던 역사적 진실을 진술한 것이다.

다른 예를 더 살펴보자. "추방" 과정에서 입었던 독일인들의 피해는 폴란드인에 대한 독일인의 악행의 대가라고 보아서는 안 되기 때문에, 그 자체에 대한 평가는 별도로 이루어져야 한다. 하지만 이 사실은 권고안에 명기되지 않았다. 대안 권고안은 이를 "역사의 왜곡"이라고 비판했다. 독일-폴

---

39) Gemeinsame deutsch-polnische Schulbuchkommission, Empfehlungen, 1995, p.13.

40) 곤도 다카히로, 박경희 역, 『역사교과서의 대화』, 121쪽. 곤도 다카히로도 서독 위원들의 입장을 필자와 같은 방식으로 해석하지만, 그들의 입장이 폴란드정부의 비판에 대한 방어이기도 하다는 점은 지적하지 않았다.

란드 교과서위원회가 "추방" 과정에서 입었던 독일인들의 피해를 별도의 항목으로 다루지 않았다는 점에서는 서독이 폴란드의 입장을 상당히 고려했다고 볼 수 있다. 하지만 위원회는 "추방" 과정을 세분하여 그 강제성 또한 도외시하지 않음으로써 이 과정에서 잃은 독일인들의 불법적 피해를 논의할 수 있는 여지를 남겨 놓았다. 여기서는 서독의 입장이 상당히 고려되었다고 볼 수 있다.[41] 폴란드는 민주화 이후 이 사실을 인정했고, 2001년 독일-폴란드 교과서위원회가 작성한 교사용 안내서는 이에 대해 상세히 적고 있다.[42] 이 문제는 1970년대 시점에서 보면, 역사인식의 불균형을 또 다른 역사인식의 불균형으로 대체했다고 비판할 소지가 전혀 없는 것은 아니었지만, 장기적으로 볼 때 서독 측 위원들의 의도가 관철되었다. 독일-폴란드 권고안은 현실적 한계를 고려했지만, 그렇다고 역사를 왜곡하지는 않았다. 다시 말하면, 독일-폴란드 공동권고안은 동-서 대립이라는 현실적 한계 속에서 역사적 진실을 외면하지 않으면서도 독일-폴란드 관계 개선이라는 현실적인 목적을 달성하려는 노력의 산물이며, 이상을 추구하되 현실에서 가능한 최대한의 성과를 얻어낸 "가능성의 예술(Kunst des Möglichen)"[43]이었다.

---

41) 흥미로운 것은 독일-폴란드 역사교과서대화를 바라보는 일본 보수주의자들의 일부 시각이다. 이들은 "추방" 과정의 세분화 등 서독의 입장이 관철된 몇몇의 사례를 들어 서독이 독일-폴란드 교과서대화를 통해 작은 것을 양보하고 큰 것을 얻어 결국 독일 민족주의적 이해관계를 관철시켰다고 평가한다. 이들은 이런 의미에서 일본이 동아시아 교과서대화를 할 수 있다고 본다. 하지만 이런 시각은 독일-폴란드 교과서대화의 기본 정신을 심하게 왜곡한 것이다. Takahiro Kondo, "Internationale Zusammenarbeit über Geschichtsschulbücher in Europa : Ein Vorbild für Ostasien?", in : Becher (ed.), Internationale Verständigung *: 25 Jahre Georg-Eckert-Institut für internationale Schulbuchforschung in Braunschweig*, Hannover, 2000, pp.322~331.

42) Ursula A.J. Becher et al. (eds.), *Deutschland und Polen im zwanzigsten Jahrhundert*, Hannover, 2001, pp.52ff.

43) 이것은 체르낙이 메르티나이트의 위원회 활동을 요약한 표현이다. K. Zernack, "Schulbuchrevision als Kunst des Möglichen. Erinnerungen an Walter Mertineit", Ursula A.J. Becher (ed.), *Internationale Verständigung : 25 Jahre Georg-Eckert-Institut für internationale*

8. 독일-폴란드 역사교과서대화의 기본 정신

역사(교육) 분야의 유럽통합이라고 일컬어지는 서독-프랑스 역사교과서 협의활동도 독일-폴란드 교과서대화에 긍정적 영향을 미쳤다. 역사적 '숙적(宿敵)' 프랑스와 역사 분쟁을 해결했던 경험은 서독 교과서위원들에게 —에커트가 독일-프랑스 교과서협의의 주역이었다— 폴란드와 역사 분쟁을 해결할 수 있는 동기와 지혜를 제공했다. 독일-프랑스 교과서 협의에 정신적 지주 역할을 했던 이삭(J. Isaac)이 강조한 "두 개의 시선(deux points de vue)"[44]은 국제 교과서대화에 중요한 정신이다. 이에 따르면, 자신의 시선뿐 아니라 타자의 시선으로도 자국사를 비판적으로 보는 것이 역사적 진실에 더욱 가까이 갈 수 있는 좋은 전략일 뿐 아니라 일방적인 민족주의적 역사교육을 극복하고 이웃 국가들과 평화적 관계를 건설하는 데 유용한 길이다. 독일-폴란드 교과서위원회 위원들은 이 정신에 충실했다.

이 정신은 동아시아 역사분쟁 해결의 실마리를 찾는 데 도움을 준다. 그러나 유럽과 동아시아의 상황이 다르다는 점에도 주목해야 한다. 서독의 과거 극복 노력과 신동방정책이 독일-폴란드 교과서대화의 계기이자 성공 조건이었다. 하지만 유럽통합도 여기에 적지 않은 역할을 했다. 유럽통합은 민족주의의 절대성을 상대화했고, 공존과 평화를 해치는 민족주의의 폐해를 상당히 개선했다. 이 과정에서 유럽의 국민국가들은 민족적 정체성과 함께 유럽적 정체성을 서로 공유할 수 있게 됐다. 후진 지역은 자신의 국가만이 아니라 유럽공동체(연합)로부터도 지원을 받는다. 유럽공동체로부터 지원을 받으면, 이에 따른 의무가 부과되고 이것은 곧 국가 주권을 침해하는 결과를 초래할 수도 있다. 그러나 이 때문에 유럽공동체의 지

Schulbuchforschung in Braunschweig, Hannover, 2000, p.151.

44) 김승렬, 「숙적관계에서 협력관계로 : 독일-프랑스 역사교과서 협의」, 149쪽.

원을 거부하는 지역이나 정부는 현재 유럽에 없다. 서독은 유럽 국가들 중 유럽통합에 적극적이었고, 이에 따라 서독인들은 강한 유럽적 정체성을 갖고 있다. 과거 독일 영토에 대한 주권을 주장하는 것이, 슐레지엔과 포머른에서 쫓겨난 사람들을 제외한다면, 서독 국민 전체에게 주는 의미가 제2차 대전 이전과 같은 정도는 아니었다. 이와 같은 방식으로 유럽통합은 서독이 오더－나이쎄 국경선을 인정하는 데 적지 않은 역할을 했다. 이 점이 동아시아와 유럽 간의 가장 큰 차이점 중 하나이며, 유럽식 “가능성의 예술”을 동아시아에서 참조할 때 고려해야 할 사항이다.

참고문헌

Robert Maier와의 인터뷰(Braunschweig, Deutschland, 2006. 7. 4).

http://www.historyfoundation.or.kr/Inform/InformView.asp?p_gubun=public&FIELD=&KEY=&PAGE=&IDX=290(2006. 10. 8 검색).

「동북아 역사재단 출범기념식 노무현 대통령 축사」(2006. 9. 28).

『연합뉴스』(2006. 4. 25).

곤도 다카히로(近藤孝弘), 박경희 역, 『역사교과서의 대화』, 역사비평사, 2006.

교육인적자원부 일본역사교과서왜곡대책반, 『독일과 폴란드의 역사 및 지리 교과서 편찬을 위한 권고안 외』, 2002.

김승렬, 「나치 과거극복을 둘러싼 동서독 대결의 동학, 1945~90년」, 김승렬 · 신주백 편, 『분단의 두 얼굴. 테마로 읽는 독일과 한반도 비교사』, 역사비평사, 2005.

김승렬, 「분단 시기 구서독의 역사문화, 역사교육 그리고 역사교과서」, 국사편찬위원회 편, 『북한의 한국사 연구동향(4)』, 2004.

김승렬, 「숙적관계에서 협력관계로 : 독일-프랑스 역사교과서 협의」, 『역사와경계』, 2003.

김용덕, 「제2차 세계대전 당시 폴란드인들의 눈에 비친 독일」, 『독일연구. 역사 · 사회 · 문화』 5, 2003.

니시가와 마사오(西川正雄), 「역사교과서 개선의 국제 협력 : 서독-폴란드 교과서 회의」, 이광주 역, 이광주 · 오주환 편, 『역사이론』, 문학과 지성사, 1987.

문기상, 「독일의 역사교육」, 『歷史教育』 34, 1983.

백경남, 『독일의 길, 한국의 길』, 한울, 1999.

이민호, 「독일-폴란드 교과서 협의」, 『독일 · 독일민족 · 독일사 : 분단 독일의 역사의식』, 느티나무, 1990.

지머(K. Ziemer), 「1945년 이후 폴란드 내 독일 문화유산의 처리」, 한국학중앙연구원 한국문화교류센터 편, 『민족주의와 역사교과서 : 역사 갈등을 보는 다양한 시각』, 에디터, 2005.

한운석, 「역사교과서 수정을 통한 독일-폴란드간의 화해노력」, 『西洋史論』 75, 2002.

Becher, Ursula A.J. et al(베허 외). (eds.), *Deutschland und Polen im zwanzigsten Jahrhundert*

(20세기 독일과 폴란드), Hannover, 2001.

Eckert, G.(에커트), "Vorwort(서문)", Meyer(마이어), *Über die Darstellung der deutsch-polnischen Beziehungen im Geschichtsunterricht*(역사수업에서 다루어진 독일-폴란드 관계에 대하여). Sonderdruck aus dem Jahrbuch für Geschichtsunterricht, Braunschweig, 1956.

Gemeinsame deutsch-polnische Schulbuchkommission(독일-폴란드 공동 교과서위원회), *Empfehlungen für Schulbücher der Geschichte und Geographie in der Bundesrepublik Deutschland und in der Volksrepbulik Polen*(독일연방공화국과 폴란드인민공화국의 역사 및 지리 교과서를 위한 권고안). Schriftenreihe des Georg-Eckert-Instituts für Internationale Schulbuchforschung. Band 22/XV, 1995.

Hoensch, J. K.(횐쉬), "Die Diskussion der deutsch-polnischen Schulbuchempfehlungen in der westdeutschen Öffentlichkeit(am Beispiel der Printmedien)(독일-폴란드 교과서 권고안에 대한 서독 여론의 논쟁. 인쇄된 매체를 중심으로)", Gemeinsame deutsch-polnische Schulbuchkommission(독일-폴란드 공동 교과서위원회), *Zum pädagogischen Ertrag der deutsch-polnischen Schulbuchkonferenzen der Historiker 1972~1987*(독일-폴란드 역사교과서위원회의 교육학적 성과 1972~1987), Braunschweig, 1989.

Höpken, W.(횝켄), "Improving Textbooks : Experiences, Achievements and Problems(교과서 개선 : 경험, 성과, 문제)", 한국교육개발원, 『국가간 상호이해 증진을 위한 교과서 개선. 자료집』, 2004.

Kleβmann, C.(클레스만), "Deutschland und Polen nach 1945(1945년 이후 독일과 폴란드)", Gemeinsame deutsch-polnische Schulbuchkommission(독일-폴란드 공동 교과서위원회), *Zum wissenschaftlichen Ertrag der deutsch-polnischen Schulbuchkonferenzen der Historiker 1972~1987*(독일-폴란드 역사교과서위원회의 학문적 성과 1972~1987), Braunschweig, 1988.

Kondo, Takahiro(콘도), "Internationale Zusammenarbeit über Geschichtsschulbücher in Europa : Ein Vorbild für Ostasien?(유럽의 국제 역사교과서 협력 : 동아시아의 모범?)", in : Becher, Ursula A.J.(베허) (ed.), *Internationale Verständigung : 25 Jahre Georg-Eckert-Institut für internationale Schulbuchforschung in Braunschweig*(국제화해 : 게오르크 에커트 국제교과서연구소 25주년 기념 논총), Hannover, 2000.

Markiewicz, W.(마르키에비츠), "Deutsche Schulbuchforschung aus der polnischen Sicht(폴란드의 입장에서 본 독일 교과서연구)" 국제역사교과서연구소, 『국제화시대의 역사교육과 역사교과서. 종합보고서』, 1995.

Menzel, J.J./Stribrny, W./Völker, E.(멘젤/슈트리브르니/푈커), "Alternativ-Empfehlungen(1976)

(대안권고안)", Kulturstiftung der deutschen Vertriebenen(독일 피추방자 문화재단), *Materialien zu deutsch－polnischen Schulbuchempfehlungen. Eine Dokumentation kritischer Stellungnahmen*(독일－폴란드 교과서권고안 자료집. 비판적 입장), Bonn, 1980.

Meyer, E.(마이어), *Über die Darstellung der deutsch－polnischen Beziehungen im Geschichtsunterricht*(역사수업에서 다루어진 독일－폴란드 관계에 대하여). Sonderdruck aus dem Jahrbuch für Geschichtsunterricht, Braunschweig, 1956.

Ruchniewicz, K.(룩크니에비츠), "Der Entstehungsprozess der Gemeinsamen deutsch－polnischen Schulbuchkommission 1937/38－1972(독일－폴란드 교과서위원회 설립과정, 1937/38~1972)", *Archiv für Sozialgeschichte*(사회사 아카이브), 2005.

Strobel, T.(슈트로벨), "Die Gemeinsame deutsch－polnische Schulbuchkommission. Ein spezifischer Beitrag zur Ost－West－Verständigung 1972~1989(독일－폴란드 공동 교과서위원회. 동·서 화해에 대한 기여, 1972~1989)", *Archiv für Sozialgeschichte*(사회사 아카이브), 2005.

Zernack, K.(체르낙), "Schulbuchrevision als Kunst des Möglichen. Erinnerungen an Walter Mertineit(가능성의 예술, 교과서 개정. 발터 메르티나이트에 대한 회상)", Becher, Ursula A.J.(베허) (ed.), *Internationale Verständigung : 25 Jahre Georg－Eckert－Institut für internationale Schulbuchforschung in Braunschweig*(국제화해 : 게오르크 에커트 국제교과서연구소 25주년 기념 논총), Hannover, 2000.

Zernack, K.(체르낙), "Zwanzig Jahre danach(20년 이후)", Gemeinsame deutsch－polnische Schulbuchkommission(독일－폴란드 공동 교과서위원회), *Empfehlungen für Schulbücher der Geschichte und Geographie in der Bundesrepublik Deutschland und in der Volksrepbulik Polen*(독일연방공화국과 폴란드인민공화국의 역사 및 지리 교과서를 위한 권고안). Schriftenreihe des Georg－Eckert－Instituts für Internationale Schulbuchforschung. Band 22/XV, 1995.

역사의 국경을 넘다

독일-프랑스 공동역사교과서

김승렬*

독일-프랑스 공동역사교과서『Histoire/Geschichte』표지. 독어판(좌)과 프랑스어판(우).

* 경상대학교 교수.

1. 머리말

필자는 2004년경 한 동료로부터 독일과 프랑스가 공동으로 역사교과서를 제작하려 한다는 이야기를 전해 들었다. 당시 이것이 가능할까 의심했다. 자국의 역사교과서를 다자적 · 유럽적 시각에서 개정하는 것이야 가능하며 바람직하지만 서로 다른 국민국가의 전통을 갖고 있는 두 국가가 역사교과서를 공동으로 편찬한다는 것이 가능하며 바람직한 일인가? 2차 대전 이후 양국이 추진한 화친정책과 유럽통합의 역사를 잘 알고 있는 필자로서도 이렇게 생각할 정도였다. 2006년 봄 독일과 프랑스의 주요 신문들은 독일-프랑스 공동역사교과서가 곧 출간될 것이라는 기사를 실었다. 필자는 깜짝 놀랐다. 그해 여름 학술회의 참석을 위해 독일을 방문했다. 베를린을 경유했는데, 독일-프랑스 공동역사교과서 독일 측 출판사 클레트(Klett)의 담당자 쾨르너벨러스하우스(I. Koerner-Wellershaus)와 면담할 기회를 얻었다. 일주일 전 일본 모 방송사가 취재를 하러 왔고, 이번에는 한국에서 전문가들이 면담하러 온 셈이다. 그는 동북아시아에서도 큰 관심을 표명하니 예상치 못한 놀라운 호응이라고 말하고 우리를 환대했다. 귀국해서 보니 한국의 주요 신문들도 독일-프랑스 공동역사교과서 편찬에 대한 기사를 일제히 실었다.

독일과 프랑스의 주요 신문사는 이 사상 초유의 프로젝트의 기본 정신을 정확히 집어냈다. 『Le Monde』(2006. 5. 1)에 따르면, 지난 역사 분쟁을 봉합하고 공유의 역사인식을 통해 양국의 우호관계를 심화하는 것이다. 그 방법은 양국 학생들이 역사인식의 "국경을 넘는(Grenzen überwinden) 법을 배우"는(『Frankfurter Rundschau』, 2006. 5. 5) 것이다. 그렇다면 역사인식의 국경을 넘는다는 것은 어떻게 하는 것인가? 역사 분쟁의 소용돌이 속에 있는 우리로서는 깊이 생각해 보아야 할 문제다.

베를린 클레트 출판사 사무소에서 2006년 여름 면담 후 찍은 사진.
왼쪽에서 시계방향으로 : 신주백, 김승렬, 쾨르너벨러스하우스, 양미강, 김정인

2. 독일-프랑스 공동역사교과서 『역사(Histoire/Geschichte)』의 편찬 경위

독일-프랑스 공동역사교과서 『Histoire. L'Europe et le monde depuis 1945/ Geschichte. Europa und die Welt seit 1945』(이하 『Histoire/Geschichte』)는 양국이 수십 년에 걸쳐 추진한 화친정책과 역사교과서 협력활동의 정신(평화주의)과 방법(다자적 시각·교차적 접근)을 계승·발전시켰다. 나폴레옹의 독일 침략으로부터 2차 대전에 이르기까지 약 150년 동안 독일과 프랑스는 무려 네 차례의 전쟁을 치른 숙적이었다. 여기에 자민족 중심의 편향적인 역사관과 역사교육이 크게 작용했다. 1920~1930년대부터 프랑스

역사교육계의 선각자들은 독일-프랑스 관계 개선을 위해 노력하기 시작하였다. 프랑스 전국교원노조의 서기장 라피에르(G. Lapierre)는 1926년 "젊은이들을 '전쟁 공포의 박물관'으로 이끌고, …… 불신, 경멸, 증오 그리고 전쟁의 씨앗을 뿌릴 수 있는" 역사교과서를 추방할 것을 주장하여 큰 영향을 미친 바 있다.[1] 여기서 우리는 민족주의와 국가주의를 비판하고 민족 간 평화를 지향하는 역사교과서 협력활동의 정신을 확인할 수 있다.

널리 활용되었던 프랑스 역사교과서의 저자인 이삭(J. Isaac)은 프랑스 역사교과서에 대한 독일인의 비판을, 타자의 관점에서 자신을 바라볼 수 있게 해 주는 가치 있는 것이라고 여기며 자신이 편찬한 교과서에 독일인의 입장을 병기하였다. 숙적인 독일의 관점도 고려한 이러한 "두 가지 시선(deux points de vue)"[2] 이론은 —이것은 다자적 관점(multiperspektiv)에서 역사를 바라보는 태도라 할 수도 있다— 승리를 위해 적을 탐지하는 '지피지기 백전백승(知彼知己 百戰百勝)'의 태도나 상대방을 모방하기 위해 학습하는 '타산지석(他山之石)'의 태도와는 다르다.[3] 오히려 자국사의 일방적 편견을 상대화하고, 상대방의 입장을 좀 더 깊이 이해하여 역사 분쟁을 해소하려는 평화주의적인 '역지사지(易地思之)'의 방법론이다. 자민족 중심의 역사교육 개선에 대한 문제의식을 갖고 있던 독일과 프랑스의 역사학자와 역사교육 관계자들은 1930년대부터 최근까지 역사교과서 협력활동을 전개하였다. 이들은 양국 역사교과서 편찬에 대한 권고안들을 만들어 실질적인 영향을 미쳤다. 참가자들은 각각 상대국 교과서들을 검토

---

1) 오토 에른스트 쉬데코프 외 저, 김승렬 역, 『미래를 건설하는 역사교육』, 역사비평사, 2003, 40~41쪽에서 재인용.

2) Rainer Bendick, "Die Schulbücher der Feinde. Wahrnehmung und Wirkung in Deutschland und Frankreich vor und nach 1918", *Internationale Schulbuchforschung* 22, 2000, p.312.

3) 이러한 입장은 비교를 통해 오히려 자국사의 우월성과 특수성을 돋보이게 할 위험을 내포하고 있다. 교류사의 방법론을 소개한 이진일도 비교사의 이러한 맹점을 지적하고 있다. 이진일, 「비교사(vergleichende Geschichte)에서 교류사(Transfergeschichte)로?」, 『사림』 28, 2007, 36쪽.

하여 의견을 제출한 후 서로 협의하는 교차적 방법(approche croisée)을 취했는데, 이 활동방식 자체가 이삭의 '다자적 관점' 또는 '두 가지 시각' 이론에 기초한 것이었다.[4)]

1963년 엘리제조약(독일-프랑스 우호조약)으로 독일-프랑스 청소년교류원(Deutsch-Französisches Jugendwerk/Office franco-allemand pour la Jeunesse)이 설립되었고 양국 간 청소년 문화교류가 활성화되었다. 독일-프랑스 청소년교류원은 2003년 1월 엘리제조약 40주년을 맞이하여 양국 고등학생 550여 명으로 구성된 일시적인 독일-프랑스 청소년의회를 발족했다. 참가자들은 서로에 대한 심층적 이해를 도모하기 위해 동일한 내용으로 구성된 독일-프랑스 공동역사교과서 편찬을 슈뢰더(G. Schröder) 독일 수상과 시라크(J. Chirac) 프랑스 대통령에게 요청하였다. 두 정상이 요청을 받아들임으로써 이 계획은 구체적으로 진행되기 시작하였다. 하지만 프랑스와 달리 각 주마다 교육주권을 갖고 있는 독일에서는 이 프로젝트에 대한 회의의 목소리가 높았다. 2003년 6월 각 주(州) 교육관계 장관 회의(함부르크)에서 독일-프랑스 공동역사교과서 채택은 시장의 경쟁에 의한다는 결정이 내려진 후 각 주 장관들은 이 계획을 찬성하게 되었다. 곧이어 양국의 외교부 · 교육부 관료와 학자들로 구성된 독일-프랑스 역사교과서 특별위원회가 구성되었다. 특별위원회는 양국의 역사교육 과정을 비롯한 형식적인 차이를 극복하는 구체적인 방안을 협의한 후 「편찬지침」(2004. 10. 26)을 마련하였다.[5)]

---

4) 김승렬, 「숙적관계에서 협력관계로 : 독일-프랑스 역사교과서 협의」, 『역사와경계』 49, 2003. 12, 139~170쪽 ; 박지현, 「민족 교육에서 유럽통합 교육으로?, 프랑스 역사교과서를 중심으로」, 『프랑스사연구』 13, 2005. 8, 93~131쪽 ; 이용재, 「갈등의 역사에서 화합의 역사로 : 프랑스 · 독일 역사교과서 합의와 제1차 세계대전의 문제」, 『프랑스사연구』 17, 2007. 8, 193~229쪽.

5) Florent Claret, "Von der Utopie zur Realität. Wie das deutsch-französische Geschichtsbuch geboren wurde", *Dokumente*, 06/5, Oktober, 2006, pp.57~61 ; Etienne François, "Le manuel franco-allemand d'histoire : une entreprise inédite", *Vingtième Siècle. Revue d'histoire*,

특별위원회는 중등 과정 마지막 3년 동안 배우는 역사교과서 세 권을 —독일의 경우는 김나지움 상급반(Gymnasium Oberstufe), 프랑스의 경우는 인문계 리세(Lycée)— 제작하기로 하고 구체적인 시대구분 문제를 논의하였다. 이전의 프랑스 인문계 고등학교 교육 과정상 제2권은 19세기 중반, 정확히 말하면 제2공화국부터 1939년 2차 대전 발발 전까지 다룬다. 독일의 경우는 프랑스보다 더 복잡한데, 학교의 종류도 그렇거니와 주마다 편제가 다르다. 어느 경우는 네 권으로, 어느 경우는 두 권으로 교과서가 구성되어 있다. 특별위원회는 독일-프랑스 공동역사교과서 제2권의 범위를 프랑스혁명 이후인 빈(Wien) 체제에서 1945년 2차 대전 종전까지로 정했다.[6] 그 결과 제1권은 고대 그리스·로마 역사부터 프랑스혁명 및 나폴레옹전쟁이 끝나는 1815년까지를, 제3권은 1945년부터 현재까지를 다루기로 결정되었다.

하지만 특별위원회는 교육제도 및 교과서 형식에서 나타나는 양국 간의 차이에 대해서도 고려해야 했다. 연대기적 서술 지향, 다양하고 많은 삽화와 사료, 정치사 중심, 많은 과제 부여, 자습서 형식이 프랑스 교과서의 특징이라면, 독일 교과서의 특징은 주제 중심의 서술 지향, 광범위한 교과서 저자의 설명, 긴 사료 분석, 다양한 주제 제시, 상대적으로 적은 과제 부여, 교과서 형식이다. 특별위원회는 이를 고려하여 다음과 같은 편찬원칙을 수립하였다. 교과서 분량은 약 330쪽으로 한다. 이 중 20~25%는 교과서 저자의 설명을 담고 75~80%는 지도, 도표, 사진과 같은 자료와 사료를 제시

---

vol.94, avril-juin, 2007, pp.73~76.

6) 1992년 출간된 『Histoire de l'Europe』(들르슈 편)도 유럽 공동의 역사교과서를 지향했지만 실패했다. 『Histoire de l'Europe』 편찬에 참여했던 티만(Dieter Tiemann)에 따르면, 이는 참여한 학자들의 국적이 독일-프랑스 공동역사교과서의 경우보다 훨씬 많은 탓도 있지만, 각국 교육 과정에 대한 고려나 합의 없이 진행되었다는 데 그 일차적 원인이 있다(Dieter Tiemann, "Werk und wirkende Kraft. Das gemeinsame Geschichtsbuch aus fachdidaktischer Sicht", *Dokumente* 06/5, Oktober, 2006, pp.92~94).

함으로써 학생들 스스로 탐구하고 비교하도록 한다. 각자의 언어로 만들어지지만, 내용은 완전히 동일한 교과서를 제작한다. 특별위원회는 그 밖에 다음과 같은 내용적인 원칙도 수립하였다. 독일－프랑스 공동역사교과서는 양국의 역사 및 관계사를 다루지만 유럽의 관점에서 재고찰한다. 이때 "유사한 것－상이한 것－상호영향관계", "보다 큰 틀에서의 위치 설정", "인지－수용－해석/의미부여"라는 관점에 따른다. 하지만 공동역사교과서는 유럽 역사를 중점적으로 다루되 유럽 이외 지역의 역사 가운데 비중 있는 사례들도 포함한다. 이때 다루어지는 테마는 독일 및 프랑스의 역사교육이 전통적으로 다루던 테마를 중심으로 선정되어야 한다.[7)]

공모를 통해 선정된 교과서 출판사인 독일의 클레트사와 프랑스의 나탕(Nathan)사는 독일의 가이스(P. Geiss)와 프랑스의 켕트렉(G. Le Quintrec)을 각각 양측의 교과서 편찬 책임자로 임명하였다. 이들은 다시 각각 4명의 교과서 편찬자를 선정하였는데, 이들 모두는 상대국의 언어에 능통한 현직 교사들이다. 각각 맡은 부분을 집필한 후 상대국 편찬자들이 검토하는 교차 검토의 원칙이 여기서도 관철되었다. 특별위원회 위원으로 참여한 프랑스와(E. François)는 이 협력 작업의 기본 정신에 대해 다음과 같이 술회하고 있다.

> 상대방의 입장에서도 생각해보는 여유가 있어야 한다. 가령 우리가 '독일은 전쟁을 일으킨 가해자고 나쁜 놈'이라고 몰아붙였다면 더 이상 진행될 수 없었을 것이다. 물론 한쪽에서 자기의 과거에 대해 변명하고 미화하는 식이라면 이 역시 어려웠을 것이다. 일례로 독일 측이 '당시 베르사유조약 등 시대적 배경으로 나치가 등장할 수밖에 없었다'는 식의 자세였다면 더 이상 함께 작업할 수 없었을 것이다. 그리고 어떤 역사에든 빛과 그림자가

---

7) 비텐브로크(Rolf Wittenbrock), 「독일－프랑스 공동역사교과서 : 목적과 내용」, 『역사대화의 경험공유와 동아시아 협력모델 찾기』, 아시아평화와역사교육연대 주체 국제학술대회(2006. 11. 25) 발표문. 비텐브로크는 특별위원회 위원으로 독일－프랑스 공동역사교과서 편찬 작업에 직접 관여하였다.

> 있다. 우리에게 멋진 역사가 주변 나라에는 고통이 될 수 있는 것이다. 가령 프랑스 대혁명이나 나폴레옹 시절 우리는 주변 국가를 괴롭혔다. 각자가 자신의 어두운 역사를 스스로 드러낼 수 있는 용기가 있어야 공동역사교과서 작업이 가능한 것이다. (『조선일보』, 2006. 7. 10)

양국의 역사교과서 협력활동은 양국 교과서 편찬에 대한 권고안을 공동으로 작업하는 것이었다. 양국이 역사교과서를 대상으로 협력한 지 약 70년 만에 공동교과서가 나왔다. 역사상 초유의 이 프로젝트는 그 자체만으로도 주목받는 일이지만, 그간의 교과서 협력의 정신과 경험이 이 작업의 중추를 구성하고 있다는 점에서도 그렇다. 평화주의와 교차적 접근/다자적 시각이 독일－프랑스 공동역사교과서 편찬까지 면면히 계승되고 있음을 위의 인용문을 통해 알 수 있다.[8] 그간의 권고안은 그야말로 강제성이 없는 민간단체의 '권고'이며 '기대' 내지 '희망'이었다. 이에 비해 공동역사교과서를 위한 「편찬지침」(2004년)은 양국의 관계당국이 참여한 명실상부한 '교육 과정'이며, 공동역사교과서는 참고서가 아니라 교과서다.

3. 『역사(Histoire/Geschichte)』의 특성 I : 독일－프랑스 중심의 유럽사

『Histoire/Geschichte』 제3권은 다섯 개의 단원으로 이루어졌다. 1. 종전 직후(1945~1949)와 제2차 세계대전에 대한 기억 2. 유럽의 양극화(1949~1989) 3. 세계화와 유럽(1989년부터 현재까지) 4. 1945년 이후 기술 · 경제 · 사회 · 문화 변동 5. 독일과 프랑스, 1945년 이후. 각 단원은 3~4개의 장으로 나눠진다. 1~4단원은 유럽을 중심으로 한 세계사를, 5단원은 독일과 프

8) Rainer Marcowitz/Ulrich Pfeil, "Europäische Geschichte à la franco－allemande? Das deutsch－französische Geschichtsbuch in der Analyse", *Dokumente* 06/5, Oktober, 2006, p.54.

랑스의 역사와 양국 관계사를 다루었다. 1~3단원은 주로 정치사를 세 시기로 나누었고, 세계의 경제 · 사회 · 문화를 다룬 4단원은 정치사의 시기 구분에 구애받지 않고 짜여졌다. 클레트 출판사와 나탕 출판사의 이전 역사 교과서와 비교하면서 『Histoire/Geschichte』 구성의 특징을 살펴보자.

클레트 출판사가 고등학교용(Sekundestufe Ⅱ)으로 2005년 출간한 『Geschichte und Geschehen』[9] 제2권의 1945년 이후 역사 부분은 연합군 점령하의 독일, 독일의 분단과 양독의 발전, 통일 등 독일사를 중심으로 구성되었다. 냉전, 이슬람 세계의 근대화, 유럽통합, 발칸의 역사, 아시아 · 아프리카사[10]가 나머지를 차지했다. 양적으로 보면 독일사가 약 60%, 나머지가 40%를 차지했다. 프랑스 역사는 유럽통합을 다루는 장에서 다루어졌지만, 프랑스의 정치, 사회 발전을 별도로 다룬 부분은 이 교과서에서는 없다. 이에 반해 『Histoire/Geschichte』에서는 독일사가 차지하는 비중이 대폭 줄어들었고 전후 프랑스 역사와 프랑스와 밀접히 관계있는 식민제국 해체 문제가 각각 별도의 장으로 다루어졌다. 그러나 이슬람 세계, 발칸, 아시아 · 아프리카사는 공동역사교과서에서 축소되었다. 이는 이 교과서가 유럽과 독일 · 프랑스에 초점을 맞춘 결과다.

나탕 출판사가 고등학교용(classe Terminale)으로 2001년에 출간한 『Histoire. Le monde de 1939 à nos jours』의 1945년 이후 역사 부분은 크게 세계의 정치 · 경제 · 사회의 변화와 프랑스사로 나누어 서술했다. 프랑스사가 차지하는 비율은 대략 30%를 약간 상회한다. 약 70% 정도가 1945년 이후 세계 경제 변화, 4개의 사회경제 모델(소련 · 중국 · 미국 · 유럽), 냉전, 탈식민화와 제3세계의 부상, 그리고 분쟁지역을 다루었다. 독일사는 냉전과 유럽통합에서 부차적으로 다루어졌을 뿐이다. 이에 반해 『Histoire/Geschichte』

---

9) 모두 두 권으로 구성되어 있다. 제1권은 프랑스혁명 이전을, 제2권은 프랑스혁명 이후를 다루었다.

10) 아시아 역사는 중국 역사만이, 아프리카 역사는 콩고 역사만이 다루어졌다.

는 독일사를 별도의 장으로 설정하여 다루었고, 특히 『Histoire. Le monde de 1939 à nos jours』에서 거의 없던 동독사도 비중 있게 다루었다. 하지만 유럽과 독일 · 프랑스 역사에 집중한 공동역사교과서는 소련, 중국, 미국의 역사를 소홀하게 다루었다.

이러한 상황은 유럽통합사를 서술하는 부분에서도 확인된다. 『Histoire/Geschichte』의 유럽통합사 부분은 『Histoire. Le monde de 1939 à nos jours』에서 유럽통합사가 차지하는 비중보다 상당히 강화되었지만, 『Geschichte und Geschehen』에서 유럽통합사가 차지하는 비율과 비슷하다. 유럽통합이란 회원국들 간의 평등성에 기초하고 있음에도 불구하고 독일－프랑스 공동역사교과서는 독일, 프랑스, 미국, 영국만을 다룸으로써 유럽통합이 마치 이들 나라들에 의해서만 추진된 듯한 인상을 준다. 클레트사와 나탕사의 기존 교과서도 이런 비판에서 자유롭지 못한데, 독일－프랑스 공동역사교과서는 유럽통합의 정신에서 유럽사를 새롭게 쓴다는 목적에 보다 더 충실하게 다른 회원국들의 연관성을 고려해야 했다. 최소한 '최초 6개국'에 해당하는 이탈리아, 네덜란드, 벨기에, 룩셈부르크에 대해서는 조금이라도 언급되어야 했다.[11)]

---

11) 이탈리아에 대해서는 데 가르페리(De Gasperi)의 사진과 스피넬리(Spinelli)의 발언만이 자료편에 나와 있고, 베네룩스 3국에 대해서는 나라 이름 말고는 언급되지 않았다. 그렇지만 『Histoire/Geschichte』는 세부적인 사항을 보충하면 한국의 대학에서 교재로 사용할 수 있을 만큼 유럽통합사를 충실하게 취급했다. 그러나 몇몇 군데 부정확한 서술이 발견된다. 1950년대 유럽통합을 다룬 부분에서 "서독과 베네룩스 3국의 사회민주주의자들과 기독교민주주의자들이 내세운 연방제 방안은 초국가적 기구에 자국 주권의 일부를 이양하자고 주장했다"(『Histoire/Geschichte』, p.118)고 서술되었다. 하지만 1955년까지 최소한 벨기에의 기독교민주주의자와 서독의 사회민주주의자 다수는 이를 반대했다(김승렬, 「독일 사회민주당(SPD)과 유럽통합, 1950~1957 : Carlo Schmid를 중심으로」, 『사총』 51, 2000. 6, 115~138쪽). "프랑스는 처음 메시나 회의(1955)에 소극적이었지만, 수에즈 사태 이후 입장을 바꿨다. 외교적 고립에서 탈피하여 미국에 맞서 독자적인 국제 정치를 펼칠 수 있는 힘을 갖기 위해 프랑스는 결국 유럽통합을 적극 추진하였다"(『Histoire/Geschichte』, p.122)는 진술도 최근의 연구 성과를 반영하지 못했다. 수에즈사건은 프랑스 여론이 유럽경제공동체 계획을 우호적으로 대하는 데 기여했지만, 위와 같이 프랑스 전체의 입장을 단순하게 표현하기에는 무리가 있다. 프랑스의 몰레(Mollet)정부는 1956

전체적으로 보았을 때, 『Histoire/Geschichte』는 세계적 차원의 문제를 먼저 다루고 후에 프랑스사를 서술한 형식적 측면과 탈식민화 문제를 비롯한 내용적 측면에서 독일 클레트 역사교과서보다 프랑스 나탕 출판사 역사교과서에 더 근접해 있다. 또한 독일-프랑스 공동역사교과서는 주로 문서 자료를 제시하는 독일 클레트판 역사교과서 방식보다 문서 자료뿐 아니라 도표와 화보를 골고루 제시하는 프랑스 나탕 역사교과서 방식을 채택하였다. 이러한 면은 제목에서도 확인된다. 일반적으로 독일 역사교과서는 다양한 제목을 달지만, 프랑스 역사교과서는 단순하게 『Histoire』라는 제목을 단다. 독일-프랑스 공동역사교과서 제목은 프랑스 역사교과서의 방식대로 단순하게 『Histoire/Geschichte』로 했다.

하지만 공동역사교과서는 기왕의 나탕판 교과서와 형식적으로 더 깊은 친화성이 있음에도 불구하고 근본적으로 새로운 것이다. 기존 교과서들이 세계사를 자국 중심에서 보았다면 공동역사교과서는 유럽 중심에서 바라보았고,[12] 다른 나라의 역사가 자국사와 같은 비중으로 다루어진 동일한 내용의 교과서를 양국 학생들이 공동으로 사용한다는 점에서 그 특성을 확인할 수 있다. 독일과 프랑스 역사와 비교사/교류사를 다룬 새로운 장이 무려 4개나 첨가되었다. 두 나라의 역사를 배치하는 방식도 독특하다. 단순한 병렬이 아니다. 14장에서는 프랑스의 정치 발전이, 15장에서는 독일의 정치 발전이 따로 서술되었다. 16장에서는 양국의 경제와 사회 발전이 비교의 방식을 통해 유기적으로 연결되어 서술되었다. 17장에서는 양국의

년 초부터 유럽경제공동체를 긍정적으로 보기 시작했으며 수에즈사건 이전에 이미 이를 추진하기로 결정했다(김승렬, 「"유라프리카(Eurafrica)" : 1950년대 유럽통합과 프랑스 식민제국의 자태 전환」, 『유럽연구』 25, 2007년 여름호, 153~177쪽 ; Guido Thiemeyer, *Vom "Pool Vert" zur Europäischen Wirtschaftsgemeinschaft. Europäische Integration, Kalter Krieg und die Anfänge der Gemeinsamen Europäischen Agrarpolitik 1950~1957*, München, 1999. p.222). 교과서는 상세한 사항이나 논쟁점들까지 다룰 수 없지만 잘못된 내용을 전달해서는 안 된다.

12) 하지만 유럽사가 독일과 프랑스의 역사로 축소되었다는 비판은 면하기 어렵다.

협력관계가 다루어졌다.

그러나 독일-프랑스 공동역사교과서는 제한된 분량에서 상대국의 역사를 자국사와 함께 다루다 보니 기왕의 교과서가 갖고 있는 장점을 충분히 반영하지 못하고 있다. 예컨대, 클레트판 『Geschichte und Geschehen』 제2권은 서독과 동독의 역사를 단순히 병렬적으로 보지 않고 '비대칭적으로 연관된 전체'로 보아 상호 연관관계 및 경쟁관계에도 주목하였다. 이것은 독일사 연구의 최근 시각이다. 『Histoire/Geschichte』는 이를 충분히 고려하지 못했다. (탈)식민주의에 대한 논쟁은 프랑스 현대사에서 차지하는 위상이 매우 중요함에도 불구하고 『Hisotoire/Geschichte』에서는 이에 걸맞게 다루어지지 않았다.[13)]

그런데 공동교과서를 보면서 필자는 한 가지 의문이 들었다. 프랑스어판에서는 양국 관계를 프랑스-독일(franco-allemand) 관계로, 독어판에서는 독일-프랑스(deutsch-französisch) 관계로 표기하는 것은 당연하다. 유럽경제공동체(EEC : European Economic Community)는 프랑스어판에서 'CEE(Communauté économique européenne)'로, 독어판에서 'EWG(Europäische Wirtschaftsgemeinschaft)'로 표기된다. 이러한 형식적 차이 이외에 다른 차이는 과연 없는가? 독어판과 프랑스어판의 차이는 단지 활용된 언어뿐인가? 꼼꼼히 독어판과 프랑스어판을 대조해 가며 읽어 보니 몇 군데 차이 나는 곳이 눈에 띄었다.

제국주의적 침략에 대해 프랑스어판에는 유럽 열강이 19세기 후반부터 팽창하여 아프리카, 아시아, 오세아니아의 상당 부분을 식민지화했다고 적혀있다. 그런데 독어판에는 20세기 후반부터라고 되어 있고 식민지화 대상 지역 중에 아프리카는 생략되어 있다(『Histoire/Geschichte』, p.84). 아마 이것은 단순한 실수로 보인다.[14)] 그 배경에 대해 조금 생각해야 할 차

---

13) Peter Geiss, "Multiperspektivität und Komplementarität. Das deutsch-französische Geschichtsbuch als Herausforderung für Autoren und Herausgeber", *Dokumente* 06/5, Oktober, 2006, p.98.

이도 눈에 띈다. 유대인 희생자과 집시 희생자가 독어판에는 각각 약 600만 명과 약 50만 명으로 되어 있는 데 반해 브랑스어판에는 약 500만 명과 약 20만 명으로 표시되어 있다(『Histoire/Geschichte』, p.14). 희생자 숫자는 학자들 사이에서도 논란거리다. 이 수치는 독일과 프랑스에서 일반적으로 인정되는 수치인 듯한데, 어차피 정확히 산출할 수 없는 것이라면 통일적으로 쓰는 것이 더 좋지 않았을까. 두 나라에게 의미의 비중은 다른 사안에 대해서도 약간의 차이를 보인다. 예컨대, 독일에게 중요한 오더-나이쎄(Oder-Neiβe) 동부 국경은 프랑스에게는 그다지 중요치 않다. 「주요 용어」에서 독어판은 상세히 설명하는 데 반해 프랑스어판은 대단히 소략했다(『Histoire/Geschichte』, p.16). 하지만 이러한 차이는 아래에서 살펴볼 문제에 비해 그다지 심각한 것이 아니다.

4. 『역사(Histoire/Geschichte)』의 특성 II : 교차적 접근

앞서 보았듯이 공동역사교과서는 독일 학생과 프랑스 학생이 각국에서 발행된 교과서로서는 배우기 어려운 상대국의 역사를 —예컨대, 독일의 나치 과거 극복, 프랑스의 비시 신드롬, 동독의 역사 및 독일 분단의 역사, 프랑스의 4, 5 공화국의 역사 등— 공동으로 실었다. 교차적 시각은 여기서도 관철되는 가장 중요한 원칙이다. 『Histoire/Geschichte』는 각 단원 끝에 양국의 주요 역사 용어와 시각의 차이를 설명하는 "독일과 프

14) 정확성에서 문제가 있는 부분도 있다. 공동교과서는 그로쎄(A. Grosser)를 2차 대전 직후 '신독일과의 교류 위원회(Comité d'Echanges avec l'Allemagne Nouvelle)'를 창설한 사람으로 서술했는데(296쪽), 이 단체의 창설자는 철학자 무니에(Emmanuel Mounier)이고 그로쎄는 사무장이었다.

랑스의 시각 전환(Regards croisée franco−allemands/deutsch−französischer Perspektivenwechsel)"을 별도로 두었다.

먼저 역사 용어를 살펴보자. 냉전은 'guerre froide'(프랑스어), 'Kalter Krieg'(독어), 'cold war'(영어)와 같이 나라마다 달리 표현된다. 양국 학생들은 이 공동역사교과서를 통해 상대방이 사용하는 용어도 학습할 수 있다. 의미는 같지만 용어가 일대일로 번역될 수 없는 경우도 있다. '사회복지국가'가 여기에 해당된다. 독일에서는 '사회국가(Sozialstaat)', 프랑스에서는 '복지국가(Etat−Providence)', 영국과 미국에서는 '복지국가(Welfare state)'로 불린다. 문제는 이러한 언어 형식(기표)의 차이가 아니라 의미(기의)의 차이다. '구조변화(Strukturwandel)'의 경우가 이에 해당된다.

구조변화(Strukturwandel)

이미 19세기에 시작된 구조변화는 성장률이 눈에 띌 정도로 하락한 1970년대 특히 큰 영향을 미쳤다. 1960년대 중반까지 국내총생산에서 차지하는 2차 산업 및 3차 산업의 비중이 커지면서 1차 산업의 비중이 연속적으로 감소했다. 1960년대 중반부터는 2차 산업의 비중이 하락하고 3차 산업의 비중이 증가했지만 충분한 일자리를 창출할 수 없었다. 독일에서는 이 모든 변화가 하나의 유일한, '구조변화(Strukturwandel)'라고 지칭된 현상의 다양한 결과라고 여겨지고 있다. 프랑스에서 잘 통용되지 않는 개념이기는 하지만 프랑스어판 교과서에서는 이 현상이 '산업간 변화(mutations sectorielles)'라고 번역되었다. 프랑스에서는 다양한 산업을 서로 연관시키지 않고 철강 산업의 위기(crise de la sidérurgie) 내지 농업의 위기(crise de l'agriculture)라고 한다. (『Histoire/Geschichte』, p.231)

이 경우에는 개념의 차이가 왜 초래되었는지 분명히 밝혀져 있지 않다. 'planification'이라는 개념의 차이를 설명하는 부분은 그 원인까지도 짐작할 수 있게 서술되어 있다.

재건

양국은 국가 개입을 통해 균형 잡힌 시장경제 모델을 도입했다. 독일연방공화국은 사회적 시장경제(Soziale Marktwirtschaft)를, 프랑스는 사회복지국가(État－providence)와 경제계획(planification) 모델을 채택했다. '계획경제(Planwirtschaft)'라는 독일어 개념은 국가가 주도하는 소련식 경제계획(planification impérative)을 의미하며, 독일에서는 국가가 방향을 제시하는 프랑스식 경제계획(planification indicative)을 의미하는 용어로 사용되지 않는다. (『Histoire/Geschichte』, p.59)

즉, 프랑스에서는 'planification'이라는 개념이 소련식과 프랑스식 모두에 통용되는 말이다. 'planification impérative'는 소련식 계획경제 모델을, 'planification indicative'는 프랑스식 경제계획 모델을 뜻한다. 그런데 왜 이런 개념의 의미 차이가 발생했을까? 그것은 '공산주의'에 대한 양국의 입장 차이에서 비롯되었다고 공동역사교과서는 암시한다.

공산주의

공산주의와 소련은 독일과 프랑스에서 서로 다르게 받아들여졌다. 프랑스에서 공산당(PC)은 저항운동(레지스탕스)이나 1941년 나치에 맞선 소련의 참전과 연관되어 있었다. 제2차 세계대전 이후 공산당은 상당한 인정을 받았고 정부에도 참여할 수 있었다. 서독의 사정은 전혀 달랐다. 동독 정권 수립과 소련의 위협으로 심지어 사회민주주의자들 가운데에도 반공주의 감정이 퍼져 있었다. 베를린 봉쇄와 1953년 동독 민중봉기에 대한 잔혹한 진압은 이런 반감에 결정적 역할을 했다. 이런 경험들이 '적대적 이미지'의 확산을 부채질했다. 독일어의 표현 '적대적 이미지(Feindbild)'는 프랑스어로 정확히 번역할 수 없지만 대략 'représentation de l'ennemi(soviétique)'로 옮겨질 수 있겠다. 이런 극도로 부정적인 공산주의 이미지는 서독 정치논쟁을 특징지었다. (『Histoire/Geschichte』, p.127)

대외정책과 국내정책

'다른 독일'인 독일민주공화국(1949~1990)을 잊어서는 안 된다. 동독은 자신을 '사회주의 조국'이라고 즐겨 포장했으나, 사실은 독재체제였고 이는 서독에 강력한 반공주의가 존재했던 이유다. 서독에서 금지된 공산당은 아무런 역할을 하지 못했으며, 사민당은 1959년 바트 고데스베르크 전당대회에서 맑스주의와 계급투쟁론을 공식적으로 포기했다. 이와는 달리 프랑스에서는 공산당이 1980년대까지 상당한 정치적 영향력을 가지고 있었다. 사회당은 1981년부터 집권정당으로서 국가 경영능력을 입증했지만, 자신의 반자본주의적 사상을 정말로 포기한 적은 없었다. (『Histoire/Geschichte』, p.307)

연합국의 독일 점령정책을 설명하는 본문에서 독어판에는 다음과 같이 서술되어 있다. 전화로 폐허가 된 곳에서 "민주적이며 평화로운 독일을 건립한다는 것이 ―물론 소련은 민주주의 개념을 집단주의적－권위주의적 방식으로 해석했지만― 연합국들의 공식적 점령목적이었다."(『Histoire/Geschichte』, p.26) 그런데 프랑스어판에서는 "물론 소련은 민주주의 개념을 집단주의적－권위주의적 방식으로 해석했지만"이라는 비판적인 언급이 생략되었다. 그 이유는 분명치 않지만 공산주의에 대한 입장 차이가 이러한 미세한 차이를 초래한 듯하다. 『Histoire/Geschichte』에는 동독이 기본권 침해, 압제, 낮은 생활수준으로 점철된 공산주의 독재국가로 묘사되었다. 이것은 독일의 입장이 반영된 듯하다. 공산주의 국가를 이렇게 선명하게 부정적으로 묘사한 프랑스 역사교과서는 이제까지 없었다.[15] 이 점에서도 공산주의에 대한 양국의 온도차를 느낄 수 있다.

다음은 '미국과의 관계' 문제를 보자. 독일과 프랑스 편찬 책임자인 가이스(P. Geiss)와 켕트렉(G. L. Quintrec)이 말했듯이[16], 이것은 공동역사교과

15) Corine Defrance/Ulrich Pfeil, "Deutsche und Franzosen seit 1945. Vegleichende Herangehensweise als Mehrwert - zu Teil 5", *Dokumente* 06/5, Oktober, 2006, p.83.

16) Geiss, "Multiperspektivität und Komplementarität", p.98 ; Guillaume Le Quintrec의 인터뷰 (http://www.nathan.fr/manuelfrancoallemand/home.asp : 2007. 12. 13 검색).

서 편찬에 가장 큰 시각 대립을 보인 문제였다.

미국과의 관계

유럽과 미국의 관계에 대해서도 두 나라는 다르게 인식한다. 두 동맹진영으로 유럽이 분단되는 것을 몸소 체험한 서독에게 미국은 서유럽을 지원하고(마셜플랜) 지켜주는(나토) 세력이었다. 그러나 프랑스인 대부분은 드골 장군의 자주정책 영향으로 미국을 제국주의 세력으로, '대서양주의(atlantisme)'를 미국의 헤게모니로 이해한다. 독일에서는 '대서양주의(Atlantizismus)'라는 용어보다 '서방통합(Westintegration)'이라는 말이 더 자주 사용된다. (『Histoire/Geschichte』, p.127)

공동역사교과서는 이 문제도 있는 그대로 드러내는 방식을 취했다. 공동역사교과서 저자들은 서독 하원의 엘리제조약 비준동의안 서문을 자료란에 제시하고, 이에 대한 다양한 질문을 던진다. 프랑스의 드골 정부는 독일-프랑스 우호조약인 엘리제조약(1963)을 통해 미국과의 경쟁에서 서독의 지원을 기대했다. 하지만 서독은 프랑스정부와의 협약 없이 엘리제조약 비준안에 아래와 같은 단서를 달았다. 이 단서는 미국과 서독의 기존 관계가 엘리제조약에 의해 침해받지 않는다는 선언이다. 이를 통해 드골은 미국과의 대결에서 서독의 지원을 받는다는 목적을 달성할 수 없었지만, 독일과의 화친이라는 다른 목적은 결과적으로 큰 진전을 보게 되었다.

자료 3. 독일연방공화국 연방하원의 엘리제조약 비준동의안 서문 (1963. 6. 15)

독일 연방하원은 프랑스정부와 협의하지 않고 비준동의안에 다음과 같은 서문을 집어넣었다.

1963년 1월 22일 맺은 독일연방공화국과 프랑스공화국 간 조약이 양국 국민들의 화해와 우정을 더욱 깊게 할 것이라는 확신과, 이 조약이 독일이 맺은 다른 다자 간 조약에서 비롯된 권리와 의무를 손상시키지 않는다는 점을 확인하며, 독일연방공화국이 이전부터 추진해 왔던 …… 정책목표들을 본 조약의 실행을 통해 촉진하겠다는 의지를 가지고, …… 즉, 자유 국민들 간 연대의 유지와 강화, 특히 유럽과 미국의 긴밀한 협력관계의 유지와 강화, …… 나토를 중심으로 한 공동방위, 나토 회원국의 군대통합, 유럽공동체 창설로 시작된 유럽의 통합(통합 유럽에 영국이 참여해야 한다)을 본 조약의 실행을 통해 촉진하겠다는 의지를 가지고 연방하원은 비준동의안을 가결한다. (비준동의안이 뒤를 잇는다)

자율학습의 길잡이

3. 독일과 프랑스가 직면한 대외적 상황을 감안하여 독일-프랑스조약 비준동의안 서문을 설명하시오. (자료 3)
4. 1963년 맺은 독일-프랑스 간 특별한 동맹에 대한 우려가 정당하다고 봅니까?
5. 독일-프랑스 협력관계와 대서양관계(미국-프랑스, 미국-독일)가 오늘날 어떻게 서로 연관되어 있다고 생각합니까? (『Histoire/Geschichte』, p.299)

학생들이 이 질문들에 대해 어떤 답을 할지 매우 궁금하다. 『Histoire/Geschichte』는 필요한 자료와 설명 그리고 적절한 질문을 통해 학생들이 스스로 탐구하고 상대방의 입장과 자신의 입장을 교차해 볼 기회를 제공한다.

양국의 시각 차이를 회피하여 서술 대상에서 제외하거나 무리하게 통합하려 하지 않고 있는 그대로 드러내는 이러한 방식은 공동역사교과서 제작을 방해했다기보다 그것을 가능하게 했다고 생각한다. 회피할 경우 공동교과서는 화친정책을 추구하는 양국 정부의 선전책자가 되기 쉽고, 무리하게 통합하려 할 때 공동교과서 제작은 진척되기 힘들 것이기 때문이다.

5. 동아시아 및 한국 관련 서술

그런데 『Histoire/Geschichte』에서 동아시아와 관련된 부분은 미흡할 뿐 아니라 부정확한 정보를 전달하고 있다. 독일-프랑스 공동역사교과서는 "인도에 반하는 죄"가 뉘른베르크와 동경 전범재판의 범죄구성요건이라고 적고 있다(『Histoire/Geschichte』, p.14). 하지만 동경 전범재판에서는 인간 생체실험을 한 741부대가 전혀 처단되지 않는 등 "인도에 반하는 죄"가 범죄구성요건이 아니었다. 이것이 동경 전범재판의 미흡함과 전후 일본의 신속한 복권 및 불철저한 과거극복과 깊이 연관되어 있다는 사실은 널리 알려져 있다. 이보다 더욱 심각한 것은 과거사에 대한 일본의 입장을 묻는 부분이다.

제1과 전승 예찬에서 '기억의 의무'로

일본이 아시아 이웃나라들에 대한 점령군의 잔혹행위에 대해 공식 사과를 했음에도 불구하고 중국에서는 전쟁에 대한 기억으로 반일 감정의 골이 더욱 깊어지고 있다. (『Histoire/Geschichte』, p.32)

자료 3 일본 최초의 공식사과

멀지 않은 과거의 한 시기에 일본은 잘못된 국책을 표방하여 일본 국민을 치명적인 위기로 몰아넣은 전쟁에 휘말려들었고, 식민 지배와 침략으로 수많은 국가, 특히 아시아 국가들의 국민에게 막대한 손해와 고통을 주었습니다. 이런 잘못이 앞으로 다시 반복되지 않기를 희망하며 저는 돌이킬 수 없는 이런 역사적 사실을 겸허하게 받아들이고 이 자리를 빌어 다시 한번 저의 통절한 반성과 진심어린 사과의 뜻을 전합니다.

일본은 국수주의적 허위행위를 모두 포기하고 국제사회의 책임 있는 일원으로서 국제 협력을 촉진하며, 이를 통해 평화와 민주주의 원칙을 추구해 가야 합니다. 동시에 일본은 핵 공격의 엄청난 피해를 경험한 유일한 나라로서 핵무기 전폐를 위해 적극적으로 노력할 것이며, 핵무기확산금지조약의 확대와 같은 국제적 군축 노력을 지지할 것입니다.

무라야마 도미이치(村山富市) 일본 총리의 담화문(1995. 8. 15)

(『Histoire/Geschichte』, p.33)

자료를 통해 학생 스스로 답을 구하는 「자율학습의 길잡이」에 다음과 같은 질문이 던져졌다.

2. 종전 후 일본은 자국의 과거사를 어떻게 취급하고 있습니까? (자료 3) (『Histoire/Geschichte』, p.33)

〈자료 3〉만 가지고 문제 2를 푸는 독일과 프랑스 학생이 일본의 과거극복 노력에 대해 어떻게 생각하겠는가? 당연히 긍정적일 수밖에 없을 것이다. 더군다나 핵폭탄의 피해자로서 평화와 민주주의를 위한 국제 협력을 호소하는 일본 총리의 담화문은 감동적이기까지 하다. 저자들이 독일에 비교해 보았을 때 과거의 만행에 대해 실질적 반성과 성찰을 전혀 하지 않는 일본과 이로 인한 동아시아의 역사 분쟁을 조금이라도 안다면 과연 이런 방식의 구성을 할 수 있을까 의문스런 대목이다. 이것은 일본 수상이 전범자 기념관인 야스쿠니신사를 참배하여 동아시아의 갈등이 증폭되는 현실을 망각한 진술이라는 현대사가 쉴트(A. Schildt)의 비판은 적절한 지적이다.[17)]

하지만 이 역사교과서가 전하는 한국 이미지는 대체적으로 긍정적이며 상세하다. 가장 많은 비중을 차지한 주제는 단연 한국전쟁이다. 『Hsitoire/Geschichte』는 한국전쟁과 한국인들의 피해를 깊이 있게 다루지 않았지만 이 전쟁의 국제적 맥락(미국과 유럽에 미친 영향)을 한국 교과서보다 상세

17) Axel Schildt, "Nach dem Zweiten Weltkrieg. Kollektive Kriegserfahrung, europäisches Gedächtnis - zu Teil 1", *Dokumente* 06/5, Oktober, 2006, pp.65f.

하게 다루었다. "한국전쟁 때문에 미국은 새로운 침공이 있을 경우 소련을 대량보복전략으로 위협할 수 있도록 나토를 강화하려는 결심을 굳혔다."(『Histoire/Geschichte』, p.68) "한국전쟁 발발 이후 영국과 미국은 서독을 유럽방위군에 참여시키려 했으나, 프랑스는 이를 거부했다. (하지만-역자) 얼마 후 서독은 서유럽동맹과 나토에 가입했다."(『Histoire/Geschichte』, p.252) "한국전쟁의 쇼크로 프랑스정부는 1950년대 영국과 미국이 추진하던 서독의 재무장을 받아들였다. 프랑스는 이와 동시에 신생 독일연방공화국을 유럽동맹 구조에 확실하게 묶어두고자 했다. 하지만 서독도 참가한 유럽방위공동체는 1954년 프랑스 국회의 반대로 실패하고 말았다. 이는 독일군의 부활에 대한 두려움이 너무 컸기 때문이다."(『Histoire/Geschichte』, p.296)

이뿐이 아니다. 세계 경제에 미친 한국전쟁의 영향도 언급되었다. "한국전쟁으로 군수품에 대한 수요가 늘어나 생산시설의 활용이 극대화된 것은 (1950~1970년대 세계적인 경제성장의-필자) 한 요인이었다."(『Histoire/Geschichte』, p.184) 만약 한국에 관한 서술이 여기서 그쳤다면, 독일-프랑스 공동역사교과서는 이전의 교과서와 별반 다를 것이 없었을 것이다.[18] "남미 개발도상국들(멕시코와 브라질), 특히 동아시아 개발도상국들(한국과 대만)은 선진국 대열에 합류했다. 이 국가들은 제조업 제품의 급격한 수출 증대를 통해 높은 경제성장률을 달성할 수 있었다." 하지만 『Histoire/Geschichte』는 이 성장이 "심각한 국내 갈등(저임금, 불확실한 일자리……)과 국가 채무를 대가로 하여 이룬 성과"(『Geschichte und Geschehen』, p.92)였다고 지적하면서 한국 경제의 어두운 이면을 비판적으로 들추어내기도 했다.

공동교과서는 또한 김대중 전대통령의 인터뷰를 실었다. 아시아적 가치

---

18) 예컨대, 클레트 출판사의 『Geschichte und Geschehen』 2(2005)에도 한국전쟁이 독일과 유럽에 미친 영향에 대해 상세히 적고 있다(p.284, p.287, p.289, p.291, p.304).

를 서구적 가치에 우선시하는 말레이시아 수상 마하티르(Mohanad Mahatir)의 발언(1981년)과 함께 두 가치의 조화를 추구하는 김대중의 인터뷰(1994년)가 대비되었다.

자료 3 인권과 '아시아적 가치'

1981년 이래 말레이시아 수상인 마하티르는 서양의 제국주의를 비판하며 '아시아적 가치'의 존재를 강조하고 있다.

아시아인에게 가장 중요한 것은 공동체와 다수입니다. 개인과 소수는 자신들의 권리를 갖되, 비이성적으로 다수의 권리를 해쳐서는 안 될 것입니다. …… 이러한 원칙에서 벗어나는 몇 가지는 용인될 수 있습니다. 하지만, 아시아인은 민주주의가 평화를 해치거나 사회를 파괴할 수 있는 무제한의 개인적 자유를 포함해서는 안 된다고 생각합니다.

아시아적 인권은 단지 서구적 인권을 모방해서는 안 됩니다. …… 지금까지 아시아의 몇몇 국가는 민주주의와 인권에 관한 서구의 압력에 굴하지 않으려고 노력했습니다. 다른 국가는 근대화를 서구의 기준과 특징을 그대로 받아들이는 서구화와 혼동하고 있습니다. 아시아 국가들은 향후 민주사회가 될 수 있습니다. 하지만 그것이 서양과 다른 형태가 될 가능성도 있습니다.

한 국제회의에서 모하마드 마하티르가 행한
'아시아의 미래'에 관한 연설, 도쿄, 1995년

가톨릭신자이지만 한국의 전통을 소중하게 여기는 김대중은 1992년까지 한국을 지배하던 독재를 가장 강력하게 비판한 사람이다.

민주적 가치 또는 인권을 서구적 헤게모니의 표현일 뿐이라며 이를 거부할 수 있는 아시아적 전통이 있겠습니까? 그런 것은 없다고 봅니다. 아시아적 사고는 민주주의 정신과 합치될 수 있는 가치를 발전시켰습니다. 우리에게 부족했던 것은 제도를 수립하고 정치체제를 확고히 하여 이러한 가치를 실현시키는 능력입니다. …… 불교가 동정심과 선의를 말한다고 해서, 그것이 인권 선언의 한 부분은 아닙니다. 그렇다고 이러한 교훈에 인간의 존엄성과 절대성에 대한 메시지가 실려 있지 않다고 할 수 없습니다. …… 나는 민주주의와 인간존중의 뿌리가 서양과 아시아의 전통에 두루 뻗어있다고 생각합니다. 커다란 차이는 유럽이 이를 이해하여 사회체제로 실현시켰다는 것입니다.

김대중, 『Le Monde』(1994. 5. 17)의 필립 퐁(Philippe Pons)과의 인터뷰에서

「자율학습의 길잡이」에 다음과 같은 질문이 던져졌다.

4. 인권은 보편성을 가졌습니까, 아니면 단지 서구문화의 산물입니까? 이에 대한 아시아의 정치가와 식자들의 입장을 분석하고 의견을 말해봅시다. (자료 3) (『Histoire/Geschichte』, p.171)

내가 알기로 유럽 역사교과서에 한국 정치가가 등장한 예는 김일성과 이승만을 제외하면 지금까지 김대중이 유일한 것 같다. 『Le Monde』는 유신 독재에 저항했던 김대중의 활동을 1970년대부터 상세히 보도한 프랑스 신문이다. 이런 배경에서 이 신문은 1994년 김대중에 대해 호의적인 기사를 실었을 것이다.[19] 그런데 독일-프랑스 공동역사교과서가 이 기사를 자료란에 소개한 것은 아마 김대중 전대통령이 노벨평화상을 수상했기 때문이었는지 모른다. 아무튼 아시아적 가치의 보편성과 특수성을 잘 보여준 김대중의 인터뷰에 독일과 프랑스 학생들은 긍정적인 의견을 제시하는 경우가 많을 것 같다.[20]

19) 임상우 선생께서 『Le Monde』와 김대중의 관계에 대한 정보를 제공해 주었다.

20) 『Histoire/Geschichte』의 동해 표기방식도 흥미롭다. 독어판은 한국어 표기를 앞세운 병기방식인 동해/일본해(Ostmeer/Japanisches Meer)를 사용한 데 반해 프랑스어판은 오직 일본해(Mer du Japon)로만 표기한다(『Histoire/Geschichte』, p.69). 독일인 저자들이 우리의

6. 맺음말

공동역사교과서 편찬 작업에서 가장 어려운 일이 위와 같은 입장 차이를 조율하는 것이었으리라고 생각하기 쉽다. 그러나 실제로 가장 어려웠던 일은 양국 역사교육의 관행과 형식을 조화롭게 조정하는 일이었다. 역사교육 과정, 역사교육학적 전통 등 다양한 형식적 차이를 조율하는 일의 어려움은 교과서를 제작한 사람이라면 짐작할 수 있을 것이다. 가이스와 케트렉은 형식적인 측면에서도 결과적으로 서로를 보완했다고 자평한다.[21] 하지만 형식의 새로움이 주는 신선함과 의미보다 더욱 중요한 것은 내용에 있는 것 같다.

서로 다른 입장을 비교하고 상대방의 입장에 서서 볼 수 있는 기회를 제공하는 이와 같은 '시선의 다각화'는 독일－프랑스 역사교과서의 가장 큰 장점 중 하나다. 케트렉의 표현을 빌면, 시각의 비교(comparaison et confrontation des points de vue) 및 고정관념의 상대화(mis à distance de clichés)가 이 책의 가장 큰 장점이다.[22] 물론 이 때문에 기왕에 다루어졌던 자국사의 주요 문제들이 다소 소홀히 다루어지고 유럽사가 독일과 프랑스의 역사를 중심으로 고찰되고 있지만, 시선의 다각화가 주는 장점은 이 단점을 만회할 만큼 크다.

하지만 한 가지 지적할 사항이 있다. 국민국가를 넘는 최근의 역사 연구 경향은[23] —트랜스내이셔널 히스토리(transnational history), 교차 역사

입장에 더 동정적이어서 이런 차이가 나타났는지는 알 수 없으나 우리의 입장을 존중하는 사람들이 적지 않다는 것은 분명하다.

21) Geiss, "Multiperspektivität und Komplementarität", p.97 ; Guillaume Le Quintrec의 인터뷰(http://www.nathan.fr/manuelfrancoallemand/home.asp : 2007. 12. 13 검색).

22) Guillaume Le Quintrec의 인터뷰.

23) 이 경향은 이진일, 「비교사(vergleichende Geschichte)에서 교류사(Transfergeschichte)로?」를 참조.

(histoire croisée), 교류사(transfer history) 등— 국민국가 역사들의 비교(비교사)를 넘어 이들이 맺고 있던 내적 연관관계를 연구 대상으로 하고 있다. 이들 경향이 주목하는 연관관계는 두 나라 간의 경쟁이나 협력뿐 아니라 이를 통해 각국의 내부가 변화되는 모습까지 포함한다. 일찍이 독일의 현대사가 클레스만(C. Kleβmann)은 '배제와 연관', '비대칭적 관계사' 등의 개념을 통해 분단 독일사를 두 개의 병렬적 역사가 아닌 하나의 전체사로 묶어낸 바 있다.[24] 이것이 역사의 국경을 넘으려는 연구자들이 주목해야 할 연관관계다. 독일－프랑스 공동역사교과서는 이러한 최근 흐름이 교과서의 형태로 실현된 것이다. 하지만 이 책은 독일과 프랑스의 역사를 병렬적으로 서술하고 차이를 드러내며 서로를 비교하는 것에 머물렀다. 독일과 프랑스는 유럽의 강대국으로서 200년 넘도록 가장 긴밀한 경쟁과 협력의 상대였다. 이 두 국가는 동·서독 못지않게 서로의 내부 구조 형성과 변화에 영향을 주었을 것이다. 「편찬지침」이 양국 간 "유사한 것－상이한 것－상호영향관계"에 주목할 것을 주문했지만, 『Histoire/Geschichte』는 "상호영향관계"를 "유사한 것－상이한 것"만큼 깊이 있게 고려하지 못했다.

2006년 여름에 출간된 독일－프랑스 공동역사교과서는 양국에서 2007년 12월까지 약 4만 5,000권이 판매되었다고 한다. 학생들이 수업을 위해 구입한 경우는 이 중 4만 권(독일과 프랑스에서 각각 2만 권) 정도일 것으로 클레트 출판사는 추측한다(쾨르너벨러스하우스, 2007. 12. 18일자 이메일). 고등학교 졸업 이후 역사 관련 학과나 활동을 하지 않는 사람들의 역사의식에 가장 큰 영향을 미치는 것은 중등 과정에서의 역사교육일 것이다. 유럽의 역사교육에서 역사교과서가 차지하는 비중이 우리에 비해 작지만, 교과서는 다른 부교재들에 비해 가장 많이 사용되는 책이라는 점에서 이 공동교과서의 의미는 축소될 수 없다. 이제 독일과 프랑스의 학생

24) 김승렬·신주백 편, 『분단의 두 얼굴. 테마로 읽는 독일과 한반도 비교사』, 역사비평사, 2005, 서문 참조.

들은 『Histoire/Geschichte』를 통해 상대방에 대해 더 잘 알고, 유럽이라는 공동의 터전에서 역사를 바라보는 법, 즉 역사인식의 '국경을 넘는 법'을 배우게 될 것이다.[25)]

25) 고원 선생과 장문석 선생은 이 글을 비평하면서, '과연 역사(교육)가 민족(국가)의 틀을 넘어설 수 있는가? 그리고 넘어설 수 있다면, 그것은 무엇이며 과연 바람직한가?' 등 대단히 중요한 문제를 제기했다. 필자도 이러한 문제의식을 공유하고 있으며, 다음 기회에 이에 대한 나름의 입장을 밝혔으면 한다. 아무튼 여러 가지 해석이 가능한 이 글의 제목에 대해 변을 할 필요가 있을 것 같다. "역사의 국경을 넘다"는 역사(교육)의 기본 단위인 민족을 허물고 유럽을 새로운 역사(교육) 단위로 건설한다는 뜻이 아니다. 상대방을 비방하고 배제하는 역사(교육)를 서로 소통하고 공유하는 역사(교육)로 바꾸어 나가려는 독일-프랑스 공동역사교과서 편찬자들의 의도를 나타내기 위해 사용한 수사적 표현이다.

참고문헌

Guillaume Le Quintrec의 인터뷰(http://www.nathan.fr/manuelfrancoallemand/home.asp : 2007. 12. 13 검색).

김승렬, 「"유라프리카(Eurafrica)" : 1950년대 유럽통합과 프랑스 식민제국의 자태 전환」, 『유럽연구』 25, 2007.

김승렬, 「독일 사회민주당(SPD)과 유럽통합, 1950~1957 : Carlo Schmid를 중심으로」, 『史叢』 51, 2000.

김승렬, 「숙적관계에서 협력관계로 : 독일－프랑스 역사교과서 협의」, 『역사와경계』 49, 2003.

김승렬 · 신주백 편, 『분단의 두 얼굴. 테마로 읽는 독일과 한반도 비교사』, 역사비평사, 2005.

박지현, 「민족 교육에서 유럽통합 교육으로?, 프랑스 역사교과서를 중심으로」, 『프랑스사연구』 13, 2005.

오토 에른스트 쉬데코프 외 저, 김승렬 역, 『미래를 건설하는 역사교육』, 역사비평사, 2003.

이용재, 「갈등의 역사에서 화합의 역사로 : 프랑스 · 독일 역사교과서 합의와 제1차 세계대전의 문제」, 『프랑스사연구』 17, 2007.

이진일, 「비교사(vergleichende Geschichte)에서 교류사(Transfergeschichte)로?」, 『史林』 28, 2007.

Bendick, Rainer(벤디크), "Die Schulbücher der Feinde. Wahrnehmung und Wirkung in Deutschland und Frankreich vor und nach 1918(적성 국가에 대한 교과서 서술. 1918년 전후 시기 독일과 프랑스의 상호인식과 영향)", *Internationale Schulbuchforschung*(국제교과서연구) 22, 2000.

Claret, Florent(클라레), "Von der Utopie zur Realität. Wie das deutsch－französische Geschichtsbuch geboren wurde(꿈에서 현실로. 독일－프랑스 공동 역사교과는 어떻게 탄생하였나)", *Dokumente*(기록) 06/5, Oktober, 2006.

Defrance, Corine/Pfeil, Ulrich(드프랑스/파일), "Deutsche und Franzosen seit 1945. Vegleichende Herangehensweise als Mehrwert - zu Teil 5(1945년 이후 독일인과 프랑스인. 하나의 장점, 비교 접근)", *Dokumente*(기록) 06/5, Oktober, 2006.

François, Etienne(프랑수와), "Le manuel franco－allemand d'histoire : une entreprise inédite (독일－프랑스 공동 역사교과서 : 미답의 개척지)", *Vingtième Siècle. Revue d'histoire*(20세기사 리뷰), vol. 94, avril－juin, 2007.

Geiss, Peter(가이스), "Multiperspektivität und Komplementarität. Das deutsch－französische Geschichtsbuch als Herausforderung für Autoren und Herausgeber(다중관점과 보충성의 원리. 편집자와 집필자에게 큰 도전인 독일－프랑스 공동 역사교과서)", *Dokumente*(기록) 06/5, Oktober, 2006.

Geschichte und Geschehen(역사와 사건) 2, Klett, 2005.

Histoire. Le monde de 1939 à nos jours(역사. 1939년부터 오늘날까지), Nathan, 2001.

Histoire. L'Europe et le monde depuis 1945/Geschichte. Europa und die Welt seit 1945(역사. 1945년 이후의 유럽과 세계), Klett/Nathan, 2006.

Marcowitz, Rainer/Pfeil, Ulrich(마르코비츠/파일), "Europäische Geschichte à la franco－allemande? Das deutsch－französische Geschichtsbuch in der Analyse(유럽사 서술의 모델, 독일－프랑스 공동 역사교과서? 독일－프랑스 공동 역사교과서 분석)", *Dokumente*(기록) 06/5, Oktober, 2006.

Schildt, Axel(쉴트), "Nach dem Zweiten Weltkrieg. Kollektive Kriegserfahrung, europäisches Gedächtnis - zu Teil 1(제2차 세계대전 이후. 집단적 전쟁경험, 유럽의 기억)", *Dokumente*(기록) 06/5, Oktober, 2006.

Thiemeyer, Guido(티마이어), *Vom "Pool Vert" zur Europäischen Wirtschaftsgemeinschaft. Europäische Integration, Kalter Krieg und die Anfänge der Gemeinsamen Europäischen Agrarpolitik 1950~1957*(농산물공동시장에서 유럽경제공동체로. 유럽통합, 냉전 그리고 유럽공동농업정책의 초기국면, 1950~1957), München, 1999.

Tiemann, Dieter(티만), "Werk und wirkende Kraft. Das gemeinsame Geschichtsbuch aus fachdidaktischer Sicht(역사교육학에서 바라본 공동교과서)", *Dokumente*(기록) 06/5, Oktober, 2006.

Wittenbrock, Rolf(비텐브로크), "Ein deutsch－französisches Geschichtsbuch : Ziele und Inhalte (독일－프랑스 공동 역사교과서 : 목적과 내용)", 『역사대화의 경험공유와 동아시아 협력모델 찾기』(아시아평화와역사교육연대 주체 국제학술대회발표문), 2006.

민족주의적 역사학의 문제와 극복

독일-폴란드 역사교과서 협의의 난제 해결에 관하여

로버트 마이어 (Robert Maier)*

1

독일-폴란드 교과서대화는 결코 쉽지 않았다. 회고해 볼 때, 이 대화는 본래 성공하기 힘들었다. 양국의 역사가 집단들, 곧 독일의 '동유럽 연구자들'과 폴란드의 '서유럽 연구자들'은 19세기 이래 상대국을 비판하는 자국 중심의 주장을 역사적인 논거를 들어 정당화하는 데서 자신들의 존재 목적을 발견했다. 이 두 그룹은 서로를 자극했으며, 그만큼 더 적대적이었다. 독일-폴란드 역사교과서대화가 시작하기 이전까지 독일 및 폴란드 역사가들이 두 나라의 관계사에 대한 공동의 이해에 도달하려고 노력한 모든 시도는 좌절되었다. 1930년대 시도된 교과서대화[1)]뿐 아니라 대화의

---

* 게오르크 에커트 국제교과서연구소(Georg Eckert Institut für internationale Schulbuchforschung) 상임연구원으로서 독일과 동유럽 국가들과의 역사교과서 문제를 담당하고 있다.
이 원고는 경상대학교 김승렬 교수가 번역했다.

1) Enno Meyer, "Die deutsch-polnischen Schulbuchgespräche von 1937/38", *Internationale Schulbuchforschung*, Heft 4, 1988, pp.403~418 ; Rainer Riemenschneider, "Transnationale

장벽을 극복하고자 했던 역사 교사 엔노 마이어(Enno Meyer)의 노력도 마찬가지였다.[2] 1960년대 말에 대화의 실마리를 찾던 게오르크 에커트(Georg Eckert)도 아직 때가 무르익지 않았다는 것을 알아챘음에 틀림없다. 1970년 바르샤바조약 조인 뒤에 그 시간이 왔을 때조차도 회의적일 수밖에 없었다. 제2차 세계대전을 직접 체험했고 민족주의적인 특징이 담긴 교과서를 통해 교육을 받은 독일과 폴란드 역사가들과 지리학자들은 여전히 서로 대립적이었다. 불신이 그만큼 컸던 것이다. 독일의 참가자들 중 일부분은 폴란드에서 "추방"된 고통스런 경험을 가지고 있었고, 폴란드 참가자 중에는 나치 테러의 피해자들, 특히 나치 강제수용소의 생존자들도 있었다.

그런데도 그들은 왜 새로운 시작을 모색했을까? 폴란드 위원회 의장 브워지미에쉬 보로쥐에이(Włodzimierz Borodziej : 재임기간, 1997~2007) 교수는 양국 역사가들의 자기 정체성의 혼란에서 그 원인을 찾는다. 독일 역사가들은 나치즘 체제에서 그들이 수행했던 불행한 역할로 인해 경악을 금치 못했고,[3] 폴란드 역사가들도 스탈린주의 체제 속에서 자신들의 정당함에 대한 자신감을 잃고 말았다. 그들의 불안, 곧 스스로를 향한 양측의 비판 정신이 다른 사람들의 말을 귀담아 들으려는 마음의 자세를 낳았다. 양국의 정치적 분위기가 전반적으로 변화됨에 따라 새로운 교과서대화는 가능할 수 있었다. 폴란드인과 마찬가지로 독일인 역시 냉전과 강압, 그리고 협박 정치가 성공하지 못했고, 지속적인 평화를 결코 창출하지 못하리라는 인식을 하게 되었다. '화해'가 1970년대의 주요 모티프였다. 유네스코의 지원 아래 양국에 교과서위원회가 설립된 것은 독일-폴란드 교과서대화

Konfliktbearbeitung", *Internationale Schulbuchforschung*, Heft 1, 1998, pp.71~79.

2) Enno Meyer, "Wie ich dazu gekommen bin. Die Vorgeschichte der deutsch-polnischen Schulbuchgespräche 1948~1971", Braunschweig, 1988.

3) 이와 관련된 논쟁은 마이클 벌레이(Michael Burleigh)의 *Germany turns Eastwards : A Study of Ostforschung in the Third Reich*(Cambridge, 1988)에 의해 촉발되었다. 이 논쟁은 독일 역사학자들 사이에 큰 반향을 불러일으켰다.

의 역사에서 결정적으로 중요한 계기가 되었다.

지금까지 위원회가 결성되기까지의 난관, 장애, 그리고 정체에 대해서 말했으니, 이제부터는 이 위원회의 작업 과정에서의 결정적인 '분기점들'에 대한 이야기로 돌아가 보자. 먼저 결정적인 것을 말해 본다면, 위원회의 위기는 항상 명문화되어 있지 않은 원칙으로, 즉 사적인 의지와 친분으로 돌아갔을 때 극복될 수 있었다. "최근까지 대단히 적대적이던 두 나라의 전문가들의 말싸움에는 승자도 없고 패자도 있을 수 없다"는 당시의 폴란드 측 의장 브와디스와프 마르키에비츠(Władysław Markiewicz : 재임기간, 1972~1983) 교수의 말을 통해 이를 파악할 수 있다. 가장 어려운 상황에서 좌절의 암초를 벗어나는 데 도움이 됐던 두 번째 원칙이 있었는데, 그것이 바로 학문적 자세였다. 양측의 참가자들은 정치적인 기준보다도 학문공동체의 규칙에 더 강한 책임을 지고 있었다. 공산주의 인민공화국 폴란드의 위원들 사이에서도 세상을 향해 열린 계몽정신을 지닌 학자가 있었다. 그는 다음과 같이 말했다. "당신이 아시는 것처럼 나는 공산주의자가 아닙니다."[4] 그때 서독 측 위원들은 깜짝 놀랐다. 그리고 그를 존경하게 되었다. 그러니까 관용과 학문적 자세, 주체적 정신, 그리고 개인적 존경이란 특성들이 위원회의 작업을 좌초 직전으로부터 구출해 낸 것이다.

2

독일-폴란드 교과서위원회가 다룬 '역사'에는 수많은 지뢰와 막다른 골목, 그리고 함정이 도사리고 있었다. 이 일련의 문제를 '논쟁이 되는 시기

---

[4] 페르디난트 자입트(Ferdinand Seibt)에 따르면, 인용문의 발언자는 바르샤바 대학교 교수 스타니스와프 트라프코프스키(Stanisław Trawkowski)였다. Robert Maier (ed.), *Tschechen, Deutsche und der Zweite Weltkrieg*, Hannover, 1997, p.105.

들', '상반되게 해석되는 사건들', '논쟁의 대상이 되는 인물들', 그리고 '합의하기 어려웠던 개념들'로 나누어 살펴보겠다.

1) 논쟁이 되는 시기들

상대방을 '숙적'으로 인식하는 사람은 숙적과의 관계사 전체를 분쟁의 시기로만 재구성한다. 왜냐하면 이때 역사란 적국인 상대방과의 대비 속에서 재구성되기 때문이다. 이러한 구성 원리를 명확히 밝히고 적대적 이미지에 근거한 역사서술을 해체할 때에만 우리는 이러한 딜레마로부터 빠져 나오게 된다. 편견에 치우치지 않는 관찰자는 관계사를 대개 상생과 상극의 연속으로 인식한다. 평화롭고, 서로에게 생산적인 국면과 순간을 발견하여 연구함으로써 절대시된 대립의 역사로부터 빠져나오는 것이 중요하다. 이 점에서 독일-폴란드 교과서위원회는 상당한 성공을 거두었다. 이는 위원회가 관련된 테마를 발굴하여 학문적 관심과 여론의 주목을 이끌어 냈기 때문이다. 이에 해당하는 것으로 함바흐(Hambach) 축제 및 독일의 친폴란드적 정서와 연관된 '유럽 민족들의 봄'을 들 수 있다(권고안 10. 19세기 전반기-역자).

사람들은 위원회의 협상 과정이 이루어진 때가 제2차 세계대전이 가장 원만하게 합의된 시기에 속했다는 점에 대해 의아해 할지 모르겠다. 이 문제는 독일인들이 그에 대한 단독책임을 시인함으로써 완전히 해소되었다.[5] 독일 측으로서는 폴란드인들이 히틀러와 독일 국민의 관계를 세분하여 볼

---

[5] 보로쥐에이(Włodzimierz Borodziej)도 이를 자신의 논문에서 명확히 밝혔다. 그는 1980년대 중반 사용 중인 서독 역사교과서들을 분석한 결과 제2차 세계대전을 다룬 부분에는 "학문적으로나 교육적으로나 비판할 것이 없다"고 말했다. Włodzimierz Borodziej, "Polen während des Zweiten Weltkrieges in deutschen Schulbüchern", Robert Maier (ed.), *Zwischen Zählebigkeit und Zerrinnen. Nationalgeschichte im Schulunterricht in Ostmitteleuropa*, Hannover, 2004, pp.101~108.

수 있는 기반을 마련하는 것이 중요했다. 그래서 히틀러에 대한 독일인의 저항에 몰두하는 것이 현안이 되었다. 이것은 독일인과 나치를 동일시하는 데 익숙한 폴란드인에게는 아주 생소했다.

이에 반해 독일 기사단의 역사에 관한 합의가 가장 어려웠다. 19세기의 폴란드 소설가들의 작품은 —가령, 이그나치 크라쉐프스키(Ignacy Kraszewski)나 헨드릭 시엔키에비쯔(Henryk Sienkiewicz)— "독일 십자가 기사단"을 피비린내 나고, 탐욕적이며, 교활하고, 악마적인 괴물, 기사단의 외피를 걸친 괴물로 그려냈다. 지난 110년간의 역사서술이나 문학비평이 이러한 적의 이미지를 상쇄시키기 위해 많은 노력을 기울였음에도 불구하고, 독일 기사단은 —이 소설들이 근대적인 영화로 각색되면서— 침략자 독일인의 모습으로 그려짐으로써 폴란드의 역사의식에서 아직도 큰 자리를 차지하고 있다. 그러나 오늘날 폴란드와 독일의 역사가들은 —오랫동안 그랬던 것처럼— 독일 기사단을 북동부 유럽에 있는 독일 민족의 전초기지이자 반(反)폴란드적인 국가로 규정하는 것에 동의하지 않는다. 그들은 이를 올바른 평가라고 보지 않는다. 그러나 과거 여러 세대를 걸쳐 양국의 역사학자들은 바로 이렇게 주장했고, 1230년에 마조비엔 대공(Herzog von Masowien)이 독일 기사단에게 쿨름란트를 넘겨준 크루슈비츠(Kruschwitz)의 양도협약이 위조되었는지의 여부에 대해 민족주의적 입장에서 논쟁을 해왔다. 1309년 기사단 기사들이 만여 명의 슬라브 민간인을 학살했는지(폴란드에서는 "단치히의 피바다"라고 불린다) 또는 그저 몇십 명의 노상강도가 처형당했을 따름(독일의 전설)인지에 대해서 열띤 토론이 이루어졌다. 그리고 1466년 제2차 토른(Thorn) 평화 때 바이헬/비스와(Weichel/Wisła) 강변이 이미 폴란드의 본토로 편입되었는지 아닌지도 논란거리였다.

역사를 독일인과 폴란드인이 각자 자신의 '사실'을 변호하여 이에 대한 자신의 '권리'를 얻는 법정의 '판사'로 보았을 때, 상호 간에 의사소통은 불가능했다. 오늘날은 점차적으로 독일 기사단이 민족주의적 시각으로는 포착할 수 없는 유럽 기사단의 전체 역사의 일부로 이해되고 있다. 이제 독일 기사단 문제에 대한 답이 더 이상 양국 간에 그렇게 다르지 않다. 각 민족의 서사구조는 해체되어 역사수업의 대상이 되었다. 이러한 역사서술의 발전은 시간이 필요하기 때문에 이를 강요할 수 없는 법이다. 1976년 독일-폴란드 교과서위원회는 이에 대한 서로 다른 관점들을 열거하고 차후의 학술회의에서 "지속적인 철저한 연구"를 할 필요성을 언급한 권고안(제6번)에 만족해야 했다. 즉, 독일 기사단 관련 '논쟁적 시기'는 일단 다른 문제들로부터 분리하여 '한시적으로 보류'되었다.

2) 상반되게 해석된 사건들

여기서는 중세 "독일인의 동부 이주(deutsche Ostsiedlung)" 문제를 생각해 볼 수 있다. 독일인은 이것을 독일문화의 위대한 업적이라고 칭송해 왔다. 독일인이 야만적인 슬라브 이웃에게 처음으로 문명을 가져다주었다는 말이다. 그러나 폴란드인은 이 역사적 사건을 독일의 "동부로의 질주(Drang nach Osten)"라는 표현으로, 곧 독일의 공격적인 제국주의의 선구적 사건으로 묘사해 왔다.

독일-폴란드 교과서위원회는 이것을 어떻게 판단했는가? 위원회는 독일인의 동부 이주를 유럽 민족들 간에 접촉을 촉진하고 긴밀한 연관관계를 조성했던 인구이동 과정이자, 경제적 · 사회적 변화 과정의 일환으로 파악했다. 동일한 사건에 대한 상이한 해석들 간의 대립을 해결하기 위해, 위원회는 양국의 입장보다 상위에 있는 개념인 유럽의 관점을 제안했던 것이다. 이러한 시각에서 보면, 독일인의 동부 이주는 유일무이한 사건이 아니었으며, 독일의 우월성을 입증하는 역사적 근거도 될 수 없다(권고안 5번-역자). 폴란드 위원들은 폴란드와 우크라이나의 관계사에서도 이 문제와 유사한 점이 있음을 발견했다.

필자는 "브롬베르크(Bromberg)의 피의 일요일"을 두 번째 사례로 제시하겠다. 제2차 세계대전의 첫 전투 중에 폴란드인들이 자국 영토 안에 있는 독일 소수민족을 집단학살한 사건이 발생했다. 그런데 폴란드 측은 이를 "보호조치"라고 말했다. 나치는 이 사건을 전례 없는 엄청난 악행이라고 선전했다. 1960년대의 독일 교과서들은 이 사건을 반(反)폴란드적인 정서를 담아 언급했다. 교과서위원회는 이 사건을 제2차 세계대전에 대한 서술에서 언급하기에는 부적절하다고 판단했는데, 이것은 옳다. 이를 교과서에서 서술하게 되면, 그로 인해 잘못과 책임의 문제에서 복잡한 배상문제를 야기하는 치명적인 결과를 낳을 수 있기 때문이다.[6]

3) 논쟁의 대상이 되는 인물들

1988년, '사회주의 형제국가' 헝가리의 교과서가 니콜라우스 코페르니쿠스(Nicolaus Copernicus)를 독일의 천문학자로 서술했을 때, 폴란드인민공화국은 분노에 찬 반응을 보였다. 그가 결국 폴란드 사람이라는 것이다.[7] 양국의 역사가들은 오랫동안 위대한 인물들을 '자국민화(Einbürgung)'하고 적극적으로 활용하는 데 몰두했다. 그런데 위원회는 코페르니쿠스의 민족귀속문제를 따지기보다 이 문제가 당대에는 아무런 역할을 하지 않았다고 봄으로써 문제를 해결하려 했다(권고안 7번-역자). 오늘날 독일인과 폴란드인은 코페르니쿠스를 양국에 동일하게 연관된 공동의 인물로 보고 있고, 많은 독일-폴란드 공동 프로젝트가 그의 이름을 차용하고 있다.

위대한 인물들에 대한 독점화가 문제 많고 자의적인 성격을 갖는다는 점

---

6) 최근 역사교육학자 지네무스(Volker Sinemus)는 학문적으로도 아직 충분히 해명되지 않은 매우 복잡한 사건을 의미 있게 가르칠 수 있는 방법을 제시했다. Volker Sinemus, "Gebrochene Erinnerung. Der so genannte 'Bromberger Blutsonntag' in polnischen und deutschen Geschichtsbüchern", *Geschichte lernen*, Heft 102, 2004, pp.52~56.

7) "Polnisch-ungarischer Streit um Copernicus und Breslau", *Unser Danzig*, Nr.14, 1988, p.5.

은 자국사 서술이 악명 높은 위인들의 '자국민화'에 대해서는 아무 관심을 보이지 않는다는 점에서 확인된다. 이때 그 악명 높은 사람이 다른 인종적 혈통을 지닌 사람, 예를 들면 유대인인지 아닌지 확인하려는 경향이 있다.

4) 합의하기 어려웠던 개념들

폴란드 위원들이 너무 자극적이고 감정적이란 이유로 거부한 "추방(Vertreibung)"이라는 개념을 둘러싼 논쟁이 여기에 해당되는 대표적인 사례다. 폴란드 측은 강제이주(Zwangsaussiedlung), 이민(Migration), 주민이동(Bevölkerungverschiebung), 이전(Transfer), 소개(Evakuierung)라는 개념을 선호했다. 권고안을 작성할 때 독일 위원들 모두 거의 마지막까지 "추방"이란 개념을 사용해야 한다고 주장했는데, 이것은 이 개념이 천만 명이 넘는 독일인의 체험과 일치했기 때문이다. 이 단어 때문에 권고안 자체가 좌초될 뻔한 극도로 긴장된 상황에 직면하여 독일 측 위원들은 자신들의 요구를 포기했다. 이 갈등은 "추방"의 진행 과정을 '피난(Flucht)', '소개(Evakuierung)', '강제이주(Zwangsumsiedlung)', '이주(Übersiedlung)'로 세분하고 이 개념들만을 사용한다는 데 양측이 합의함으로써 해결되었다. 학문적인 관점에서 이러한 개념들은 받아들여질 수 있다고 생각하겠지만, 정치적으로는 양보를 의미했다. 독일에서 통용되는 "추방" 개념을 양보했다는 오명은 독일 측 교과서위원회를 오랫동안 괴롭혔다. 오늘날 이 개념을 둘러싼 논쟁은 심각하지 않다. 독일의 시각을 경청하고 부분적으로 받아들일 수 있도록 길을 마련한 것은 결함투성이인 이 권고안이었다고 오늘날 말할 수 있다. 권고안의 결함은 이후의 교과서대화 과정에서 보완되었다. 오늘날 폴란드에서 독일인 추방이란 문제를 금기의 땅으로부터 끄집어낸 학자들 대부분은 독일-폴란드 교과서위원회에서 활동했던 인물들이다.

그렇게 하면 모든 것이 좌초될 것이라는 점을 알면서도, 독일 측이 "추방"이라는 용어를 사용해야 한다고 끝까지 주장해야 했을까? 필자가 보기에는, 당시의 주역들이 옳았다. 만약 그때 독일 위원들이 이 개념을 고집하여 대화가 단절되었다면, 당시 독일 위원이 성취할 수 없었던 것을 이제 이룰 수 있게 된 오늘날의 상황은 오지 않았을 것이다. "추방"이라는 용어를 폴란드와의 교과서대화에서 더 이상 사용하지 못하게 될 것이라고 한 독일 위원의 당시의 비관적 예측은 빗나갔다. 독일 위원은 대화 과정에서 "추방"이라는 말을 항상 사용했던 것이다. 독일 교과서에도 이 개념은 계속 당연시되었고, 이에 대해 폴란드 측도 이의를 제기하지 않았다.

두 번째 사례로 "수복영토"라는 폴란드의 개념을 살펴보자. 폴란드 측은 공식적으로 이 용어를 제2차 세계대전 이후 넘겨받은 독일의 동쪽 영토를 표시할 때 사용했다. "본래 폴란드 영토"라는 뜻을 암시하는 이 용어는 영토 획득을 정당화하는 기능을 했다. 하지만 폴란드 위원들은 이 이데올로기적 개념을 권고안에 포함시키려고 애쓰지 않았다. 이것은 폴란드 위원들이 학자적 양식과 진지함을 갖고 있었다는 점을 말해 준다. 하지만 오늘날에도 이 개념을 사용하는 폴란드 교과서는 많다. 최근에 몇몇의 폴란드 역사가들은 "수복영토"를 "우리에게 부여된 영토"라는 말로 대체하려고 했다. 그러나 관습의 관성은 깨기 힘들며, 수십 년간 사용된 용어는 쉽게 계속 사용되는 법이다. 위의 폴란드 교과서 저자들은 "수복영토"라는 표현이 함유하고 있는 잘못된 내용을 묵과하지 않았다. 용어 교체에 실패했지만, 이 표현을 고집하는 폴란드 사람들은 그리 많지 않다고 그들은 말했다.

이를 통해 개념의 의미가 시간과 상황에 따라 변한다는 사실을 알 수 있다. 예컨대, "추방(Vertreibung)" 개념에 따라다니던 감정적 내용은 시간이 지남에 따라 희미해졌다. 이 개념이 독일에서 지난 수십 년간 사용되었고, 특히 법정과 행정부서에서도 사용되다 보니 그 함의는 변했다. 추방 과정에서 나타난 폭력성을 강조하려는 교과서 저자들은 "(사냥하듯이) 몰아

냄(Verjagung)" 또는 "강제추방(Zwangs-Vertreibung)"과 같은 새로운 용어들을 사용한다. 추방에 해당하는 폴란드어 "wypedzenie"은 이러한 의미변화를 경험하지 않았다. 폴란드어 추방(wypedzenie)에 대해 폴란드인이 느끼는 정도는 독일어 추방(Vertreibung)에 대해 독일인들이 느끼는 정도보다 훨씬 강하다. 폴란드인들은 독일인들이 이 용어를 사용하는 것을 싫어했다. 그런데 최근 독일인들의 강제이주를 표현하기 위해 "추방(wypedzenie)" 용어를 사용한 장본인은 아이러니컬하게도 독일에서 계획된 '추방저지센터(Zentrum gegen Vertreibung)'를 비판하는 폴란드 대중매체들이다.

이상 몇 가지 요점을 통해 독일-폴란드 역사대화가 직면했던 문제점들을 살펴보았다. 아울러 이러한 문제점들이 어떻게 극복됐는지 살펴보았다. 그 과정에서 생략, 무시, 비중의 전환, 관점의 변화, 재구성, 종합적 고찰, 추가 연구, 탈신화화, 그리고 반박 등 역사가가 문제 많은 대상을 다룰 때 활용하는 모든 수단이 동원되었다. 언어학과 같은 다른 분과 학자도 동참했다면 더 좋을 것이라는 아쉬움은 남는다. 그러나 동참했던 모든 사람들은 이 작업이 대단히 이로웠다고 극찬하고 있다.

3

이제 몇 가지 테제로 요약과 전망을 대신하며 마무리하겠다.

1) 독일과 폴란드의 역사적 합의를 도출하고자 하는 독일-폴란드 교과서위원회의 시도는 참신할 뿐만 아니라 대단히 야심 찬 기획이었다. 이미 달성한 진전에도 불구하고 우리가 지금 서 있는 곳은 단지 시작일 따름이다. 전문 역사가들은 자신의 작업을 계속 수행해나가야 할 것이다. 초민족

적인 역사 고찰은 세계화 추세와 함께 더욱 중요해질 것이다.

2) 독일과 폴란드가 공유하는 전체 역사를 "독일의" 혹은 "폴란드의"라는 형용사를 통해 양분하여 자리매김하려는 관행으로부터 벗어나야 할 것이다. 이른바 "독일-폴란드의" 역사에서 독자적인 몫을 갖는 여러 부류의 사람들, 곧 소르브인, 프루체인, 리투아니아인, 유대인, 단치히인, 프로이센인, 홀란드인, 우크라이나인, 집시, 슐레지엔인이 있다. 이러한 몫을 민족적으로 틀 지운다거나 위에서 말한 두 개의 집단으로 집약하려 하거나 혹은 —더욱 심각한 것은— 그들을 배제하려는 시도를 해서는 안 된다.

3) 모든 교과서 저자와 교육당국자는 민족사가 역사 수업의 중심점이 되어서는 안 된다는 메시지를 받아들여야 한다. 유감스럽지만 몇몇 저자의 경우는 아직도 민족의 명예를 고양시키려 애쓰고 있다. 역사수업에서 가르쳐지는 것이 민족적인 요구와 기대인 경우도 잦다. 독일-폴란드 교과서위원회는 양쪽 사회가 이러한 요구와 기대에 노출되어 있다는 점에 대해서 경계해야 한다.

4) 교과서와 역사수업은 각국이 자신이 잘못한 부분, 곧 범죄에 대해서 어느 정도로 시인하고 있는지, 그리고 '타자'의 고통에 대해서 어느 정도로 공감하고 있는지에 대해서 알려 주어야만 한다. 고통을 가해자들이 직접 보고 잘못을 뉘우치는 경험만큼 더 좋은 화해는 없다.

5) 독일-폴란드 역사는 어떤 경우에라도 수업 시간에 일반적인 갈등의 역사로 취급되어서는 안 된다. 양국 관계는 몇 세기 이상 생산적인 이웃관계에 대한 좋은 사례이다. 국가적인 차원에서 일어난 첨예화된 비극과 파괴의 시기에도 민간 차원에서 연대의 역사에 관한 장(章)은 엄연히 존재했다.

6) '타자'의 비행과 범죄는 타자에 대한 고정관념이 형성되는 데 도움을 주는 방향으로 서술되어서는 안 된다. 자국 내에도 타락한 세력과 비인간적인 이데올로기가 위험한 결과를 초래했었고 앞으로도 번성할 수 있으며, 양국의 협력을 통해서 가장 성공적으로 퇴치될 수 있다는 인식은 유익하다.

7) 비교 관찰을 통해 우리는 열린 시각을 갖게 되고 이해력을 높일 수 있다. 폴란드인과 마찬가지로 독일인도, 예를 들면 서구 이웃들에 비해서 후진적 근대성이라는 역사적 현상을 고통스러울 정도로 경험했다. 독일인은 서유럽인이 자신을 대할 때 보인 오만에 대해 불평했지만, 동유럽의 이웃 사람들을 오만불손하게 대했다.

8) 독일의 역사 수업에서 폴란드 역사가 더 많이 다루어짐으로써 두 나라 간의 지식의 불균형을 감소시켜 나가야 한다.

9) 교과서는 자율학습서가 되어야 한다. 그것은 학생들이 혼자서도 공부할 수 있을 만큼의 1차 사료를 제시해야 하며 독자적인 판단을 가능케 해 주어야만 한다. 더욱이 다각적인 시선을 담는 서술과 역사적 사실에 대한 가치판단에 도움이 되는 논쟁 부분은 필수적이다.

10) 학교는 유럽 의식을 고양시켜야 한다. 독일과 폴란드의 학생들이 역사 수업을 통해서 '자신들이 서로 다른 세계로부터 나왔다'는 인상을 받아서는 안 된다. (피투성이로 얼룩져 있다고는 해도) 과거는 그들 공동의 과거이며, 미래 건설은 그들 공동의 과제이다.

11) 다문화성, 다종교성, 유럽에서 점증하는 이슬람의 중요성, 유럽연합의 (남)동구 확대의 의미와 같은 주제는 역사 수업에서 반드시 토론되어야 한다. 이때 자민족의 경험만을 고집하지 않으면서도 각 민족의 경험을 공유해야 한다. "유럽의 이익(관점)"을 중시하면, 사안과 시기에 따라 독일이나 폴란드의 민족적 이해관계에서 벗어날 수 있다. 이러한 문제들을 이해하고 대처하는 데 양 국민이 협력해야 한다. 가장 좋은 것은, 이 일을 먼저 학교에서부터 시작하는 것이다.

참고문헌

"Polnisch-ungarischer Streit um Copernicus und Breslau(코페르니쿠스와 브레슬라우를 둘러싼 폴란드와 헝가리의 갈등)", *Unser Danzig*(우리의 단치히), Nr.14, 1988.

Borodziej, Włodzimierz(보로쥐에이), "Polen während des Zweiten Weltkrieges in deutschen Schulbüchern(제2차 세계대전 시기 폴란드인에 대한 독일 교과서 서술)", Meyer, Enno(마이어) (ed.), *Zwischen Zählebigkeit und Zerrinnen. Nationalgeschichte im Schulunterricht in Ostmitteleuropa*(지속과 해체 사이에서. 동유럽의 역사수업에 나타난 민족사), Hannover, 2004.

Burleigh, Michael(벌레이), *Germany turns Eastwards : A Study of Ostforschung in the Third Reich*(동진(東進)하는 독일 : 제3제국의 동부지역 연구), Cambridge, 1988.

Meyer, Enno(마이어) (ed.), *Tschechen, Deutsche und der Zweite Weltkrieg*(체코인, 독일인 그리고 제2차 세계대전), Hannover, 1997.

Meyer, Enno(마이어), "Die deutsch-polnischen Schulbuchgespräche von 1937/38(독일-폴란드 교과서 대화 1937/38)", *Internationale Schulbuchforschung*(국제교과서연구), Heft 4, 1988.

Meyer, Enno(마이어), "Wie ich dazu gekommen bin. Die Vorgeschichte der deutsch-polnischen Schulbuchgespräche 1948~1971(나는 어떻게 여기에 이르게 되었나. 독일-폴란드 교과서 대화의 전사 1948~1971)", Braunschweig, 1988.

Riemenschneider, Rainer(리멘슈나이더), "Transnationale Konfliktbearbeitung(국제적 분쟁해결)", *Internationale Schulbuchforschung*(국제교과서연구), Heft 1, 1998.

Sinemus, Volker(지네무스), "Gebrochene Erinnerung. Der so genannte 'Bromberger Blutsonntag' in polnischen und deutschen Geschichtsbüchern(단절된 기억. '유혈의 브롬베르크 일요일'에 대한 교과서 서술)", *Geschichte lernen*(역사를 배우다), Heft 102, 2004.

제2부

『미래를 여는 역사』의 발자취

동아시아 역사인식 공유의 첫걸음*

『미래를 여는 역사』 집필 과정과 한국 내 반응

김성보**

1. 머리말

한중일 동아시아 3국의 시민, 교사, 학자들이 공동역사교재인 『미래를 여는 역사』를 출간하기로 처음 의견을 모은 것은 2002년 3월 난징(南京)에서 열린 '역사인식과 동아시아 평화포럼' 제1회 대회에서였다. 이 대회는 2001년에 나온 『새로운 역사교과서』(扶桑社)의 역사왜곡에 공동대응하여 일본의 과거 침략 사실을 명확히 하고 나아가 '평화'의 관점에서 동아시아 각국의 역사인식을 수렴하기 위한 목적에서 개최된 회의였다. 『새로운 역사교과서』는 역설적으로 동아시아 3국의 시민단체와 교육계, 학계가 한자리에 모여 공동의 역사교재를 출간하게 되는 국제연대의 계기를 마련해준

* 이 글은 2006년 5월 『미래를 여는 역사』 출간 1주년을 기념하여 도쿄경제대학 국제역사화해연구소가 개최한 국제회의 '동아시아의 공통역사교과서－역사화해를 향해서'에서 발표한 글의 원문이다. 일본에서는 같은 내용을 축약하여 『世界』에 실은 바 있다(金聖甫, 「東アジアの歴史認識共有への第一歩－『未来をひらく歴史』の執筆過程と韓国国内の反応」, 『世界』 757, 2006. 10, 225~234쪽).

** 연세대학교 교수.

셈이다.

『새로운 역사교과서』는 단지 일본의 과거 침략사실을 왜곡, 은폐한 문제점만을 지닌 책이 아니다. 정도의 차이는 있을지언정, 전후 일본의 역사교과서에 과거 침략과 전쟁을 축소·왜곡하여 서술한 사례는 수없이 많다. 『새로운 역사교과서』가 지니는 근본적인 위험성은 단지 그 축소·왜곡이 보다 노골화된 점에 있는 것이 아니라, 인류의 평화 공존을 위해 반드시 요구되는 보편적 역사인식의 당위성 자체를 부인하는 데 있다. 이 교과서는 역사인식의 상대성을 강조하며, 어떠한 국가든 외국의 눈치를 보지 말고 그 국민을 위해 필요한 역사서술과 역사교육을 하는 것이 무방하며 필요하다는 국가중심적 상대주의 역사관을 드러내고 있다. 21세기를 맞이하여 지금 세계 시민사회는 19세기 후반, 20세기에 벌어졌던 제국주의 침략, 두 차례의 세계대전과 냉전의 비극을 깊이 반성하고 평화 공존의 미래를 열기 위한 진지한 노력을 경주하고 있다. 그런 마당에 『새로운 역사교과서』는 또다시 '역사'를 국가주의적 국민 동원의 도구로 악용하는 퇴행적인 모습을 보여주고 있는 것이다.

『미래를 여는 역사』는 한편으로는 일본의 과거 침략과 지배의 사실 및 그로 인한 민중의 피해를 각종 사례를 제시하면서 상세히 기술함으로써 역사왜곡에 대응하였고, 다른 한편으로는 자국 중심의 서술에서 벗어나 '평화'와 '인권'이라는 보편적 가치에 입각하여 동아시아 근현대사를 재구성함으로써 국가주의 역사교육을 뛰어넘는 보편적 역사교육의 가능성을 실제로 보여줄 수 있었다.

"한 술에 배부를 수 없다"는 속담처럼 이 책 한 권으로 동아시아 공통의 역사인식이 확립되었다고 할 수는 없을 터이다. 책을 만드는 과정에서 많은 쟁점이 있었으나 충분히 토론하지 못한 부분들이 많고, 중요한 문제이면서도 미처 다루지 못한 사안들도 많다. 서로 다른 나라에 살면서도 역사인식을 '공유'하는 것이 가능함은 이 책을 만드는 데 동참하면서 확인할 수 있었다. 그렇지만 과연 어느 부분까지 공유할 수 있는 것인지, 공유하지 못하는 부분은 무엇이며, 그것은 서로 양해 아래 존중하면 되는 것인지 아니면 궁극적으로 극복되어야 하는 것인지 아직 불분명한 점이 많음을 인정하게 된다.

이 책이 2005년 5월에 나온 이후 국내외에서 광범한 호응이 일어난 것으로 알고 있다. 한국에서는 1년 만에 6만 부의 판매고를 보이고 있으며, 중고등학교의 교육현장에서는 물론 일반 시민, 학자들에게도 널리 주목을 받고 있다. 일부 한계를 지적하는 서평이 나오기도 했지만, 이 책에 대한 여론은 전반적으로 긍정적인 편이다. 어쩌면 이 책이 최초의 동아시아 공동역사교재라고 하는 실천적 상징성을 강하게 지니고 있기 때문에 오히려 차분하게 학문적 논의와 비판의 대상이 되지 못하고 있다고 여겨진다. 이제 책을 출간한 지 1주년이 된 이 시점에 차분히 마음을 가라앉히고 이 책의 의의와 한계, 앞으로의 과제를 논의해봄으로써, 이 책을 징검다리로 삼아 더 높은 수준의 공동역사교재를 낼 수 있을 그날을 기약해보고 싶다.

2. 집필위원들의 '소통(疏通)'의 과정

2002년 8월에 서울에서 교재 개발을 위한 제1차 국제회의를 개최한 이래 만 3년간 한중일 3국 공동역사편찬위원회는 총 11회의 국제회의를 통해 동아시아 근현대사를 어떻게 서술할 것인가의 문제를 놓고 토의에 토의를 거듭하였다. 집필 막바지 시점이었던 2004년 10월에 마안산에서 열린 제9차 국제회의 본회의에서 필자는 토의에 지친 나머지, 아직까지 합의되지 않은 부분은 본문의 각주에 병기(併記)하는 방식을 취하자고 제안한 적이 있다. 그러나 대다수의 집필위원들이 동아시아 공동의 역사교재 개발을 위해 지금까지 숱한 고생을 해왔는데 이제 와서 병기하는 방식을 취할 수는 없다며 반대하였다. 결국 2005년 5월, 3국은 번역상의 미세한 차이를 제외하고는 상호 일치하는 동일한 공동역사교재를 출간하기에 이르렀다.

본 공동역사편찬위원회에 참여한 집필위원들은 자신이 속한 국가를 대표하여 파견된 것은 아니다. 비록 각자 소속 국가가 있기는 하지만, 국가에 대해 자유로운 자세에서 오직 자신의 소신에 입각하여 집필 과정에 동참하였다. 다만 토론 과정에서 어떤 쟁점이 형성되면, 그에 대한 토론은 소속 국가별로 의견이 갈리면서 진행되는 경우가 많았던 것이 사실이다. 그렇게 된 것은 공통의 역사인식을 가지기 위해 노력해야 한다는 당위성에 공감함에도 불구하고 어느 누구도 소속 국가의 사회적 영향 속에 형성된 역사관에서 완전히 자유로울 수 없었던 것이 일차적인 이유일 것이다. 또 다른 이유는 국제회의에 앞서 각국마다 사전에 집필진들이 모여 담당 원고에 대해 사전 검토와 의견 조정을 하고 오게 된다는 점과도 관련이 있을 것이다. 그런 이유들로 해서 막상 국제회의에서는 소속 국가별로 의견이 나누어진 것으로 보이고, 개인 간 편차는 부각되지 않는 양상이 나타나고는 하였다.

1) 한국 내 집필위원 간 소통

다음의 두 가지는 한국 측 집필진 안에서 원고를 작성하면서 어떻게 논의가 전개되고 조정되었는지를 보여주는 사례이다. 첫째 사례는 "대한민국임시정부"라는 칼럼(3장 6절)이다. 초기의 원고는 이 단체에 대해 지극히 부정적인 설명이 주를 이루었다. 임시정부는 출범한 지 얼마 되지 않아 노선상의 갈등으로 내부 분열이 일어나 유명무실한 기구로 전락해버렸는데, 당시에 집세를 내지 못해 집주인으로부터 송사(訟事)를 당하고는 했다는 점, 이봉창(李奉昌)과 윤봉길(尹奉吉)의 폭탄 투척으로 세상의 주목을 받아 중국 국민당 정부의 지원을 받게 되면서 비로소 재기할 수 있었다는 내용 등이었다. 당시 집필자가 임시정부를 부정적으로 묘사한 것은 한국 내의 연구경향을 그대로 반영한 것이었다. 현재 북한 측은 1930년대 만주의 항일무장투쟁을 국가 수립의 역사적 '정통성'으로 삼고 있고, 남한 측은 3·1운동의 결과로 탄생한 대한민국임시정부를 국가 수립의 역사적 '정통성'의 근거로 삼고 있다. 이러한 분단대립적인 역사인식을 비판하고 통일 지향적인 역사인식을 세워가는 과정에서 대한민국임시정부의 부정적인 측면이 강조되었던 것이다. 그렇지만 이러한 맥락을 전혀 모르는 일본과 중국의 청소년들이 이 글을 읽으면 한국의 민족운동에 대해 어떤 인상을 가지게 될 것인가? 한국 민족운동사에서 대표적인 단체의 하나로 꼽히는 임시정부가 이같이 보잘것없었다고 한다면 한국 민족운동사 전체를 부정적으로 인식하게 되지 않을까 하는 우려가 제기되었다. 결국 한국 측이 최종적으로 제시한 원고에는 임시정부의 초기 내부 분열과 한계에 대해 분명히 언급하면서도, 1920년대 후반 이후 활력을 찾게 되고 나아가 일본의 침략전쟁에 맞서 선전포고를 한 점, 1945년 8월 이후 미국이 대표성을 인정하지 않아 임시정부 구성원들이 비록 개인 자격으로 귀국하게 되지만 민중의 열렬한 환영을 받았음을 기술하는 방향으로 서술이 변경되었다. 이 사례는 한국 내에서 시대적으로 요구되는 역사인식의 틀과 국제적으로 동아시아사의 맥락에서 제시되는 역사인식의 틀 사이에 변형을 가할 필요성이 생기는 경우가 있었음을 보여준다. 또 다른 사례는 이 책의 거의 마지막 부분에 배치된 '동아시아 3국 청소년의 교류'라는 항목의 본문 내용이다(종장 5항목). 한국 측 집필자가 작성한 이 항목의 초기 원고에는 다음과 같은 표현이 들어가 있었다.

> (위의 글은) 한국의 어느 중학생에게 교토(京都)에 사는 일본 중학생이 보낸 글의 일부이다. 한국과 일본 간에 오가는 어른들의 이야기는 '사죄', '군국주의', '야스쿠니(靖國)', '왜곡' 등의 부정적 의미의 단어들이 많다. 그러나 이들의 대화 속에는 정감과 상대에 대한 배려가 가득하다.

위 인용문에서 "한국과 일본 간에 오가는 어른들의 이야기는 '사죄', '군국주의', '야스쿠니(靖國)', '왜곡' 등의 부정적 의미의 단어들이 많다"는 부분은 최종 원고에서 삭제하였다. 자칫 동아시아 3국 청소년들의 밝은 미래를 위해서는 어두운 과거사를 언급하지 않는 편이 좋다는 식으로 오해될 소지가 크다는 이유에서였다. 이 경우는 역사 사실이나 관점의 차원보다는 구체적인 문장 서술의 기술과 관련한 내부 논의 조정 과정이라고 하겠다.

이상의 경우는 중국, 일본 측에서 수정 의견을 보내기 전에 자체적으로 수정한 경우로 알고 있다. 그 외에도 물론 두 국가 집필자들로부터 수정 의견이 들어오면 그에 대해 반영 여부를 검토하는 토의가 진행되었다. 그 과정에서 한국사회에서는 너무나 자연스럽게 사용하는 용어가 외국인의 시각에서는 결코 객관적이지 않은 경우가 많음을 깨닫게 된 점도 큰 소득이다. 예를 들어, 한국인들은 이토 히로부미(伊藤博文)를 저격한 안중근(安重根)을 '의사(義士)'라고 부르며, 윤봉길의 상하이 폭탄투척사건을 '의거(義擧)'라고 부르는 데 거의 저항감이 없다. 그렇지만 비록 그 행동이 당시에 '정의로운' 행동이었다고 해도 그러한 용어를 마치 보통명사처럼 동아시아 공통의 역사교재에 삽입하는 것은 곤란하다는 점을 지적받았다.

한국 측 집필자들은 책이 나오기 전까지 공식적으로만 총 38회의 국내 회의를 진행하였다. 그 수많은 회의를 통해 중국과 일본으로부터 들어오는 원고를 검토하여 수정 의견을 모으고, 다른 한편으로 한국 측 집필자들의 원고를 계속 검토, 수정하는 과정을 거쳤다. 『미래를 여는 역사』의 편찬사업이 3국 간에 동아시아 공통의 역사인식을 만들어가는 과정이었다고 할 때, 그것은 한국 측으로서는 동시에 한국의 역사를 어떻게 이웃 국가의 시민들에게 알리는 것이 바람직한가를 고민할 수 있었던 소중한 기회이기도 하였다.

2) 3국 집필위원 간 소통

3국의 편찬위원들은 시간 부족과 기초 연구의 미진함, 통역의 어려움, 3국 간 왕래에 필요한 경비조달의 어려움 등 수많은 난관을 극복해 가면서 회의를 거듭하여 조금씩 합의점에 접근해 갔다. 처음부터 일본 제국주의의 침략에 대한 비판적 자세를 기본전제로 하여 시작하였기 때문에, 그 침략성 자체에 대한 논란은 없었다. 그렇지만 보다 구체적인 문제로 들어가서는 무수한 논점이 제기되었다. 체제의 구성방식에서부터 관점, 해석, 사실 실증 문제에 이르기까지 그 쟁점은 다양하였다.

(1) 목차 구성

일국사(一國史)나 동양사, 세계사 등에 대한 통사형식의 책들은 많은 편이지만, 동아시아 근현대사, 특히 한중일 3국의 근현대사를 체계적으로 저술한 책은 찾기 힘든 형편이었다. 따라서 동아시아 근현대사를 체계적으로 서술하기 위한 뼈대로서 장, 절, 항에 이르는 목차를 구성하는 일은 사실상 백지 상태에서 시작하여야 했다.

목차 시안을 마련할 때 가장 짜임새 있는 안을 먼저 준비해 온 쪽은 일본 측이었다고 기억한다. 일본 측 제안자의 시안은 국가별 서술방식을 지양하고 3국의 동시성을 중시하면서 개항, 근대개혁, 제국주의 침략, 전쟁, 패전과 전후 개혁의 흐름을 축으로 하여 그 속에 3국의 역사를 상호연계시켜 서술하는 목차구성방식이었다. 이 방안은 나름대로 동아시아 근현대사를 체계적으로 인식할 수 있는 하나의 틀이 될 수 있는 것이었다. 그렇지만 이 시안은 기본적으로 일본사를 중심으로 하여 동아시아사를 구성하는 점이 문제점으로 지적되었다. 메이지유신을 동아시아사에서 극히 중요한 사건으로 자리매김하여 시대구분의 중요한 지표로 설정하거나, 일본 제국주의의 성립, 팽창, 몰락 과정을 중심에 놓고 한국·중국 등 이웃 국가와 민중이 어떻게 대응하는가를 서술하는 방식이기 때문이었다. 이러한 방식은 동아시아 각국의 정체성(identity), 또는 그 내면을 깊이 이해하는 전제 위에서 상호관계를 파악하는 방식과는 거리가 멀다는 것이 한국 집필진 다수의 판단이었다. 일본 측 제안자의 본래 의도와 상관없이, 이는 동아시아 근현대사라기보다는 일본제국주의의 형성, 팽창, 몰락의 역사일 뿐이라는 지적이 나왔다. 일본제국주의를 주어로 하여 그 팽창 과정을 서술하다보니까 한국을 일본의 하나의 식민지로서 대만과 같은 비중으로 배치하는 방식 등이 특히 문제였다.

침략과 저항의 틀을 유지한다고 역사의식이 공유되는 것이 아니며, 3국의 청소년이 상대국의 역사를 내면적으로 이해하고 존중하도록 하기 위해서는, 각국의 역사를 각각 서술하면서 상호 비교하게 하고, 그와 함께 상호관계를 서술하는 목차 구성이 요청되었다. 최종 목차는 이 같은 틀에서 구성되었다. 다만 이 구성은 민족·국가 단위의 역사에 많은 비중을 둔 것으로, 1국 단위를 뛰어넘는 동아시아사의 새로운 구성에 이른 것은 아니었다. 다시 말해 이 책의 구성은 동아시아 3국사 및 상호관계사이지, 국가·민족을 넘어선 지역사로서의 '동아시아사'는 아니라고 하겠다.

목차 구성에 합의하는 데에는 무려 1년의 시간이 필요하였다. 과연 책을 낼 수 있을 것인가 자체를 의심하게 만드는 지난한 시간이었지만, 그 논의 과정에서 3국은 동아시아 근현대사를 보는 서로의 시각 차이와 공통점을 알게 되고, 또한 서로를 존중하면서 합의를 도출해내는 경험을 쌓을 수 있었다. 그 이후 2년간은 각국이 분담 집필해 온 원고를 일일이 검토, 논의하고 수정·보완하는 작업을 진행하였다.

(2) 서장 「개항 이전의 삼국」과 제1장 「개항과 근대화」

서장에서는 개항 이전의 전근대 동아시아 3국관계를 어떻게 이해할 것인가의 문제를 놓고 많은 논의가 있었다. 조공(朝貢)과 책봉(册封)으로 대표되는 중국 중심의 중화 질서의 외압성, 조선의 자율성의 폭 등 그 성격에 대해서, 그리고 일본과 중화 질서의 관계에 대하여 논의를 진행하였다. 1627년 후금(後金)의 조선 침략과 조선 민중의 피해를 서술하는 문제에 대해서도 약간 논의가 있었으나, "후금의 군대는 명과 전쟁을 벌이는 한편, 조선을 침입하였습니다. 이 때문에 조선 민중은 커다란 피해를 보았습니다"라는 내용으로 정리되었다.

제1장에서 주요 논점의 하나는 1880년대 3국의 분쟁을 어떻게 이해할 것인가 하는 점이었다. 정한론과 류큐(琉球) 문제에 대한 이해방식에서 토론이 있었다. 1880년대 청(淸)의 조선 내정간섭이 어떠한 성격의 것인가 하는 문제는 한국과 중국의 집필위원들에게 가장 곤란한 쟁점이었을 것이다. 그것이 중국적 중화 질서를 유지해 온 청의 관성에서 연유한 것인지, 아니면 근대적 패권주의로의 전환 과정을 보여주는 것이었는지에 대해서 향후 보다 많은 연구와 토론이 필요하다. 일본이 어느 시점에, 어떠한 계기를 통해 제국주의로 전환하였는지에 대해서도 많은 논의가 있었다.

(3) 제2장 「일본 제국주의의 확장과 한 · 중 양국의 저항」

1905년 '제2차 한일협약(을사조약)'과 1910년 '한국병합에 관한 조약'이 국제법상 불법인지, 합법인지에 대해서 논의가 있었다. 이 문제에 대해서는 결론을 내리지 않고 그에 대한 칼럼을 두어, 한일 양국 정부의 상이한 관점을 소개하고 독자 스스로 생각해 보도록 유도하였다. 이 문제에 대해 결론을 내리지 않은 것은, 한국과 일본의 집필위원들 간에 의견이 전면 충돌한 때문은 아니다. 한국 학자들은 불법으로 보는 것이 일반적이지만, 일본 학자들 사이에서는 아직 결론이 내려지지 않은 점을 인정하여 이 책에도 그 점을 반영하였을 뿐이다. 당시 국제법 자체가 강대국의 관점에서 만들어진 것이기 때문에 그 법을 기준으로 하여 불법성을 논하는 것 자체가 의미가 없다고 생각할 수도 있지만, 1905년의 조약 체결 과정은 그 국제법의 관점으로도 불법으로 볼 소지가 많고, 어느 쪽으로 보는가가 일본의 식민지지배 전체의 성격 파악과 연관되는 문제이므로 이 또한 주요한 공동 연구과제에 해당한다.

그 외에도 3 · 1운동의 국제적 영향, 일본 침략 시점의 대만 원주민에 대한 호칭 문제(고산족, 선주민, 토착인) 등도 논의되었다.

(4) 제3장 「침략 전쟁과 민중의 피해」

이 장에서는 남경대학살의 피해 규모, '위안부'의 강제동원 여부, 조선에서의 강제동원 규모 등 많은 사항들이 국제적 쟁점으로 남아있는 부분을 다루었다. 집필진은 일본의 강제동원과 학살의 실체를 명확히 하기 위하여 최대한 구체적이며 설득력 있는 자료를 수집, 정리하기 위하여 노력하였다. 그렇지만 학살과 강제동원의 성격상, 그 실체를 완전하게 드러내는 작업은 결코 용이하지 않았다. 남경대학살에 대한 수치의 경우, 1946년 난징에서 열린 일본 전범 군사 재판 조사 자료와 동경재판 판결 문서에서 제시한 수치를 인용하여, 최소한 20만 명이 넘으며 30만 명 이상에 달할 수도 있음을 보여주었다. 한국에서의 강제동원에 대해서는 790만 명이라는 수치를 제시하였지만, 그것이 아직 추정치임을 밝혀두었다. 일제하 강제동원에 대해서는 현재 한국정부가 특별법에 의거하여 본격적인 조사를 진행 중이다. 일본군의 중국 침략 과정에서 벌어진 강간, 학살 등 각종 잔혹행위에 대한 표현 수위를 놓고도 많은 논란이 있었다.

침략전쟁 시기의 일본사회를 '총력전체제'로 표현하는 데 대해서도 반론이 있었지만, 충분히 토론되지는 못하였다. 이 용어는 파시즘체제론을 대신하는 것인데, 그 개념의 적절성 여부는 아직 학계의 보다 많은 연구를 필요로 한다. 노구교사건의 발생 경위, 1930년대 중국 동북지역(만주)에서의 한국인의 항일무장투쟁의 독자성 여부, 창씨개명의 배경 등에 대해서도 학술적인 토론이 있었다.

이 장에서 역시 가장 중요한 문제는 전쟁 시기 일본 민중의 가해자로서의 측면과 피해자로서의 측면을 어떻게 이해할 것인가 하는 문제였다고 생각한다. 3장 5절의 제목을 "일본 민중의 가해와 피해"라고 붙인 데서 알 수 있듯이, 집필위원들은 그 양면성을 모두 인정하는 방향에서 서술하였다.

(5) 제4장 「제2차 세계대전 이후의 동아시아」, 종장 「동아시아의 평화로운 미래를 위하여」

제4장에서는 한국전쟁 서술의 문제가 가장 주목을 받았다. 평화의 관점에서 역사를 서술한다고 할 때 한국전쟁을 어떻게 이해할 것인가 하는 점은 1945년 이후 동아시아 현대사에서 가장 중요한 문제라고 할 수 있다. 아쉽게도 전쟁의 발발 배경과 과정을 충실히 서술하기는 어려웠다. 주로 서술의 초점은 전쟁이 동아시아의 국제관계와 각국에 미친 부정적인 영향에 맞추어졌다. 냉전 시기의 체제 · 이념적 갈등과 대립과 관련한 국제관계의 복잡성을 밝히고 이를 동아시아의 청소년들이 공감하며 이해할 수 있게 서술하는 일은 앞으로 헤쳐나가야 할 어려운 작업의 하나에 속한다.

종장에서 가장 기억에 남는 논점은 이 책의 마지막 항목을 장식하는 "동아시아의 화해와 평화" 부분에서 결론적으로 '세계 시민'을 지향한다는 구절을 삽입하는 문제였다. 3국이 모두 편협한 내셔널리즘에서 벗어나 보다 보편적인 세계관을 지향해야 한다는 점에 대해서는 이 책의 집필위원 대다수가 동의할 것이다. 그렇지만 국민국가 단위의 국제 질서가 현존하는 상황에서, 그리고 일본의 우경화와 군사대국화가 우려되는 상황에서 저항적 민족주의를 내면화하고 있는 한국과 중국의 시민, 청소년들이 내셔널리즘에서 벗어나는 문제는 결코 간단하지 않다. 특히 통일의 문제를 안고 있는 한반도에서 내셔널리즘은 여전히 강한 동력을 지니고 있다. 한국과 중국의 역사 속에 흐르는 내셔널리즘의 긍정적 에너지를 어떻게 보다 보편적인 세계관과 융합시키고, 나아가 궁극적으로 이를 지양할 것인지에 대해서는 동아시아에서 이제 비로소 본격적인 논의가 시작되었다고 할 수 있다.

3. 『미래를 여는 역사』 출간에 대한 한국 내 반응

1) 비평모임에서 나온 이야기들

『미래를 여는 역사』의 한국 측 집필을 책임진 '아시아평화와역사교육연대'는 작년 11월에 이 책에 대한 비평모임을 가진 바 있다. 주최 측은 허심탄회하게 토론할 수 있도록 최대한 노력하였는데, 다행히 외부에서 초청된 학자, 교사들은 이 책의 문제점에 대해 많이 지적해주었다. 당시 지적사항에 대해 언급하는 방식을 통해, 이 책의 의의와 한계 및 앞으로의 과제를 개괄적으로 전망해보고 싶다.

이 비평모임에서 비평자마다 엇갈리는 부분도 있었지만, 대체로 다음의 세 가지 점에서는 의견이 일치하는 편이었다. 첫째, 일본의 제국주의 침략을 비판하는 것은 물론 필요하지만 그 부분이 지나치게 과대하여 일본 학생들이 읽기에 부담스러웠을 것이며, 한국과 중국 학생들에게는 일본은 나쁜 나라라는 인식만이 부각되지 않았나 하는 우려였다. 일본 민중도 침략전쟁으로 피해를 크게 보았으며 일본 역사에도 긍정적인 측면이 있음을 함께 서술해주면 더 좋았을 것이라는 지적이었다. 둘째, 공통의 역사인식을 세운다는 점에 너무 집착한 탓인지, 각국의 역사문화적 차이 또는 다양성을 소홀히 하였다는 지적이다. 또한 3국 집필진의 의견 차이가 있었으면 이를 솔직히 드러내어 독자들 스스로 생각할 수 있는 기회를 주면 더 좋았으리라는 지적도 함께 나왔다. 셋째, 1945년 이후의 현대사 부분이 소략하여 오늘날 동아시아가 안고 있는 문제점을 총체적으로 파악하기 어렵다는 지적이었다.

첫 번째 사항은 집필진의 상당수가 작업 과정에서 고민하면서도 충분히 풀어내지 못한 부분이었다. 이 책을 편찬하게 된 1차적인 계기 자체가 일본 역사교과서의 침략 사실 왜곡에 대한 대응에 있었다는 점에서, 일본의 제국주의 침략 사실에 큰 비중을 두는 것 자체는 처음부터 집필진에 의해 의도된 것이었다. 다만 3국의 청소년이 상대방을 열린 마음으로 이해하기 위해서는, 특히 한국과 중국의 청소년이 일본의 역사를 제대로 알기 위해서는 일본의 침략 과정에서 그 민중 또한 고통 속에 있었다는 점, 그리고 일본의 역사와 문화에서도 배울 것이 많음을 아는 것이 중요하다는 점 또한 분명하였다.

문제는 구체적인 서술 과정에서 양자를 조화시키는 길을 찾는 것이었는데, 이 점에 대해 충분한 고민과 토론이 이루어지지 못한 점은 아쉬움으로 남아있다. 집필자들 사이에서 침략전쟁 과정에 일본의 민중은 가해자였는가, 피해자였는가, 아니면 양자 모두였는가 하는 문제는 논의되기는 하였으나 수준 높은 결론에 도달하지는 못하였다. 그렇기는 하지만 오키나와 전투에서 희생당한 주민들 사진(3장 5절 4항목)의 강렬한 인상, 원폭 투하시 소중한 딸을 잃은 어느 어머니의 이야기(3장 5절 5항목)는 전쟁이라고 하는 것이 가해국의 민중에게든 피해국의 민중에게든 결코 일어나서는 안 될 비극임을 생생하게 전달하는 데 성공했다고 생각한다. 책의 출간 직후 한국의 한 TV에서 이 책을 소개할 때, 한 독자는 원폭 피해 어머니의 이야기가 가장 인상 깊었고 전쟁은 다시는 일어나서는 안 된다고 깊이 느꼈다고 말한 바 있다. 또한 '동양의 루소' 나카에 조민(中江兆民), 자유민권운동가 우에키 에모리(植木枝盛), 인권변호사로서 한국정부가 건국훈장을 수여한 후세 다쓰지(布施辰治) 등은 필자 자신도 잘 모르고 있던 인물로서, 그들에 대한 소개 글은 일본 역사의 깊이를 새삼 느끼게 하였다. 일제의 침략사실이 과대하다는 책에 대한 전반적인 인상에도 불구하고, 이 책에는 일본의 역사를 보다 애정을 가지고 볼 수 있게 하는 내용들이 곳곳에 배치되어 있다고 강조하고 싶다. 다만 그러한 내용이 일본 역사의 한 에피소드로서가 아니라 전체 역사의 줄거리에서 어떤 위치를 차지하고 있는지 그 흐름을 전체적으로 이해하는 데까지는 나아가지 못한 점이 아쉬웠다. 이와 관련하여 비평모임에 참여한 한 일본인 학자는 일본의 역사가 나빴으니까 그것을 나쁘다고 쓰는 것은 문제가 아니며, 중요한 것은 왜 그렇게 나쁘게 되었는가 하는 점인데, 이 점이 이 책에서 제대로 서술되지 않고 있다고 지적하였다. 이 또한 보다 나은 공동역사교재를 모색할 때 염두에 두어야 할 점이다.

두 번째 지적 사항은 '공통의 역사인식'을 세우는 것과 관련하여 앞으로 보다 더 많이 고민해야 할 문제이다. 동아시아의 역사를 서술할 때 사실(史實)의 차원에서 한중일 3국의 교집합은 무엇이며, 각국의 다양성을 보여주는 여집합은 무엇인가? 이 책에서는 유교문화, 한자를 동아시아 역사문화의 상호관계를 보여주는 사례로 제시하였다. 전근대의 동아시아에서 유교와 한자는 3국 공통의 문화요소이며, 근대 이후에도 그 영향력이 존속되고 있다. 그렇다면 그 공통분모 속에서 3국의 다양성은 어떻게 나타나고 있는가, 그리고 이 공통분모를 벗어난 영역에서 존재하던 3국의 독자성은 무엇인가? 이러한 질문들에 대해 이 책이 충분한 답을 주었다고 생각하지는 않는다. 더욱이 이 책에 대한 안내자, 안내서 없이는 "유교문화와 한자"라는 칼럼을 통해 독자 스스로 무엇을 고민해야 하는지 파악하기가 쉽지 않다. 이 책의 핵심인 근현대사의 경우, 침략과 저항의 맥락 이외에 지식과 문화, 사회관계의 맥락에서 공통분모와 다양성, 독자성을 파악하는 것은 더욱 어렵게 되어 있다. 각 장마다 3국의 사회와 문화를 소개하고 있지만, 한 주제를 놓고 3국을 비교하고 그 관계를 밝히는 방식으로 서술한 것이 아니라 3국의 집필자가 각자 자신이 살고 있는 국가의 사회문화를 서술하는 방식을 취했기 때문이다.

이 책에 대해 전문적인 서평을 해준 백영서(白永瑞) 교수는 이 책이 '동아시아사'라기보다는 일종의 '삼국지(三國志)'라고 지적한 바 있다.[1] 세계 근현대사가 기본적으로 국민국가 단위를 기본으로 전개되어온 점에서 국가 단위의 역사를 해체하고 지역사를 서술하는 것이 과연 가능하며 의미 있는 것인지에 대해서는 보다 많은 토론이 필요하다. 필자는 여전히 국민국가 단위의 서술이 기본일 수밖에 없으며, 그 바탕 위에서 국가 간 상호관계와 국가를 넘어서는 국제적 교류의 양상을 서술하는 것이 현시점에서는 불가피하다고 보고 있다. 다만 필자 자신의 관점에서 보더라도, 이 책이 지식과 문화·사회 부문에서의 교류, 상호관계의 맥락을 충분히 담고 있지 않다는 점은 동의하지 않을 수 없다.

역사를 바라보는 관점의 차원에서 과연 동아시아 공통의 역사인식이 가능한가 하는 점은 이상의 문제와 별도로 가장 근본적인 논제에 속한다. 비평모임에 참가한 한 일본인 학자는 "공유할 수 있는 것은 역사인식이 아닌 역사적 사실"일 뿐이라고 지적하였다. 각국마다 그 국가가 처한 사회적 문제에 조응하여 역사인식의 문제가 발생하는데, 3국은 각각 다른 그 나름의 사회문제를 가지고 있으므로 역사인식도 같을 수가 없다는 언급이었다. 만약 국민국가 단위의 역사인식을 완전히 해체하고 동아시아 또는 나아가 세계 공통의 하나의 역사인식을 수립하는 일이라면, 필자 역시 그것은 불가능하다고 생각한다. 이 책의 3국 집필진이 추구하는 것은 그런 맥락이 아니라, 동아시아 각국이 함께 짊어지고 있는 공통의 문제가 있으며 그 문제를 해결하기 위한 공통의 관점을 가지고자 하는 점이다.

현재 동아시아는 평화의 문제를 포함하여 인권, 환경 문제 등 여러 가지 공통의 해결과제들을 안고 있다. 이 책의 집필진이 가장 근접한 공통의 관점은 '평화'이며, 그 점에서 이 책은 역사교육서이자 평화교육서이다. 다만 '평화'의 개념에 대해 보다 구체적으로 그것이 무엇인가 하고 묻는다면 3

---

1) 백영서, 「동아시아 평화를 앞당기는 소중한 첫걸음(한중일3국공동역사편찬위원회, 『미래를 여는 역사』, 한겨레신문사, 2005)」, 『창작과비평』 129, 2005년 가을호, 363~367쪽.

국의 집필진 모두가 똑같이 답하기는 어려울 것이다. 단지 전쟁이 없는 안정과 균형의 상태를 평화라고 한다면 그에 대해서는 모두 바람직하다고 생각하겠지만, 그러한 평화를 가능하게 하는 조건이 무엇이며, 그 조건은 어떻게 실현가능한가 하는 지점에서는 충분한 논의가 이루어지지 않았기 때문이다. 또한 가해국의 역사적 경험과 피해국의 역사적 경험이 다르기에 3국의 시민이 '평화'를 바라보는 시각, 정서에는 미묘한 차이점이 있음이 사실이다. 일본의 여러 평화박물관(기념관)들을 관람해본 한국인들은 그곳에서 공감보다는 이질감을 크게 느끼게 된다. 전시물들에 일본의 침략 사실보다는 전쟁 과정에서의 주민의 고통, 원자폭탄 피해의 비참함만이 강조되고 있다는 인상을 받기 때문이다. 한국 측 집필진은 책이 출간된 이후 히로시마에 다녀올 기회가 있었다. 히로시마의 평화기념자료관은 다른 지역의 시설들보다는 일본의 침략 사실이 비교적 잘 소개되어 있어 거부감은 적었고, 일본 민중의 고통에 대해 가슴 깊이 공감할 수 있는 기회가 되었다. 그리고 북한의 핵 개발을 비판하는 내용 등을 담고 있는 호소문을 보면서, 핵무기 없는 세계를 소망하는 일본 민중 대다수의 열망과, 북한 핵문제를 미국과 북한 사이의 힘겨루기 정도로 가볍게 생각하는 한국 민중 대다수의 정서 사이의 괴리에 대해서도 고민하게 되었다. 한편 히로시마시 바로 옆에 있는 쿠레시(吳市)의 '야마토(大和) 뮤지엄'을 관람하면서, 그 많은 관람객의 인파와 침몰한 야마토 전함을 일본 기술력의 총화로 자랑하는 전시물들을 보면서 과연 일본이 원하는 평화의 실체가 무엇인지 새삼 고민되었다. '인권'의 문제는 '평화'의 문제 이상으로 3국 공통의 보편적 문제이면서도 그 구체적 내용에서는 관점의 차이점이 많은 부분이다. 이 책은 평화와 인권의 맥락에서 집필된 동아시아 공동의 역사교재이기는 하지만, 아직 그 내용은 불충분하며 보다 더 많은 토론과 교류를 통해 그 내용을 하나씩 채워나가야 할 것이다.

1945년 이후 현대사 서술의 빈약함에 대한 세 번째 지적 또한 경청해야 할 부분이다. 이 책에서 1945년 이후의 현대사는 그 자체로서보다는 그 이전의 역사적 유산이 왜 정리되지 않고 오늘날까지 이어지고 있는가 하는 점을 중심으로 기술되어 있다. 그 문제의 핵심에는 미국 중심으로 진행된 일본의 전후처리의 한계와 그러한 한계를 낳은 미국, 소련 간 대립구도가 놓여져 있다. 따라서 전쟁 이전의 유산이 왜 청산되지 않았는가를 이해하는 것은 곧 동아시아 현대사의 핵심을 이해하는 지름길이기도 하다. 그렇기는 하지만 그것만으로 현대사의 복잡성을 이해하는 데에 한계가 있는 점 또한 분명하다. 중국 혁명, 남북한 대립과 한국전쟁, 한국군의 베트남전 파병과 한일 수교(韓日 修交)의 상관성, 일본을 선두로 한 동아시아 각국의 비약적인 경제성장, 외교적 대립 속에서도 급속하게 진전되는 경제적·문화적 상호 교류현상 등의 문제들을 종합적으로 이해할 수 있는 길을 이 책이 충분히 제시해주지는 못하였다.

필자 개인적으로는 특히 한국군의 베트남전 파병을 다루지 않은 점이 아쉽다. 비록 '자유민주주의 수호'의 명분 속에 참전한 것이기는 하지만, 이 사례는 제국주의의 희생자였던 한국민도 언제든지 침략전쟁에서 가해자가 될 수 있음을 보여주었다. 이 사례는 국가주권이 없던 일제하에 전쟁에 동원된 것과는 성격이 다르다. 엄연히 주권국가인 상황에서 참전한 것은 주권을 지닌 한국민 자신이 책임을 져야 할 문제이다. 이러한 사례를 깊이 다루었다면, 침략과 전쟁이 단지 일본이라는 이웃 나라만의 문제가 아니라는 점, 한국의 청소년이 단지 일본에 대해 피해의식을 가질 것이 아니라 동아시아의 평화를 위해 보다 적극적으로 국내외 문제에 관심을 가져야 함을 파악하는 데 도움이 되었을 것이다.

2) 교육현장의 활용 사례

『미래를 여는 역사』는 언론과 학계, 출판시장에서 출판 이후 지금까지도 큰 관심을 받고 있다. 그렇다면 한국의 중고등학교 교육현장에서 이 책은 어느 정도로 활용되고 있을까? 유감스럽지만 이 책을 중고등학교에서 정식 부교재로 채택하여 교사와 학생이 처음부터 끝까지 함께 읽고 토론하였다는 사례는 아직 접한 적이 없다. 한국의 중고등학교 교육 실태를 아는 사람이라면 애초부터 그런 일은 불가능함을 예상했으리라. 한국에서 중고등학교 수업은 오직 수많은 시험, 특히 대학입시에 도움이 되는 한에서만 존재한다. 중고등학교의 시험은 궁극적으로 대학입시에 도움이 되도록 시행되며, 그리고 그 시험에 도움이 되는 수업만이 교실에서 진행된다. 대학입시에 도움이 안 되는 학습을 한두 시간 정도 교사 재량으로 하는 것은 가능하지만, 수업의 대부분을 그렇게 보낸다면 그 교사는 교장과 동료 교사, 그리고 학부모의 압력으로 학교에서 퇴출당할 각오를 해야 한다. 실제로 교육현장에서 이 책이 활용되는 방식은 교사가 학생들에게 독후감을 쓰는 숙제를 내주거나, 책의 일부분을 복사 배포하여 토론 수업을 진행하는 정도이다. 만약 대학 수능시험에서 이 책의 내용이 많이 출제되면 사정은 달라질 것이다. 그렇지만 그런 일은 당분간 없을 것이다.

다음은 이 책의 집필위원이었던 고등학교 교사 한 분이 진행했던 토론 수업의 내용이다.

1. 토론 수업 제목 : "20세기의 전쟁"
2. 과목 : 세계사
3. 단원 : 전체주의의 대두와 제2차 세계대전
4. 대상 : 고등학교 2학년(여학생 36명)
5. 수업 방식 : 자료 탐구학습
6. 수업 자료
   1) 미래를 여는 역사, 제3장 5절 "일본 민중의 가해와 피해"
   2) 후쇼샤 중학교 역사교과서, 제5장 2절 "제2차 세계대전의 시대(전시하의 생활)"

7. 교사의 수업 전개 안내
   - 1941년 일본의 진주만 공습에서 시작되는 태평양전쟁은 누구를 위한 전쟁인가 생각하면서 자료를 보자.
   - 두 개의 자료는 같은 시기를 서술하고 있음에도 다른 내용을 보이고 있다. 자료를 보고 내가 일본인이라면 어떤 입장에 설 것인지 생각해 보자.
   - 특히 출격하는 가미가제 특공대에 꽃을 들고 환송을 하는 여학생이라고 생각해 보자.
   - 그러면 마음에서 우러나와 꽃을 들고 환송하는 여학생이 되는 편과 그렇지 않다는 편으로 나누어 생각해 보자.

   → 36명의 학생 가운데, 6명은 환송하는 여학생 편(A)에 섰으며, 19명은 환송하는 여학생의 반대편(B)를 선택하였다. 나머지 11명은 선택을 하지 못하여, 교사 재량으로 환송하는 여학생 편에 서게 하였다.

8. 학생 간의 토론

(A1) 나는 비행기를 보내면서 손을 흔드는 학생을 이해해요. 지금 적이 쳐들어 와서 나라가 망할 지경에 있는데 그들이 나가 싸우지 않으면 어떻게 해요. 저도 그들처럼 했을 거예요.

(B1) 나는 이해할 수 없어요. 어떻게 국가가 국민들을 그렇게 전쟁의 구렁텅이로 몰아 넣었는데 그것을 참고 있을 수 있어요. 그리고 그런 곳에 학교에서 가도록 한 선생님들도 나빠요.

(A2) 제 생각에는 아마 그런 말은 지금이니까 할 수 있을 것 같아요. 막상 적이 바로 앞에 왔는데 어찌 그런 생각을 할 수 있겠어요? 우리 오빠가 지금 군대에 가 있거든요. 만약 그런 상황이라면 우리 오빠한테 어떻게 말하겠어요. '오빠 몸조심하고, 꼭 이기고 돌아와야 돼' 이렇게 말하지 않겠어요? '오빠 그냥 항복해' 이렇게 말할 순 없잖아요.

(……)

(B2) 그러니까 전쟁이 일어나지 말도록 하는 것이 중요한 것 같아요. 전쟁 자체보다 그러한 전쟁을 일으키도록 부추기는 세력들이 있기 때문에 무고한 사람들이 고통을 받는 것 같아요.

(A3) 전쟁이 좋은 것은 아니지만 전쟁이 일어나면 나라를 위해 싸워야 한다는 것은 분명해요. 그렇지 않으면 어떻게 그 나라가 존재하겠어요?

이상이 한 고등학교에서 진행된 토론수업의 내용이다. 현재 한국 고등학생들의 의식 상태에는 전쟁은 일어나서는 안 된다는 생각과 그래도 전쟁이 나면 국가를 위해 나서서 싸워야 한다는 상호 충돌하는 생각이 착종되어 있음을 알 수 있다. 평화교육과 애국교육이 충돌하는 셈이다. 특히 유의할 점은 일부 학생들은 전쟁이 일어난다면 그 전쟁이 옳고 그르고를 떠나서 국가를 위해 싸울 수밖에 없다는 생각을 하고 있다는 점이다. 만약 교사가 '내가 일본인'이라는 가정하에 토론하게 하는 것이 아니라, 일본이 일으킨 전쟁에 대해서 어떻게 생각하는가 하는 방식으로 수업을 진행하였다면 학생들의 토론 내용은 전혀 다르게 진행되었을 것이다. 아마 대다수의 학생이 일본이 일으킨 전쟁을 비판하는 관점에 섰을 것이다. 일본의 과거 침략전쟁을 비판하는 인식을 가진다고 해서 그것이 곧 평화교육이 되는 것이 아님을 이 토론수업 사례는 보여준다. 진정한 평화교육은 타자(他者)의 침략성을 비판하는 것을 넘어서서 혹시 자기 내면에도 그러한 침략성이 감추어져 있는 것은 아닌지 성찰하게 될 때 비로소 가능하다. 동아시아 각국의 청소년과 시민 한 사람 한 사람이 그런 자세를 가지게 될 때 비로소 동아시아 평화공동체의 건설은 가능하게 될 것이다.

3국 간 국제연대 속에서 비로소 동아시아가 시야에 들어오다

한국에서의 『미래를 여는 역사』 편찬 과정을 중심으로

신주백*

1. 머리말

한중일 세 나라는 모두 세계화(국제화)를 표방하며 여기에 적응하면서 살아갈 수 있는 창조적인 청소년을 육성하는 데 교육목표를 두고 있다. 미래지향적이고 열린 자세를 갖춘 사람을 육성하겠다는 의도인 것이다.[1]

하지만 세 나라는 21세기 들어 지나온 과거를 어떻게 인식할 것인가를 놓고 연례행사처럼 충돌하고 있다. 오늘날 세 나라 사이에 원만한 관계형성을 저해하는 최대 걸림돌 곧, 외교현안은 역사인식 문제이다. 이제 동아시아의 역사갈등은 학문의 영역문제이면서 국내 정치문제이고 지역의 안

* 이 글은 『미래를 여는 역사』의 영어판 초벌 번역이 완료된 것을 계기로 하와이대학에서 열린 'History that Opens the Future : A Conference Concerning a Multinational East Asian History Textbook(2007. 10. 7~10)'에서 발표한 원고를 수정·보완한 것이다.

** 국민대 연구교수.

1) 이 글은 필자의 개인적 체험에 기초한 의견이지 한국 측 위원회의 공식 견해가 아님을 미리 밝혀둔다.

정적 질서를 흔들 정도로 커져버린 국제 정치문제이다.

사실 동아시아의 역사문제는 역사교과서 문제, 특히 1982년 일본의 중학교 역사교과서 검정 및 기술 내용을 둘러싸고 한국과 중국 등 동아시아 국가들의 비판이 처음 제기된 이후부터 표면화되기 시작하였다. 당시까지만 해도 대부분의 사람들은 그렇게 많은 문제가 미완의 의제로 남아 있다고는 생각하지 못하였다. 하지만 지금은 역사교과서 문제, 일본의 침략과 지배에 따른 사죄와 보상문제, 바다의 명칭문제, 영토문제, 야스쿠니신사 참배문제 등 동아시아 과거사와 관련된 모든 분야에서 쟁점 사항이 분명하게 드러나 있다. 더구나 21세기 들어 일어난 역사갈등의 표출도 2001년에 검정합격한 후소샤(扶桑社)판 중학교 역사교과서의 왜곡 내용이 시발점이었다. 따라서 동아시아의 역사문제는 미래 세대를 향한 교육문제이기도 하며, 이들 모든 역사문제를 풀 수 있는 실마리도 역사교과서 문제에서부터 찾을 필요가 있다.

『미래를 여는 역사』는 미래를 책임질 세대에게 과거를 이야기하며 화해와 공존의 정신을 물려주기 위해 기획된 동아시아만의 첫 작품이다. 이 책은 일본의 침략과 지배, 전쟁의 참상을 밝히고 전후 일본의 책임을 명확히 하면서 역사의 교훈을 되새기고 상호교류와 친선을 도모하며 평화롭고 인권이 보장되는 미래의 동아시아를 만들고자 세 나라의 연구자, 교사, 시민단체 관계자 54명이 모여 만든 '중학생용 부교재'이자 동아시아 근현대사에 관한 불완전한 교양서이다.

이 글은 2007년 10월 하와이대학에서 개최된 심포지엄의 취지에 맞추어 『미래를 여는 역사』라는 책을 완성하기 위해 한국 관계자들은 어떤 조직을 만들었고, 그 내부에서는 어떤 논의 과정을 거쳐 원고를 완성했으며, 한국 측이 중국과 일본 측에 어떤 의견을 개진했는지, 그리고 간행된 책에 대한 한국사회의 반응과 활용현황을 소개하는 데 목적이 있다. 이 글의 이해를 돕기 위해 교재의 형식과 내용을 소개하는 데 그치지 않고 후소샤판 교과서를 비롯해 일본과 중국의 역사교과서와 대비하면서 주요 쟁점과 서술의 변화를 설명하기도 하겠다.[2] 다만, 필자가 부교재 기획에 참여하였고 제2장의 한국 측 책임자이자 집필자의 한 사람이었으므로, 이 글은 엄밀히 말해 보고서에 가까운 글로 쓸 수밖에 없었음을 미리 밝혀 둔다.

2. 한국 측의 '부교재' 개발 준비와 목차 확정 과정

1) '한중일 공동부교재 개발 특별위원회'의 구성과 개발방향

2002년 3월 중국의 난징(南京)에서 열린 '제1회 역사인식과 동아시아 평화포럼' 곧, 남경포럼이 끝난 후 별도의 프로그램에서 한국 · 일본 · 중국의 관계자들이 만났다. 참석자들은 중학생이 읽을 수 있는 근현대사 교과서를 만들기로 합의하였다. 왜냐하면 당시 문제가 되고 있는 후소샤판 책이 중학교 역사교과서이고, 일본의 침략과 지배와 관련된 근현대사 부분이 합의하기 쉬울 것이라 판단했기 때문이다. 2001년 4월부터 평화포럼 때까지의 진행 과정에 대한 기억에서는 한국과 일본이 조금 다르지만,[3] '교과서'라는 결과물을 발행하기로 합의한 남경포럼이 동아시아 공동역사교재를 개발하려는 새로운 움직임의 출발이었던 사실만은 일치하고 있다.

한국 측은 2002년 4월 27일 '한중일 공동부교재 개발을 위한 제1차 준비모임', 곧 제1차 부교재 국내회의를 서울에서 열고 다음과 같은 사항을 결정하였다.

---

2) 이 글에서 비교할 최종적인 판본은 한국어판의 경우 2006년 7월 3일에 발행된 제3판 1쇄본, 중국어판의 경우 2006년 5월에 발행된 제5판본, 일본어판의 경우 2006년 7월 8일에 발행된 제2판 1쇄본을 각각 비교 기준으로 하였다.

3) 일본 측 기억은 이 책 제2부에 수록된 사이토 가즈하루(齋藤一晴)의 글 참조.

1. 한중일 공동 개발하는 것을 '부교재'로 칭하기로 한다.
2. 한중일이 진행하고 있는 부교재 개발은 3국이 대표성을 가지고 참여하고 있다는 점에서 권위가 있기 때문에 현재 다른 차원에서 진행되고 있는 것과는 분명 차별성이 있다.
3. 전문연구자와 교사들이 참여하는 형태로 진행하며, 현재 교과서처럼 본문서술형보다는 토픽을 중심으로 하며 실증자료를 제시한다.
4. 한중일 3국의 교과서에 나타난 공통된 역사적 경험이나 관계사를 중심으로 토픽을 구성한다.
5. 일본교과서를 우선적 대상으로 한다.
6. 가능한 대로 토픽 중 주제 하나를 선정해서 집필 샘플을 만들어서 각국이 토론한다.
7. 가능하면 단일한 내용을 기술하고, 3국 의견의 차이가 있으면 드러나게 한다.
8. 한중일 부교재 개발을 위한 특별위원회를 ……(줄임표－인용자) 구성한다. 단, 집필위원회는 연구자와 교사를 중심으로 하며, 각 시대별 전문가를 물색하여 별도 구성한다.
9. 모든 비용은 상호호혜의 원칙에서 진행하며, 여비는 각국에서 담당하며, 숙식 및 회의진행은 해당국가에서 담당한다.
10. 2002년까지 준비를 하고, 2003년까지 원고집필을 완료하며 가능한 3국에서 출판한다[한중일 공동부교재 개발을 위한 제1차 준비모임 논의사항(2002. 4. 27)].

여기에서 주목되는 결정은 남경포럼 때 합의사항과 달리 세 나라의 교육제도가 나라마다 다른 현실과 연구현황을 고려할 때 교과서를 발행하는 일 자체가 불가능하므로 교과서보다는 부교재를 만들자고 중국과 일본 측에 제안하기로 한 점이다. 또 하나는 본문 서술보다는 토픽 중심의 교재를 만들자고 제안하기로 결정한 점이다. 수업에 도움이 될 수 있는 부교재라는 교재의 특징에는 자료제시형이 더 적합다고 보았기 때문이다. 물론 학생들을 토론수업으로 유도하기에도 본문서술형보다 더 유리하다고 보았기 때문이기도 하다. 그리고 회의에서는 대주제의 세부 주제를 확정하여 집필을 할 때는 도입글, 주자료(사료 중심), 도움자료(사진, 글), 본문, 별도페이지(유적지, 인터넷사이트 소개)로 내용을 구성하는 방안도 논의하였다.

한국 측 위원회는 일본군 '성노예' 문제에 관여하고 있던 시민단체 관계자[4]와 일본사 연구자, 역사교육 전공자, 민간 연구기관인 사단법인 역사문제연구소에서 한국근현대사를 전공하는 일부 연구원이 참여한 가운데 일단 출범하였다.[5] 참가자들을 하나로 코디네이터 한 조직은 2001년 일본의 후소샤판 역사교과서의 왜곡문제에 대응하기 위해 출범한 NGO기구인 일본역사교과서바로잡기운동본부였다.[6] 한국 측 위원회는 이 단체의 특별 조직이었다.

2002년 5월 11일에 열린 제2차 부교재 국내회의에서는 개항과 근대화, 제국주의와 식민지, 전쟁과 평화, 전후와 미래라는 네 가지 대주제를 한국 측 안(案)으로 확정하였다. 이에 따라 역사교사들 간의 친목과 교류 모임인 전국역사교사모임[7]의 추천을 받아 2명의 고등학교 교사를 보강하고, 중국현대사 전공자도 새로 영입하여 8명으로 특별위원회를 다시 구성하였다. 이후 3국 간의 논의가 구체화하자 한국 측 위원회 성원들은 유럽에서의 역사교과서대화 경험도 공부하였다.

한국 측 위원회는 2002년 12월 도쿄에서 열린 제2차 부교재 국제회의를 계기로 다시 위원을 보강하기로 하고 19세기 후반을 전공하는 한국근대사 연구자, 초등교육을 연구하는 여성 연구자, 그리고 중학교 여교사 등 3명

---

4) 여기서 말하는 시민단체란 한국정신대문제대책협의회를 가리키는데, 일본군의 '위안부' 범죄 인정, 진상규명과 국회결의사죄, 법적배상, 역사교과서 기록, 기념시설 조성, 책임자 처벌을 목적으로 1990년에 설립된 단체다.

5) 역사문제연구소는 역사인식의 심화와 대중화를 통해 한국사회의 민주화에 기여한다는 취지하에 1986년 설립되었다.

6) 2003년 일본의 역사교과서 문제만이 아니라 한국의 역사교육, 중국의 동북공정 문제에도 대응하기 위해 아시아평화와역사교육연대로 명칭을 바꾸었다.

7) 전국역사교사모임은 올바른 역사교육을 실현하자는 취지에 동감하는 역사교사들이 1988년에 자주적으로 만든 '역사교육을 위한 교사모임'이 모태가 되어 1991년에 창립되었다.

을 추가하였다. 이때부터 11명이 '한중일 공동부교재 개발 특별위원회'의 구성원으로서 2005년 5월 한국어판을 발행할 때까지 함께 행동하였다. 한국 측 위원회는 이때까지 모두 38차례 회의를 열고 부교재 활동과 관련된 모든 사항을 하나하나 토론하였다.

2) 제1차 서울국제회의(2002. 8) - 주제 중심의 '부교재'로 합의

중국과 일본에서도 남경포럼 때의 합의사항을 구체화하기 위한 논의가 본격화하였다. 세 나라 관계자들은 서로 메일로 의견을 교환하다, 8월 23일부터 3일 동안 서울에서 만나 다음과 같은 사항을 합의하였다.

> 1) 목적 : 한중일 역사 공동부교재 개발(이하 부교재 개발 : 원문대로 임-인용자)의 목적은 제국주의와 패권주의를 반대하고 평화와 인도주의에 기반하는 열린 세계 시민의식의 확산을 위해 동아시아 역사인식의 확대를 꾀하기 위함이다.
> 2) 참여범위 : 부교재 개발은 일단 한중일 3국을 중심으로 진행하고 대만(일본 제시), 홍콩(중국 제시) 및 북한은 여러 가지 정치적 문제를 고려하며 향후에 초청하기로 한다. 또한 학자 이외에도 교사와 여성 등의 참여가 가능하게 한다.
> 3) 협력방식 : 주제는 공동으로 확정하고, 집필은 각국에서 주제별로 분담하며, 검토는 3국이 모여서 충분한 검토와 수정, 토론과 협의를 거친다.
> 4) 대상 : 부교재의 대상층은 중학생으로 한다.
> 5) 주제 · 시기 선정 : 일단 3국 관계사를 중심으로 중요한 것부터 주제를 잡되 자세한 주제는 다음 회의에서 확정하기로 한다. 일본에서 제안한 각국의 교과서 검토는 부교재 개발을 위한 주제에 한정, 주제 제안시(提案時) 교과서 분석과 집필방식을 함께 고려하는 것으로 한다. 또한 시기 역시 주제별 접근원칙에 따라 주제와 결부시켜 결정하기로 한다.

6) 집행기구 : 각국에 집행기구를 두고 집필위원회는 추후 별도로 구성한다(축약－필자).
7) 소요예산 : 저작권에 관한 비용은 공동으로 부담하고 나머지 비용은 각국이 부담한다.
8) 제목 : 부교재의 제목은 중국에서 제안한 "한중일 공동의 역사"를 가제(假題)로 하고 추후 확정한다.
9) 출판 : 4×6배판, 컬러인쇄로 각국 언어로 출판한다.
10) 판매 : 한국은 시판, 중국은 출판발표회 후 시판, 일본은 학생들의 일괄구입을 추진하되 여의치 않을 경우 시판을 고려한다. 단 중국의 경우 '부교재' 명칭 사용 시 국가의 엄격한 통제를 받으므로 민간학술단체인 '일본전쟁책임문제연구센터'가 보다 자유로운 상태에서 출판하기 위해 부교재로 칭하지는 않기로 한다[제1회 한중일공동부교재위원회 합의사항(2002. 8. 23~25)].

2002년 8월 제1차 부교재 국제회의에서는 한국 측이 제안한 공동역사교재의 기본적인 성격이 모두 그대로 합의되었다. 다만, 중국 측의 사정 때문에 중국에서는 '부교재'라는 명칭을 사용하지 않기로 하였다. 국가 간 조건의 불가피한 편차를 존중하는 태도가 국제 역사대화의 기본이므로 이를 존중해 주기로 한 것이다.

서울회의에서는 12월 제2차 부교재 국제회의를 도쿄에서 열어 3국의 기획안을 검토하고, 세 나라 역사교과서도 분석하기로 결정하였다. 또 2003년 2월 도쿄에서 열릴 예정인 '제2회 역사인식과 동아시아 평화포럼' 때 별도의 부교재 제3차 국제회의를 열고 목차만이 아니라 집필진과 분과위원회도 확정하기로 합의하였다. 필자는 8월의 제1차 부교재 국제회의에서 순조롭게 합의되는 사안들이 있어 이때까지만 해도 3국 간의 의견조율이 난항을 거듭하면서 매끄럽게 진행되지 못할 것이라 염려했는데, 너무 과도한 걱정이 아니었을까라는 생각도 잠시 한 적이 있었다. 하지만 제2차 동경회의부터는 우려했던 대로 어려움의 연속이었다.

3) 제2차 동경국제회의(2002. 12) – 각국사를 주제와 시간에 따라 병렬

12월 동경회의는 중국 측이 불참한 가운데 한국과 일본 측에서 각각 제시한 부교재 목차에 대해 토론하였다. 한국 측 참가 위원들은 자비(自費)로 비행기료를 부담하고 참가했으며, 서울회의에서 합의한 대로 숙박비는 주최국인 일본 측에서 부담하였다. 이 교류원칙은 지금까지 지켜지고 있다.

한국 측은 소항목까지 모두 제안했는데, 여기에서는 4개의 대주제와 중항목까지만 소개하겠다.[8)]

1. 개항과 근대화 : 1) 각국의 개항 2) 각국의 '근대화' 시도 3) 민중들의 반응 4) '근대화' 이후의 변화상
2. 제국주의와 식민지 : 1) 식민지조약 · 병합 2) 수탈과 개발 3) 침략과 저항 4) 식민지–국제체제하 민중들의 삶
3. 전쟁과 민간인 피해 : 1) 제국주의 침략전쟁들 2) 냉전체제하의 전쟁들 3) 민간인 피해
4, 전후의 화해와 반성 : 1) 국제사회의 전후처리 과정과 새로운 국제 질서의 수립 2) 현안과제 3) 미래를 향한 움직임
5. 인물 : 1) 각국의 평가가 엇갈리는 인물 2) 동아시아 평화를 위해 힘쓴 인물[제2회 한중일 역사공동부교재 개발 국제회의 보고(2002. 12. 21~22)].

일본 측 역시 소항목에 해당하는 내용까지 제시했는데, 동시대적 관계를 중시한 시안의 중항목까지만 정리하면 다음과 같다.

1. 구미의 압력을 받으며(1847~1867)
   (1) 국제관계 : 열강에 대하여

---

8) 이후 우리는 목차를 합의하는 과정에서 대주제는 '장', 중항목은 '절', 소항목은 그대로 소항목이라 불렀다. 뒤에 다시 언급하겠지만 각 소항목은 2쪽으로 편집되었는데, 그 안에 2~3개의 소주제를 붙여 독자들의 이해를 돕고자 했다.

(2) 국내상황 : 정치의 움직임과 민중
(3) 국제구상과 3국의 교류
2. 요동치는 동아시아(1868~1894)
(1) 국제관계 : 동아시아의 관계
(2) 국내상황 : 근대화의 모색
(3) 국제구상과 3국의 교류
3. 제국과 식민의 분기(分岐)(1895~1910)
(1) 국제관계 : 초점으로서의 중국
(2) 국내상황 : 개혁운동과 민중
(3) 3국의 교류와 연휴(連携)
4. 교차하는 지배와 저항(1910~1931)
(1) 국제관계 : 일본 팽창을 둘러싼 마찰
(2) 국내상황 : 데모크라시와 민족자결
(3) 3국의 교류와 연휴(連携)
5. 일중전쟁을 둘러싼 가해와 피해(1931~1945)
(1) 일본에게 전쟁 : 전쟁의 추진
(2) 중국에게 전쟁 : 침략과의 대치
(3) 조선에게 전쟁 : 침략의 '기지'화
(4) 전시하 사람의 이동
6. 승리 · 해방 · 패전과 냉전구조(1945~1980년대)
(1) 새로운 출발
(2) 동아시아의 국제관계
(3) 전쟁책임과 전후처리 문제
7. 지금, 그리고 미래 : 화해와 연대로(1990년대~)
(1) 역사에서 배우며 역사를 창조한다
(2) 화해와 연대 – 국경을 넘어 손을 잡다
(3) 전쟁의 극복과 평화에의 길[3국 부교재의 구상 – 동시대적 전개를 주축으로 하는 시안(2002. 12. 21)]

한국 측 시안이 주제별 접근을 기본으로 하면서 시간의 순서를 고려한 목차라면, 오비나타 스미오(大日方純夫) 위원이 발표한 일본 측 시안은 세 나라의 동시대적 국제관계를 7가지 항목으로 나누어 마찰과 대립, 교류와 연대를 강조하려는 통사에 가까운 구성안이었다. 또한 일본 측 시안은 국가를 초월하여 개인과 민중에 초점을 맞춰 후소샤판 역사교과서에 대한 근본적인 비판을 시도한 기획이라는 점에서 높이 살만한 기획안이었다. '지역으로서의 동아시아' 근현대사를 다룬다는 측면에서 보면 일본 측 시안이 훨씬 짜임새 있는 기획안이었다. 필자는 그때 깨닫지 못했지만 이후 공동 작업을 진행할수록 일본 측의 기본취지가 중요하다는 사실을 깨달았다. 지금 와서 생각해 보면 일본 측 구성안은 공동역사교재를 개발하기 위한 우리의 작업이 나아갈 방향을 제시한 목차였다고 생각한다. 실제 지금 제2단계 작업이 진행 중인데 이러한 취지가 거의 그대로 반영되어 있다고 볼 수 있다.

한국과 일본 참가자들은 회의에서 상대방의 시안에 대해 의견을 교환하였다. 한국 측 위원들은 일본 측의 기획의도를 알겠으나 통사적으로 서술할 만한 역량이 세 나라의 위원들에게 있는지 확신할 수 없을 뿐만 아니라, 세 나라 역사학계의 연구수준도 '지역으로서의 동아시아' 근현대사를 쓸 수 있을 만큼 축적되어 있지 않다고 진단하였다. 통사적 서술은 부교재의 성격에 맞지 않을 뿐만 아니라 세 나라의 중학생들이 타국사와 국제관계사를 따라가기 쉽지 않을 가능성이 높으며, 보기 위주의 교재보다는 읽기 위주의 교재로 될 가능성이 많다는 우려도 제기하였다. 더구나 일본 측의 시안은 메이지유신을 동아시아 근현대사에서 전환적인 역사로 위치지우고 있고, 일본의 침략과 지배, 팽창과 패전의 역사를 중심으로 시기를 구분하며 한국과 중국의 역사를 배치하고 있어, 의도하지 않았겠지만 일본 중심의 동아시아 근현대사가 되어버렸다고 의견을 피력하였다. 이렇게 되면 한국과 중국의 근대사는 수동적인 역사였다는 이미지를 독자들에게 각인시킬 우려가 있어 상대방의 역사적 내면을 이해하는 데 오히려 방해될 우려가 있다는 우려도 함께 제기하였다.

이에 대해 일본 측에서는 한국 측 구성안의 세 번째 대항목인 '전쟁과 민간인 피해'에서 청일전쟁, 러일전쟁, 한국전쟁을 같은 범주에 넣고 있어 시대별 접근을 통해 동시대적 범주 속에서 이해하기 어렵게 한다고 지적하였다. 그러면서 일본 측 구성안은 동아시아 역사인식의 미래지향적 인식에 초점을 두고 있으며, 일본 측이 발표한 구성안은 교재의 내용이라기보다 이념이며 집필자들이 알아야 할 내용이라고 설명하였다.

결국 참가자들은 현 단계에서 세 나라의 역사를 각각 서술하면서 서로 비교할 수 있도록 하고, 상호관계를 서술하여 동시성과 관계성을 보완하는 기획을 하기로 합의하였다. 한국 측 구성안의 4개 대주제를 중심으로 부교재의 내용을 구체화하고 '인물' 역시 별도의 대주제로 설정하지 않고 관련된 부분에서 서술하기로 합의하였다. 또한 한국 측 수정 제안에 따라 문제가 된 세 번째 대주제인 "전쟁과 민간인피해"에 배치했던 청일전쟁은 제1장 「개항과 근대화」로 이동시키고, 제1차 세계대전을 제2장 「제국주의와 식민지」로, 한국전쟁과 베트남전쟁을 제4장 「전후의 화해와 반성」으로 넘겨 시기별 어려움을 극복하기로 합의하였다. 또한 4개 대주제 모두에 민간인의 피해를 기술하도록 하고, 제2, 3장은 1910~1945년 사이를 엄밀하게 둘로 구분하기 어려운 측면이 있으므로 사건을 주제별로 접근하는 형태로 구성할 것을 합의하였다. 특히 네 번째 주제는 일본 측 구성안의 정신을 존중하여 미래지향적으로 구성하기로 합의하였다.

하지만 한일 간의 합의는 중국 측이 참가하지 않았기 때문에 잠정적인 것이 될 수밖에 없었다. 회의 참가자들은 중국 측의 이해를 돕기 위해 자세한 회의록을 보내주었지만, 직접 만나 토론하는 것과는 같을 수 없었다. 우려했던 점은 이듬 해 2월 '제2회 역사인식과 동아시아 평화포럼' 곧, 동경포럼 때 열린 제3차 부교재 국제회의에서 현실로 드러났다.

4) 제3차 동경국제회의(2003. 2) – 부교재 성격, 구성안의 큰 차이

한일 간에 합의한 목차는 두 개의 산을 넘어서야 발행 때의 목차에 근접할 수 있었다.

첫 번째 산은, 제3차 부교재 국제회의 때 4개의 대주제를 구체화하는 과정에서 3국 간에 큰 견해 차이가 극명하게 노출되었다. 발행 당시 부교재의 서장과 제1장에 해당되는 부분만을 사례로 들어보자.

〈일본 측 목차 구성안〉

1. 개항과 근대화 : (1) 외압에의 대응 (2) 메이지유신과 동아시아의 변동 (3) 일청전쟁 (4) 일로전쟁 (5) 근대화와 생활 문화 – 민중(여성) (6) 국제인식과 상호교류

〈중국 측 목차 구성안〉

一. 개항과 근대화(근대 이래 동아 3국의 사회변천) : 1. 중국사회의 변천(반식민지반봉건국가로 몰락) 2. 한국사회의 변천(식민지로 몰락) 3. 일본사회의 변천(제국주의 길로, 황국론, 군인칙어, 교육칙어 등)

二. 제국주의와 식민지 : 1. 일중갑오전쟁(일본의 중국 대륙에로 처음으로 확장실현) 2. 일한합병(일본대 한국의 식민통치)

〈한국 측 목차 구성안〉

1. 개항과 근대화 : 1. 개항이전 3국의 모습 2. 개항과 3국의 대응 3. 3국 간의 갈등과 귀결 4. 일상의 변화

이 구성안을 놓고 크게 두 가지 쟁점이 있었다. 하나는 한국 측이 메이지유신을 중심으로 목차를 짠 일본 측 시안에 대해 지난 해 12월 동경회의 때 문제를 제기했고, 당시 서로 합의한 사항임에도 불구하고 균형잡힌 서술의 원칙을 무시한 것이라 비판한 데 대해, 일본 측은 메이지유신이 한국과 중국의 근대화 발전에 방해가 되었음을 서술하고자 이렇게 제안했다고 답변한 점이다.

다른 하나는, 한국과 일본 측은 중국 측의 시안에서 1894년 '일중갑오전쟁'을 '제국주의와 식민지'에 배치한 것은 당시 일본이 제국주의 국가가 아니었기에 부적절하다고 비판하였고, 이에 대해 중국 측은 청일전쟁으로 인해 중국이 반식민지화되었으므로 그것을 제국주의 항목에 포함하는 것이 맞다고 주장한 점이다. 더구나 한국과 일본 측은 중국 측 시안대로 하면 중국과 한국의 역사에 관한 서술이 제1, 2장에서 중복된다고 비판하였다. 세 나라는 토론을 통해 개항을 시작으로 하되 상호 비교할 수 있는 주제별 접근을 기본으로 하며 1894년을 기준으로 시기를 나누어 목차를 짜기로 합의하였다.

두 번째 산은, 부교재의 성격에 대한 의견 차이였다. 중국 측은 중국의 학생들이 향토사교재를 가지고 배우고 있으며, 교과서에 실리지 않는 내용이나 후소샤판 교과서에 대한 비판이 우리 작업의 목적이므로 왜곡된 부분만을 부교재로 만들고 여러 항목을 상세하게 쓰는 것보다 한 개의 항목이라도 자세히 하는 편이 낫다고 주장하였다. 이에 대해 한국과 일본 측은 우리의 작업이 역사왜곡을 비판하는 데만 한정되어서는 안되며 3국의 상호이해를 증진하는 데 또 하나의 목적을 두어야 한다고 반박하였다. 또한 부교재는 교과서를 보충하는 교재이므로 너무 소략하면 오히려 문제이며 주교재보다 더 풍부하거나, 주교재와는 다른 내용이 담겨져야 한다고 주장하였다. 부교재의 성격과 구성안에 대한 의견 차이는 '자료가 중심이 된 부교재'라는 이미지가 무엇인가에 대해 서로의 생각이 달랐던 데도 원인이 있었다.

결국 각국의 구체적인 구성안을 보고 나서 다시 토론하기로 하고 최종 합의를 다음 회의로 미루어야만 하였다. 그래서 한국 측은 독자적으로 준비한 구성안을 발표할 기회조차 얻지 못하였고, 애초 제3차 부교재 국제회의에서 기획안의 중소항목과 편집체제를 확정하기로 세 나라 간 합의했던 회의목표도 달성하지 못하였다.

5) 제4, 5차 북경 및 서울국제회의(2003. 9와 11) - 구체적 검토 속에서 목차 기본 확정

회의 목적을 제대로 달성하지 못한 가운데서도 제3차 부교재 국제회의는 향후 조직운영과 관련하여 중요한 두 가지 사항을 결정하였다. 앞으로 부교재 국제회의는 평화포럼과 구분하여 평화포럼과 동시에 진행되더라도 포럼이 끝난 이후에 부교재회의를 진행하던 방식 대신에 가능하면 포럼과 부교재회의를 동시에 진행하기로 결정하였다. 또 이제부터는 30명이 넘는 인원이 한자리에 모여 전체회의만을 진행하던 방식에서 벗어나 4개의 대주제별로 분과회의를 열고 이어 전체회의에서 분과회의의 합의사항을 취합하는 형식으로 운영함으로써 논의의 효율성을 제고(提高)시키기로 결정하였다. 이를 통해 3국의 부교재 위원은 부교재의 구성안과 성격에 대해 뚜렷한 의견 차이를 드러냈음에도 불구하고 공동 작업을 포기하지 않고 실낱같은 희망을 계속 가질 수 있었던 것이다.[9)]

무엇이 이들로 하여금 포기하지 않게 했을까. 각자의 사정이 있었겠지만, 한국 측 위원들은 더 이상 일본을 비판하는 데만 그치지 말고 대안을 마련하면서 비판하자는 생각을 갖고 있었다. 더구나 동아시아의 역사갈등이 갈수록 확대되고 있는데 역사연구자와 역사교사로서 이를 방관하면 책임을 회피하는 것이라는 책임의식도 품고 있었다. 한국 측 위원들은 1980년대에 대학을 다니며 학생운동에 참여하거나 민주화를 열망했던 사람들이었는데, 1987년 6·10민주화운동을 계기로 최소한의 정치적 민주화가 달성되자 주변국과의 협력적 관계도 생각해야 한다고 평소부터 주장한 사람들이다.

---

9) 2003년 6월 서울에서 한일 대표자만이 모여 교착상태에 빠진 공동작업을 어떻게 진행할 것인가에 대한 논의도 있었다. 이 회합은 공동역사교재 작업의 공식적인 회의가 아니었기 때문에 회의로 계산되고 있지 않다.

한국 측 위원들의 이와 같은 의식에는 한국사회의 열린 내셔널리즘 경향도 영향을 끼쳤다. 즉 일본(인)의 역사인식 문제만이 아니라 이제는 한국(인)의 역사인식 문제도 함께 다루어야 한다고 생각하는 사람들이었다. 한국사회는 최소한 21세기에 들어서부터 모든 일본인이 과거의 침략과 지배를 정당화하는 '악마'는 아니며, 일본사회의 진보와 동아시아의 평화정착을 위해 노력하는 사람도 많다는 생각 즉, 일본사회의 다양성에 주목하는 것이 대세다.[10] 더구나 세계적인 차원에서 냉전체제가 해체되었고 2000년 남북정상회담으로 상징되듯이 남북한 사이에 긴장국면이 완화되고 있다. 또한 1987년 이후 최소한의 정치적 민주화를 스스로 달성했다는 한국사회의 새로운 사회적 분위기가 일본 및 일본인과의 접촉을 훨씬 유연하게 하였다. 요컨대 공동역사교재를 만드는 데 적극적이고 책임 있는 모습을 보이려는 일부의 움직임은 배타적이고 자기중심적인 내셔널리즘에서 벗어나 점차 상대성을 찾아 나가고 있는 한국사회의 변화와 무관하지 않았던 것이다.

2003년 9월 베이징에서 열린 제4차 부교재 국제회의에서는 총편집위원회와 각 대주제의 국가별 편집책임자를 확정하였고, 모든 소항목은 관련 내용이 한눈에 들어올 수 있도록 펼친 상태에서 2쪽씩 기술하며 200쪽 내외의 부교재를 만들기로 합의하였다. 이렇게 할 수 있었던 데는 부교재의 편집목적을 중국 측이 말하는 '전쟁과 평화에 의한 역사편집'이라고 규정하면 너무 제한적이므로 침략과 저항, 협력과 갈등, 전쟁과 평화라는 측면을 동시에 강조하기로 합의한 점과 깊은 연관이 있었다. 이에 따라 구성안의 서장, 제1, 2, 3장의 소항목을 설정하는 작업도 용이했고, 집필 담당을

10) 우리의 공동작업과 1990~1993년에 있었던 한일 역사연구자 간의 작업을 비교해 보면 그 격차를 실감할 수 있을 것이다. 자세한 것은 신주백, 「한일간 역사대화의 모색과 협력모델 찾기(1982~1993)」, 『한일민족문제연구』 11, 2006. 12 참조. 이 책의 제1부에 수록되어 있다.

국가별로 확정하는 데도 어렵지 않았다. 한국 측 위원회는 북경회의 결정사항을 실행에 옮기기 위해 2003년 10월 제12차 부교재 국내회의를 열고 일본·중국 측과 달리 부교재위원 이외의 사람에게도 각 장의 책임자가 원고를 청탁하기로 결정하였다.

하지만 9월의 북경회의에서는 여전히 한국전쟁과 베트남전쟁에 관한 서술문제로 중국 측과 의견대립이 있어 제4장과 종장의 목차는 확정하지 못하였다. 또한 부교재의 구성요소에 대해 여전히 합의를 이끌어내지 못해 2003년 11월 서울에서 열릴 제5차 국제회의의 과제로 넘겨야만 하였다. 왜냐하면 중국 측은 서술 중심의 체제를, 일본 측은 자료와 서술을 반 정도씩 배치하는 체제를, 한국 측은 자료 중심의 탐구식 체제를 각각 주장했기 때문이다. 그래서 구체적인 샘플을 놓고 토론하기로 하고, 일본은 제1장, 한국은 제2장, 중국은 제3장에서 각각 2개씩 샘플안을 작성해 오기로 결정하였다.

이와 관련하여 제5차 부교재 국제회의가 열리기 직전에 있었던 한국 측의 제13차 부교재 국내회의에서는 3국이 각각 집필한 소항목별 샘플안을 검토하면서 11월에 열릴 서울회의 때 부교재의 구성요소를 확정하자고 일본과 중국 측에 제안하기로 결정하였다. 또한 구성요소의 배치방식을 순수한 자료탐구형보다는 본문 서술을 중심으로 하되 쟁점이 되는 사항을 부각시켜 학생들 사이에 토론을 유도할 수 있고 세 나라가 비교 가능하도록 자료를 배치하는 편집방식으로 하자는 한국 측 수정안을 제안하기로 합의했다. 중국 측 의견에 근접한 방향으로 선회한 것이다. 한국 측 위원들이 입장을 바꾼 이유는 부교재라는 개념에 지나치게 얽매이지 말고 독자적인 하나의 완결된 책으로서 세 나라의 학생들이 직접 읽고 이해할 수 있는 형식과 내용을 추구하는 쪽이 더 낳겠다고 보았기 때문이다. 달리 말하면 세 나라 중학생의 보조교재로서의 의미에 너무 매달리지 말자는 의미로서 세 나라의 대학생과 일반 시민을 상대로 한 판매까지도 더욱 적극 고려하려는 의도와도 관계가 있는 결정이었다.

결국 2003년 11월 서울에서 열린 제5차 부교재 국제회의에서는 그동안 난산을 거듭하던 제4장과 종장의 목차도 대략 합의됨에 따라 2005년에 발행된 부교재의 목차와 거의 유사한 구성안이 최종적으로 확정되었다. 또 세 나라가 각각 작성한 샘플 원고를 검토하는 과정에서 부교재의 구성요소를 둘러싼 이견(異見)이 좁혀져 본문 서술을 중심으로 하면서 사진과 자료를 적절히 배치하기로 결정하였다. 서로가 주장을 조금씩 바꾼 결과인 것이다. 다만, 부교재의 구성요소에 대해서는 3국 위원 모두가 균등하게 인지하고 있지 못한 것이 현실이었으므로 원고를 토론하는 과정에서 구성요소에 관한 각자의 이미지를 일치시켜 가기로 합의하였다. 또한 제5차 부교재 서울국제회의에서는, 소항목을 집필할 경우 한국어와 일본어의 경우 1,500자, 중국어의 경우 1,000자로 글자 수를 한정했고, 칼럼을 각 중항목, 곧 '절'의 끝 부분에 배치하기로 하였으며, 한국어와 일본어의 경우 1,800자, 중국어의 경우 1,200자로 글자 수를 제한하였다. 2002년 12월 동경회의에서 처음으로 부교재의 목차를 놓고 토론을 벌인 이래 1년이란 시간이 걸려 목차를 합의함으로써 일단 한고비 넘은 것이다.

이후 2004년 5월 도쿄에서 열린 제6차 부교재 국제회의부터 2005년 4월 베이징에서의 제11차 국제회의 때까지는 원고에 대한 실제적인 검토와 번역확인 작업이 핵심적인 토론 내용이었다. 그래서 별도의 내용을 소개하지 않겠다.

3. '부교재' 내용을 둘러싼 소통 과정

1) 한국 위원 사이에-자체 수정을 중심으로

한국 측은 2003년 11월의 서울회의 이후 네 개의 장에 대한 편집책임자로 각 장에 연구자와 교사를 1명씩 2명을 배치하였다. 필자와 이인석 선생이 제2장의 한국 측 담당자로 된 것도 이때 최종 확정되었다. 또한 확정된 소항목 가운데 부교재위원이 직접 담당한 주제에 대한 집필과 검토를 우선 시작하였고, 더 적절한 전문가가 있는 소항목에 대해서는 외부 연구자와 교사에게 원고를 청탁하였다. 중국과 일본 측 원고에 대해서도 번역팀과 감수팀을 중국사와 일본사 전공의 위원을 중심으로 조직하였다. 원고검토팀은 부교재 위원이 아닌 연구자와 교사 다섯 분으로 구성되었는데 한국 측 부교재 위원이 집필한 원고도 검토하였으며 교사들은 자기가 지도하는 중고등학교 학생들에게 직접 읽혀 그들의 반응도 검토의견에 반영하였다.

한국 측 위원들은 2004년 2월부터 5월의 동경회의 직전까지 모두 네 차례 만나 원고를 검토했는데, 아래 두 가지 보기를 통해 한국 측 스스로 수정한 내용을 소개하겠다.

우선 국제 역사대화를 계기로 역사의 다양성을 고려해야 했다는 측면의 사례를 들어보겠다. 두 번째 대주제에 해당하는 제2장의 제2절은 "일본의 한국 지배 강화"라는 주제 아래 네 개의 소항목으로 짜여져 있는데, '3. 경제정책과 수탈'이란 세 번째 소항목의 초고가 완성된 것은 2004년 2월 이었다. 소항목의 마지막 문장은 "식민지 경제정책은 개발을 명분으로 내세웠지만 수탈을 위한 개발이었으며, 일본인을 위한 개발이었다"였는데 교사인 검토위원은 이에 대해 다음과 같이 지적하였다.

> 일본인이라 하면 그 당시 일본인 전체가 식민지 경영으로 이익을 얻은 것처럼 학생들에게 잘못 전달될 수도 있을 것이다. 분명 그 당시 일본 내에서도 경제 발전 과정에서 희생당한 일본 농민이나 민중들이 있었을 것이라고 보기 때문 …… 그리고 당시 한국에 살고 있는 일본인만으로 축소해서 생각할 수도 있을 것 같다[한국 측 제1차 원고(2004. 2)].

그러면서 '일본을 위한 개발' 또는 '일본의 경제 발전을 위한 개발'로 문장을 바꿀 것을 대안으로 제시하였다. 오늘날뿐만 아니라 당시에도 일본 사회 내부에 다양한 사람이 있었다는 사실에 주목할 것을 지적한 것이다. 사실 이 지적은 위원들이 잠시 놓치고 있던 문제의식이었다. 한국 측 위원들은 "역사 들여다보기"라는 칼럼에서 한국과 한국인을 도와준 일본인에 대해서도 언급하기로 하고 후세 다쓰지(布市辰治, 1880~1953)의 삶에 대해 기술하자고 이미 일본과 중국 측에 제안하였는데 정작 본문의 내용에서 그와 같은 취지를 살려내지 못했던 것이다. 더구나 민족적 관점에서만 보지 말고 민중에 대해 이해하려고 노력해야만 상대방 사회의 다양성에 더 주목할 수 있다는 검토위원의 지적은 적절하였다. '3. 경제정책과 수탈' 부분의 원고는 여러 차례 수정을 거듭하는 과정에서 이러한 한계를 벗어날 수 있었다.

다른 하나는 대한민국임시정부에 대한 기술이다. 애초 제3장의 6절에 들어갈 칼럼은 "윤동주와 「序詩」"였다. 그런데 2004년 4월에 열린 제18차 부교재 국내회의 때 "대한민국임시정부"로 교체하기로 결정하고, 5월의 동경회의에서 승인받았다.

한국 측 위원들이 '대한민국임시정부(이하 임시정부)'를 칼럼으로 채택한 이유는 한국에서의 민족운동사 교육과 연관이 있었다. 한국의 역사교육에서는 1919년 3·1독립운동이란 거대한 항일운동이 일어난 이후, 항일운동의 지휘부로서 임시정부가 수립되었다는 점, 이후 일본의 지배에 맞서 항일운동을 조직하고 지휘하는 중심 기관으로 활약했다는 점을 중요시하고 있다. 또한 한국 측 위원들은 1931년 일본의 만주 침략을 계기로 만주지역의 한국인 민족주의자만이 아니라 사회주의자도 중국인과 함께 항일무장투쟁에 적극 뛰어들었다고 기술하고 있는데 중국의 상하이지역을 중심으로 활동한 임시정부를 언급하지 않는 것은 균형적인 서술이 아니라고 판단하였다. 더구나 항일무장투쟁을 역사적 정통으로 보는 북한의 역사인식과 임시정부의 역사적 계승체가 대한민국이라는 남한의 역사인식의 차이까지를 고려하면 더 신중하게 판단해야 할 문제였다. 한국 측 위원들은 임시정부에 관한 역사적 사실과 남한사회 역사교육의 현황, 그리고 분단의 현실을 한국의 학생만이 아니라 일본과 중국의 학생들도 알아야 할 필요가 있다고 보고 부교재의 목차 구성 때문에 본문에 넣을 수는 없지만 대신에 칼럼에서 다루기로 하고 교체한 것이다.

임시정부를 칼럼의 주제로 설정한 이후에도 그것의 역사를 기술하는 문제는 그리 간단치 않았다. 2004년 8월까지 완성한 제1차 원고는 2005년 5월에 발행된 부교재의 내용과도 큰 차이가 있었다. 즉 제1차 원고에서는 임시정부가 3권분립의 공화제를 표방했지만, 설립 초창기부터 외교론과 무장투쟁론을 주장하는 세력 간에 갈등이 있었다는 점, 1923년 국민대표회의가 실패로 끝난 이후에는 유명무실한 기구로 전락한 채 명맥만 유지했다는 점, 1932년 윤봉길 등의 의혈투쟁을 계기로 중국 국민당의 지원을 받으며 일본과의 전쟁에 적극 나섰다는 정도만 기술되어 있다. 임시정부가 부정적이고 피동적인 단체로 묘사되어 있는 것이다.

하지만 임시정부에 대해 이런 이미지로 중국과 일본의 학생 등에게 전달된다면, 일본의 식민지지배에서 벗어나려는 한국인들의 여러 가지 노력이 모두 부정적이고 피동적인 이미지로 외국인 독자들에게 각인(刻印)될 가능성이 높았다. 임시정부와 관련하여 위에서 언급한 사건 하나하나는 분명히 있었던 사실이지만, 그와 다른 이미지를 전달할 수 있는 사실 또한 아주 많았으므로 임시정부에 관한 전체상을 중국과 일본의 학생 들에게 제대로 전달할 필요가 있었던 것이다. 결국 한국 측이 스스로 마무리한 최종 원고에서는 임시정부의 분열과 한계를 분명히 기술하면서도 중일전쟁, 아시아태평양전쟁으로 침략전쟁을 확대해 가고 있던 일본에 맞서 끝까지 싸웠던 내용도 함께 기술하였고, 1945년 11월의 귀국 과정도 미국의 전후처리 방침과 연관시켜 언급하였다(한국어판, 192쪽).

이상의 두 가지 사실은 한국 측 위원들이 스스로 수정한 경우이지만 일본과 중국 측의 지적을 받아 수정한 경우도 많았다. 특히 우리가 당연하다고 생각한 용어, 자연스럽다고 생각한 표현이 주관적이라고 지적된 부분에 대해 많은 위원들이 새삼 자각하는 계기였다.

예를 들어 2004월 5월의 동경회의 곧, 제6차 부교재 국제회의에서 일본 측은 한국 측의 제1차 원고에서 안중근을 '의사'라고 쓰고, 윤봉길 '의사'가 상하이홍커우공원의 행사장에 던진 폭탄투척사건을 '의거'라고 거리낌 없이 사용하고 있는데, 이는 객관적인 용어가 아니라고 지적하였다. 비록 한국인의 입장에서 정의로운 행동이었지만 동아시아 공동의 역사교재에서 이들 용어를 사용하는 데 더 신중할 필요가 있다는 지적을 일본 측에서 제기한 것이다. 결국 출판된 부교재에서는 안중근과 윤봉길을 의사로 호칭하지 않았고, 대신에 중국어판과 일본어판에서는 한국어판처럼 '상해의거'라 하지 않고 일본어판에서는 '상해의거', 중국어판에서는 '상해기의(上海起義)'라 하였다(일본어판, 113쪽 ; 중국어판, 116쪽).

또한 일본 측은 한국 측의 제1차 원고를 보면 러일전쟁 이후 일본의 한반도 침략에 대해 한국인들이 저항한 상황을 묘사하면서 "한국인들의 대다수는 (일본군의-인용자) 한국점령에 분노했습니다", 일본 "침략군의 간담을 서늘케 했습니다", "대다수 한국인은 국권회복의 꿈을 버리지 않았습니다", 일본이 "한국인의 입과 귀를 막고"와 같은 표현을 많이 사용하고 있는데, 이 역시 지극히 주관적이고 감정적인 기술이라고 지적하였다. 일본 측의 금욕적인 서술태도는 일본 역사교과서에서 흔히 확인할 수 있는 태도로서 이후 한국 측 위원들이 집필 태도를 바꾸는 데 큰 본보기가 되었다.

두 가지 사례가 한국 측이 국제 역사대화를 하지 않았으면 자신만의 주관성을 깨닫지 못한 사례라면, 언어의 함의가 달라 정정할 수밖에 없었던 사례도 있었다.

중국 측이 지적한 용어 가운데는 제3장 4절 "한국의 전쟁 기지화와 민중의 피해"에 있는 '2. 전시 체제하의 군수공업'이란 소항목에 나오는 '병참기지'라는 용어가 있었다. 한국 측에서는 병참기지란 후방기지의 의미를 내포하고 있으며 1930년대 일본에 의해 이루어진 한반도에서의 공업발전은 모두 군사 공업용이었다는 견해가 일반적이어서 병참기지라는 용어를 자연스럽게 사용하였다. 그렇지만 중국 측에서는 중국어로 병참기지가 병사를 모은다는 의미이지 후방기지라는 의미가 아니라고 지적하였다. 2005년에 간행된 부교재에서는 병참기지라는 용어 대신에 '군수기지'라 쓰고 있다(한국어판, 162쪽 ; 중국어판, 142쪽 ; 일본어판 138쪽).

또한 제2장의 4절 "사회와 문화의 변화"에서 첫 번째 소항목이 '1. 한국 사회와 문화의 변화'인데, 한국 측의 제1차 원고에는 '황성옛터'라는 대중가요가 식민지하에서 많이 불렸다고 나온다. 하지만 중국 측에서 황성옛터를 중국어로 번역하기 어렵다는 문제를 제기하였기 때문에 "1920년대에는 대중가요도 유행하기 시작했습니다. 일본 엔카의 영향을 받은 트로트가 인기를 끌었습니다"로 문장을 바꾸어야만 했다(한국어판, 112쪽).

이처럼 이번 공동작업은 '지역의 역사로서 동아시아사'에 관한 공동역사 교재를 만들어 갈 때, 한국의 역사를 이웃 국가의 사람들에게 어떻게 전달하는 것이 바람직한지를 깊이 되새기게 하는 아주 귀중한 경험이기도 하였다.

2) 3국의 위원 사이에 – 쟁점을 중심으로

세 나라의 위원들은 2005년 5, 6월에 책이 나올 때까지 모두 여섯 차례의 공동 검토회의를 거쳤다. 각국에서 진행된 검토회의와 그 결과를 메일로 주고받은 것까지 합치면 몇 차례 검토했다고 꼬집어 말하기 어려울 정도였다.

우리들 논의의 출발점은 일본의 침략과 지배, 팽창과 패전이란 역사적 사실을 인정하고 반성하며, 화해와 협력을 통해 평화를 가꾸어 간다는 점이었다. 따라서 한일 간의 역사갈등에서 제기된 쟁점과는 근본적으로 다른 내용들이 많았고, 기본적으로 서로 대화로 풀어보려고 만났다. 그럼에도 불구하고 시간이 부족하였다. 언어의 장벽과 차이로 인한 어려움 이외에도 기초연구가 부족했던 것도 중요한 원인의 하나였다. 회의경비의 부족이 서로의 소통을 가로막는 요인이기도 하였다.

여러 난관이 있었지만 세 나라 위원들은 제기된 차이를 하나씩 합의하거나 상대방의 견해를 인정해 갔다. 하지만 합의하고 인정한 사실과 우리가 기술한 내용이 정답이라거나 전부라고 말하는 것은 절대 아니다. 우리의 합의와 인정, 그리고 서술도 현재의 수준을 반영한 결과이기 때문이다. 아직 너무나 부족한 점이 많다는 또 다른 현실을 절감하고 있기 때문이다.

여기에서는 세 나라 위원 사이에 제기된 쟁점의 내용과 그것의 귀결을 각 장별로 짧게 정리해 보겠다. 크게 쟁점이 되었던 사항을 주로 소개하고, 나머지 쟁점 사항은 있었다는 점만을 언급하는 수준에서 소개하겠다.

(1) 서장 「개항 이전의 삼국」, 제1장 「개항과 근대화」

서장에서 제기된 쟁점은 전근대 시기 동아시아의 3국관계인 조공-책봉 관계를 어떻게 이해해야 하는가였다. 좀 더 구체적으로 살펴보면 조선과 중국의 관계를 복속국의 측면에서 보아야 하는가 아니면 의례적인 관계로 보아야 하는가, 일본이 조공-책봉관계로부터 이탈한 시점은 15세기 혹은 그 이전의 어느 시기인가에 대해 많은 논의가 진행되었다. 결국 서장의 제1절 "삼국의 상호관계"라는 도입부에서 "한국, 중국, 일본 3국은 각자 고유한 전통과 문화를 가지고 있습니다. 세 나라 사람들은 오래전부터 가까운 이웃으로 잘 지냈습니다. 그러나 때로는 다투거나 전쟁을 하는 경우도 있었습니다"로 정리되었고, 본문에서 조중관계는 의례적인 관계이며, 일중관계는 16세기 이후 조공-책봉 관계로부터 이탈한 것으로 기술하였다(한국어판, 20쪽 ; 중국어판, 6쪽 ; 일본어판, 2쪽).

제1장에서는 1880년대 3국 간의 분쟁을 어떻게 이해해야 하며, 일본이 어느 때부터 대외 침략에 나서게 되었는가가 큰 쟁점이었다. 이 쟁점은 출판 직전까지도 논쟁이 되었다. 필자는 향후 통사적인 동아시아사를 집필할 때 서로 머리를 맞대고 고민해도 쉽사리 해결될 역사문제가 아니라고 생각한다. 아무튼 검토 과정에서 전자의 논점은, 일본이 조선을 침략했다면 중국은 조선의 요청으로 출동하였는데 이를 어떻게 보아야 하며, 이후 청군(靑軍)은 철수하지 않고 조선왕조의 국내 정치에 개입했는데 일본과 중국의 조선에 대한 간섭의 성격이 다르다고 보아야 하는지 여부였다. 후자의 논점은 메이지유신이 동아시아 국제관계에서 어떤 위치를 차지하는가에서 의견이 달랐으며, 이후 일본이 아시아를 줄곧 침략하려 했는가 아니면 진행되어 가는 상황 속에서 우연적 사건과 맞물리며 일본의 대외 침략이 전개되었는가에 따라 의견이 갈리었다. 구체적인 역사적 사건으로 말하자면 일본의 정한론(征韓論)과 조선 침략의 관계, 1874년 일본의 대만 출병과 1876년의 강화도사건 및 강화도조약이 필연적인 대외침략론의 연장선상에 있는 사건인가 아닌가와 관련이 있었다.

크게 보아 두 쟁점이지만, 사실 구체적 사건으로 들어가 살펴보면 다양한 의견 차이를 여러 대목에서 확인할 수 있었다. 두 쟁점은 세 나라 역사 교과서의 서술 차이를 드러낸 것이라고도 볼 수 있으며, 3국에서 현재까지 진행된 연구 결과의 차이를 반영한 결과라고도 말할 수 있다. 따라서 3국의 부교재 위원들이 감당할 수 없는 쟁점이기도 하였다. 그래서 부교재는 중국이 조선에서 계속 내정간섭을 강화하며 경제적 영향력도 확대한 데 비해, 일본은 조선에 대한 직접 개입에서 한발 물러나 청과의 싸움에 대비하여 군사력을 강화하였으며, 1894년 청일전쟁은 그 결과라고 서술하는데 그칠 수밖에 없었다라고 쓸 수밖에 없었다(한국어판, 45쪽 ; 중국어판, 25쪽 ; 일본어판, 25쪽).

(2) 제2장 「일본 제국주의의 확장과 한 · 중 양국의 저항」

서장과 제1장의 내용을 둘러싼 쟁점이 부교재의 원고를 검토하는 과정에서 가장 광범위하고 첨예했다면, 제2장은 그나마 논점이 가장 적었던 곳이다. 가장 민감할 수 있었던 1905년의 '을사5조약'과 1910년의 '한국병합에 관한 조약'의 합법 · 불법 논의도 칼럼의 형식을 빌어 있는 그대로 소개하고 독자 스스로 판단하게 만들었기 때문이다. 한국인의 정서에서는 일본이 불법행위를 저지른 강점이라고 그 해답이 명쾌하지만, 두 나라 연구의 현황을 고려하면 적절한 접근 방법이었다고 생각한다. 또 한일 양국 위원 모두 학문적인 부담과 더불어 뻔히 예견되는 소속 사회로부터의 보이지 않는 압력 또한 미리 의식해야 했던 결과이기도 하다.

이 밖에 1919년 3 · 1운동의 국제적 영향 가운데 5 · 4운동과의 연관성에 대해 한중 간에 이견이 있었고, 16세기 이전부터 대만에 거주한 사람들을 '고산족(高山族)'이라 불러야 한다는 중국 측의 의견과 '선주민(先主民)', '원주민(原住民)'으로 불러야 한다는 한국과 일본 측의 의견 사이에 견해 차이가 나왔다. 전자의 경우 '영향'이란 단어를 풀어서 설명하는 접근법을 통해 "특히 중국 지식인과 학생들은 한국에서 일어난 3 · 1독립운동 소식을 전하면서 중국인들에게 반일투쟁을 호소하였습니다"라고 기술하였다(한국어판, 99쪽 ; 중국어판, 79쪽). 후자의 경우 한국어판 교재에서는 원주민(86쪽), 중국어판과 일본어판 교재에서는 고산족으로 표기하고 있어 명확한 합의를 보았다고 보기 어렵다(중국어판, 66쪽 ; 일본어판, 64쪽). 필자는 2006년 11월 타이페이에서 열린 '대만광복60주년기념 학술회의'에 참가할 기회가 있었는데, 평소부터 알고 지내던 대만사 연구자에게 전후사정을 설명한 적이 있다. 그런데 그의 말에 따르면 현재 대만정부 산하에 있는 기구가 '원주민위원회'라고 한다. 따라서 한국 측 표기방식이 당사자의 의견을 존중한다는 측면에서 보면 적절한 태도라고 볼 수 있겠다.

필자는 제2장의 한국 측 편집책임자로 참여하여 다양한 의견을 교환하면서 한국의 민족운동과 일본의 식민지지배에 관한 기술에서 당연하게 생각했던 표현들이 상대방에게는 생소하고 부담스러울 수 있다는 체험도 하였음을 덧붙인다. 개인적으로는 신선한 경험이었는데, 예를 들어 한국에서는 3·1운동이라고 하지만 일본의 역사교과서에서는 '3·1독립운동'이란 용어를 사용한다는 사실을 처음 알았다. 일본의 지배에 반대하는 독립을 위한 저항이었다는 점에서 운동의 성격을 분명히 할 수 있는 개념이고, 같은 해에 일어난 5·4운동과도 구분하기 위해서라고 한다. 그래서 중국어판 교재에서도 자국 역사교과서에서의 표현과 달리 '3·1독립운동'이라 하였다(중국어판, 78쪽). 또 하나 예를 들자면 일본의 식민정책에 관해 토론하는 과정에서 '헌병경찰', '양반', '태극기'라는 단어가 나왔을 때 중국 측 위원은 이와 같은 용어가 중국의 학생들에게 너무 생소해 전체적인 문장이 어렵게 읽혀진다고 지적하였다. 한국사에 대한 기본적인 이해가 부족한 중국 학생들로서는 당연한 어려움이라 생각되어지면서도, 필자로서는 상호 간에 정보의 불균형이 이해와 협력을 촉진하는 데 방해가 된다는 사실을 체험할 수 있었다. 그러면서 역사대화는 의견 차이를 좁히기 위해서만 하는 것이 아님을 새삼 느끼는 기회이기도 하였다. 자신을 상대화하는 작업이란 이런 체험을 두고 하는 말이라고 생각한다.

(3) 제3장「침략 전쟁과 민중의 피해」

제3장에서 다루는 시기는 1931년 일본의 만주 침략으로부터 1945년 패전 때까지이다. 이 시기는 일본의 침략 및 전쟁동원과 관련된 큰 쟁점들이 많이 있을 뿐만 아니라 학문 외적이면서도 현재적인 요인들과도 깊은 연관이 있는 주제들이 많다. 또 1937년에 일어난 남경대학살의 실상과 규모, 일본군 '성노예'의 규모, 한국인과 중국인의 강제동원 규모처럼 통계문제가 국제적 쟁점으로 된 지도 오래되었다. 더구나 일본의 우익단체인 '새로운 역사교과서를 만드는 모임' 측은 교과서에서의 숫자와 사진 등에 특히

민감했기 때문에 더욱 조심할 수밖에 없었다. 한마디로 제3장은 세 나라 편집위원들에게 지뢰밭과 같은 곳이었다.

세 나라 위원들은 구체적인 숫자와 기술방식을 둘러싸고 많은 논쟁을 벌이기도 했지만 신중한 접근을 시도하였다. 작은 통계 실수로 책의 전체적인 신뢰도를 떨어뜨리는 자충수를 두지 않기 위해서였다. 남경대학살에 관한 수치는 1946년 난징에서 열린 일본군 전범재판 때 제시된 조사자료와 동경재판의 판결문서에 제시된 수치를 인용하였다. 한국인에 대한 강제동원 규모는 한국 자체의 조사자료를 인용하며 790만 명 정도로 추정하였다.

이들 쟁점은 우리들 내부에서 일어난 것은 아니었다. 제3장과 관련하여 우리 내부에서 일어난 쟁점은 1937년 7월 7일 밤에 일어난 노구교사건의 진상과 전쟁 발발의 책임주체에 관한 서술을 어떻게 할 것인가였다. 또 전쟁의 가해자와 피해자 문제에서 일본 민중의 이중적 측면을 어떻게 이해하고 기술할 것인가, 이 시기 일본사회를 '총력전체제'로 표현하는 것이 적절한가였다. 1930년대 중국의 동북지역에서 벌어진 한국인 항일무장투쟁의 독자성 문제와 이에 관해 어떻게 기술하는 것이 균형적인가 등도 쟁점이었다.

노구교사건은 진상을 알 수 있는 실증적 근거가 부족한 가운데 중일 간에 첨예한 대립각이 세워져 있는 주제인데, 일본의 침략적 본성 내지는 역사적 필연성과 특정 사건의 우연성을 어떻게 연결시키며 객관적으로 설명할 것인가의 문제였다. 결국 사건의 우연성과 일본군의 개전책임(開戰責任)을 분명하는 형식으로 기술하였다(한국어판, 138쪽 ; 중국어판, 118쪽 ; 일본어판, 114쪽).

일본 민중의 이중적인 측면을 어떻게 평가하고 기술할 것인가는 일본측이 제출한 원고에서 1945년 3월의 동경대공습, 4월의 오키나와전, 8월의 원폭과 관련지어 민중의 피해자로서의 측면을 부각시키면서 논란이 되었다. 거듭되는 논란 속에서 일본 민중은 한편으로 전쟁의 협력자였으며, 다른 한편으로는 일본의 침략으로 인해 피해를 입는 경우도 있었다는 논조를 유지하는 방향에서 마무리 지었다. 때문에 제3장 5절의 제목도 "일본 민중의 가해와 피해"라고 붙였다.

중일전쟁 이후 침략전쟁 시기 일본사회를 총력전체제론으로 설명하려는 접근은 기존의 파시즘체제론 등을 대신하는 일본 학계의 새로운 주장이지만 아직 많은 연구를 필요로 하는 담론이다. 더구나 한국인의 입장에서 총력전체제론은 식민지 조선의 현실을 명확하게 반영하고 있는 단어가 아니며, 1945년 이후와의 연속성을 주목한다고 하지만 오히려 책임회피 논리로 변질될 우려가 있는 주장이었기에 처음에는 한국 측에서 강력히 반대하였다. 하지만 제3장 2절의 제목이 "일본의 침략전쟁"이고, 일본 민중의 동원만을 기술하는 내용이었으므로 '4. 총력전체제'라는 소항목의 설정을 한국 측에서 받아들였다.

일본의 만주 침략에 대항한 만주지역 민중들의 저항에 관해서는 중국인의 저항은 중국 측에서, 한국인의 항일운동은 한국 측에서 각각 작성하기로 합의하였다. 그런데 중국인의 항일투쟁을 중심으로 기술한 중국 측 원고의 접근방식은 맞지만, 한국인의 독자적 무장투쟁이 사실상 불가능한 것처럼 기술되어 있었고, 소항목의 제목도 '4. 중국의 반만주국 항일투쟁'이었기 때문에 한국 측에서 수정을 요구하였다. 한국과 중국 측 위원들은 만주지역에서의 항일투쟁을 어떻게 기술해야 하는가에 초점을 맞추어 논의를 진행하면서 소항목의 제목을 '4. 동북 민중의 반만주국 항일투쟁'으로 조정하였고, '중국 민중과 함께 투쟁한 한국 민중'이란 소주제를 설정하고 이 측면에서 한국인의 항일투쟁을 기술하기로 합의하였다(한국어판, 135쪽 ; 중국어판, 115쪽 ; 일본어판, 111쪽). 한중 연대의 측면을 중심으로 만주지역에서의 항일투쟁을 기술하려는 노력은 당시의 역사적 사실과도 부합할 뿐만 아니라 공동역사교재를 만드는 정신과도 일치하는 움직임이었다.

이 밖에 역사적 평가를 둘러싸고 일어난 쟁점은 아니었지만 논쟁이 벌어진 주제 가운데 하나가 침략전쟁과 관련된 사실을 부교재에서 어떻게 기술할 것인가였다. 2002년 상반기에 제출된 일본 측 초고는 중일전쟁과 아시아태평양전쟁이 일어난 원인으로 일본의 정치와 군부지도자들의 전쟁론만을 설명하는 데 상당한 비중을 두었는데, 한국과 중국 측의 입장에서는 전쟁의 불가피성을 항변하는 것처럼 보여 이의를 제기하였다. 한국과 중국 측에서는 역사 바로알기 차원에서 침략의 과정과 결과, 영향에 더 많은 관심을 두었기 때문이다.

또한 일본군이 중국을 침략할 때 자행한 강간과 학살 등 아주 많은 잔혹행위와 중국인들의 저항을 어떻게, 그리고 어느 정도로 표현할 것인가를 둘러싸고도 논란이 있었다. 우리는 중국의 역사교과서에서 일본군의 참혹한 행위, 중국인들의 피해와 저항에 대해 세세한 숫자까지 제시하거나 학살 장면을 상세히 묘사하는 경우를 지금도 확인할 수 있다. 그들로서는 이것이 자연스러운 서술 관행이었다. 하지만 한국과 일본 측은 명확한 숫자와 책임소재, 각종 전술, 더 나아가 표현 수위 등을 통해 참상을 그대로 드러내는 방식이 부교재를 읽는 학생들의 정서에 좋지 않을 수도 있다는 입장에서 정확한 근거와 순화된 표현을 강조하였다.

(4) 제4장 「제2차 세계대전 이후의 동아시아」, 종장 「동아시아의 평화로운 미래를 위하여」

제4장은 1945년 이후 동아시아 현대사에 관한 부분이고, 종장은 이 책의 결론과도 같은 부분이다. 하지만 제3장까지는 각국의 역사와 3국의 관계사를 일본의 침략과 지배라는 측면에서 나름대로 상세히 다루었지만 제4장에서는 현대사를 자세히 다루지 않았다. 때문에 토론 과정에서 큰 쟁점이 많이 부각될 여지가 상대적으로 적었다. 그렇지만 책을 간행한 이후 한국과 일본에서는 현대사 부분이 취약하다는 비판이 여기저기서 많이 제기

되었다.[11] 종장 역시 미래에 관한 이야기였기 때문에 그다지 큰 쟁점이 많이 제기되지 않았다. 그런 가운데서도 제4장의 경우는 한국전쟁과 베트남전쟁의 기술문제가, 종장에서는 '세계 시민'이라는 용어의 사용여부가 쟁점이었다.

처음 한국과 일본 측에서는 한국전쟁과 베트남전쟁이 동아시아 현대사에 지극히 중요한 위치에 있을 뿐만 아니라 평화의 관점에서 기획된 부교재의 취지를 고려할 때 반드시 상세히 서술해야 한다는 입장이었다. 그렇지만 중국 측에서는 되도록 간략히 서술하되 전쟁의 원인과 과정보다 전쟁으로 인한 영향의 측면을 더 많이 서술해야 하며, '한국전쟁'이란 단어 자체를 언급하지 말자고까지 의견을 피력하였다. 이후 여러 차례 논의 과정에서 공동역사교재의 협력 과정을 이해한 중국 측이 포용적이고 유연한 태도를 취하면서 한국전쟁의 배경과 과정을 초고 때보다 비교적 자세히 기술할 수 있었으며, '한국전쟁은 무엇을 초래했는가'라는 측면에서 전쟁이 동아시아 국제관계와 세 나라에 끼친 영향에 대해 상세히 언급할 수 있었다. 이 대목이 부교재의 내용 가운데 '지역으로서의 동아시아사'를 가장 잘 설명한 부분으로서, 한국전쟁이 동아시아에 끼친 영향을 제대로 주목했다는 점에서 3국의 역사교과서에서 언급하고 있는 서술의 제한성을 뛰어넘는 기술이라고 생각한다. 하지만 베트남전쟁은 3국의 역사와 관련이 있기는 하지만 3국의 현대사에서 공통되게 큰 비중을 차지하지 않았기 때문에 기술해야 한다는 동력을 이끌어낼 수 없었다. 냉전 시기 동아시아 국제관계에서의 역사적 체험과 그로 인한 먹구름을 걷어내기에는 냉전적 국제 질서의 구도가 아직까지 강하게 남아 있는 것이 동아시아의 현주소이므로 한국전쟁을 정면으로 다루고 베트남전쟁을 동아시아 국제관계사의 측면에서 상세히 다루기에는 시기상조였던 것이다. 필자서로는 상대방

---

11) 현재 작업 중인 제2단계 공동역사교재는 이 문제를 완전히 극복하고 한중일의 최근 역사까지 기술하도록 목차를 구성하였다.

의 정치적 조건을 고려하며 배려하는 가운데서만 국제 교과서대화가 성공할 수 있다는 평범한 교훈을 다시 한번 확인할 수 있었다.

역사대화가 정치적 조건과 상호 배려하려는 태도 속에서 진행될 수밖에 없는 현실은 1950년 6월 25일 한국전쟁이 일어난 데 대한 각국판 부교재의 기술이 다른 데에서도 확인할 수 있다. 한국전쟁에 관해서는 일본 측에서 초고를 집필했는데, 2004년 7월에 제출된 제1차 수정원고에서는 "북한의 인민군이 반도 남부의 해방을 목표로 하고 남하를 시작하였습니다"라고 되어 있다. 이는 한국인들의 어감(語感)에 어울리는 표현이 아니었다. 중국 측의 제안으로 한국전쟁에 관해 기술은 하되 영향과 관련된 부분을 더 비중 있게 서술하는 방향에서 원고를 검토했지만, 2005년 책이 출판되고 나서 보니 세 나라가 제각각이었다. 집필자인 일본 측의 책에는 "북조선의 인민군이 통일을 목표로 남진을 시작하였습니다"라고 수정되었는 데 비해(188쪽), 한국어판에는 "북한의 인민군이 무력 통일을 목표로 38도선을 넘어온 것입니다"로 기술되어 있다(214쪽). 이에 비해 중국어판에는 아무런 서술이 없다(194쪽). 중국 측이 생략한 이유를 정확히 알 수 없지만, 북한 측을 배려하고, 조선에서 내전이 일어났다는 문장으로부터 '조선전쟁'을 기술하고 있는 중국 역사교과서의 서술기조와 다르기 때문에 생략한 것으로 추측된다.

책의 결론에 해당하는 '7. 동아시아의 화해와 평화'에서는 일본 측이 '세계 시민'의 개념을 통해 인류의 화합과 평화를 지향한다는 메시지를 넣자고 주장하였다. 한국 측은 세계 시민이라는 용어는 강대국이 만들어낸 서구중심적인 사고방식을 내포하고 있어 동아시아 사회에는 어울리지 않으며, 한국 측에서는 세계 시민이라는 말이 반드시 긍정적인 의미로 받아들여지지 않는다고 반대의견을 개진하였다. 양자의 의견 차이는 마지막 검토 단계까지 계속되다가, 시민운동의 국제적 연대와 협력을 강조하는 내용을 넣는 선에서 타협하였다.

이 밖에 일본군'위안부'에 관한 서술방식, 한중수교와 대만관계, 현대 한일관계에서 한일파트너십선언문의 의미 등에 관해서도 약간의 의견 차이가 있었지만 반복되는 논쟁으로까지는 이어지지 않았다.

4. '부교재'에 대한 한국 내 반응과 활용

1) 비공개 비평모임과 서평

부교재가 출판된 이후 한국에서는 정말 다양한 반응이 쏟아졌지만 대체로 긍정적인 반응이었다. 2005년 5월 말에 열린 출판기념회 때는 노무현 대통령이 축하영상메세지를 보내는 등 한국사회에서 큰 반향을 불러일으켰다. 이는 노무현정부가 동아시아의 역사갈등을 능동적으로 해결하는 데 지대한 관심을 갖고 있다는 또 다른 반증이기도 하다. 그렇지만 필자가 더 주목하고 싶은 점은, 공동역사교재를 발간하는 등 다양한 활동을 통해 역사갈등을 해결해야 한다는 한국사회의 새로운 흐름이 명백히 형성된 결과와 무관하지 않다는 사실이다. 1987년 6·10민주화운동 이후 열린 민족주의로 나아가고 있는 한국사회의 작지만 의미있는 변화의 한 사례인 것이다. 또한 다음 절에서 언론활동을 하나의 사례로 언급하겠지만 부교재 발행의 주관사인 한계레신문사에서는 교재의 일부 내용을 기획 연재하였다. 하지만 이와 같은 사회적 분위기가 대세이다 보니 책의 한계를 제대로 지적하는 지적풍토(知的風土)가 조성되지 못한 측면도 있었다.

그래서 한국의 특별위원회는 발행된 부교재를 놓고 허심탄회한 비평모임을 조직하였다. 2005년 11월 교사와 연구자 다섯 분을 초청하여 비공개 워크숍을 개최한 것이다. 한국에서는 한국인 연구자와 교사, 그리고 일본인 연구자에 의해 공개적인 서평문이 발표되었다.[12]

그러면 지금부터 비공개 비평모임에서 나온 이야기와 서평문에서 제기한 문제점을 소개하고, 『미래를 여는 역사』의 한계도 지적하고 앞으로의 작업 방향도 언급해 보겠다.

비평모임과 서평문에서 제기한 내용을 필자 나름대로 축약하면 첫째, 일본의 침략과 지배에 대한 내용을 중심으로 기술하다 보니 각 나라의 변화를 다루는 데 소홀했을 뿐만 아니라 읽고 나서도 3국의 근현대사라는 느낌이 들기 어려웠다는 지적이다. 또한 이 책을 읽은 일본 학생들은 일본이 나쁜 나라라는 식으로만 기술된 측면도 있어 오히려 부담스러웠을 가능성도 있으며 반감을 품는 사람도 생길 것이라는 우려도 제기되었다. 그래서 비평모임에 참가한 일본인 연구자는 왜 일본이 이렇게 침략적이고 다른 민족에게 고통을 주었으며 그러면서도 반성하지 않는가에 대해 이해할 수 있는 실마리를 부교재가 제대로 제공하지 못하였으며 단지 결과만을 이야기하고 있다고 따끔하게 지적하였다.

둘째, 글이 어렵다는 지적이 많았다. 물론 필자도 몰랐던 '동양의 루소' 나카에 조민(中江兆民), 자유민권운동가 우에키 에모리(植木枝盛)이란 인물을 새로 아는 즐거움이 있었고, 중국인들도 일본으로부터 아주 많은 피해를 당했다는 사실을 한국 독자들도 새로 접할 수 있는 등 잘 몰랐던 일본과 중국의 근현대사를 알게 되어 재미있었다고 말하는 독자도 있었다. 그렇지만 필자가 보기에도 전반적으로 문장 자체가 어려운 것은 사실이다. 필자들의 능력과도 무관하지 않을 것이다. 또한 사실과 낯선 용어 자체의 생소함이 내용을 자연스럽게 이해하지 못하게 했던 것도 사실이지만, 교재의 구조적인 요인 때문에 내용을 이해하기 더 어려운 측면도 있었다. 왜냐하면 책 구성의 불가피한 한계 곧, 시간적 흐름에 따라 기술되어 있지도 않고 횡적인 연관성도 긴밀하지 않아 역사현상 간의 내적인 연관성

12) 자세한 것은 이 책의 제3부에 수록된 글 참조.

을 파악하기 어렵게 하였다. 또 침략과 지배, 그리고 저항을 중심으로만 기술하다 보니 각국 또는 3국의 공통성과 다양성(독자성)을 파악하기가 더더욱 어려웠기 때문이다. 그래서 백영서는 마치 세 나라의 국민국가사를 병렬적으로 조합하도록 구성한 '삼국지' 같다고 아프게 지적하였다.

셋째, 세 나라의 현대사에 관한 서술이 너무 빈약할 뿐만 아니라 북한, 몽골, 대만 등 또 다른 동아시아 국가들에 관한 언급을 거의 하지 않고 있다. 부교재에 기술되어 있는 세 나라의 현대사도 그나마 1945년 이전의 역사적 유산이 정리되지 않고 여전히 계속되고 있다는 데만 초점을 맞추고 있다. 더구나 동아시아 현대사를 집필할 때는 미국이 우리에게 무엇인가에 대한 뚜렷한 관점을 갖고 기술했어야 함에도 불구하고 미국의 존재가 거의 드러나고 있지 않다. 결국 『미래를 여는 역사』라는 부교재는 동아시아 현대사를 사실상 기술하지 않았다고 지적해도 지나치지 않은 것이다.

필자는 이와 같은 비판에 대해 겸허히 받아들이며 앞으로 더 잘하라는 채찍으로 믿고 싶다. 이제부터는 부교재가 나오기까지의 과정을 다시 한번 검토하여 앞서와 같은 문제점과 한계를 어떻게 극복할 것인가를 생각해 보고 싶다. 달리 말하면, '동아시아사를 어떻게 쓸 것인가'라는 문제를 제기하는 방편의 하나로 '동아시아 역사를 어떻게 만들 것인가'라는 문제를 이야기하겠다. 다만, 미리 언급하고 싶은 점은 필자도 동아시아사를 쓰는 방식, 또는 동아시아 역사 만들기를 위한 접근이 다층적 복수(複數)여야 한다고 생각한다는 사실이다. 얼마든지 다른 출발점에서 글쓰기를 시작할 수도 있으며, 『미래를 여는 역사』는 그 일부에 지나지 않는다.

그러면 먼저 공동부교재를 만들기로 한 출발선상의 현실에 대해 진단부터 해보자.[13)]

---

13) 이하 내용은 필자가 나리타 류이치(成田龍一) 교수의 글에 대한 반박문의 성격으로 작성하여 게재한 원고를 수정・보완한 것이다(신주백, 「동아시아 역사 만들기」, 『창작과 비평』 131, 2005. 5). 이 책의 제3부에 수록되어 있으므로 생략하겠다.

2) 언론과 교육현장

『미래를 여는 역사』는 학문적이고 교육적인 검토 대상만이 아니었다. 한국의 언론과 출판시장에서도 큰 관심을 보였다.

먼저 언론을 통한 활동을 보자. 부교재를 발행한 출판사는 한국의 주요 중앙 일간지인 『한겨레신문』을 발행하는 한겨레신문사 소속이었다. 그래서 우리 작업의 취지에 동감한 학술담당 기자의 제안으로 2005년 2월부터 5월까지 1주일에 한 차례씩 모두 12회에 걸쳐 "한 · 중 · 일이 함께 쓰는 역사, 함께 여는 미래"라는 이름으로 부교재의 내용을 소개하면서 세 나라 간 역사인식의 차이가 있는 부분을 역사교과서의 내용을 통해 드러내는 방식으로 기획하였다. 지면 캠페인 때 연제된 주제는 러일전쟁과 을사조약, 이토 히로부미, 만주국, 대동아공영권, 한중일 연대 항일투쟁, 남경대학살, 강제징용, 일본군의 성폭력, 오키나와전쟁, 한국의 건국운동, 동경재판, 동아시아의 여성운동이었다.

한국 측 위원회가 중앙 신문사에 소속된 출판사를 선정한 이유는 동아시아 역사문제의 현주소를 한국인에게 효과적이고 지속적으로 알리고 일본에서 벌어지고 있던 후소샤 교과서 불채택운동에 대중적인 열기를 모아 지원하기 위해서였다. 한 마디로 말해 출판사 선택은 판매부수보다는 2005년도 동아시아 역사정세와 관련이 깊었다. 어떤 일본인 교수의 무책임한 비난처럼 한계레신문이 친정부 성향의 신문이기 때문도 아니었고, 그렇다고 신문사에 '실질적인 경영지원'을 통해 경영위기에 보탬이 되기 위해서도 아니었다.[14] 우리보다 일본 측 위원들이 사실에 근거하지 않은 온갖 악

첨언하자면, 필자도 나리타 교수의 내용적인 지적 자체는 동의하지만 지금 고민해야 할 점의 하나는 그것을 어떻게 만들어 갈 수 있는가라는 점임을 지적하고 싶다. 필자는 이 측면이 우선되어야 한다고 생각한다. 더구나 만들어가는 과정에서 나리타 교수의 주장이 다른 형식과 내용으로 바뀔 가능성도 배제할 수 없기 때문에 '어떻게 만들어 갈 것인가'라는 과정에 대한 고민이 더더욱 중요하다고 생각한다.

선전을 많이 들었겠지만, 한국과 일본의 일부 논자는 동아시아의 현실을 정확하게 보지 않고 비학문적이고 비교육적인 태도를 거리낌 없이 노출하였다.

부교재의 취지와 내용을 전파하는 우리의 활동은 학교현장에서도 이루어졌다. 한국 측 위원회는 세 명의 교사 위원을 중심으로 열 분의 선생님들이 참여하여 16개의 주제에 대한 '수업지도안'을 구성하여 2005년도 제2학기 학교수업에서부터 활용할 수 있도록 『수업 실천 사례집』과 CD를 제작 발행하였다. 교사들이 학교현장에서 부교재를 직접 활용하기 편리하도록 하기 위해서였다. 16개의 수업지도안은 각 장에서 4개 주제씩 선정하였는데, 3국의 개항, 러일전쟁, 3국의 변화(인물과 도시의 변화를 중심으로), 대만의 역사, 가네코 후미코(金子文子), 장환후이(張寒暉), 오키나와(沖繩)와 오키나와전, 원폭(히로시마와 나가사키), 남경대학살, 중일전쟁과 아시아태평양전쟁 시기 민중의 삶, 1951년 샌프란시스코강화조약, 중국은 친일파를 어떻게 처리했는가, 남겨진 사람들의 이야기, 야스쿠니신사와 참배문제, 3국 상호 간의 이해와 반감, 청소년교류가 지도안의 주제였다.

필자는 2007년 1월 연세대학교 원주캠퍼스에 주최한 '방과 후 특강'이란 프로그램의 '역사특강' 시간에 일곱 분의 선생님과 함께 800여 명의 중학생을 분반하여 1주일간 지도한 경험이 있다. 이때 가네코 후미코라는 인물에 대해 강의하고, 그녀의 일생을 4~5인이 한 조가 되어 영화 script를 만들어 발표하는 참여학습을 시도한 적이 있었다. 필자가 중학교 2, 3학년생들을 대상으로 획득하고자 했던 학습목표는 그녀의 일생을 알고, 일본인으로서 천황제에 대항하려 했던 사상의 형성 과정을 이해하며, 평화와 인권을 위한 국제적 연대의 사례를 통해 그 가능성을 발표하도록 한다는 데 있었다(『역사 특강 수업노트－중학교 2학년』, 연세대학교, 2007. 1, 24~35쪽).

14) 『每日新聞』, 2005. 7. 20.

수업 때마다 아이들의 반응은 적극적이었다. 시청각자료를 가지고 강의하고, 참여학습 형태의 수업방식이 아이들에게 새로웠던 점도 이유 가운데 하나였을 것이다. 하지만 필자가 교사처럼 능숙하게 진행하지 못한 원인이 큰 이유였겠지만 세 번째 학습목표까지 아이들의 생각을 끄집어 내지는 못하였다.

이와 같은 특강 사례는 특별한 경우에 해당된다. 학기 중 학교현장에서 부교재를 어떻게 이용했는지 소개하겠다.

학교현장에서 부교재의 책자를 가지고 학교수업 시간에 책의 처음부터 끝까지를 모두 가르친 경우는 없다. 부교재는 한국의 교육부에서 정식으로 심사를 받아 통과된 교재가 아니었다. 한국의 학생들로서는 상급학교 진학시험에 매달려야 하는 교육현실에서 모든 수업 시간에 이 교재를 가지고 배운다는 것 자체를 부담스러워 했을 것이다. 다만 한두 시간의 재량수업 시간에 교사들의 재량으로 특정 주제에 대해 토론수업을 하거나, 교사가 독후감 읽기 등의 과제로 내주는 경우는 많았다. 고등학교에서보다는 상급학교 진학시험에서 상대적으로 부담이 덜한 중학교에서 이와 같은 방식의 수업이 더 많이 진행되었다. 또한 정확한 통계로 집계하지는 않았지만, 중국과 일본의 근현대사를 배우는 대학의 수업에서 이 책이 한 학기 동안의 교재로 사용되고 있는 경우도 심심치 않게 많았다. 이 책은 대학생들이 교양수업 또는 전공수업 때 세 나라의 역사를 한 권의 책으로 동시에 접할 수 있는 교재였으며, 가르치는 교수의 입장에서도 두텁지 않은 분량과 주제별 접근을 시도한 기획 때문에 수업에 활용할 수 있는 여지가 통사적인 개설서보다 훨씬 높았다.

심지어 한국에 있는 어느 대학의 일본어학과에서는 일본어 강독교재로 사용한 경우도 있었다. 세 나라 언어로 동시에 발행되었기 때문에 동아시아에서의 학생교류가 활발해 질수록 부교재의 활용가치는 더 높아갈 것이다. 실제 그 가능성은 중국 텐진에 있는 어느 국제학교에서 우리의 부교재가 역사교재로 활용되고 있다는 데서 확인할 수 있다. 하와이대학에서 진행하고 있는 영어번역본이 나온다면 미국만이 아니라 영어권에서의 활용폭이 더 넓어질 것이다.

이외에도 부교재의 취지와 내용을 전파하려는 새로운 활동을 소개하면, 한국 측 위원회는 2007년 1월부터 『미래를 여는 역사』라는 만화판을 세 권으로 기획하여 발행하였다. 만화판 『미래를 여는 역사』는 제1, 2권만 발행되었을 때 이미 한국의 문화콘텐츠 사업을 이끌고 있는 한국문화콘텐츠진흥원이란 정부투자기관으로부터 '우수 기획만화'로 선정되기도 하였다. 또한 지난 8월에 『미래를 여는 역사』의 에스페란토어판이 한국인 협회원들의 자발적인 노력으로 출판되었다.

5. 맺음말

이상 한국 측에서 부교재 작업에 참여하게 된 과정, 부교재의 쟁점과 그 해결 과정, 그리고 한국 내에서의 반응과 활용에 대해 살펴보았다.

여기에서는 본문의 내용을 요약하기보다 공동역사교재를 만드는 과정에서 필자가 받은 문화적 격차에 대한 소회(所懷)를 이야기하고, 동아시아에서 역사교과서대화가 어떤 의미를 갖는지 간략히 짚어 보겠다.

세 나라의 위원들은 2005년 1월 제10차 부교재 국제회의 때까지 회의가 열리면 언제나 이틀 꼬박 회의만 하는 활동을 반복했다. 그것도 언제나 주말을 이용하였다. 이는 일본 연구자들에게는 익숙한 활동방식이었다. 필자도 2년간 일본에 산 경험이 있지만 그것이 언제나 신기하였다. 왜냐하면 한국의 대학에서는 일요일에 학술회의를 하는 경우가 거의 없기 때문이다. 요즈음 주5일제 근무가 확산되면서 토요일에조차 학술회의를 하는 경우가 줄어들고 있다. 평일에 열리는 학술회의는 결국 대학의 강의에 영향을 끼칠 수밖에 없다. 학생들 입장에서 연구자가 학술회의에 참가하는 일로 휴강을 하는 것은 사적인 일 때문에 공적인 일을 방기하는 행동이다.

말하고 싶은 다른 하나의 경험은, 한국과 일본 측 위원들은 아침 9시부터 저녁 6시까지 회의만 하는 문화에 친숙해 있다. 아니 단련되어 왔다고 보는 편이 더 정확한 표현일 것이다. 이것도 부족하면 저녁 먹고도 회의를 계속하는 경우가 비일비재하다. 하지만 중국 측 위원들은 초기에 이런 진행방식에 익숙하지 않았다. 특히 일요일 저녁에도 회의를 계속하는 데 대해 상당히 낯설어 했다. 2003년 2월의 동경회의 때 필자는 그 광경을 처음 목격하였다. 그런데 그로부터 1년이 채 지나지 않으니 이와 같은 회의방식에 대해 중국 측 위원들이 한국과 일본 측 위원들보다 더 호응하는 것이었다. 동아시아의 역사대화를 위해 무엇인가를 만들어내야 한다는 사명의식의 결과라고 생각한다. 부교재 회의 동안의 단련 덕분에 필자가 교과서위원회 소속으로 활동하고 있는 한일 양국 정부의 공식 역사대화 기구인 '한일역사공동연구위원회'에서 회의를 하루 종일 열어도 전혀 부담스럽지 않다. 힘들 때면 부교재 때의 경험을 떠올리기 때문이다.

이처럼 교류는 공존의 문화를 침투시키는 것이다. 그러면 마지막으로 동아시아형 역사대화를 어떻게 진행해야 하는가에 대해 언급하면서 장문의 글을 마치고자 한다.[15)]

세 나라 위원들은 제1단계로 부교재를 간행했지만, 지금 준비하고 있는 제2단계 작업에서는 교류와 협력의 수준을 더 높인 결과물을 내고자 머리를 싸매고 고민하고 있다. 필자는 그 대안적 기본방향이 '동아시아를 발견하는 것이다'라고 생각한다. 그래서 우리의 이런 작업이 과거와 현재, 그리

---

15) 동아시아에서 진행된 역사교과서대화의 역사와 현황, 그리고 진로에 관한 분석은 신주백의 다음 논문을 참조하라. 「한일간 역사대화의 모색과 협력모델 찾기(1982~1993)」, 『한일민족문제연구』 11, 2006. 12 ; 「'동아시아형 교과서대화'의 본격적인 모색과 협력모델 찾기(1993~2006)」, 『역사교육』 101, 2007. 3. 두 편 모두 이 책의 제1부에 수록되어 있다.

고 미래의 동아시아에서 어떤 의미가 있는지를 짚어 보겠다.

교과서대화는 자신을 절대화하는 인식과 행동을 방지하고 상대방에 대한 무지와 '무의식적인 선입견'까지 해소하면서 상호이해를 증진시켜 분쟁을 피할 수 있는 바탕을 제공한다. 독일과 폴란드, 독일과 프랑스의 오랜 교과서대화는 우리에게 이를 선험적으로 보여주고 있다. 국제 교과서대화의 경험은 성공의 조건과 요인을 우리에게 가르쳐 주었고, 권고안과 교사용안내서라는 결과물을 제시해 주었다.

그런데 이런 것들은 유럽적인 산물이다. 우리는 유럽의 경험을 동아시아적 상황에 창조적으로 응용할 필요가 있다. 2국 간 또는 다자 간 동아시아형 교과서대화는 동아시아형 역사대화의 가장 기초적인 디딤돌이자 초석을 놓는 작업의 시작이다. 왜냐하면 교과서대화는 교과서의 기술 내용을 수정하는 데 그치지 않고, 양국 간 내지는 동아시아 역내의 주민 간 상호이해와 존중의 정서를 심어줄 수 있기 때문이다.

우리에게 있어 동아시아형 역사대화는 동아시아 권역 내의 안정과 평화질서를 구축하고 남북분단을 극복하여 통일문제를 해결할 수 있는 디딤돌이다. 왜냐하면 우리는 역사대화 과정에서 주변국과의 역사분쟁을 유도하지 않고 한국이 동아시아의 안정과 협력에 기여한다는 이미지를 획득할 수 있기 때문이다. 또 남북한이 분단체제를 극복해도 역내의 동반자이자 평화지향적인 국가로서의 특징이 계속 유지될 것이라는 신뢰감을 국제사회에 심어줄 수 있다.

지금 단계에서 동아시아형 교과서대화의 조직적 협력방식은 외교관계의 제약을 받는 정부 지원의 대화조직과 민간 차원의 자발적인 대화조직이 각각 독립하여 병렬적으로 존재해야 한다. 두 영역은 공동보조를 맞추며 상호보완적인 관계여야 하며, 어느 쪽이 일방적으로 주도하거나 독식하는 관계여서는 안 된다. 한국의 경우, 2006년에 출범한 동북아역사재단은 이 측면에서 전략적 사고를 해야 하며, 자신이 주도할 사업과 지원분야를 적절히 구분할 줄 알아야 한다. 예를 들어 지원의 영역에는 민간 차원의 공동역사교재 개발사업과 유네스코한국위원회의 국제이해사업이 반드시 포함되어야 한다. 특히 한국현대사의 부끄러운 부분을 치유하기 위해서라도 유네스코한국위원회가 대만 및 베트남과 역사대화를 주도할 수 있도록 지원해야 한다.

공동역사교재에 관한 협력방식은 통사적인 개설서에서 사료집까지 다양한 형식의 결과물일수록 좋다. 그럼에도 불구하고 정부의 지원을 받는 대화조직의 궁극적인 결과물은 유럽의 경험과 같은 형식의 '압축적인 권고안'이어서는 안 된다. 국제 교과서대화의 정신적 합작품인 권고안의 장점을 계승하면서도 단점을 만회할 수 있어야 한다. 모든 공동의 결과물은 여러 수업자료와 교재 가운데 하나이며, 절대적 기준이 되어서도 안 된다. 민간 차원의 결과물은 대화 주체의 신분과 조건에 따라 다양한 공동역사교재를 개발하는 과정에서 2국 간 관계사, 또는 한중일을 중심으로 한 '동아시아 국제관계사', 더 나아간다면 '동아시아와 세계'라는 역사교재 또는 국민국가의 극복을 전망할 수 있는 '동아시아사' 교재를 편찬하는 작업이 궁극적인 대안이어야 한다. 2005년에 발간된 교과서적 서술형식의 『미래를 여는 역사』는 이를 준비하는 첫 단추에 불과하다.

1982년도 교과서 파동 직후부터 외교적 봉합으로 일관하지 않고 교과서대화를 실행해 왔다면, 오늘날 동아시아 국제관계에서 최소한 '역사전쟁'이란 말을 자연스럽게 쓰지는 못했을 것이다. 하지만 역사전쟁이 지속되는 이면에서는 이 열기를 식히는 동아시아형 교과서대화가 이제 본격화하고 있다.

일 · 중 · 한 삼국 공동편집 · 동시간행 『미래를 여는 역사』의 작성 경위 및 논점

사이토
가즈하루
(齋藤一晴)*

1. 머리말 – 『미래를 여는 역사』의 작성 목적과 이 책의 자리매김

일본에는 패전으로부터 60년, 중국에서는 항일전쟁 · 반 파시즘전쟁 승리 60주년, 한국에 있어서는 '광복' 60주년을 맞는 2005년. 사상 최초로 한중일이 공동 편찬한 역사공통 부교재 『미래를 여는 역사』(高文硏)가 3국에서 동시에 간행되었다.

전쟁이 끝난 지 벌써 반세기 이상 흘렀음에도 불구하고 일본과 아시아 간에는 올해 들어서도 독도(竹島)문제 및 중국 각지에서의 반일데모, 역사교과서를 둘러싼 아시아 각국으로부터의 비난 등 일본의 침략전쟁에 대한 우리들의 역사인식이 문제시되는 장면이 오히려 늘어났다. 이는 역사적 사실에 어떻게 마주설 것인가 하는 문제뿐 아니라, 역사를 말하고, 서술하고, 가르치는 것의 어려움과 소중함을 우리에게 전해주고 있다. 아시아로

* 메이지대학(明治大學) 대학원 박사 후기 과정.

부터의 목소리는 바로 하나의 큰 목소리이며, 또 이런 목소리를 내는 개개인의 경험 및 역사인식을 통한 수많은 물음이기도 하다. 『미래를 여는 역사』는 이와 같은 물음에 답하고자 하는 하나의 시도이다.

이 책은 세 나라가 논의를 통해 ① 역사학 연구의 성과에 의거한 역사인식의 공유를 모색하고, ② 국경을 초월한 역사교육의 구체화를 지향하며, ③ 자국 중심의 역사서술을 바로잡고자 하는 역사학 · 역사교육 · 역사서술이 삼위일체가 된 응답을 목표로 하였다. 특히 전쟁 역사에 대한 3국의 공통된 입장이나 관점의 차이를 서로 제시하고, 어떤 역사서술로 반영할 수 있을 것인가에 제작의 역점을 두었다.

이 책의 최대 의의이자 성과는 하나의 형식으로 간행할 수 있었다는 것보다, 국경을 초월해서 거듭된 논의와 교류의 과정에 있다고 하겠다. 또 이 책은 지금까지 일본과 한국을 중심으로 일중, 동남아 간에 착실히 축적해 온 학술 · 인적 교류에서 배우고, 그 성과에 의거하여 만들어진 것이며, 이러한 대화와 교류의 과정을 한걸음이나마 전진시키고자 하는 바람에서 태어나게 된 것이기도 하다. 따라서 이 책의 성과와 과제를 장차 일본과 아시아 각국과의 역사대화에 활용하기 위해서는 작성 경위 및 경과, 이것을 가능하게 한 배경부터 논점이 된 내용에 이르기까지 널리 공개하여 많은 분들의 의견과 비판을 듣도록 하는 것이 필요하다. 다시 말해 세 나라가 지금까지 쌓아온 연구 · 교육 · 운동의 관계성 속에서 앞으로의 역사대화의 '비판대'를 구체화시킨 것이 바로 『미래를 여는 역사』라고 할 수 있다.

이 글은 여름호와 가을호 두 차례에 걸쳐 쓰인 것으로 첫째, '비판대'를 객관적으로 검증 · 검토하기 위한 소재를 제공하는 것을 목적으로 한다. 둘째, 세 나라의 논의를 거쳐 밝혀진 일본과 아시아 간의 역사대화에 요구되는 역사학 · 역사교육 · 역사서술의 과제를 정리해 보고자 한다. 셋째, 이 책의 성과와 과제를 분명히 함으로써 교실에서의 역사대화를 보다 구체적으로 제시하고자 한다.

2. 제작 경위 · 경과와 멤버 구성

본 장에서는 『미래를 여는 역사』가 어떤 경위로 세상에 나오게 되었는지, 그 제작 경위와 경과, 집필 · 편집 · 논의에 참가한 멤버들의 특징에 대해 정리함으로써 그 성격을 보다 구체적으로 밝히고자 한다.

1) 제작 경위

이 책 제작의 계기가 된 직접적 요인은 2001년에 일어난 교과서 문제이다. 이는 '새로운 역사교과서를 만드는 모임'의 교과서를 비판하는 것뿐 아니라 아시아와의 역사인식 공유를 가능하도록 하는 교제를 구체화시킬 수는 없을까, 교실에서 학생들과 함께 전쟁의 역사와 마주할 수 있는 텍스트를 일본과 아시아와의 공동작업을 통해 만들 수는 없을까 하는 것에서 비롯된 것이었다.

2001년 7월, 베이징에서 중국사회과학원 일본연구소가 주최하는 '일본의 군국주의 연구'라는 심포지엄이 열렸다. 이때 일본 측 참가자[아라이 신이치(荒井信一) 씨 · 다와라 요시후미(俵義文) 씨]로부터 중국 · 한국 · 조선민주주의 인민공화국(이하 '북한'이라고 함) 측 참가자에 대해 역사인식의 공유와 역사교육의 상호 교류, 동아시아의 평화를 시민 레벨에서 구축하기 위한 계속적인 대화의 장을 마련하자는 제안이 나왔다.[1] 이에 대해 중국사회과학원이 적극적으로 대응하여 제1차 포럼을 난징에서 개최하기로 하였다.

이리하여 2002년 3월, 난징에서 '역사인식과 동아시아 평화포럼 – 역사

---

1) 베이징에서의 회의 모습이나 내용, 역사인식과 동아시아 평화포럼이 개최되기까지의 상세한 경위는 荒井信一, 「〈軍国主義〉覚書」, 『季刊戦争責任研究』, 日本の戦争責任資料センター, 2004년 봄호, 21쪽과 俵義文, 『あぶない教科書NO』, 花伝社, 2005를 참조할 것.

교과서 문제'가 개최되었다.[2] 이 포럼을 준비하는 과정에서 한중일 3국의 시민들이 공동으로 역사공통 부교재를 작성하자는 의견을 제기하였으며, 포럼을 통해 기본적으로 합의하기에 이르러 포럼 개최와 병행하여 부교재 작성을 위한 국제회의를 개최하기로 하였다. 그리하여 2002년 8월, 서울에서 부교재 제작을 위한 제1차 국제회의가 열리게 된 것이다.

이상과 같은 제작 경위에는 일본 측의 제안에 대해 중국 측의 의욕적 대응과 신속한 행동이 뒤따랐다는 것이 특징이라 할 수 있으며, 국가를 대표하는 사회과학원이 국가를 대표할 리 없는 일본 측(개인)의 제안을 수용하여 이 책 제작의 길이 열리게 된 점은 특히 강조해야 할 사항이라 생각된다. 중국 측 참가자 대표인 부핑(步平) 씨도 '관(官)' 속에 '민(民)'을 집어넣거나 또는 '관(官)'이 어느 정도나 '민(民)'의 역할을 할 수 있을 것인가를 오늘날 중국의 연구기관들이 시행착오를 거쳐 모색하고 있다는 점을 지적하였다. 이러한 현상을 우리가 어떻게 받아들이고 답해 갈 것인가 역시 분명한 과제 중 하나라고 할 수 있겠다.

2) 제작 멤버 구성과 특징

일본은 '어린이와 교과서 전국네트 21(子どもと教科書全国ネット21)'이나 '역사교육 아시아네트워크 JAPAN(歴史教育アジアネットワークJAPAN)' 등을 기반으로 한중일 3국 공통역사교재위원회가 조직되어 중·고·대학의 현역 교사와 경험자, 시민운동에 적극적으로 참가해 온 분들, 대학원생 등으로 구성되어 있다. 그중에는 한중일 각국의 근현대사를 전공하는 연구자(재일교포 포함), 역사교과서 집필자, 전후보상 재판 및 교과서 재판에 오래 관여해 온 분 등, 각종 다양한 멤버들이 모여 있으며, 남녀비율도 거

---

2) 역사인식과 동아시아 평화포럼 남경회의에 관한 상세 내용은 『季刊戦争責任研究』, 日本の戦争責任資料センター, 2002년 여름호, 60~67쪽을 참조할 것.

의 반반으로 세 나라 중 가장 균형 있게 구성되어 있다.

한국 측은 일본교과서바로잡기운동본부(현 : 아시아평화와역사교육연대)가 사무국을 맡고 있으며, 고등학교·대학의 현역 교사들이 대다수를 차지하고 있다. 여성 멤버들 보다는 남성이 많으며, 지금까지 일본과의 역사교육 교류에 참가한 경험이 있는 분들이나 일본 장기 유학 경험자도 여러 명 포함되는 등, 일본의 역사학·역사교육 및 사회정세에 정통한 멤버들이 모여 있다고 하겠다.

중국 측은 일본 및 한국과의 연락 창구가 될 만한 사무국이 존재하지 않았다. 이는 중국 측이 평소의 시민운동이나 학술 교류에 대응할 만한 경험과 노하우를 지금까지 축적해 오지 않은 것을 나타내는 것이며, 또한 멤버 전원이 모이기 위해서는 비행기로 이동해야 하는 등, 지리적인 요인도 크다고 할 수 있다. 중국 측은 『미래를 여는 역사』 작성을 통해 '관(官)'이 '민(民)'과 어떻게 연대가 가능할 것인가, 즉 사회적 지위를 떠나 국가라는 체제 속에서 어떻게 스스로를 비껴갈 것인가 하는 점을 지금까지 이상으로 의식하고 체험하게끔 된 것이다.

멤버로는 사회과학원 연구원들이 대다수를 차지하고 있으며 그 밖에 베이징의 중국인민항일전쟁기념관의 연구원 및 침화일군남경대학살 우난동포기념관 관장 등, 항일전쟁이나 열사를 공적으로 현창(顯彰)하는 시설의 멤버들이 참가하고 있어, 이른바 국가를 배경으로 하는 입장에 계신 분들이 주요 멤버였다. 한편, 이 중 역사교과서 집필 경험자는 불과 1명밖에 없으며, 편집권을 지닌 주요 집필진에 여성이 없는 등 편중된 구성이었다.

일본과 한국의 공통된 특징은 일본의 2005년도 교과서 채택을 시야에 둔 조직적 운동과 밀접히 관계되어 있으며, 시민운동과 학술 교류가 두 축을 이루고 있다는 점이다. 세 나라에 공통된 특징으로는 집필 및 편집에 직접 관여한 멤버의 연령층이 높다는 점이다. 20대는 필자 혼자였으며 30대도 몇 명 안 되는 등 중심 멤버는 50대였다. 이 책은 중학생부터 일반인까지를 대상 독자로 하고 있으며, 보다 많은 젊은이들이 스스로의 힘으로 역사와 마주하고, 역사대화 구축력을 익힐 수 있도록 하는 한 권이 되는 것을 지향하고 있다. 따라서 현역 중고등학생들과 대학생들의 의견이나 반응을 내용에 집어 넣는 편이 보다 효과적이었으리라 생각된다.

3) 제작 경과 및 방법

2002년 제1차 회의에서 ① 근현대사에 한정시킨다, ② 통사가 아닌 테마별 내용으로 한다, ③ 자국 중심의 역사서술을 극복한다는 기본 방침에 대한 합의가 이루어졌다. 한국 측으로부터 중국과의 이른바 고구려 문제에 따른 고대사를 포함한 통사적인 공통교재 제작이 제안되기도 하였으나, 일본의 침략전쟁을 둘러싼 역사 사실을 3국이 공유한다는 목적에 비추어 채택되지 않았다. 근현대사를 정리하는 것조차 어려운 상황에서 고대사까지 거슬러 올라가 만든다는 것은 현실적으로 불가능했다고 하겠다. 또 통사라는 형태의 역사서술에 의한 공통교재의 작성도 현단계에서는 어렵다는 결론에 이르렀다. 이는 각국에서 서로 다른 역사체험과 역사인식, 전후에 만들어진 시대상을 단기간에 하나의 역사서술로 반영시키기란 불가능하다는 것을 인식한 것이며, 오히려 하나로 만드는 것을 목표로 하는 것이 아니라 하나가 될 수 없는 현실과 3국의 멤버들이 함께 마주함으로써 서로 배움의 토대를 쌓고자 하는 방향성이 태어났다고 할 수 있다. 즉, 자국 중심의 역사서술을 극복하는 첫걸음으로써 3국에서 테마를 설정하여 그것에 대한 각국 역사학 연구의 성과와 역사교육의 실천, 그리고 국민 감정으로 정착된 전쟁 기억을 서로 부딪치고, 그 속에서 어떤 역사상 및 역사서술을 그려낼 것인가를 모색하는 방법을 채택한 것이다.

먼저 큰 기틀로서 '장'을 설정하고, 각 장의 '절'을 대략적으로 잡아 갔다. 그리고 장의 제목과 절 제목을 3국이 토론을 통해 하나씩 결정하였다.

이와 병행하여 본문의 집필 방법에 대해 확정·공유하였다. 원고는 기본적으로 절별로 담당 국가를 정하고, 집필한 원고에 대해 3국에서 서로 의견을 내는 형식을 취하였다. 이때 각국이 사료를 가져와 교육실천을 소개하는 등 인적·물적 교류가 시도되었다. 이 중에는 "중국·조선, 양국 민중의 연합 항전(중·한)", "교과서 문제(일·한)", "야스쿠니신사 문제(일·중)" 등 공동 집필을 한 절도 존재한다. 또한 '3국의 수도'를 소개하는 칼럼은 3국이 원고를 가져와 책임 편집국을 정해 내용을 하나로 통합하여 체제를 맞춘 부분도 있다.

좌우 2페이지의 각 절에는, 사료 내지 지도사진 등을 적어도 2개 이상 넣기로 합의하였고, 가능한 한 본문과 사료를 대응시켜 독자가 내용을 보면서 보다 많은 것을 생각하고 배울 수 있는 방식을 채택하기로 하였다. 이러한 체제는, 일본 측에서는『日本史A』나『世界史A』의 교과서를 떠올리면 됐으나, 최근까지 역사교과서에서 역사서술과 자료 또는 사진을 조합하여 각 절에 문제제기를 하고, 독자에게 생각을 하도록 하는 스타일을 채택하지 않았던 중한 양국(특히 중국)에 있어서는 원고의 스타일에 대한 이미지가 어려워 원고의 내용과 스타일을 둘러싸고 많은 의견 교환이 이루어졌다. 그야말로 3국의 멤버들은 역사서술과 역사교육의 스타일의 차이를 새삼 인식할 수 있었다.

중국 측의 메시지에 따르면 이 책에서 사용된 사료 및 지도·사진의 절반 이상이 지금까지 중국 국내에서 사용되지 않았던 것으로, 문제제기형 스타일도 독자에게는 신선한 것이라고 한다. 또 표현과 묘사(형용)를 통해 감정에 호소하거나 또는 미담이나 영웅전을 많이 사용하는 역사서술 테크닉이나 레토릭에만 의존해서 내용에 설득력을 주는 것이 아니라, 사료에 의거한 역사서술을 세 나라가 지향하며 공유할 수 있었던 것은 역사를 어떻게 서술할 것인가 하는 측면에서 3국에 있어 큰 수확이었다고 할 수 있겠다.

이리하여 도쿄 · 베이징 · 난징 · 서울 등에서 10차례의 편집회의와 3차례의 '역사인식과 동아시아 평화포럼'을 개최하여,[3] 각국이 담당한 원고를 전체회의 및 각 장별로 나눈 분과회의를 통해 검토하고, 멤버들로부터 제시된 의견을 바탕으로 원고에 가필 · 수정을 하는 작업을 계속하였다. 그 위에 메일을 활용한 일상적인 의견교환도 이루어져, 매일같이 국경을 초월하여 메시지를 주고받았다. 그리고 절의 증가 및 순서를 바꾸는 등 역사 서술로서의 흐름을 잡고, 역사의 역동성을 그려나가기 위한 노력이 편집 작업 종반까지 계속 이어졌다.

3. 제작이 가능했던 배경, 지금까지 역사교과서를 둘러싼 역사대화의 흐름

『미래를 여는 역사』는 우연히 만들어진 것이 아니다. 제작을 가능하게 만든 환경이 각국 및 3국 간에 축적되어 왔기 때문에 비로소 태어나게 된 것이다. 그렇다면 지금까지 역사교과서를 둘러싼 역사대화는 어떻게 이루어져 왔는지, 이 책이 탄생하게 된 배경을 고찰해 보도록 하자.

1) 일본

일본에서 아시아의 역사학이나 역사교육에 대해 구체적인 시야를 확보하고, 자국 중심이자 아시아 결여의 연구와 실천을 비판적으로 재조명하고자 하는 움직임이 강해진 것은 1982년 교과서 문제가 계기였다. 교과서 문제에서 초점이 된 남경대학살 등은 이듬해 1983년부터 시작된 제3차 이

[3] 북한의 포럼 참가는 지금까지는 실현되지 않았다.

에나가(家永) 교과서 소송에서도 쟁점이 되었으며, 계속되는 비판과 그것을 지원하는 시민운동의 고양에 따라, 보다 실증적인 역사학 연구 성과의 축적 및 전쟁을 어떻게 가르칠 것인가 하는 역사교육의 과제가 심화되면서 역사교과서에서 전쟁에 대한 서술 내용의 개선이 이루어졌다.

1990년대에 들어 이른바 '증언의 시대'가 도래하면서 연구와 실천의 방향성은 보다 전쟁 피해자 개인의 존엄 회복에 맞춰져, 국가라는 체제를 벗어난 시민들의 연대가 모색되게끔 되어 갔다. 또 이 시기는 전쟁의 실태를 가해와 피해 양면에서 받아들이는 것뿐 아니라 그 역사를 살아온 사람들이 어떻게 살았는가, 전쟁으로 치닫는 역사 속에서 사람들이 어떤 선택을 하였는가라는, 보다 동시대적인 시야를 도입한 역사교육이 모색된 시기이기도 하다. 또한 가까운 중국이나 한국뿐 아니라 말레이시아나 싱가포르, 인도네시아, 필리핀, 태국 등 동남아시아에서도 일본의 침략전쟁이 어떻게 기록되고, 국민의 기억으로서 계승되어 왔는지를 계속적인 필드 워크를 통해 밝히고, 각국 역사교과서의 전쟁 관련 서술을 일본에 소개하는 등 역사교과서를 둘러싼 대화 기조가 만들어져 갔다.

지금까지 역사교과서를 둘러싼 역사대화는 일본과 한국 간에서 가장 활발하게 이루어져 왔으며, 이미 일본 역사교과서의 역사 기술문제를 가지고 일한 양국이 내용을 비판하는 단계에서 서로의 역사교과서에 어떤 자국 중심적인 역사인식을 만들어내는 요소가 있는가에 대해 공동연구하는 단계로 이행되고 있다. 나아가서 공통교재를 만들기 위한 시점도 구체화되어, 올해 일한 역사공통교재의 간행이 예정되는 등 대화의 폭과 깊이가 확실하게 더해지고 있다.

이러한 가운데 일본 역사교과서의 전쟁 기술이 실질적으로 후퇴한 2001년 교과서 문제를 둘러싸고 아시아 각국으로부터 받은 수많은 비난이 말해주는 것은, 이시야마 히사오(石山久男) 씨가 이미 지적한 바와 같이, 일본과 아시아 간 역사인식의 골이 "이제는 국가 간의 문제라는 기본 틀을 크게 벗어나 아시아 민중 간의 문제가 되었다"는 점이다.[4] 즉, 일본이라는 나라가 과거의 침략전쟁에 어떻게 마주할 것인가 하는 것이 국제적으로 요구되고 있을 뿐 아니라 민중 레벨의 역사인식이 지금까지 이상으로 요구되며, 대화 방법에 대한 논의의 필요성이 높아지고 있는 것이다. 따라서 전쟁을 어떻게 가르치고 배울 것인가 하는 과제에도, 민중 레벨의 대화를 어떻게 만들어갈 것인가라고 하는 대화의 힘과 조직력을 키우기 위한 이론 및 실천이 요구되고 있다고 할 수 있겠다. 예로 오늘날 일본의 침략전쟁을 교실에서 학생들과 함께 배우는 데 어려움이 커지고 있다. 이는 종래와 같이 '전쟁을 알고 있는 아시아인들'과 '전쟁을 모르는 일본인'이라는 구도를 대비하면서 학생들에게 제시하는 것만으로는, 오히려 그들이 안고 있는 아시아의 반일교육 · 혐일(嫌日)감정의 인식을 증폭시키게 될 가능성이 있기 때문이다. 또 전쟁의 역사를 둘러싼 역사인식의 골을 메우기 위해서는 우리의 일방적인 아시아 학습뿐만 아니라, 그들과의 대화를 전제로 한 역사학 연구 · 역사교육이 요구되고 있는 것이다. 따라서 역사적 사실을 다루는 것뿐 아니라, 아시아에서 어떻게 전쟁의 역사가 서술되고 구전되고 있으며, 국민의 기억으로 남아 왔는지 하는 부분까지 연구와 실천영역에서 폭넓은 시야를 확보하지 못한다면 대화를 만들어 갈 힘을 교실에서 키워주기란 어렵다고 할 수 있다.

『미래를 여는 역사』는 이러한 역사적 배경의 연장선상에 존재하며, 오늘날의 과제에 대응하기 위한 하나의 시도로 자리매김할 수 있다. 다시 말해 역사인식의 대화와 공유를 모색하는 과정에서 생겨난 건전한 상호비판이 도달한 일례라고 생각되며, 역사대화의 담당자를 각국의 교실에서 키워내기 위한 도구의 하나가 될 수 있을 것이다. 교실에서 이 책을 기존 역사교과서와 비교하며 읽으면서, 아시아 속에서의 위상을 재정립하고 비판

---

[4] 石山久男, 「日本における教科書問題の最近の動向と課題」, 歴史学研究会 編, 『歴史教科書をめぐる日韓対話』, 青木書店, 2004, 163쪽.

적으로 받아들임으로써 역사인식에 대한 대화와 공유를 한층 더 발전시키기 위한 수단과 루트가 젊은 세대들로부터 구축되어야 한다.

2) 한국

오늘날 일본과의 연구·실천·운동의 관계 구축에 가장 앞선 것이 한국이다. 그 담당자와 내용은 다양하며, 이미 양국의 역사교과서를 읽는 수준에서 공통교재를 만드는 수준에 이르렀다.[5] 이러한 공동작업을 가능하게 하는 환경이 일본뿐 아니라 한국에서도 갖춰지고 있는 것이 『미래를 여는 역사』 작성상 빼놓을 수 없는 배경이 된 것은 말할 필요도 없다.

한국에서는 1973년부터 2001년까지, 모든 역사교과서가 전국적으로 통일된 국정교과서였다. 그러나 현재는 1종 교과서(국정교과서), 2종 교과서(검정교과서), 인정 도서의 3종류가 존재한다. 1종 교과서는 교육인적자원부의 위탁을 받은 전문교육기관(교대나 교사양성·재연수를 위한 대학)이 편찬한 것으로, 교육인적자원부가 저작권을 가지고 있는 국정교과서이다. 2종 교과서는 교과서 연구 전문가나 대학교원 등이 민단 출판사와 공동으로 편찬하고, 교육인적자원부 장관이 위촉한 위원으로 구성된 '교과용 도서 심의회'의 심의와 조사를 거쳐 동부의 교과 담당 교재편수관이 최종심의를 한 후 검정 허가를 하도록 되어 있다.[6] 인정 도서는 시나 도의 교육감이 인정하는 보조교재이다.

오늘날 초등학교에서는 대개 1종 교과서로 수업이 이루어지고 있다.[7]

---

5) 한국과의 교과서대화의 상세 경과와 도달점에 관해서는 君島和彦, 「教科書国際交流の経験から見た『国民の歴史』」, 『季刊戦争責任研究』, 日本の戦争責任資料センター, 2000년 가을호, 18~22쪽을 참조할 것. 또한 歴史教育研究会 編, 『日本と韓国の歴史教科書を読む視点』, 梨の木舍, 2000과 同 会 編, 『日本と韓国の歴史共通教材をつくる視点』, 梨の木舍, 2003도 함께 참조 바람.

6) 2종 교과서 검정방법 등에 관해서는 斎藤里美 編著·監譯, 『韓国の教科書を読む』, 明石書店, 2003, 37쪽을 참고로 하였다.

중학교는 『국사』가 1종 교과서를 사용하고 있으며, 그 외에 지리나 세계사, 공민 분야 등을 다루는 『사회』에서는 2종 교과서가 활용되고 있고, 복수의 교과서가 출판되고 있다. 고등학교에서도 『국사』는 1종 교과서로 분류된다. 이와 같이 오늘날 한국에서의 교과서 제도는 『국사』라는 국정교과서의 틀을 유지하면서도 검정교과서도 사용되는 등, 전국이 통일된 1종류의 역사교과서라는 종래의 교과서에서 크게 변모하고 있는 것을 알 수 있다.

특기할 만한 사실은 1988년에 결성되어 전국의 중고등학교 역사교사의 약 30%가량인 약 2,300명이 참가하고 있는 '전국역사교사모임'에 의해[8] 국정교과서 제도와 그 아래에서 편찬된 국정교과서의 대안으로서 『살아 있는 한국사 교과서』가 제작되었으며, 부교재로 이를 활용하는 중학교가 늘고 있다는 것이다.[9] 즉, 한국에서는 민간 차원에서 국정교과서를 재검토하려는 움직임이 대안교재를 만드는 수준에까지 도달하였으며, 자국 중심의 역사서술이나 민족사관 일변도의 역사 이해에 단락적으로 빠지지 않기 위한 노력이 계속되어 온 것이다. 이러한 노력은 이미 일본에서도 일한교육실천연구회의 번역으로 『躍動する韓国の歴史』로 발표되었으며, 한국의 교육실천을 거울로 삼아 일본 측의 자기 점검이 가능해지는 등 연구와 실천의 교류가 이 책의 작성을 가능케 한 큰 요인이 된 것임은 틀림없다.

이와 같은 근년의 한국 역사교과서에 대해 조경달(趙景達) 씨는 "민족주의와 '이념화된 민중상'을 공유한다"고 지적, "교과서를 매개로 하여 국가

---

7) 초등학교 1학년 초기에 사용하는 「우리들은 1학년」은 1종교과서가 아니다. 상세한 것은 大谷猛夫, 「変化する韓国の歴史教科書」, 『日本歴史学協会年報第一九号』, 日本歴史学協会, 2004, 37~44쪽을 참조할 것.

8) '전국역사교사모임'의 인원 및 규모 등에 관해서는 北澤卓也, 『ドキュメント日韓歴史教育のいま－教科書問題と教育実践交流』, 桐書房, 2001, 69쪽 참조.

9) 전국역사교사모임 편, 三橋広夫 監訳, 日韓教育実践研究会 譯, 『躍動する韓国の歴史・民間版代案韓国歴史教科書』, 明石書店, 2004, 644쪽.

와 민중과의 긴장관계가 펼쳐져 있는" 상태라고 논하고 있다.[10] 말하자면 긴장관계를 구축할 수 있는 민중이 민주화투쟁을 거쳐 좀 더 모습을 드러내게 되었다고 생각되며, 일본에서 역사를 말하고 서술하는 주체는 누구인가 하는 논의가 한국에서도 계속되어 온 것이 이 책의 작성을 가능하게 했던 배경이라고 할 수 있을 것이다.

3) 중국

『미래를 여는 역사』의 특징 중 하나이며 과제이기도 한 것이 중국과의 건설적인 역사대화를 어떻게 가속화시킬 것인가 하는 것이다. 물론 오늘날에도 역사교육자협의회나 비교사·비교역사교육연구회의 멤버들이 중국에서 거의 매년 개최되는 역사교학연구회(歷史教学研究会)에 참가하는 등 역사교과서나 역사교육을 둘러싼 교류를 계속해 왔다.[11] 또 니타니 사다오(二谷貞夫) 씨가 상해중학과 수업교류를 추진, 자국의 역사와 타국의 역사를 통일적으로 파악하거나 역사인식에 대한 상호이해를 모색하는 등, 대화의 레일은 착실히 깔려왔다고 할 수 있다. 그러나 일한 간의 역사대화가 서로를 더욱 상대적으로 파악하여, 대화의 목적이 자국 중심적인 역사인식의 극복에 이르고 있는 것과 비교한다면, 일본과 중국의 경우는 아직까지 국경을 초월하는 방법을 서로 모색하기 위한 기초적 단계라고 여겨진다.

그렇다면『미래를 여는 역사』는 중국의 어떤 상황을 반영하여 제작이 가능해진 것일까? 중국의 역사교과서와 역사교육을 둘러싼 근년의 변화와

10) 趙景達,「韓国における歴史教育と民衆史学」,『日本歴史学協会年報第一六号』, 日本歴史学協会, 2001, 37쪽.

11) 중국과의 연구·실천의 교류에 관한 경과에 대해서는「インタビュー記録·歴史教育体験を聞く·佐藤伸雄」,『歴史教育研究第二号』, 歴史教育史研究会, 2004, 481쪽 참조.

그 방향성에서 이 책이 탄생하게 된 배경을 찾아보고자 한다.

2005년 4월 24일, 마치무라 노부다카(町村信孝) 외상은 베이징이나 상하이 등에서 발생한 반일데모에 대해 "중국이나 한국은 국정교과서이다. 역사교과서가 하나밖에 없다니 그런 바보 같은 일은 또 없을 것"이라고 발언하였다.[12] 많은 일본인들이 이와 거의 동일한 인식이 아닐까? 그러나 오늘날 중국의 역사교과서는 모두 검정교과서이다. 또 2005년 5월 현재, 전국에 중고등학교를 모두 합쳐 총 10종류가 있으며, 최근 다양화가 가속화되고 있다.[13]

중국에서는 1985년부터 국정제를 대신하여 검정제 도입이 검토되기 시작하였으며, 1990년에 최초의 검정교과서가 등장하였다. 검정제도의 도입으로 역사교과서의 다양화가 진행되자, 그 다음 단계로 교육부는 2001년 6월, 교육부령을 내려 교과서의 편찬·검정의 지방분권화에 나섰다.[14] 즉, ① 개인에 의한 교과서 편찬을 인정하고, ② 학교 단위의 교과서 채택을 인정하며, ③ 검정은 국가에 의한 전국 일괄 관리로 하며, 국가 차원과 지방정부, 직할시(상하이시 등)에 각각 검정권을 인정한다는 교과서 제도에 관한 근본적인 개혁을 실시하였다. 이에 따라 중국의 역사교과서는 국가가 인정한 역사교육대강 또는 역사과정표준(일본의 학습지도요령에 해당)에 따른다는 한계성을 지니면서도 제도상으로는 지방정부가 독자적으로 편찬·검정·채택을 할 수 있게 되어, 국가에 의한 편찬·검정의 길과는

---

12) asahi.com(2005년 4월 25일).

13) 중국의 검정교과서는 ① 인민교육출판사(6.3제 교재·전국), ② 인민교육출판사(5.4제 교재·전국), ③ 북경사범대학(5.4제 교재·전국), ④ 광동성 교육청·화남사범대학(華南師範大学)(연해판 교재·연해지구), ⑤ 사천성 교육위원회·서남사범대학(西南師範大学)(내지판 교재·내지 지구), ⑥ 하북성 교육과학연구소(농촌복식교재·전국복식학교), ⑦ 상하이시 교육국·상해사범대학·화동사범대학(華東師範大学)(발달도시판·상하이시), ⑧ 절강성 교육위원회(종합과 교재·절강성), ⑨ 중앙교육과학연구소·중국지도출판사판, ⑩ 악록(岳麓)판 등 10종류가 존재한다. 課程教材研究所 編, 『教材制度沿革編上册』, 人民教育出版社, 2004, 584쪽 등에 의거하여 작성.

14) 2001년 6월 7일, 교육부령 11호 「小中学教材編纂の審査と管理の暫定方法」에서.

다른 별도의 루트가 확립되기에 이르렀다.

예를 들어 상하이의 경우, 이미 상해사범대학(上海師範大学)이나 화동사범대학(華東師範大学)을 중심으로 상하이의 독자적인 역사 커리큘럼이 만들어져, 그에 입각한 독자적인 역사교과서를 편찬하였다. 이렇게 편찬된 역사교과서는 상하이시 교육국이 위촉한 초중교재 심의위원회에 의해 검정을 받고, 합격 여부에 대한 심사가 이루어진다.[15] 더욱이 특기할 만한 것은, 상하이의 고등학교에서는 전국에서 유일하게 중국사(자국 역사)와 세계사(타국 역사)를 한 권으로 편집한 『歷史』라는 역사교과서가 이미 사용되고 있다는 점이다. 이 『歷史』의 편집자 중 한 사람인 공번강(孔繁剛) 씨는 그 목적을 "중국의 역사를 세계 역사의 배경으로 자리매김하고, 중국의 역사를 세계사 상의 무대의 일부로 삼아 최대한 세계적인 시야에서 중국 역사의 변화 및 발전을 인식하고자 시도하였다"고 말한다.[16] 이와 같이 최근 중국의 역사교과서를 둘러싼 변화는 제도뿐 아니라 내용에까지 미치고 있다고 할 수 있겠다. 이에 대한 상세 내용은 다음 절 이후에 보다 구체적으로 다루어 보도록 하겠다.

중국 역사교과서 집필자는 1950년대부터 1980년대까지 거의 고정되어 있었으며, 10명도 채 안 되는 극히 제한된 인물들에 의해 국가의 역사가 서술되어 왔다. 그러나 오늘날에는 종래 생각할 수 없었던 많은 사람들에 의해 역사교과서가 편찬되고 있다. 이는 역사를 말할 담당자나 방법, 역사 서술에서 역사관에 이르기까지 다양화를 이끌고 있다. 말할 것도 없이 국가로부터 완전히 자유로운 검정제도는 존재하지 않으며, 제도나 현 상황

15) 초중교재 심사위원회에 교과서 집필자는 포함되어 있지 않으며, 집필과 검정을 동일 인물이 하는 경우는 없다. 멤버 구성은 교육행정부문의 인원이나 고등학교 및 대학의 현역 교원들로 데이터 베이스가 만들어져, 그것을 바탕으로 매번 기계적으로 멤버를 선정하도록 되어 있다. 課程教材研究所 編, 『教材制度沿革編上册』, 574쪽.

16) 孔繁剛, 「私の歴史学習と歴史教育の五〇年」, 二谷貞夫 編, 『二一世紀の歴史認識と国際理解 韓国·中国·日本からの提言』, 明石書店, 2004, 159쪽.

에 있어 과제도 많다고 여겨지나, 중국에서 20여 년간에 걸쳐 계속되어 온 역사교과서 및 역사교육의 변혁에 대해 일본의 역사학·역사교육으로부터의 시각이 지금까지 충분히 확보되어 왔다고 할 수 있는지 다시 한번 돌이켜 볼 필요가 있다. 특히 중국의 검정제도는 일본의 것을 참고로 하여 정비되었다고 왕지신(王智新) 씨가 지적하고 있듯이,[17] 어디를 어떻게 참고하였는지, 검정제도가 지닌 폐해에 어떻게 대처하였는지 등 일본과 중국에 공통된 테마부터 서로 대화의 장을 만들어가는 것도 가능하며, 서로 배울 점도 많으리라고 생각된다.

또한 위에서 언급한 배경들은 1988년부터 도입된 촌민위원회 직접 선거나 2004년 헌법 개정에 의해 사적 재산 및 인권의 보호 등 국민의 권리에 보다 밀접한 관계가 있는 내용이 들어 있는 등, 사람의 생활 변화 및 사회 동향과도 무관하지 않을 것이다.

일중 간의 역사대화는 일한에 비하면 아직 토대를 만들고 있는 단계라고도 생각할 수 있으나, 중국에서의 역사교과서나 역사교육을 둘러싼 최근의 상황은 한국과 마찬가지로 크게 바뀌고 있으며, 지금까지 이상의 관계 구축이 급선무라고 할 수 있다. 또한 일본정부나 '새로운 역사교과서를 만드는 모임' 등으로부터 중국과 한국의 역사교과서에 대해 일방적으로 이루어지는 비판에 대해서도, 그럴 여지를 주지 않는 일본의 역사학과 역사교육의 보다 적극적인 대응이 오늘날의 과제로 요구되고 있다고 할 수 있다.[18]

---

17) 王智新, 『現代中国の教育』, 明石書店, 2004, 269쪽.

18) 중국 역사교과서, 역사교육을 둘러싼 변화와 그 배경에 관해서는 齋藤一晴, 「変わる中国の歴史教科書」, 『歴史地理教育』, 歴史教育者協議会, 2004. 3, 80~85쪽 ; 同, 「中国・歴史教科書の新しい方向性－戦争記述を中心に」, 『日本歴史学協会年報第一九号』, 日本歴史学協会, 2004, 45~54쪽 ; 同, 「いま問われる中国への視野－中国北京・歴史教学研究会に参加して－」, 『歴史地理教育』, 歴史教育者協議会, 2005. 4, 70~75쪽을 함께 참조 바람.

4. 역사대화에서의 논점, 역사학 · 역사교육 · 역사서술 · 전쟁기억의 4가지 측면에서

1) 역사학 연구상의 논점 – 남경대학살을 예로

남경대학살을 『미래를 여는 역사』에서 어떻게 서술할 것인가를 두고, 일본과 중국을 중심으로 신랄하고 날카로운 의견교환이 이루어졌다. 본 절에서는 그 내용을 돌이켜 보면서 역사학 연구상의 성과와 과제를 정리해 보고자 한다.

남경대학살은 오늘날 중국에서 일본의 중국 침략을 상징하는 존재이며, 국민에게 널리 정착된 전쟁의 기억으로 남아있다. '침화일군남경대학살우난동포기념관'에 새겨진 30만이라는 숫자는 국민의 역사를 통합하고, 국민에게 국가의 역사를 전하는 방법을 제시해 왔다. 그렇기 때문에 일본에서 남경대학살을 부정하려는 움직임이나 교과서 기술의 후퇴는 그들의 전쟁에 대한 기억을 자극할 뿐만 아니라, 역사를 말하고 서술하는 것조차 빼앗는 의미를 지니기 쉽다. 따라서 역사적 사실의 공유와 함께 그 기억이 만들어진 방법이나 배경을 서로가 걸어온 역사 속에서 이해할 필요가 있다.

중국에서는 1950년대부터 1990년대에 걸쳐 각 연대에 1종류의 역사교과서가 편집되어 왔다. 1950, 1960년대의 중학교 역사교과서에서 남경대학살에 관련된 기술은 전혀 보이지 않는다. 단, 1960년대의 역사교학대강에는 역사를 가르치는 포인트로서 '일본 침략군의 남경에서의 대학살'이라는 항목이 있다. 따라서 남경대학살이 있었다는 사실을 수업에서 다루고, 역사교과서에도 집어 넣을 필요성이 있다고 지적하고 있음에도 불구하고, 실제로는 기술되어 있지 않은 셈이 된다. 이는 당시, 남경대학살에 대해 얘기하거나 서술하는 역사화의 담당자가 국가보다는 개인이었으며, 개개인의 기억이었다는 것을 시사한다.

1978년과 1986년에 발행된 중학교 역사교과서에 따르면 난징에서 일본군에 의해 살해된 희생자 수에 대해서 30만이라는 숫자를 들지만 남경대학살이라는 키워드가 아니라 오히려 "국민당의 전쟁에서의 대후퇴"라는 절에 그 내용이 들어 있으며, 학살 기술의 구체성도 모자라는 등, 반드시 국민의 전쟁 기억을 의도적으로 통합하는 역할을 맡고 있다고는 잘라 말할 수 없다.

이와 같은 경향이 큰 전환을 보이는 것이 1990년대 역사교과서이다. "남경대학살"이라는 절을 새로 마련하고, 희생자 수 30만 명이라는 숫자와 총검으로 무저항 상태인 중국인들을 막 찌르려고 하는 일본군 병사의 삽화와 함께 학살의 구체적인 내용에 대해 날짜와 시간, 장소를 들어 상세히 적고 있다. 이러한 서술 스타일은 매우 사실적이며, 일본군 병사의 잔학성과 무고한 중국인이라는 대비를 강조하는 레토릭을 사용함으로써 숫자와 잔학성을 통한 역사이해에 중점을 맞추고 있다.

1980년대부터 1990년대에 걸쳐 볼 수 있는 이러한 변화는, 1982년의 교과서 문제로 인해 1985년에 '침화일군남경대학살 우난동포기념관'이 건설되는 등 중국 국내에서 남경대학살에 관한 관심이 높아지고 연구가 진행된 결과이며, 남경대학살의 실태가 숫자나 잔학성에 의해 상징됨으로써 개개인의 전쟁 기억이 국가의 기억으로 회수되어 갔음을 의미한다.

『미래를 여는 역사』도 이러한 역사적 배경의 연장선상에 있다고 여겨진다. 당초 중국 측이 집필한 원고에는 좌우 2페이지에 걸쳐 9장의 사진과 자료 등이 실려 있었으며, 모두 잔혹한 학살장면을 찍은 사진이나 생생한 묘사를 기본으로 하고 있어, 시계열적인 역사서술을 하지 않고 강간이나 학살, 약탈 등 일본군의 잔학 행위 별로 항목을 만들어 30만 명이 어떻게 살해되었는가가 서술의 기본이 되고 있었다.

일본 측은 ① 일본군이 난징에 이르기까지의 경과를 쓰지 않으면 난징대학살의 전체상이 분명해지지 않는다, ② 일본군 병사가 학살에 이르게 된 원인을 일본군의 특질과 역사적 배경을 통해 기술할 필요가 있다, ③ 잔학성이나 숫자에 남경대학살을 상징시키는 것은 국가에 의해 통합된 전쟁의 기억을 따라가는 레벨에 그쳤으며, 전쟁 피해자 개인의 피해를 반드시 밝히고 있지는 못하다, ④ 학살이나 강간 등의 잔학행위만으로 구성된 역사서술로는 역사를 모르는 일본의 젊은 세대에게 있어 중국에 대한 반감을 느끼게 할 수 있다, ⑤ 재검증 가능한 사료를 활용함으로써 피해와 희생자 수를 논하고 일본과 중국에서의 연구 성과를 공유한다 등의 의견을 전달하였다.

이에 대해 중국 측으로부터 전면적인 반론이 제기되었다. ① 일본의 젊은 세대들이 잔학행위의 내실을 모르기 때문에 더욱 학살을 메인으로 쓸 필요가 있다, ② 30만이라는 숫자는 정부의 공식 견해이며, 국민에게 정착된 전쟁의 기억이다, ③ 중국 측 원고에서 나타나는 역사서술의 스타일이나 레토릭에 대한 일본 측의 이해가 부족하다는 내용이었다.

일본 측은 먼저, ① 중국에서의 전쟁의 기억이 어떻게 계승되어 왔는가에 대한 이해 부족, ② 중국에서 역사를 서술하는 스타일에 대한 분석 부족, ③ 일본에서의 역사인식의 부족함을 인정하였다. 그 다음 ① 역사적 사실을 사료를 통해 공유한다, ② 전쟁 피해자 개인의 피해를 밝힌다, ③ 국가가 아닌 민중들로부터의 역사서술을 기본으로 한다 등을 재차 중국 측에 전달하였다. 그리고 한국 측도 교실에서 어떻게 남경대학살의 전체상을 학생들에게 가르칠 것인지, 좀 더 이미지를 구체화할 수 있도록 하는 구상이 필요하다는 의견을 내놓았다.

이와 같이 남경대학살을 둘러싼 논의는 사료의 실증성이나 조작 방법을 묻는 역사학의 방법을 둘러싼 논의보다도, 오히려 그 기억을 어떻게 역사서술로서 반영할 것인가, 그리고 교실에서 어떻게 가르칠 것인가 하는 것에 시간을 할애하는 결과가 되었다고 할 수 있다. 말하자면 무엇을 어떤 시각으로 실증하는 것이 어떤 의미를 지니는지, 그리고 분석 결과를 어떤 의도에 근거하여 서술할 것인가 하는, 양국에 있어서는 '실증 이전'에 무엇이 있었는가에 대한 '비'생산적인 논의나 감정을 부딪칠 기회의 부족, 그런 가운데 대화의 가능성이 내재되어 있는 사실에 대한 분석 부족이 분명해졌다고는 하나 연구 성과의 공유에 대한 첫걸음으로서, 역사학 연구뿐 아니라 역사교육이나 역사서술을 포함한 폭넓은 시야를 확보하면서 상호이해를 해야 할 필요성을 강하게 느끼게끔 해주는 것이었다고 할 수 있겠다.

3년에 걸친 논의는 최종적으로 간행된 내용으로 정착되게 되었다. 그것은 ① 30만이라는 숫자에서 오는 역사 이해나 기억의 계승보다도 사료에 입각해서 전체상을 파악하려 애쓰고, ② 전체상을 배우기 위해 잔학 행위뿐만이 아니라 그 경과와 배경도 다룬다는 것이다. 따라서 30만이라는 숫자는 명기하지 않고, 남경군사법정과 동경재판에서 나온 숫자를 사료로 병기하였다. 또 남경대학살에 이르기까지 일련의 경위와 일본군의 현지조달주의 등에 대해서도 다루었다.

현단계에서 일중이 공유할 수 있는 희생자 수와 근거는 남경군사법정과 동경재판의 사료인데, 양국의 근년의 연구 성과를 공유하기까지는 더욱더 대화가 필요하다고 하겠다. 또한 사료에는 표현되어 있지 않은 당시 사람들의 생활이나 피해 실태를 어떻게 서술할 것인가에 대해서도 과제가 남겨졌다.

그렇다면 중국 측은 왜 피해를 상징한다고 할 수 있는 30만 명이라는 숫자를 게재하지 않는 데 동의한 것일까? 그것은 일중 간에 남경대학살을 둘러싼 대화가 시작되고 있는 점이나,[19] 『미래를 여는 역사』를 만들기 위해 3년 동안 계속되어 온 꾸준한 논의의 성과라 생각되며, 아울러 중국 국내에서의 역사학과 역사교육의 변화라는 배경도 함께 갖고 있다고 생각된다.

---

19) 笠原十九司, 「南京事件の記憶をめぐる日中の対話の開始」, 『南京事件と日本人 戦争の記憶をめぐるナショナリズムとグローバリズム』, 柏書房, 2002, 297~328쪽.

2001년 이후에 편찬된 최신의 베이징·상하이·광동의 역사교과서에는 30만 명이라는 공식 견해를 기술하면서도 남경군사법정이나 동경재판의 사료를 제시하여 처음으로 19만이나 20만이라는 숫자를 병기하였다. 여기에서 1990년대에 비해 보다 사료에 의거하여 기술하고자 하는 자세를 볼 수 있으며, 공식견해 이외의 숫자를 각 지역에서 구체적으로 언급하는 것은 역사교과서의 기술 내용에 대해 국가로부터 일정한 거리를 유지할 수 있게끔 되어 가고 있다는 것을 짐작케 한다. 또한 베이징의 중학교 역사교과서에는 남경군사법정이나 동경재판, 라베의 일기(ラーベの日記) 등의 사료를 제시하면서, "남경대학살에 대해 일본의 중학생들에게 편지를 쓰자"는 테마학습을 마련하여 개개인의 역사인식을 표현하는 것을 과제로 내고 있다.[20] 즉, 종래와 같은 숫자로부터의 역사이해나 학살 내용을 단순히 명기하는 수업에 빠지지 않기 위한 고안이 마련되고 있으며, 역사학·역사교육·역사서술의 밸런스가 모색되고 있다고 생각된다.

전술한 바와 같이 남경대학살을 둘러싼 논의가 분명히 한 것은 역사를 연구하고, 말하고, 서술하며, 세대를 초월하여 가르치고 배우는 행위의 목적이 무엇이며, 그 주체는 누구인가 하는 점을 항상 물을 필요성과, 그것을 민중들에게서 가능하도록 하기 위해 3국에 공통된 과제를 서로 심화시킬 가능성과 힌트가 어디에 있는가 하는 점이 될 것이다.

2) 역사교육에 있어서의 논점

『미래를 여는 역사』는 독자의 대상을 중학생부터 일반인까지로 폭넓게 설정하였는데 역사교재라는 간판을 내건 이상, 그 활용 방법이 문제시되게 된다. 또한 역사대화의 당사자는 원래 교실에서 육성되어야 한다. 따라

---

20) 課程教材研究所·歴史課程教材研究開発センター 編,『義務教育課程標準実験教科書 中国歴史八年級上册』, 人民教育出版社, 2003, 87~89쪽.

서 3국의 편찬위원회는 ① 각국의 역사교육을 둘러싼 현황을 서로 파악한다, ② 전쟁 비체험 세대, 특히 젊은 세대가 이 책을 지침으로 삼아 스스로의 힘으로 과거의 전쟁을 배우고 오늘날의 제반 과제와 마주하는 것을 가능하도록 하는 역사교재를 모색한다, ③ 역사인식의 공유를 위해 그 토대가 되는 역사적 사실의 공유를 지향한다는 3가지의 구체화에 대해 서로 얘기를 나눴다.

먼저, 오늘날 '역사'라는 교과가 각국에서 공통적으로 암기과목이나 수험대비과목이 되어버리는 경향이 강하며 교육실천에 있어 창의와 고안이 요구되고 있다는 점이, 그리고 중국과 한국의 멤버로부터는, 설사 일본의 침략전쟁에 의해 피해를 입은 국가라 할지라도 젊은 세대가 전쟁과 마주하는 데 있어 어려움에 직면하고 있다는 현재 상황에 대한 분석이 있었다.

필자가 1998년 하얼빈 시내의 3개 대학, 303명을 대상으로 실시한 설문조사에서도 '귀하는 수험공부를 통해 풍부한 역사관을 기를 수 있다고 생각하십니까?'라는 질문에 대해, 약 80%에 이르는 247명이 '불가능'하다고 답변하였다.[21] 제한된 조사이기는 하나 중국의 젊은 세대들에게 역사의 암기과목화와 역사이탈이 진행되고 있다는 것을 짐작케 한다.[22] 게다가 올해 노구교(盧溝橋)사건 때 베이징의 『北京晚報』에서도 북경시사정민의조사중심(北京市社情民意調査中心)에 의한 의식조사를 인용, 노구교거차오사건이 일어난 연도(서기)와 일시를 정확하게 답변할 수 있었던 것은 전체의 56.5%에 그쳤으며, '모른다 · 알 수 없다'가 9.1%에 이르렀다고 한

21) 설문조사는 1988년 11월부터 12월에 걸쳐 실시되었다. 실시 지점과 조사 대상은 흑룡강대학(黒龍江大学) · 하얼빈 건축대학(哈尔濱建築大学) · 호란사범전과대학(呼蘭師範専科大学)의 대학생 및 대학원생 303명이다. '귀하는 수험공부를 통해 풍요로운 역사관을 기를 수 있다고 생각하십니까?'라는 질문에, '가능하다'(38명/13%) · '불가능하다'(247명/81%) · '잘 모르겠다'(18명/6%)라는 답변이 나왔다.

22) 중국에서 젊은 세대들의 역사 이탈에 대해서는 石渡延男 · 越田稜 編著, 『世界の歴史教科書11カ国の比較研究』, 明石書店, 2002 속에서 중국을 담당한 니타니 사다오 씨도 지적하고 있다.

다.[23] 이러한 숫자는 전쟁과 마주하기 어려운 젊은 층에만 한정된 것이 아니고 전쟁을 경험하지 못한 세대에게서 거의 공통되게 볼 수 있는 현상이라고 생각되며, 앞으로 더욱 나빠질 것으로 예측된다. 즉, 3국 공통으로 오늘날 문제시되고 있는 역사교육의 과제란, 전쟁을 체험하지 않은 세대가 더 젊은 세대에게 전쟁을 가르치는 것의 어려움과 위험함을 국가라는 기틀을 벗어나 전쟁 비체험 세대로서 어떻게 공유할 것인가 하는 것이다.

당초 중국과 한국(특히 중국 측)은 각 절 마지막 부분에 역사 사실에 대한 평가나 의의를 기록하여 독자에게 역사 사실뿐 아니라 그것에서 발생하는 역사상까지도 명시한다면 전쟁 비체험 세대가 보다 알기 쉽게 전쟁의 역사를 배울 수 있다고 주장하였다. 그 때문에 독자(讀者)의 역사인식을 어디까지 인도하는 역할을 이 책에 줄 것인가라는 내용에 대하여 3국간에 논쟁이 일어났다.

이러한 중국과 한국의 의견의 배경에는, 오늘날까지 양국의 역사교과서에 예를 들어 '3·1운동의 의의'(한국)나 '양무운동의 평가'(중국)라는 형태로, 국가가 국민에게 원하는 바람직한 역사상을 부여해 왔다는 사실이 존재한다.

이에 대해 일본 측에서는 ① 역사대화란 국가라는 체제에서 스스로를 의식적으로 어긋나게 함으로써 개개인이 주체가 될 필요가 있다. 따라서 평가나 의의가 사전에 내려져버리게 되면 주체성을 어디서부터 어떻게 확립할지를 배울 수 없다. ② 전쟁 비체험 세대가 교실에서 전쟁의 역사를 배울 때, 먼저 그것을 가르치는 교원이 그 역사와 마주할 필요가 있다. 그러나 평가와 의의가 명확해져버리면 가르치는 자의 경험이나 이 책을 읽고 배우는 자세 등이 전혀 동반되지 않는 교육실천이 되어버릴 위험성이 높으며, 교사와 학생, 학생과 학생 간에 서로 배우는 공간이 만들어지지

---

23) 중국정보국 2005년 7월 7일.
http://www.searchina.ne.jp/disp.cgi?y=2005&d=0707&f=national_0707_001.shtml.

않는다. ③ 이 책의 제작 목적은 일본의 침략전쟁을 둘러싼 역사인식의 공유인데, 역사를 배우고 미래를 창조하기 위해서는 과거의 역사를 과학적으로 파악하는 시야를 기르고, 오늘날의 제반 과제를 해결하는 수단을 모색할 수 있도록 하는 역사교육이 요구된다. 따라서 미리 답이 준비되어 있는 스타일은 취하지 말아야 할 것이라고 답변하였다.

중국과 한국 측은 일본 측의 의견을 수용하면서도 그렇다면 이 책이 어떤 스타일을 취해야 독자나 학습자 스스로가 문제의식을 심화시킬 수 있을 것인지, 더욱더 깊이 논의해야 할 필요성이 있다고 설명하였다. 일본 측은 각 절의 첫머리에 문제제기를 하는 도입문을 넣고 본문을 그에 대응하는 형태로 구성하면 내용을 읽으면서 개개인의 문제의식을 심화시키는 것이 가능하리라고 제안하였다. 중국과 한국은 그렇다면 문제의식을 심화시키는 것을 가능하게 하는 많은 역사 사실을 다룰 필요가 있다고 말해, 역사인식의 공유를 위해서는 먼저, 그 토대 부분이 될 역사 사실을 3국이 서로 인식할 필요가 있다는 결론에 이르렀다.

여기서 특기할 만한 사실은 일본의 침략전쟁에 관한 역사 사실을 『미래를 여는 역사』에 담는 것이 일본에만 무겁고 어려운 테마이며, 중국과 한국에는 극히 당연한 일로, 아픔이 따르지 않는 것이라고 생각하기 쉽다는 것이다. 그런 생각의 배경에는 아시아에서는 일본의 침략행위에 대해 빠짐없이 역사교육에서 다루고 있고 역사교과서에 써있을 것이라는 생각이 있는 것은 아닐까? 또한 일본의 역사교육에서 종종 '전쟁을 모르는 일본인'과 '전쟁을 알고 있는 아시아인들'이라는 단순한 2항 대립적인 도식으로 전쟁을 파악하려 했던 것은 아닐까? 그러나 좀 더 고안이 필요하다고 생각된다. 예를 들어 중국에서 '위안부' 문제에 관한 구체적인 기술이 역사교과서에 등장하는 것은 2001년부터이며, 그것도 게다가 지방판이다. 인민교육출판사판(人民教育出版社版)에는 지금도 '위안부' 문제에 관한 내용이 없다.

한국 역사교과서에서도 '위안부' 문제의 기술이 초·중·고등학교를 불문하고 구체화되게 된 것은 '제6차 교육과정'(1992년 고시·1995년 시행) 이후이다.[24] 이러한 사실들은 일본의 역사교육에 요구되는 역할이 중국과 한국을 비롯한 아시아 각국의 역사교과서에 서술된 전쟁뿐 아니라, 서술되지 않은 전쟁은 어떤 것이며, 그 이유는 무엇인가 하는 것을 가르치는 데 있다는 점을 시사하고 있다.[25] 그것은 말하자면 전쟁 피해자 개인의 존엄 회복이 늦어진 원인을 전쟁 비체험 세대인 교사들과 학생들이 함께 생각하자는 것이다.

'위안부' 문제가 전쟁 종결 후, 반세기 이상이나 역사교과서에 기술되지 않았던 것은 중국과 한국에서 이러한 문제에 관한 연구나 교육을 하는 데 대한 어려움을 말해주고 있다고 할 수 있다. '위안부'가 된 여성의 존재가 역사나 공동체로부터 지워짐으로써 인간으로서의 존엄을 회복하지 못하고 전쟁 중의 육체적·정신적 피해 속에서 평생을 보내게 되었다는 것은 말할 것도 없다. 이런 현실을 만들어 낸 최대의 원인은 일본이라는 나라가 전쟁책임을 인정하지 않고, 또 전쟁 비체험 세대 한 사람 한 사람이 전후에 이루어져야 할 책임을 다하지 못하고, 가르치고 배우며 전하지 않았기 때문이다. 여기에서 자신은 전쟁을 체험하지 않았으므로 책임이 없다고 생각하는 전쟁 비체험 세대가 마주보려 하지 않았던 역사 사실을 찾아낼 수 있을 것이다.

이와 같이 이 책에서는 제3장을 중심으로 일본의 침략전쟁에 관한 역사

---

24) 石渡延男 監譯, 三橋広夫 共譯,『世界の教科書シリーズ4 入門韓国の歴史【新装版】国定韓国中学校国史教科書』, 明石書店, 2001년 후기.

25) 2002년 3월에 난징에서 열린 '歴史認識と東アジアの平和フォーラム－歴史教科書問題'에서 인도네시아 정부가 초중고 교과서에 '위안부'를 기술하기로 결정했다는 보고가 있었다. 인도네시아에서도 '위안부' 문제가 교과서에 기술된 것은 극히 최근의 일이다. 日本の戦争責任資料センター, 「歴史認識と東アジアの平和フォーラム南京会議報告」, 2002년 여름호, 66쪽.

사실을 많이 다루고 있다. 그것은 3국이 역사인식을 공유하기 위해 먼저 역사적 사실의 공유가 불가결하다는 것을 인정하고 합의한 결과이다. 또 역사적 사실의 공유는 일본만이 아니라 중국과 한국에게도 무겁고 어려운 테마이며, 전쟁 비체험 세대에게 주어진 책임의 한쪽 끝을 맡는다는 의미를 지니는 것이다. 따라서 중국과 한국의 역사교육을 안이하게 반일 · 애국이라는 키워드와 결부시켜 역사를 모르는 일본인이 모든 것을 알고 있는 중국 및 한국 등 아시아인 앞에서 사죄를 하게 되는, 단락적인 역사이해로 연결되지 않는 역사교육이 필요하다. 역사를 배우는 데 있어서의 어려움에 전쟁 피해를 입은 국가의 전쟁 비체험 세대까지도 함께 마주할 수 있도록 시야를 넓히고, 스스로의 문제의식을 고양시키는 것이 가능한 역사교육의 실천이 요구된다. 『미래를 여는 역사』는 그것에 일조하고자 세상에 나오게 된 것이다.

3) 역사서술에서의 논점 – 청일전쟁을 예로

본 절에서는 청일전쟁을 어떤 역사서술로서 『미래를 여는 역사』에 어떻게 반영시킬 것인가에 대해 이루어진 논의를 바탕으로 자국 중심의 역사서술을 극복하기 위해 어떤 시도가 이루어졌는지에 대해 생각해 보고자 한다.

청일전쟁을 예로 든 이유는, ① 근대 일본의 대외 침략이 지닌 성격을 역사의 흐름 속에서 파악하는 데 있어 중요한 포인트가 된다는 점, ② 청일전쟁에서 일본의 승리가 동아시아 세계에 끼친 영향을 ①과 관련 지어 다시 짚고 넘어갈 필요가 있다는 점, ③ 오늘날 한중일의 역사교과서에 나온 청일전쟁에 대한 기술은 모두 자국 중심의 역사서술이며, 그것을 극복하고자 시도하는 데 있어 불가결한 공통과제라는 점, ④ 1994년 8월에 도쿄에서 열린 제3회 동아시아 역사교육 심포지엄의 주요 테마 중 하나가 청일전쟁이며, 약 10년 전에 있었던 역사대화를 바탕으로 검토가 가능해진다는 점 등이다.[26] 그야말로 한중일의 역사학·역사교육·역사서술이 첨예하게 교차하는 부분인 청일전쟁을 어떻게 서술할 것인가일 것이다.

청일전쟁의 '절'은 중국 측이 기본적인 원고의 집필과 3국의 의견 교환을 바탕으로 원고의 수정을 담당하였다. 애당초 중국 측에서는 '절'을 '전쟁의 발발'·'여순 학살'·'전쟁과 조선'·'전후의 삼국관계'라는 순서로 '항'을 설정하여 집필하였다. 그에 따르면 일본해군에 의한 도요시마오키(豊島沖)에서의 중국 수송선에 대한 기습 공격을 전쟁의 발발로 보고, 여순에서의 일본군 학살에 많은 지면을 할애, 그 뒤에 조선과 일본의 관계를 서술하는 등, 시계열을 무시한 역사서술을 하고 있다. 또한 전후의 3국관계에 대해서도 시모노세키(下関)조약을 크게 다루어 요동반도나 대만 등의 할양(割讓), 거액의 배상금을 지불한 내용에 중점을 두었다.

이러한 역사서술은 중국의 역사교과서에 나온 청일전쟁에 대한 기술 내용에서도 볼 수 있다. 중국에서는 청일전쟁을『中國歷史』에서 다루고, 러일전쟁을『世界歷史』에서 가르치는 식으로 자국의 역사와 세계사를 구분하여 기술해 왔다. 현재 과점율이 가장 높은 북경인민교육출판사에서도 마찬가지로 기술되어 있으며, 일본의 중국 침략에 중점을 두고 있음에도 불구하고 러시아에 대한 전략을 기초로 한 대외팽창에 의해 유발된 청일·러일 전쟁의 위상이 서술되어 있지 않기 때문에 일본의 침략전쟁의 전체상을 역사의 흐름 속에서 충분이 그려내고 있지 못하다. 또 시모노세키조약에 대해서도 일본에게 있어 청일전쟁의 최대의 목적이었던 청과 조선의 종속관계의 단절을 명기한 제1조가 전혀 언급되어 있지 않기 때문에 일본의 전쟁 목적이 불명확해지고, 조선에 대한 시야가 크게 결핍된 자국 중심의 역사서술이 되었다.

즉, 중국에서 청일전쟁은 어디까지나 자국이 피해자인 전쟁으로 서술되

---

26) 제3차 동아시아 역사교육심포지엄에 관한 내용은 比較史·比較歷史教育研究会 編,『黒船と日清戦争 歴史認識をめぐる対話』, 未来社, 1996에 정리되어 있다.

며, 중국을 중심으로 한 동아시아 세계가 크게 변화한 것에 대해 논하는 경향이 약하다. 따라서 일본 측은 전술한 중국의 역사교과서에 나타나는 자국 중심적인 역사서술을 그대로 반영한 내용은 이 책에 걸맞지 않는다는 것을 중국 측에 전달하였다.

한국 측에서는 중국 측이 제시한 원고에 정면으로 반대의견을 제시, 전면적인 수정을 요구하였다. 그 내용은 ① 주된 전쟁터가 어디였는지조차 알기 어려운, 조선에 대한 시야가 결여된 자국 중심적인 역사서술이다, ② 당시 청과 조선의 관계는 대등하고 평등한 관계가 아니라 청의 조선에 대한 군대 파견에는 자국의 이익을 지키기 위한 방위적 수단이라는 의미도 있다는 것을 명기해야 한다, ③ 당시 청과 조선의 불평등한 관계를 암묵적으로 긍정하는 듯한 사상이 중국 측이 집필한 역사서술의 근저에 깔려있다 등등 엄격한 비판을 하였다.

이와 같이 한국 측으로부터의 비판의 수위가 높아진 배경도 한국 역사교과서에 쓰여진 청일전쟁에 관한 내용을 읽어보면 짐작할 수 있다. 청일전쟁에 관련된 내용은 "동학농민운동"이라는 절에 실려 있으며, 농민들의 어려움을 해결하지 못하는 정부가 약하고 뒤진 사회를 상징하도록 하고, 그에 대한 개혁을 주장하며, 밖으로부터의 침략에 저항함으로써 나라를 지키고자 하는 농민운동의 위대함을 강조시키는 역사서술의 레토릭이 나타난다. 또 "동학농민운동은 비록 실패로 끝났다고는 하나, 우리나라가 근대사회로 발전하는 데 있어 중요한 영향을 끼쳤다"고 역사적 의의를 정리하는 등[27] 근대화를 이끈 기점으로 자리매김하고 있다는 사실을 알 수 있다. 그렇기 때문에 중국 측이 처음에 제시한 원고는 한국 측의 이와 같은 역사서술이나 역사교육, 국민적인 역사 이해를 자칫 부정할 수 있는 내용이었다고 할 수 있다.

---

27) 石渡延男 監譯, 三橋広夫 共譯, 앞의 책, 2001년 후기, 286쪽.

약 10년 전 제3차 동아시아 역사교육 심포지엄에서의 쟁점도 이번과 거의 동일한 내용이었으나, 자국 중심의 역사서술 극복의 어려움을 여실히 나타내고 있다. 또 그것은 대화를 거듭하는 가운데 누구도 피해 갈 수 없는 포인트이며, 대화를 만들어가는 거점이 될 수 있는 중요한 쟁점이었다는 사실도 나타내고 있다.

전술한 바와 같이 중국 측이 집필한 원고에 자국 중심적인 요소가 포함되어 있는 점은 말할 것도 없으나, 그것에 비판을 가하여 개선을 요구하는 일본 측과 한국 측의 의견도 각자 자기 나라에서 사용되는 역사교과서에 서술되어 있는 것 같은 내용에 의거하고 있음을 알 수 있다. 그 내용이란, 일본 측은 전쟁의 전체상을 명확히 할 것을 주장하면서도 여순학살 등의 학살행위에 관해서는 자세하게 서술하고 있지 않다는 점, 또한 한국 측에서도 국내의 민족적 단결과 근대화에의 발걸음을 서술의 기축으로 삼은 나머지 청일전쟁을 세계사 속에서 자리매김하려는 역사서술이 약했던 점 등이다. 즉, 자국 중심의 역사서술을 극복하기 위해서는, 다른 나라를 비판할 때 근거가 되는 자국의 역사서술에, 어떤 자국 중심의 역사인식이 담겨 있는지를 의식적으로 자각할 필요가 있다는 것이다. 그야말로 역사대화란 타인에 비추어 스스로를 비판적으로 다시 돌아보는 것을 계속하는 것이라 하겠다.

중국 측은 일본과 한국으로부터의 의견 및 비판을 수용, 최종 원고에 이르기까지 몇 번씩 가필·수정 작업을 하였다. 최종적으로 이 책에 정리된 ① '전쟁의 발발과 조선'·'여순학살과 시모노세키조약'·'청일전쟁 후의 삼국관계'의 3개 항으로 역사의 흐름에 따른 역사서술이 되었다. ② '전쟁의 발발과 조선'에서 "조선이 중국으로부터 이탈하는 것을 협박하고, 중국과 조선 간에 기존에 맺었던 조약을 파기할 것을 선언하도록 시켰다"라고 적어 완곡한 표현이긴 하나 당시의 청과 조선의 관계에 대해서도 언급하고, 나아가서 일본의 침략 목적이 무엇이었는지를 간결하게 지적하였다. '여순학살과 시모노세키조약'에서도 시모노세키조약 제1조를 명기하는 등 역사의 인과관계에 중점을 둔 역사서술을 지향하였다. ③ 절의 마지막에 러시아의 존재를 등장시켜 조선을 둘러싸고 러일전쟁으로 발전해 간 요인에 대해서도 기술, 일본의 침략전쟁의 전체상을 밝히려는 자세를 보였다.

청일전쟁에 대한 내용은 당초 중국 측이 집필한 역사서술과는 크게 다른 내용을 3국이 공유하는 결과가 되었다. 중국 측에 따르면, 그때까지 '관(官)'이라는, 이른바 국가를 대표하는 입장에서 역사를 서술해 온 그들에게 있어 스스로를 어떤 포지션에 위치시킴으로써 자국 중심의 역사서술을 극복할 수 있을 것인가, 그리고 타인에 대한 물음에 답할 수 있을 것인가 하는 자신들의 존재 자체에 정면으로 마주한 결과라고 할 수 있다. 국가와 개인 사이에서 흔들리고 갈등하는 그들의 자세에 응답해야 하는 것은 우리 쪽이라는 사실도 잊어서는 안 된다. 또 이렇게 흔들리는 모습은 그들에게서뿐 아니라 최근 중국의 역사교과서의 역사서술에서도 찾아 볼 수 있다.

자국의 역사와 타국의 역사를 일체화하려는 시도로서 등장한 상하이 지역에 한정된 역사교과서인 『歷史』에서는, 시모노세키조약 제1조인 "중국은 조선의 완전한 자주 독립을 인정한다"를 명기하는 등[28] 북경인민교육출판사판 교과서에서 볼 수 없는 역사서술이 있다. 이는 오늘날 중국의 역사교과서의 역사서술이 다 똑같지 않다는 사실의 증명이기도 하며, 지역차가 생기고 있다는 것을 나타낸다. 즉, 역사교과서의 다양화가 역사서술의 지역차 및 다양성을 만들어내는 하나의 요인이 되고 있으며, 이는 집필자나 편자가 역사를 대하는 방법이나 국가나 개인과의 거리감이 역사서술로서 나타나고 있는 것이라고 하겠다. 앞으로 역사서술의 지역차가 더욱 뚜렷해지면, 학습자의 역사인식 형성에도 영향을 미치게 되리라 짐작할

---

28) 上海中小学課程教材変革委員会 編, 『高級中学歷史(上册)(試用本)一年級』, 上海教育出版社, 2002, 203쪽.

수 있다. 그렇게 되었을 때, 국민 통합이라는 장치로서의 역할을 지닌 역사교과서의 위상을 그들 스스로가 다시 재조명하게끔 되지 않을까?

이와 같이 청일전쟁을 어떤 역사서술로서 묘사할 것인가에 대해 그 배경을 포함하여 폭넓고 깊이 있는 논의를 해 가는 것은, 자국 중심의 역사서술을 극복하는 실마리를 찾아내는 데 있어 빼놓을 수 없는 포인트인 것이다.

4) 전쟁의 기억을 둘러싸고

『미래를 여는 역사』는 일본의 침략전쟁에 대해 아시아로부터 받는 수많은 물음에 답하기 위한 것이기도 하다. 수많은 물음은 전쟁의 기억에서 출발했다고 할 수 있다. 또 대화란 원래, 대등하고 평등한 환경 아래, 상대의 응답을 전제로 하여 성립하는 것이다. 그러나 침략전쟁이라는 역사를 지닌 일본에게 있어 피해자의 응답을 전제로 한 대화를 하는 것이 원래 침략의 역사와 스스로 마주하는 것을 의미하는 것일까? 따라서 본 절에서는 전쟁의 기억을 둘러싼 몇 가지 사례를 통해 대화의 내실과 방법에 무엇이 요구되고 있는지를 생각해 보고자 한다.

제2장 제2절에, '1. 헌병경찰 통치'라는 '항'이 있다. 이것은 한국 측의 한 연구자가 집필한 부분인데 원래 원고에는 "일본의 지배를 경험한 한국 부모들 중에는 독립 이후에도 아이들이 울음을 안 그치면 일본 순사에게 데려가라 그런다고 거짓말을 해서 울음을 그치게 하는 일이 있었다"며, 식민지지배하에 있던 사람들에게 깊이 새겨진 순사에 대한 두려움의 이미지가 어떻게 해서 형성되었는가를 생각하는 도입부를 마련했었다. 이에 대해 일본 측에서는 이런 사례가 어느 정도 일반적인지 실증하기가 어렵다고 지적하였다. 한국 측도 곧 이에 응하여 새로운 도입부를 만들기로 약속하였다.

이 연구자는 원고의 내용이 자기자신의 체험이라는 사실을 문득 얘기하였다. 본인의 입으로 말하는 어린 시절의 경험은 전쟁 체험 세대와 비체험 세대를 이어주는 하나의 루트를 밝히고 있었으며, 한 인간이 역사와 마주하는 장면을 나타내었다. 이것은 사람이나 지역에 뿌리 깊게 스며든 생활의 실감이 동반되는 전쟁의 기억이라고도 할 수 있다. 원래 수많은 물음에 답하는 것을 목적으로 하는 이 책에는 이러한 내용을 하나하나 깊이있게 다루는 것이 요구되고 있음이 틀림없다. 그러나 이 부분은 재검증 가능한 사료를 통해 역사 사실을 공유하자는 이유로 인해 삭제되었다.

일련의 논의 속에서 작성 멤버들에게 요구된 사실은 이 책에 넣을 수 없었던 원고에도 역사대화를 성립시키는 중요한 포인트가 있었다는 점이다. 즉 역사대화란 형태를 이루어 서술되는 전쟁의 기억은 극히 일부에 불과하며, 그 배후에 무수한 기억이 존재한다는 것을 배우는 것이다. 그것을 깨닫지 못하는 역사대화는 기억으로서뿐만 아니라 그 기억을 지닌 타인과도 마주할 수 없다는 것을 의미한다. 이런 어려움과 기억이 지닌 무게에 일본 측이 먼저 마주하지 않으면 타인의 응답을 전제로 대화를 성립시키는 것은 사실상 불가능한 것이다. 따라서 대화라는 것이 어떤 전쟁의 기억에 대한 장면에서 성립되는지를 날카롭게 읽고 해석해 내는 자세가 불가결하다는 것이다.

3국의 논의는 국경을 초월한 역사교육의 구체화와 역사인식의 공유를 의식하면서도 개개인이 국가로부터 완전히 자유로워져서 타인과 마주하기란 매우 어려웠다. 그것은 각국에 정착되어 있는 전쟁의 기억이 존재하며, 그것은 그 나라 국민의 기억이라고 할 수 있기 때문이다.

이러한 전쟁의 기억에 대해 3국 간에 가장 많이 논의된 내용은 원폭과 동경대공습이라는 일본의 전쟁피해를 어떻게 서술할 것인가 하는 것이었다. 원래 일본 측에서는 일본군의 중국에 대한 전략 폭격, 미군에 의한 일본 도시에의 공습, 그리고 원폭 투하라는 역사적 흐름을 짚어가면서 무차별 폭격이며 도시 공습이라는 키워드로 내용을 구성, 전쟁에 의해 민간인(특히 아이들이나 여성, 노인 등)이 대거 희생된다는 점을 생각할 수 있는 원고를 제시하였다. 이에 대해 중국과 한국 측에서는 엄격한 비판을 하였다. 그것에 따르면, ① 일본군의 공습에 의해 희생된 중국인과 동경대공습에서 목숨을 잃은 일본인을 같은 무차별 폭격의 피해자라는 키워드로 하나로 묶어 논할 수 있는가, ② 일본의 침략전쟁에 의해 피해를 입은 국가들로서는 원폭투하가 전쟁의 종결을 가져왔다고 생각하는 입장도 취할 수 있는데, 그것을 어떻게 받아들일 것인가, ③ 일본 측은 피해의 측면에서 전쟁을 받아들이려는 경향이 강하며, 원폭의 피해를 '비인도적'이라는 말로 상징시킴으로써 스스로의 전쟁책임을 애매하게 만들어버릴 여지가 있지 않은가 하는 의구심과 비판이 제기되었다.

일본 측은 중국과 한국의 의견을 받아 ① 일본의 전쟁책임을 애매하게 할 목적으로 원폭이나 동경대공습의 피해를 기술할 의도는 없다, ② 원폭에 의해 전쟁이 조기 종결되었다는 것은 역사 사실이라고 할 수 없다, ③ 일본의 가해와 피해를 둘 다 기술함으로써 역사의 전체상을 명확히 할 수 있는 것이 아닌가라고 응답하였다. 이는 일본 측에서 보면 모두 대화의 전제라고 할 수 있는 기초적인 사실이며 스스로의 전쟁책임을 추궁하는 자세를 나타내는 것이기도 하였다. 그러나 한국과 중국으로부터의 수정 요구가 틈틈이 나왔다. 그 내용은 원폭 투하로 전쟁이 종결된 것은 아니나, 원폭 투하로 인해 전쟁이 끝났다고 아시아인들이 느끼는 것 역시 역사의 사실이며, 그것을 어떻게 받아들여야 할 것인가 하는 점이었다. 그야말로 전쟁에 대한 기억의 차이가 서로 부딪친 것이다.

여기서 중요한 사실은 대화가 성립되지 않는 원인을 한국과 중국에서 찾는 것이 아니라, 논의가 평행선을 이루고 있는 가운데 무의식적이라고는 하나 한중에 대한 응답을 전제로 한 대화를 일방적으로 요구하고 있는 일본 측의 자세를 비판적으로 다시 정립해야 한다는 것이다. 다시 말해 대화 방법이나 역사 사실과 마주하는 방법을 항상 자기 점검을 하는 과정 속에서, 침략전쟁이라는 역사를 계승하는 자로서의 갈등이나 주저가 없이 안이하게 국경을 넘어서거나 대화를 하는 것은 무의미하다는 것이다.

다카시마 노부유키(高嶋伸欣) 씨는 "아시아에는 아시아 나름의 원폭관이 있다는 것을 알게 된 것은 1985년경으로, 그때까지 40년 동안 일본 국내에서의 원폭관밖에 몰랐다는 점에 대해 반성하지 않을 수 없었다"고 말하고 있는데,[29] 이러한 원폭 인식에 대한 차이가 언제부터 어떻게 만들어졌으며, 정착되었는지를 더 연구 · 조사할 필요가 있다. 그런 의미에서 전쟁의 기억을 국민의 기억으로 전환시키는 역할을 맡고 있는 것 중 하나인 역사교과서에 대한 분석이 불가결하다.

1990년대 한국의 역사교과서에서는 원폭에 관한 기술은 찾아볼 수 없었다. 2002년에 간행된 민간 대안교과서 『살아있는 한국사 교과서』(번역명 『躍動する韓国の歴史』)에서도 히로시마에 대한 원폭 투하를 사진과 함께 살짝 다루고 있을 뿐 나가사키에 대한 언급은 전혀 없었다.[30] 중국의 경우, 원폭에 관한 내용이 등장하는 것은 1990년대 들어서인데 그것도 "히로시마와 나가사키에 2발의 원자폭탄이 투하되었다"고 짧게 언급하는 데 그치는 것이었다. 최신 상해판에서는 희생자 수와 피해 상황에 관해, 나가사키에 투하된 원자 폭탄에 의해 발생한 버섯 구름의 사진을 같이 실어 놓았으나 북경인민교육출판사판의 경우 그런 구체적인 기술을 전혀 찾아볼 수 없다. 이렇게 중국과 한국의 역사교과서에 나오는 원폭에 대한 기술은 최

---

29) 石渡延男 · 越田稜 編著, 『世界の歴史教科書11カ国の比較研究』, 66~67쪽.

30) 2005년 7월 17일, 가와사키시 평화관에서 실시된 요코하마 · 가와사키 평화를 위한 전쟁전 심포지엄에서, 한국의 전국역사교사회의 최종순(崔鍾順) 씨는, 오늘날 한국에서는 원폭을 감정적으로 수업에서 다루는 것이 아니라 사실에 입각하여 객관적인 수업 실천이 시행 착오를 겪고 있다고 보고하였다. 또한 베트남전에 대해서는 "미안해요 베트남"이라는 제목의 수업 실천을 들어, 한국의 베트남전 참전을 수업에서 어떻게 다룰 것인가에 대한 논의가 이루어지고 있다고 지적하였다.

근 들어 겨우 등장한 단계이며, 국민의 기억으로서 이미 정착된 전쟁의 기억이 일본과 크게 다르다는 점을 엿볼 수 있다.

최종적으로『미래를 여는 역사』에서는 원폭이나 소이탄의 성능과 위력, 투하 방법 등에 대해 자세하게 다루고, 피해에 대해서는 구체적인 숫자를 들어 객관적인 역사서술을 하였다. 또한 시체 더미나 불에 탄 피해자들의 사진을 실어 감정적인 이해를 유도하는 것이나, 희생자들이 전혀 찍히지 않은 폐허가 된 거리 사진과 피해자 개인의 에피소드를 자료로 삼아 사진과 자료를 조합시킴으로써 거리에서 많은 사람들이 사라진 것을 독자들이 생각할 수 있도록 하는 여운을 주었다. 한국과 중국의 독자들에게는 가해자인 일본의 전쟁 피해 등에 대해서 구체적으로 접하고, 또 피해자 개인의 시점으로 쓰여진 에피소드에 직면할 기회가 지금까지 극히 제한적이었으리라고 생각된다. 그들이『미래를 여는 역사』에서 읽어 낼 일본의 전쟁 피해와 자신이 가지고 있는 국민으로서의 기억이 충돌하는 곳에 어떤 역사상과 역사인식이 생겨나게 될 것인지 거기에 일본 측이 배워야 할 포인트가 있다고 하겠다.

전술한 바와 같이 각국에서 국민의 기억으로서 정착된 전쟁의 기억이 어떤 역사인식의 차이가 되어 표면화되고 있는지를 서로 이해할 필요가 있다고는 하나, 침략전쟁의 가해자인 일본만이 그것과 마주하는 데 어려움에 직면하고 있는 것이 아니라, 오히려 피해자이기 때문에 마주하기 어려운 전쟁의 기억이 있다는 사실을 역사대화를 통해 가해자와 피해자가 공유하는 것이 바람직할 것이다.

5. 『미래를 여는 역사』의 제작 성과와 과제

1) 성과

『미래를 여는 역사』 제작의 최대 성과는 이미 앞에서 언급한 바와 같이, 국경을 넘어 축적된 논의와 교류의 과정에 있다. 여기서 명확해진 과제야 말로, 이 책 작성의 성과이며 역사대화를 더욱 전진시키는 역할을 맡고 있는 것이라 하겠다.

본 절에서는 명확해진 과제의 일부를 소개하고자 한다. 그것은 ① 국가와 거리를 두는 방법, 어려움을 새삼 배우게 된 점, ② 한중일의 역사학·역사교육·역사서술의 과제가 명확해진 점, ③ 각국에서의 전해지는 얘기, 가르침, 배움, 전파를 파악하는 것의 중요성과 시급함이 명확해진 점, ④ 대화의 내실과 방법을 부단히 돌이켜 보려 하지 않고 안이하게 국경 초월을 시도하는 것은 역효과라는 점이다.

①과 관련하여 국가와 거리를 두는 방법과 그 어려움에 대해서는 모든 멤버들이 배울 기회를 얻었다고 할 수 있는데, 그중에서도 중국 측에게 이 책의 작성 과정은 다수의 멤버들이 '관(官)'의 입장에서 참가하였기 때문에 더더욱 마주하지 않으면 안 되는 국가라는 존재와 자신들이 살아온 시대와의 대화를 의미하는 것이었다. 그런 의미에서도 역사대화란, 타인과의 대화이기도 하지만 무엇보다도 자신과의 대화인 것이다. 국가로부터 자유로워진다는 것은 극히 곤란한 일이나, 그 어려움을 실감하는 것도 중요한 프로세스라고 할 수 있겠다. 그런 가운데 중국 측 멤버들의 참가는 한일관계사만으로는 그려낼 수 없는 역사서술을 가능하게 하는 것이었으며, 앞으로 한일, 한중일, 나아가서는 동아시아로 대화를 확대하고 축적해 갈 수 있는 가능성을 제시한 것임이 틀림없다.

②와 관련하여, 예를 들어 중국 측은 화북분리공작이나 제2차 상해사변

을 상세하게 다루어 일본의 중국 침략을 역사의 흐름 중 하나로 서술할 것을 제안하였다. 일본 역사교과서에는 종종 이 두 가지가 충분히 설명이 되어 있지 않으며, 노구교사건이나 남경대학살을 일으킨 일본군이 어떻게 해서 베이징이나 상하이·난징으로 나아갔는지 알기 어려운 점이 많다. 이는 일본의 역사학에 있어 15년전쟁이라는 호칭이 역사의 흐름을 의식한 용어로 사용되고 있음에도 불구하고, 역사교과서에는 이 15년이 반드시 역사의 흐름으로서 서술되고 있지 않다는 사실을 시사한다. 다시 말해 역사학과 역사교육, 역사서술의 밸런스가 잡히지 않은 것이다.

또 한중이 공통적으로 일본 측에 지적한 것은, 일본의 침략전쟁의 본질은 식민지지배나 점령지지배에 있다는 것이다. 이는 이른바 교과서 문제 등으로 클로즈업될 기회가 많은 남경대학살이나 '위안부' 문제 등, 일본의 침략전쟁을 상징하는 전쟁 범죄뿐 아니라, 일본에 의한 지배가 가족을 빼앗고 생활을 근저로부터 파괴하였으며, 꿈과 희망을 빼앗는 것이었고, 그런 고통이 전후에도 계속되었다는 연속성과 구조야말로 핵심이라는 것이다. 일본이 행한 지배란 대체 어떤 것이었는지, '제국'이란 어떤 존재인지, 이런 점들에 대해서도 역사학의 연구 성과가 반드시 역사교과서에 반영되어 있다고는 하기 어렵다.

게다가 3국에서 공통되게 현대사의 취급이 과제라는 것을 확인하였음을 덧붙여 두고 싶다. 이 책에서는 3국 간의 대화를 의식하여 현대사 부분에 대해 오늘날의 과제와 더욱 밀접하게 연계된 테마를 선택하는 구성방식을 취하였다. 이는 3국의 역사교과서에서 모두 현대사에 대한 기술이 적고, 자국 중심적인 점을 의식했기 때문이다. 전쟁이 끝난 후 60년간, 어떻게 전쟁이 계승되었으며 대화가 축적되어 왔는지를 현대사 속에서 배울 수 있는 구체적 자료가 부족하였다고 말할 수 있다.

한국 측에서도 예를 들어 재일교포의 존재를 어떤 역사서술로 묘사하고, 역사교육에서 어떻게 다룰 것인지, 그리고 식민지지배의 전체상을 보다 구조적이고 객관적으로 재검증할 필요성 등이 밝혀졌다. 또한 중국 측에 의해 분명해진 과제를 간단하게 들어 보자면, 전쟁의 피해를 보다 개인의 관점에서 실증적으로 축적해 가는 것이나 배우는 사람들 또는 교실에서의 수업을 의식한 역사학 연구 및 역사교육의 실천을 쌓아나가는 것 등이 있다.

③과 관련해서는 앞에서 말한 것처럼, 이 책을 우연의 산물로서 파악하는 것이 아니라 이 책의 제작을 가능하게 한 환경이 각 국가 또는 3국 간에 축적되어 온 점, 그리고 연구 · 조사의 필요성이 판명된 점도 성과라 할 수 있다. 오늘날 검토되어야 할 것은 중국과 한국의 역사교과서가 국정인지 아닌지 하는 것이 아니라 국정 · 검정이라는 제도의 내용이나 역사교과서의 역사서술에 나타나는 지역차나 다양성 같은 것들이다. 이러한 것들은 아시아에서의 반일 · 혐일을 애국주의 교육이나 반일교육의 증거로 단락적으로 파악하는 것이 아니라, 그 실태와 배경을 과학적으로 분석하는 데 있어서도 불가결한 작업이며 아시아에서 역사를 얘기하는 것의 어려움과 위험함, 그것이 어떻게 사람들 사이에서 다루어져 왔는지 연구할 여지가 많다는 것이 될 것이다.

④와 관련지어 이 책 제작의 성과를 총괄하자면, 전쟁 비체험 세대가 마주해야 할 오늘날의 과제와 그것을 만들어 낸 역사에 대해 국경을 초월하여 제시하고 공유를 시도한 점, 그리고 오늘날의 과제를 해결하기 위해서는 개개인의 역사인식의 심화가 요구되며, 그 계기가 되는 '실마리'라고도 할 수 있는 아이템을 세상에 내놓았다는 것이 되겠다.

2) 과제

『미래를 여는 역사』의 과제를 명확히 하는 것은 국경을 초월한 논의를 보다 생산적이자 신뢰관계의 구축으로 연결 짓기 위해 불가결하다고 할 수 있다. 3국의 멤버들은 국경을 초월하여 쏟아지는 의견이나 비판과 진지하게 마주하고, 대화의 원을 넓혀가야 한다. 따라서 본 절에서는 ① 공통교재의 바람직한 위상, ② 한중일 3국이라는 설정, ③역사교재로서의 역할과 활용 방법 등 몇 가지 근본적 과제에 대해 정리해 보도록 하겠다.

①과 관련하여 1982년부터 지금까지 일관되게 자국의 역사와 타국의 역사를 통일적으로 파악하는 것과, 자국 중심적인 역사학·역사교육을 비판적으로 파악하며, 역사대화를 견인하는 역할을 담당해 온 '비교사·비교역사교육연구회'에 따르면, "공통역사교과서의 작성은 서두르지 말아야 하며, 각 국민·각 민족의 역사인식의 차이를 서로 너그러이 인정하고, 견해의 일치를 서두르기 보다는 상호이해를 촉진하는 것이야말로 중요하다"고 하고 있다.[31] 이 책은 공통역사교과서라는 스타일을 취하지는 않으나 공통역사교재로서 간행된 것이다. 한 권의 공통교재로 취합하는 것이 시기적으로, 그리고 상호이해의 촉진과 비례하는지 여부는 선행 연구에 비추어 다시 검토할 필요가 있을 것이다. 그리고 이 책의 제작을 둘러싸고 어떤 견해의 불일치가 있었는지, 거기서 어떤 논의가 이루어졌는지를 보다 많은 사람들의 손으로 재검증할 필요가 있겠다.

②와 관련하여, 이 책은 "동아시아 3국의 근현대사"라는 부제에서도 알 수 있듯이 한중일 3국의 역사를 메인으로 다루고 있다. 그 때문에 조선민주주의인민공화국이나 러시아, 몽고, 동남아시아에서 환태평양(태평양의 섬들을 포함)에 대한 언급이 충분하다고는 할 수 없다. 일본에 의한 침략전쟁의 역사는 3국만으로 해결될 문제는 아니다. 또 앞으로 동아시아에서의 역사대화에까지 사정범위를 넓혀간다면 어떤 역사서술이 가능한지, 그것을 보장하는 역사학·역사교육의 연구와 실천이 충분히 축적되어 있는지가 문제시될 것이다.

---

31) 比較史·比較歴史教育研究会 編,『帝国主義の時代と現代 東アジアの対話』, 未来社, 2002, 356쪽.

나카무라 데쓰(中村哲) 씨는 『東アジアの歴史教科書はどう書かれているか－日・中・韓・台の歴史教科書比較から』(日本評論社, 2004) 속에서, 대만을 국가로 취급하고, 일본사와 세계사에 동북아시아사를 추가하여 역사교육을 하자는 의견을 제기하고 있다. 또 아사쿠라 유코(浅倉有子)·죠에츠(上越)교육대학 동아시아연구회 편 『歴史表象としての東アジア 歴史研究と歴史教育との対話』(清文堂, 2002)에서도 러시아의 존재를 제기하고 있다. 이와 같이 동아시아를 어떻게 자리매김할 것인지, 거기에서 어떤 역사상을 어떤 방법으로 부각시킬 것인가 하는 논의를 더욱 촉진할 필요가 있다.

이러한 과제에는 근대 이후의 국민국가의 성립과 동아시아상의 형성을 어떻게 관련지으면서 논할 것인가, 또 전근대에 있어 전통적인 국제 질서라고 할 수 있는 봉건체제를 어떻게 다룰 것인가, 국가라는 체제에서 민족이나 문화의 이동 및 교류를 논하는 것이 어디까지 유효성을 지니는 것인가 하는 등 많은 논점이 포함될 것이다.

③과 관련하여 이 책 작성의 최대 목적은 일본의 침략전쟁을 둘러싼 역사인식의 공유인데, 그 연장선상에는 전쟁이나 기아, 환경파괴 등 오늘날의 제반 과제와 마주하고 대화와 공생의 싹을 기르는 것에 있다. 그런 부단한 노력이야말로 인류 전체에 미치는 위기를 막는 하나의 수단이 된다는 것을 의식해서 이 책의 활용 방법을 과제로 들 수 있다. 말하자면 시대의 요청에 어떻게 스스로 응할 것인가 하는 문제의식을 특히 젊은 세대들이 깊이 인식하고, 대화야말로 대립을 해결하는 유일한 방법이라는 점을 배우기 위해 이 책을 전쟁학습이나 근현대사 학습에만 활용할 것이 아니라, 헌법학습이나 국제이해 학습 등 과목 및 교과를 초월한 활용·실천이 요구되고 있다고도 할 수 있는 것이다.

전술한 바와 같이 이 책에는 과제도 많을 것으로 생각된다. 이러한 과제에 대해 비생산적인 논의를 거듭하며 제자리걸음을 할 것인지, 아니면 계속되어 온 역사대화를 한발이라도 전진시키는 '비판대'로 삼을 것인지가 문제시되고 있다.

6. 맺음말

『미래를 여는 역사』는 발간 이후 이미 일본에서 7만 부, 중국에서 10만 부, 한국에서 3만 부가 간행되었다. 현재 이 책에 보내져 온 의견이나 비판에 대해 성실하게 대응하고자 3국의 멤버가 서로 연락을 취하면서 다음번 국제회의 일정과 의제의 구체화를 추진하고 있다. 이는 국경을 초월하여 축적된 논의와 교류의 과정에서 멤버 모두가 앞으로도 책임을 진다는 것을 의미한다. 즉, 역사대화란 미래에 대한 책임을 지는 것이며, 그 책임을 다하기 위해서 다음 대화를 이끌어내는 작업이기도 한 것이다. 따라서 지금까지 계속되어 온 역사대화의 흐름 속에서 이 책의 위상을 재정립하고, 다음 역사대화를 이끌어내는 걸음으로 삼고자 한다. 그런 의미에서 이 책의 간행은 끝이 아니라 오히려 시작이라고 할 수 있다.

앞으로 '비판대'로서 이 책을 대신하여 다양한 경로와 형식을 취하는 공통교재가 등장하게 될 것이다. 그러기 위해서도 이 책의 단계적인 개정작업 및 논의의 경과를 정리한 제작 백서 같은 것을 만들 필요가 있다고 생각된다.

한중일이 공동편집, 동시간행한 이 책은 개개인이 역사와 대화하고 사람과 사람이 서로 배우며, 자기 자신과 마주하는 것이 가능하도록 하는 하나의 '장(場)'이다. 이런 '장'을 국경을 초월하여 더더욱 공유해 가기 위해서는 역사대화를 통해 드러난 역사학·역사교육·역사서술의 과제를 다루어 가지 않으면 안 된다. 그중에서도 이 세 가지를 어떻게 균형을 잡도록 할 것인가가 최대의 열쇠가 될 것이다. 어느 하나라도 불충분하다면 그것은

1국의 역사이고 자국 중심의 역사가 될 수밖에 없으며, 무엇보다 우리가 과거의 역사에서 배우고 미래를 창조하는 도구는 될 수 없는 것이다.

일본 패전으로부터 60년, 중국에서의 항일전쟁 · 반 파시즘전쟁 승리 60주년, 한국에서는 '광복' 60주년인 올해, 역사대화를 통해 분명해진 여러 과제와 어떻게 마주할 것인지, 그 힌트는 이 책의 제목인 『미래를 여는 역사』가 알려주고 있는 것이다.

(『季刊戰爭責任研究』 48 · 49, 2005. 6 · 9)

역사인식 공유는 가능한가

『미래를 여는 역사－동아시아 3국의 근현대사』를 편집하고

가사하라 도쿠시 (笠原十九司)*

1. 제2차 세계대전 후 60주년의 '기억과 화해'

아시아태평양전쟁 종결로부터 60년이 되는 2005년 8월 15일, 일본에서는 전국전몰자추도식, 중국에서는 '중국인민항일전쟁과 세계반파시즘전쟁 승리 60주년 식전', 한국에서는 '한국광복(독립) 60주년 식전'이라는 3국 간 대립된 내용의 기념행사가 각각의 정부 주최로 개최되었다. 일본에서는 이날 고이즈미 준이치로(小泉純一郎) 수상의 야스쿠니신사 참배는 없었지만, 적지 않은 각료와 국회의원이 참배하여 중국과 한국정부로부터 항의를 받았다. 고이즈미 수상은 그 후 야스쿠니신사의 추계례대제(秋季例大祭) 첫날인 10월 17일에 다섯 번째로 야스쿠니신사를 참배함으로써, 이에 대해 중국과 한국의 불신 · 반발이 커져 양국과의 수뇌회담이 단절하게 되는 상황에까지 이르렀다.[1)]

---

* 쓰루문과대학(都留文科大學) 교수.

1) 고이즈미(小泉) 수상은 2006년에 야스쿠니신사 참배에 반발하는 중국과 한국을 "야스쿠

한편 유럽에서는 독일이 연합국에 무조건항복한 날을 기념하여 5월 8일, 9일을 "기억과 화해의 날"로 정하고, 각국에서 기념식전을 개최하였다. "기억과 화해의 날"은 UN총회의 「제2차 세계대전 종결 60주년을 기념하는 결의」(2004년 11월)에 기초한 것으로 '기억'은 먼저 역사인식이고 파시즘, 군국주의를 명확히 부정하는 공통의 인식과 결의하는 것이야말로 미래를 향한 협력을 가능하게 하는 '화해'가 진전하는 것이라고 결의문 전문에서 말하고 있다.

모스크바에서는 5월 9일, 러시아 푸틴정권의 주최하에 슈뢰더 독일 수상, 시라크 프랑스 대통령, 부시 미국 대통령 그리고 후진타오 중국 주석과 노무현 한국 대통령, 고이즈미 일본 수상까지 이제껏 적군·아군으로 나뉘어있던 세계 각국 수뇌가 함께 모인 기념식전이 개최되어, 파시즘·군국주의를 부정하는 역사인식을 공유하고 침략의 역사를 반복하지 않으며, 현대 인류가 안고 있는 평화의 과제에 협력하여 대처하는 자세를 호소하는 장이 되었다.

독일에서는 연방 차원에서도 "기억과 화해의 날" 행사가 열려, 독일은 나치스 독일의 '과거 극복'을 기본적으로 달성하고, 근린국가 및 유럽연합(EU)에 있어서 신뢰관계를 확립한 것에 대한 인상을 남겼다.[2] 이것에 비

니 참배는 안된다고 하는 것을 이해할 수 없다"고 역으로 비판했다. 아소다로(麻生太郎) 외상, 아베신조(安倍晋三) 관방장관도 야스쿠니 참배를 지지하는 발언을 반복함으로 인해 한중의 반발은 더욱 거세지고 고이즈미 내각의 대 중한외교, 대 아시아외교는 난감한 상황에 봉착했다.

2) 石田勇治, 『過去の克服－ヒトラー後のドイツ』, 白水社, 2002에 정리된 바와 같이 전후의 히틀러정부가 보수정권시대에 나치독일의 침략 가해의 범죄 사실을 인정하고 부정의와 비인도적인 행위를 사죄해 피해자·희생자에 대한 정신적·물질적 보상을 실시하고 국내법에서 전쟁범죄책임자를 처벌하는 정치세력을 계속 키워 왔다. 그중에서도 井関正久, 『ドイツを変えた68年運動』, 白水社, 2005에서 밝힌 것 같이 68운동은 학생운동의 고양 속에서 부모 세대의 나치범죄책임, 전쟁책임을 추궁하고 학생운동 참가자가 '60년 세대'가 되어 이후 정치가가 되고 연구자가 되어 '과거극복'에 커다란 역할을 감당했는데 같은 시대에 폭발한 일본의 학생운동은 그렇지 못했다는 것이 다르다. 더욱이 近藤孝弘, 『国際歴史教科書対話－ヨーロッパにおける「過去」の再編』, 中公新書, 1998과 阪東宏,

해 2005년의 동아시아는 야스쿠니 문제와 역사교과서 문제, 일본인의 전쟁인식과 역사인식을 둘러싸고 중국·한국으로부터 비판과 항의가 있었고, 이런 문제들에 대해 일본 측의 반발도 일어나, 8월 15일은 '기억과 화해'와는 거리가 먼 3국 간의 알력과 균열의 틈의 깊이를 인상에 남긴 날이 되었다.

일본에서는 일본정부의 지도자들이 태연하게 '기억과 화해'를 방해하는 정치행동을 하고 있는 것에 문제의 심각성이 있다. 졸고인 「南京大虐殺と教科書問題」에 기술한 것과 같이 1997년에 결성된 자민당의 '일본의 앞날과 역사교육을 생각하는 젊은 의원 모임['교과서의련(教科書議連)', 대표 나카가와 쇼이치(中川昭一), 부대표 나카야마 나리아키(中山成彬), 사무국장 아베신조(安倍晋三), 사무국차장 시모무라 하쿠분(下村博文)]과 민간의 '새로운 역사교과서를 만드는 모임'(이하 새역모) 등이 협력하여 관민 일체가 되어 전후 세 번째 교과서 공격을 전개했다. 교과서 공격은 『새로운 역사교과서』, 『새로운 공민교과서』(扶桑社)의 편집, 문부과학성 검정 합격, 시판, 채택 등과 연동시켜 현행 교과서의 침략·가해의 기술에 대해 '자학', '편향', '매국' 등이라는 딱지를 붙이고, 보수계 미디어를 총동원하여 집요하게 전개했다.[3] 그 결과, 2005년 4월 검정합격 한 8개 사의 중학교 역사교과서에서 '종군위안부' 내용이 삭제되고, '강제연행'이란 용어를 남겨둔 것이 2개 사밖에 되지 않았으며, 그 밖에도 남경대학살의 기술을 시작으로 침략·가해의 기술이 대폭 후퇴했다. 이 때문에 중국과 한국에서 시민주체의 항의운동이 폭발했지만, 일본에서는 이것을 '반일데모'라고 선풍적으

『戦争のうしろ姿－教科書問題と東アジア諸国民との歴史対話』, 彩流社, 2006에 상세하게 기술된 것처럼 독일과 나치독일의 피침략국, 피해국인 폴란드 사이에 장시간에 걸쳐 역사교과서의 국제적 검토가 계속되었고, 그 권고를 받아들인 독일 역사교과서가 개선되고 역사교육도 개선되었다. 독일정부와 국민의 역사적인 노력을 통해 '과거극복'이 달성된 것이다.

3) 笠原十九司, 「南京大虐殺と教科書問題」, 『季刊戦争責任研究』 36, 2002. 6.

로 보도했고, 국민의 반감 · 반발을 부채질하는 꼴이 되었다. '기억과 화해'가 아닌 '기억과 대립'의 재생산이었다.[4)]

이와 같이 유럽과는 대조적으로 한중일의 전쟁인식과 역사인식을 둘러싼 장벽이 협애한 내셔널리즘에 의해 더욱 증폭되어버린 2005년에 그 장벽을 부수고 동아시아의 새로운 역사의 문을 열 하나의 '열쇠'가 되는 것을 목표로 출판된 것이 한중일 3국이 공동편집한 '『未來をひらく歴史東アジア三国の近現代史』'(高文研, 2005년 5월, 이하 『미래를 여는 역사』)이다.

『미래를 여는 역사』는 평화로운 동아시아 공동체,[5)] 즉 국가, 국경의 틀을 넘은 동아시아 시민사회를 형성하는 것을 목표로 한중일의 연구자, 교사, 시민이 3국에 민간조직[6)]인 한중일3국공동역사교재위원회를 조직하여, 2002년부터 편집 작업에 들어가 11회에 걸친 국제편집회의를 개최하면서, 일상적으로 인터넷을 사용해 빈번히 원고교환, 의견교환을 하여 2005년 5

---

4) 笠原十九司, 「中国, 反日 · 嫌日感情の背景にあるもの」(『歴史地理教育』, 2005. 1)은 중국에 이른바 '愛国主義教育'은 일본에 원인이 있고 중국의 젊은이를 중심으로 한 항의행동은 일본이 '과거를 극복'하지 않았다고 하는 증거라는 것을 기술하고 있다. 笠原十九司, 「東アジアの視点から」, 歴史学研究会 編, 『歴史研究の現在と教科書問題 「つくる会」教科書を問う』, 清水書店, 2005는 2005년 4월에 검정합격 한 '새역모' 교과서의 전쟁기술, 식민지지배 기술을 비판하고 있기 때문에 참고하면 좋겠다.

5) 동아시아공동체는 중국에서는 동북아시아공동체, 한국에서는 북동아시아공동체 등으로 불려지는데 현재 유럽연합(EU)이 된 유럽공동체(EC)와 같이 장래 동아시아에서도 일본, 중국, 한국을 중심으로 나아가 동남아시아제국을 포함해 형성될 가능성이 있는 정치 · 경제 · 문화 등의 광역세계지역의 공동체 사회적 이익사회이다. 森嶋道夫, 『なぜ日本は没落するか』, 岩波新書, 1999 ; 『日本にできることは何カ－東アジア共同体を提案する』, 2001년에는 일본의 몰락을 구제하기 위한 유일한 길은 동아시아공동체에 대한 참획이라고 쓰여 있다. 谷口誠, 『東アジア共同体－経済統合のゆくえと日本』, 岩波新書, 2004는 전 유엔대사인 저자가 동아시아경제공동체의 성립 가능성과 장래의 동아시아정치통합에 대한 전망을 검토한다. 和田春樹, 『東北アジア共同体の家－新地域主義宣言』, 平凡社, 2003은 역사가의 입장에서 러시아 몽골도 참가한 동아시아공동체구상을 전망한다.

6) 현재 중국에서는 일본과 같이 직장이나 직업을 넘어서 시민이 개인으로서 자유로이 참가할 수 있는 민간조직, 민간단체의 조직과 활동이 완전히 자유롭지 않다. 따라서 중국의 편집위원들은, 의식은 시민이지만 민간조직으로서 사무국을 설치해 집단적인 활동을 하려는 자세까지는 취하지 못했다.

월 하순에 3국 동시간행을 실현했다.

『미래를 여는 역사』는 일본저널리스트회의(JCJ)로부터 2005년도 JCJ특별상을 수여받았다. "자국 중심의 폐쇄된 역사인식이 교육의 장에 들어오려 하는 요즘, 한중일 3국의 연구자, 교사, 시민이 3년간의 협력으로 국경을 넘은 시점에서 사상(史上) 최초의 역사서를 3국 동시간행했다. 동아시아의 평화구축을 향한 획기적인 시도로 평가할 수 있다"는 것이 표창의 이유였다.

『미래를 여는 역사』는 「독자 여러분께」라는 머리말에서 동아시아의 근현대사를 배우는 목적을 이렇게 기술하고 있다.

> 우리가 역사를 배우는 것은 바로 과거를 교훈 삼아 미래를 개척하기 위해서입니다. …… 지난 19~20세기에 동아시아의 역사는 침략과 전쟁, 인권억압 등 씻기 어려운 상처로 얼룩져 왔습니다. 물론 동아시아의 과거가 항상 어두운 것만은 아니었습니다. 동아시아는 교류와 친선의 오랜 전통을 지니고 있으며, 국가의 울타리를 넘어서서 밝은 미래를 위해 함께 노력한 사람들도 많이 있습니다. 지나간 시대의 긍정적인 면은 계승하면서도, 잘못된 점은 철저히 반성해야만 우리는 이 아름다운 지구에서 더욱더 평화롭고 밝은 미래를 개척할 수 있겠지요. 평화와 민주주의, 인권이 보장되는 동아시아의 미래를 개척하기 위해서, 우리가 역사를 통해 얻을 수 있는 교훈은 무엇일까요?

같은 책은 또 「편집후기」에서 평화로운 동아시아 공동체 형성으로의 전망을 다음과 같이 말하고 있다.

> 동아시아에 평화로운 공동체를 만들기 위해서는 그 전제로 역사인식을 공유하지 않으면 안 됩니다. …… 역사인식을 공유할 수 있다는 전망은 동아시아의 시민들이 침략전쟁과 식민지지배 역사를 사실에 근거하여 배우고 과거를 극복하기 위한 대화와 토론을 거듭함으로써 확실해질 것입니다.

『미래를 여는 역사』는 동아시아 시민사회의 형성에 세계 시민적인 입장에서의 역사인식의 공유가 필요하다는 생각을 바탕으로, 그것을 실현하기 위한 역사의 과정은 쉽지 않고, 아득한 미래일 것이라고 인식하면서도 그 과정에 첫발을 딛는 도전을 시도한 것이다. JCJ특별상의 표창 이유이기도 했듯이 『미래를 여는 역사』는 동아시아사에 있어 한국, 중국, 일본 3국 공동편집으로 발행된 최초의 역사서이다. 2005년 말의 시점에서 일본에서는 7만 부, 중국에서는 12만 부, 한국에서는 4만 부가 발행되어 3국의 많은 시민에게 호감과 공감을 주며 읽히고 있다.

2. 동아시아 역사대화의 흐름

『미래를 여는 역사』가 동아시아사상 최초로 3국이 공동편집한 역사서라고 했지만, 그것은 선배 연구자, 교육자, 시민에 의한 동아시아 역사를 둘러싼 '대화와 교류'의 선구적인 활동이 있었고, 그 성과의 축적을 바탕으로 하였기에 발행할 수 있었다는 것은 말할 것도 없다.

반도 히로시(阪東宏)의 『戦争のうしろ姿－教科書問題と東アジア諸国民との歴史対話』에 그 역사적인 발전의 흐름이 정리되어 있다.[7] 동아시아 국민(시민)의 '역사대화'의 기선을 잡은 것은 1982년 제2차 교과서 문제를 계기로 발족한 비교사·비교역사교육연구회[대표 나루세 오사무(成瀬治), 중심멤버는 니시가와 마사오(西川正雄), 요시다 고로(吉田悟郎), 기바타 요이치(木畑洋一), 이주인 리츠(伊集院立)]이고(경칭 생략), 중국과 한국의 연구자를 초대하여 제1회 '동아시아 역사교육 심포지엄－자국사와 세계사'(1984년 8월)를 개최했다.[8] 계속해서 제2회 '동아시아 역사교육 심포지

---

7) 阪東宏, 『戦争のうしろ姿－教科書問題と東アジア諸国民との歴史対話』, 彩流社, 2006.

8) 比較史·比較歴史教育研究会 編, 『共同討意 日本·中国·韓国「自国史·世界史」東アジ

엄'(1989년 8월)을 개최, 이번에는 중국과 한국에 더하여 북조선(조선민주주의인민공화국)의 역사가가 참가, 조선의 남북 역사가가 처음으로 한 장소에서 만난 역사적인 심포지엄이 되었다. 심포지엄의 테마도 "전쟁책임을 생각하다", "동아시아에서 본 근대", "역사교육과 민족", "자국사와 세계사" 등으로 동아시아 근현대사에 관해 '역사대화'를 진전시켰다.[9]

제3회 '동아시아 역사교육 심포지엄'은 청일전쟁 100주년이 되는 1994년 8월에 개최하여, 동아시아 여러 국가의 '근대화'와 미국 근현대사와도 비교하면서 검토하였고, 대만과 베트남의 역사가도 참가하여 역사인식을 깊이 하는 '역사대화'를 실시했다.[10] 제4회 '동아시아 역사교육 심포지엄'(1999년 12월)은 러일전쟁부터 제1차 세계대전까지의 시대를 중심으로 세계체제로서의 제국주의와 식민지 문제를, 식민지지배를 받은 중국 · 대만 · 한국 · 베트남의 역사가가 참가하여 '식민지의 근대', '문명화'와 저항, 수용이라는 측면도 포함한 동아시아 세계의 역사구조를 세계사에 있어서 제국주의시대에 위치시켜 복안(複眼)적으로 다루어, 그것을 어떻게 역사교육과 연결시킬 것인지 등에 대하여 깊은 '역사대화'를 나누었다.[11]

이상 비교사 · 비교역사교육연구회의 4회에 걸친 동아시아 역사교육 심포지엄의 선구적인 의의는 반도 히로시가, 전후 60년, 그간에 개개의 연구자 · 교사에 의한 교류와 토론은 적지 않았지만 이 심포지엄이 "일본과 동

ア歴史教育シンポジウム記録』, ほるぷ出版, 1985가 그 보고서이다. 比較史 · 比較歴史教育研究会 編, 『自国史 · 世界史－歴史教育の国際化をもとめて』, 未来社, 1985에서 기바타 요이치가 심포지엄의 의의를, 니시가와 마사오가 서독과 폴란드 사이의 교과서회의의 의의를 기술했다.

9) 比較史 · 比較歴史教育研究会 編, 『アジアの「近代」と歴史教育ー続 · 自国史と世界史』, 未来社, 1991이 그 보고서이며, "아시아에 살아가는 인간 동지의 진정한 상호이해를 목표로, 베이징 · 평양 · 서울 · 도쿄의 역사교육 관계자가 한자리에 모였다"고 기록했다.

10) 比較史 · 比較歴史教育研究会 編, 『黒船と日清戦争ー歴史認識をめぐる対話』, 未来社, 1996은 보고 · 토론 참가기를 정리한 보고서이다.

11) 比較史 · 比較歴史教育研究会 編, 『帝国主義の時代と現在－東アジアの対話』, 未来社, 2002는 보고 · 토론 참가기와 관련된 논문이 담겨 있다.

아시아 여러 국가의 역사연구자 · 교사의 자주적이고 공적인 대화모임으로써의 첫 시도이고, 참가자 전원에게 있어 기쁜 역사대화의 제1막이 되었다"[12]고 높이 평가하고 있는 대로다.

1982년 국제화한 일본의 교과서 문제를 계기로 연구자 · 교육자를 중심으로 역사교과서, 역사교육을 둘러싼 국제비교와 국제적인 협력의 움직임이 강화되었다. 1980년대 후반이 되어 중국의 개혁 · 개방정책이 진전하고, 한국에서도 대통령 직접선거가 실시되는 등 민주화가 진전함에 따라 일본과 중국, 한국에서 상호왕래에 의한 연구교류가 가능해진 결과, 대학의 교원과 연구실, 연구소가 중심이 되어 일본과 중국, 일본과 한국의 역사교과서를 둘러싼 비교공동연구가 시도되었다.[13]

그 안에서도 일본과 한국 간의 '역사교과서대화', '역사대화'는 민간 차원의 교류도 포함하여 그간의 여러 교류 실적이 쌓여 성과를 내놓고 있다.[14] 그중에서 주목받고 있는 것이 일본과 한국에서 일본의 역사교과서를 최초로 검토한 한일합동역사교과서연구회의 활동으로, 그 내용은 한일역사교과서연구회 편『教科書を日韓協力で考える』(大月書店, 1993)에 정리되어 있다. 일본 측에서는 1990년 8월에 초 · 중 · 고등학교의 사회과 교사, 역사학과 교육학의 연구자, 출판관계자, 학생 등이 참가한 한일역사교과서연구회[대표 후지사와 호에이(藤沢法暎)]를 조직하여 준비에 들어가, 제1회(1991년 3월)부터 제4회(1992년 10월)에 걸쳐 도쿄와 서울을 왕래하며 한일합동역사교과서연구회를 개최했다. 이 연구회에서는 주로 일본의 고교 교

12) 阪東宏,『戦争のうしろ姿－教科書問題と東アジア諸国民との歴史対話』, 180쪽.

13) 예를 들어 中村哲 編著,『東アジアの歴史教科書はどう書かれているか－日 · 中 · 勘 · 台の歴史教科書の比較から』, 日本評論社, 2004.

14) 日韓 '女性'共同歴史教材編纂委員会 編,『ゼンダ－の視点からみる日韓近現代史』, 梨の木舎, 2005는 그 전형적인 예로 2000년과 2001년에 공경과 네덜란드 헤이그에서 여성국제범죄법정 개최에 노력하고 일본국 위안부문제해결운동을 통해 연대해 온 일본과 한국의 여성 시민이 공동으로 2001년 10월부터 한일여성에 의한 공통역사교재 만들기를 조직해 온 성과이다.

과서의 근대사 부분에 초점을 맞춰 일본의 조선식민지지배를 어떻게 기술하고 있는가가 검토되어, 한국 측에서 엄격한 비판이 이루어졌다. 연구회는 1993년에 보고서로 『教科書を日韓協力で考える』를 간행하고 해산했다.[15)]

이 연구회의 활동은 중심멤버였던 죠에츠교육대학(上越教育大学)과 도쿄가쿠에대학(東京学芸大学)의 연구자에 의해 발전적으로 계승되었다. 죠에츠교육대학 동아시아연구회는 1997년 9월 국제심포지엄 '동아시아 지역에 있어서 새로운 역사표상을 향하여－역사연구와 역사교육과의 대화'를 중국, 한국 그리고 러시아에서 연구자를 초청하여 개최하고 보고서를 출판했다.[16)] 같은 대학의 니타니 사다오(二谷貞夫) 편 『21世紀の歴史認識と国際理解－韓国・中国・日本からの提言』(明石書店, 2004)은 동아시아에서의 한국, 중국, 일본의 역사교육・사회과교육에 관한 대화이고, 니타니가 직접 교류를 해온 한국과 중국의 연구자를 포함한 역사교육자들이 제언, 문제제기를 한 책이다.

도쿄가쿠에대학은 기미지마 가즈히코(君島和彦), 사카이 도시키(坂井俊樹), 기무라 시게미츠(木村茂光) 등이 중심이 되어 일본의 역사교육연구회[회장은 죠에츠교육대학장, 후에는 모리오카대학(盛岡大学)장이 된 가토 아키라(加藤章)]를 조직하여 도쿄가쿠에대학에 사무국을 두고, 서울시립대학교에 사무국을 둔 한국의 역사교육연구회(회장은 서울시립역사박물관장이었던 이존희 서울시립대학교 명예교수)와 '한일역사교과서 심포지엄'을 개최하게 되었다. 제1회는 "한일 역사교과서의 여러 가지 문제들－공동연

---

15) 君島和彦, 『教科書の思想－日本と韓国の近現代史』, すずさわ書店, 1996은 한일합동역사교과서연구회의 성과와 과제를 정리하면서 한일 역사교과서 비교, 역사교육의 방향 등에 관해서 깊은 고찰을 하고 있다. 鄭在貞, 『韓国と日本－歴史教育の思想』, すずさわ書店, 1998, 増補版은 2005년은 한국 측 위원의 입장에서의 고찰과 공생을 위한 한일역사대화의 제언을 하고 있다. 정재정은 도쿄가쿠에대학과 한일역사교과서심포지엄을 하고 있는 서울시립대학교의 대표자이다.

16) 浅倉有子・上越教育大学東アジア研究会 編, 『歴史表象としての東アジア－歴史研究と歴史教育との対話』, 清文堂, 2002.

구과제의 모색"(1997년 12월)이란 제목으로 개최하였고, 제2회부터는 "한일역사교과서 심포지엄－역사연구의 동향과 역사교과서 기술"이란 제목으로 매년 2회 꼴로 개최했다. 이 심포지엄은 한일 양국 교과서의 선사(先史)부터 현대사까지 전 시대를 검토 대상으로 삼았다. 또 역사연구와 역사교과서의 관련을 중시하면서 일본과 한국의 고등학교 역사교과서 검토를 진행하고, 그 성과를 역사교육연구회 편 『日本と韓国の歴史教科書を読む視点－先史時代から現代までの日韓関係史』(梨の木舍, 2000)에서 정리했다.

위 심포지엄은 다음으로 '한일역사공통교재' 작성을 목표로 하는 공통테마에 의한 교재안 검토를 진행하고, 그 성과를 역사교육연구회 편 『日本と韓国の歴史共通教材をつくる視点－先史時代から現代までの日韓関係史』(梨の木舍, 2003)로 간행하였다. 더욱이 그 후 2년에 걸쳐 '한일역사공통교재'를 만들 예정으로 심포지엄이 계속되고 있다.

2001년 새역모 교과서 문제를 계기로 역사학계도 일본과 동아시아 국가와의 역사교과서, 역사교육의 형식을 둘러싼 '대화'의 중요성을 인식하여, 2001년 12월에 일본과 한국의 역사학·역사교육 관련 10개 학회가 '한일합동 역사연구 심포지엄－교과서 문제'를 도쿄대학(東京大学)에서 개최하였다.[17] 이 심포지엄은 한일 양 정부가 2001년 교과서 문제의 대응책으로써 한일역사공동연구위원회을 설치하고, 정부임명의 위원에 의해 비공개로 공동연구가 진행되는 것에 대한 비판과 견제의 의미를 가지고 있었다. 그것은 심포지엄의 합의문에 "공동연구조직의 목적은 역사교육을 바람직한 방향으로 개선하기 위해 문제를 제기하고, 전문가·학계·민간의 토론을 촉진시키고, 역사인식에 관한 합의를 넓혀 역사교과서의 내용에 좋은 영향을 끼치는 것에 두어야 한다"고 기술되어 있는 것에서 알 수 있다.[18]

---

17) 일본 측은 歴史学研究会, 歴史科学協議会, 歴史教育者協議会, 日本史研究会, 朝鮮史研究会, 한국 측은 역사학회, 한국사연구회, 한국역사연구회, 일본사학회, 역사교육연구회에 의한 공동주최.

이 심포지엄은 일본과 한국의 역사학회, 역사교육학회의 연구자들이 역사 교과서 문제의 배경, 교과서 내용의 서술과제, 상호교류의 형식 등 특히, '역사교과서대화'를 진척시킨 것에 의의가 있다. 제2회 심포지엄은 '한일 역사관련 학회 공동회의'라는 이름으로 2003년 6월 서울대학교에서 개최되어, 독일－폴란드의 역사교과서대화에서 교훈을 얻으며 한일역사인식과 역사교과서대화를 어떻게 확대하고 깊이 있게 해 나갈 것인지 등에 대한 발표와 토론이 진행되었다. 2회에 걸친 심포지엄은 역사학연구회 편 『歴史教科書をめぐる日韓対話－日韓合同歴史研究シンポジウム』(大月書店, 2004)에 정리되어 있다. 이 심포지엄의 역사배경과 의의에 대해서는 일본 측의 사무를 맡은 한 사람인 아라이 신이치(荒井信一)의 『歴史和解は可能か－東アジアでの対話と求めて』(岩波書店, 2006)에 기록되어 있다.

이상에서 살펴본 것처럼 1982년과 2001년의 교과서 문제의 발생을 계기로 위기의식을 가진 동아시아 국민(시민)에 의해 '역사대화'가 진행되고 진전되어 왔고, 『미래를 여는 역사』는 그러한 여러 운동의 성과를 토대로 만들어진 것이다.

3. 『미래를 여는 역사』의 역사적 자리매김

『미래를 여는 역사』를 만든 직접적인 계기는 이 책의 「편집후기」에 써 있듯이, 2001년 새역모 교과서 문제였다. 새역모 교과서를 비판하기 위해서만이 아니라, 동아시아에 있어서 역사인식의 공유를 가능하게 할 대안으로써의 역사교재를 만들고자 한 것이다. 발기인 중 한 사람인 아라이 신

---

18) 2001년의 역사교과서 문제를 계기로 정부가 설치한 한일역사공동연구위원회의 보고서는 2005년 6월에 공표되었는데 일본정부의 의향으로 연구 성과는 교과서에 반영시키기로 했다. 동 위원회의 공동연구가 정치적 수단에 이용당하는 느낌을 지울 수 없다.

이치의 연구에 의하면, 2001년 7월, 중국사회과학원 일본연구소가 학술토론회 '근대일본의 내외정책 1931~1945'를 베이징에서 개최했을 때, 중국 측에서 일본, 한국, 북조선의 유지(有志)가 동아시아 지역공동체를 지향하는 관점에서 서로의 역사인식, 역사교육을 점검하는 학술토론회를 계속적으로 개최하자는 제안을 하여, 같은 해 8월 한중일3국공통역사교재위원회 제1회 국제회의가 서울에서 개최되었다.[19] 이후 '역사인식과 동아시아 평화포럼'은 제2회가 2003년 2월에 도쿄에서, 제3회가 2004년 8월에 서울에서, 제4회가 2006년 1월 베이징에서 개최되어, 3국공통역사교재위원회의 국제편찬회의는 2005년 4월까지 11회에 걸쳐 개최되었다. 『미래를 여는 역사』를 만든 경과의 특징과 편집 과정에서 어떤 문제에 대해 의견대립이 있었고, 격렬한 토론이 있었는지 등에 대해서는 사이토 가즈하루(斎藤一晴)가 자세히 정리하였다.[20] 반도 히로시는 『戦争のうしろ姿－教科書問題と東アジア諸国民との歴史対話』에서 "『미래를 여는 역사』의 기술은 그 전체가 3국의 역사연구자, 교사, 시민에 의한 역사대화에서 시작되어, 3국의 독자들이 잘 이해하고, 가까워질 것이다. 이런 일이 이 책의 중심적인 공헌이다"라고 말하였고, 더욱이 "이 책의 기술은 3국이 각각 실시하고 있는 교육제도, 교과서제도에 얽매이지 않고 거듭된 대화의 소산이고, 일본 측 참가자가 조선, 중국에 대한 일본의 침략과 점령에 의한 가해를 인정하는 것에 의해 그 구성과 기술에 거침없는 개척자의 분위기가 인정되어진다"고 평가하였으며, 마지막으로 "이 책은 3국에 의한 역사대화의 최초 소산물이며, 또한 초보적(初步的)인 달성이다"라고 평가하고 있다.[21]

동아시아 '역사대화'의 발전 흐름에 있어 『미래를 여는 역사』의 특징과

---

19) 荒井信一, 『歴史和解は可能か－東アジアでの対話と求めて』, 岩波書店, 2006, 284쪽.

20) 斎藤一晴, 「『未来をひらく歴史』作成経過と論点 上下」, 『季刊戦争責任研究』 48 · 49, 2005. 6 · 9월.

21) 阪東宏, 『戦争のうしろ姿－教科書問題と東アジア諸国民との歴史対話』, 彩流社, 2006.

의의 및 역사적 자리매김에 대해서는 다음과 같이 생각할 수 있다.

첫 번째 특징은 종래의 '역사대화'가 한중일의 연구자, 교육자를 중심으로 진행되어 온 것에 비해, 이 책은 국제적으로 NGO운동으로서 자리매김할 수 있는 시민단체, 시민운동과 연계하면서 만들어져, 새역모 교과서 문제(『새로운 역사교과서』의 검정합격, 채택, 시판 등을 둘러싼 문제뿐만 아니라, 타사의 교과서 공격에 의한 침략·가해 기술의 후퇴문제도 포함하여)에 항의하는 운동을 전개해 온 한일 시민운동단체가 주도적인 역할을 담당해 온 것이다. 일본에서는 '어린이와 교과서 전국네트 21'[사무국장 다와라 요시후미(俵義文)], '역사교육 아시아 네트워크 JAPAN'(공동대표 타와라 요시후미 등)이, 한국에서는 '아시아평화와역사교육연대'(전신은 2001년 4월에 결성된 '일본교과서바로잡기운동본부')가 그 역할을 담당했다. 중국의 현상에서는 아직 시민운동단체가 조직되지 못하는 것은 전술한 대로이다.

동아시아의 '역사대화'를 위한 역사교육은 학교교육은 물론, 넓게 시민, 국민을 대상으로 한 사회교육도 포함하여 생각해야만 하고, 장래의 동아시아 시민사회의 형성을 향해 한국과 중국의 시민·민중과 시민 차원에서의 '역사대화'를 전개하는 것이 중요하다고 생각할 때, 시민·시민단체·시민운동의 입장에서의 참가가 필요한 것은 이해할 수 있을 것이다.[22)]

일본과 중국, 한국의 현행 역사교육은, 각각이 국민국가를 형성하는 국민육성을 목적으로 애국심을 함양하고, 민족적 아이덴티티를 확립하기 위해 자국사 중심으로 이루어져 있다. 일본에서는 중학교학습지도요령(사회편)의 교과목표에 "우리나라의 국토와 역사에 대한 이해와 애정을 깊게 해

---

22) 일본에서는 시민운동의 역사가 깊지 않고 발달도상에 있기 때문에 여러 가지 문제나 한계가 있기도 하지만 일본의 학자나 지식인들이 더욱더 출판미디어 부분에서 시민운동이나 시민운동가의 업적을 차갑게 보는 경향이 있다. 『미래를 여는 역사』에 대해서도 시민운동가가 참여해서 편집, 집필했기 때문에 학문적으로 떨어지지 않을까 하는 평가를 하는 사람이 있는 것도 사실이다.

야" 한다는 내용이 들어있고, 역사교과서에는 일본의 문화와 전통에 대한 애정을 키우는 것을 목표로 하는 일본인, 일본 국민의 민족적 아이덴티티 형성을 지향하는 기술이 요구되고 있다. 새역모 교과서는 그것을 극단적으로 강조하고 민족적 우월심과 배외심을 갖도록 기술되어 있는데, 타사의 교과서도 '국민의 역사'라는 틀에서 자유롭지 않은 점은 다르지 않다.

사토 마나부(佐藤学)·나리타 류이치(成田龍一)·윤건차(尹健次)는「歴史教科書はどうあるべきか」에서 다음과 같이 제언한다.[23]

> 역사라는 교과의 사명은 국제화에 의한 국민국가의 변모에 의해 재정의를 재촉당하고 있다. '국민적 교양'으로서의 역사에서 '시민적 교양'으로서의 역사로의 전환이 대행되어야 한다. 공교육은 '국민의 교육'에서 '시민의 교육'으로, 즉 지역공동체의 시민, 일본사회의 시민 및 글로벌사회의 지구시민이라는 3차원에 걸친 '시민성(시티즌십)' 교육으로 전환해야만 하는 시대를 맞이하고 있다.

위의 제언 중 "글로벌사회의 지구시민"이라는 것은『미래를 여는 역사』에서 말하는 '동아시아 공동체의 시민', '동아시아 시민사회'와 같은 범주에 속한다.『미래를 여는 역사』가 지향하는 것은 인권의 존중, 평화와 민주주의 실현, 그것을 위한 법치사회의 구축이라는 공통의 가치관을 가진 동아시아 시민의 육성이고, 그것을 위한 역사교육이다. 동아시아에 있어 역사인식의 공유는 인권, 평화, 민주주의라는 인류에게 보편적인 가치관을 공유하는 동아시아 시민사회의 형성과 상호관계이다.

독일에서는 교육행정권은 주정부에 있고, '국민의 육성'보다도 '시민의 육성'에 중점을 두고 있다. 예를 들어 독일 최대 주인 노르트라인베스트팔렌의 김나지움용 교육과정 기준 '역사'(1993년)(일본의 학습지도요령에 상

---

23) 金子勝·藤原帰一,『東アジアで生きよう－経済構想·共生社会·歴史認識』, 岩波書店, 2003, 167쪽.

당)에는 학교교육과 역사교육의 목표가 다음과 같이 쓰여 있다.[24)]

> 학교는 학생의 관용과 연대의 능력 그리고 타자와 의사를 소통하고 협력하는 능력을 키워야 한다. 그것이 민주주의 사회의 기초이고, 또 그 시민이 다른 국가, 민족, 문화와 관계를 구축하기 위한 기초적인 것이다. …… 가치와 규범에 대해서는, 특히 중요한 것이 인권의 존중이고, 민주주의적, 사회적 법치국가의 원칙이다. 또 학생은 우리 사회 및 세계의 큰 정치적, 사회적 그리고 환경의 여러 가지 문제에 정면으로 맞서는 능력과 의욕을 발전시켜야 한다.
>
> 역사 수업을 받는 것으로, 학생은 오늘날의 사회에 보여지는 역사적인 요소, 구조, 경위를 파악하는 힘을 기르고, 또 지금도 진행 중인 역사상(歷史像)의 전달과 변용의 프로세스의 안에서 스스로 역사적 판단능력을 발전시켜야 한다. 그러한 검증·수정 가능한 역사의식이 민주주의사회에 주체적으로 참가하기 위한 중요한 전제인 것이다.

『미래를 여는 역사』가 지향하고 있는 것은 위와 같은 의식과 의욕, 능력을 가진 동아시아 시민의 육성이다.

두 번째 특징은 한중일 3국이 공동으로 편집한 역사서를 발행한 것으로 인해,『미래를 여는 역사』에 기술된 동아시아 근현대사의 '역사 사실의 인식'을 공유할 수 있었다는 것이다. '역사인식 공유'라는 경우에 크게 세 단계로 나누어 생각할 수 있다. 첫 번째 단계는 '무엇이 있었는가', '어떤 사건이 발생했는가'라는 유의 '역사 사실의 인식'의 공유이다. 두 번째 단계는 그 역사 사실이 왜 발생하고, 어떤 의의를 가지고, 어떤 영향을 미쳤는지 등 역사 사실의 원인과 요인의 분석, 평가, 의의 설정 등에 관계되는, 어떤 의미에서 보자면 역사관을 수반했던 추상적 인식에 대해서다. 세 번째 단계는 이상의 두 단계 인식을 거치고 난 후에 동아시아 세계의 시대상과 동아시아 사회의 역사구조, 동아시아 역사상을 추상적으로 이해하고

24) 船橋洋一 編,『いま, 歴史問題をどう取り組むか』, 岩波書店, 2001, 79쪽.

파악한 이론적이고 총체적인 역사인식이다.

『미래를 여는 역사』가 현재 달성한 것은 첫 번째 단계인 역사 사실의 인식 공유이고, 동아시아 공동체, 동아시아 시민사회의 형성을 향한 '역사인식 공유'로의 초보적인 첫걸음을 내디딘 것이라 할 수 있다. 그러나 이 단계도 결코 쉽지 않은 것은 동아시아 근현대사에 있어 일본과 중국 · 한국은 침략, 식민지지배라는 적대관계에 있었기 때문이다. 새역모 교과서는 일본의 침략 · 가해, 식민지지배의 역사 사실을 누락시켜 일본의 전쟁과 식민지지배를 긍정, 미화하는 기술을 하여, 중국과 한국의 국민으로부터 반발, 비판을 받은 것이고, 전후 제3차에 걸친 일본의 교과서 문제는 모두 일본정부와 여당인 자민당이 침략과 가해의 역사 사실을 역사교과서에 쓰지 않게 하기 위해 교과서 공격을 행한 결과 발생한 것이다.

필자는 이전에 「アジア諸国民との和解への道」이라는 글에서 "일본 국민이 21세기를 근린 아시아 국민과 '함께 살아가기' 위해서는 중일15년전쟁 · 아시아태평양전쟁의 '과거를 극복'하는 일이 꼭 필요한 전제가 되는데, 그를 위한 가장 바람직한 방법은 먼저 침략과 가해의 죄를 저지른 '사실인지'를 하는 것이다"라고 다음과 같이 썼다.[25]

> 전후 일본정부는 전쟁책임 문제에 대해 무책임체제를 취하고, 문부성의 교과서 검정에 대표되듯이 중요한 침략 · 가해의 '사실인지'조차 거부하려 해왔다. 그렇기는커녕 오히려 국민의 자발적인 침략 · 가해의 '사실인지'운동에 대해 간섭하고, 굳이 음으로 양으로 방해와 압력을 가해왔다. 전후 일관하여 아시아태평양 민중에 대한 전후처리 · 전쟁책임 문제를 회피해온 일본정부를 대신하여 국민들이 자각적 · 양심적으로 '빚(負)의 과거의 극복'노력과 운동을 추진해온 결과, 국제사회에서 일본의 고독화를 어느 정도 덜어주고, 아시아 국민과의 화해로 가는 길이(현 단계에서는 넓은 길이라고는 할 수 없지만) 열리고 있다.

25) 笠原十九司, 『アジアの中の日本軍－戦争責任と歴史学 · 歴史教育』, 大月書店, 1994, 220쪽.

필자가 10년 전에 지적한 일본의 정치구조는 현재도 변하기는커녕, 고이즈미 수상의 야스쿠니신사 참배 강행과 새역모 교과서 문제로 상징되는 일본정부와 일본사회의 이른바 보수화, 우경화로 인해 더욱 심각해졌다. 그와 같은 상황 속에서 『미래를 여는 역사』가 기술한 일본의 침략 · 가해와 식민지지배의 '역사 사실'에 있어 중국인과 한국인과의 공통이해가 생겨나, '역사대화'가 성립하게 된 것이다.

하지만 일본의 학교교육에서 이러한 역사 사실을 배우지 못한 일본 학생에게 있어 '역사 사실의 인식' 공유도 간단히 받아들여지지 않는 것은, 『미래를 여는 역사』를 대학 수업의 과제로 읽힌 결과, "중국 · 한국의 부담을 너무 많이 지고 있다", "일본만을 나쁜 놈으로 몰고 있다", "중국 · 한국의 뜻대로 쓰여 있다", "이 정도로 일본인의 책임과 죄악감을 몰아붙이지 않아도 되지 않을까", "너무 일본의 침략 비판에 편향되어 있다" 등 반발 · 반감을 쓴 학생이 적지 않았던 것에서 나타난다.

그러나 사토 마나부 · 나리타 류이치 · 윤건차의 「歴史教科書はどうあるべきか」가 '한일공통역사교과서의 전망'으로써 다음과 같은 제언을 한 것을, 한일을 한중일 또는 동아시아로 바꿔 놓으면 『미래를 여는 역사』는 그 제언에 따르는 것이라고 할 수 있다.

> 한일의 미래를 열기 위해서는 한일의 과거를 이야기하는 것에서부터 시작해야 한다. 타자의 존재를 인정하지 않는 배외주의에서의 벗어나는 것이 필요하다. 역사교과서 문제는 탈식민지주의의 과제 중 일부이다. 과거를 청산하는 것 없이는 문제의 본질적 해결은 없다. 가해자 측이 먼저 반성하지 않는 한, 피해자 측은 반발의 자세밖에 취할 수 없다. '국민'과 '국가'가 아닌, 한일 시민이 주체가 되어 문제를 하나하나 해결해 가는 것이 필요하다.[26]

『미래를 여는 역사』의 간행이 실현된 것은 반도 히로시가 지적했듯이

---

26) 金子勝 · 藤原帰一, 『東アジアで生きよう－経済構想 · 共生社会 · 歴史認識』, 184쪽.

"일본 측의 참가자가 조선, 중국에 대한 일본의 침략과 점령에 의한 가해를 인정한 것에 의해" 중국과 한국의 편집자와의 '역사대화'가 성립했기 때문이다.

『미래를 여는 역사』는 일본의 침략전쟁과 식민지지배의 '역사 사실'의 기술에 대해, 전쟁과 지배를 수행한 역사에 관해서는 일본 측이, 피해와 저항의 역사에 관해 중국은 중국 측이, 조선은 한국 측이 분담집필하는 것을 기본으로 하고, 다 쓴 원고를 3국에서 특히 자국의 독자가 읽을 수 있을지 없을지에 유의하여 상호 비판, 검토하고 수정했다. 그래서 3국, 그중에서도 특히 중국과 한국의 민족주의적인 의식을 반영한 기술이 되었지만, 현시점에서는 상호의 '역사감정'을 수반한 '역사인식'을 서로 이해하기 위해 필요한 것으로 생각하여 허용범위에 두었다.

엄밀히 평가하면 이번 『미래를 여는 역사』는 3국 편집위원의 분담집필을 기본으로 한 3국의 역사서술을 모아 병렬하였기 때문에 현행의 자국사, 그것도 국가사의 영향을 반영한 기술이 남아있는 부분도 있다.

세 번째 특징은 『미래를 여는 역사』가 서장 · 제1장 · 제2장에서 일본의 침략 · 가해, 식민지지배의 대립적인 역사 사실의 기술과 동아시아 3국의 서양화, 근대화라는 공통의 역사 사실의 기술이라는 두 개의 축으로 구성되어 있다는 것이다. 후자는 충분하지 않지만 동아시아 공통의 역사상의 서술이 시도되었고, 전술의 '역사인식 공유'의 제3단계인 동아시아 세계의 시대상을 기술하고 있다. 예를 들면, 서장의 개항 이전 3국의 사회구조, 제1장의 개항과 3국의 근대화를 노린 개혁과 서양화에 의한 사회와 민중생활의 변화, 제2장의 제1차 세계대전 후의 자본주의경제의 발달과 도시의 발달, 대중문화의 보급과 여성의 사회진출 등 한중일 3국의 공통된 시대상을 서술하였다. 이러한 공통된 시대상을 세계사의 발전 속에 자리매김하면서 동아시아 역사상으로 보다 총체적, 구조적으로 서술하는 것이 가능하다. 그렇게 해서 3국이 납득하여 서술한 동아시아 역사상은 '역사인식 공유'에 연결되는 것이다.

『미래를 여는 역사』는 '역사 사실의 인식' 공유뿐만 아니라, 보다 진전된 단계인 '역사상의 인식' 공유로의 첫걸음을 구축했다고도 할 수 있다. 다만 우리 일본의 역사연구자와 중국, 한국의 역사연구자와의 역사인식·방법론이 현 단계에서는 상당히 다르기 때문에, 본격적인 역사인식의 공유를 위한 동아시아 역사상의 구성 과제의 실현은 간단하지 않다.

4. 역사인식 공유를 위한 과제

한중일 3국의 『미래를 여는 역사』 편집에 참가하여 중국과 한국의 역사를 보는 견해, 사고방식, 역사학의 용어로 말하자면, 역사인식과 방법론의 상위, 차이를 새삼스럽게 알게 된 기회가 되었다. 국제편집회의에서는 그 차이 때문에 여러 차례 격렬한 토론이 있었지만, 그러한 차이를 맞대어보는 것에 의해 역사인식 공유를 위한 공공권(公共圈)이 창출되어 간다는 전망을 가졌다.

이하에 이번 편집 과정에서 인식한 역사인식과 방법론을 둘러싼 상위, 차이에 대해 중요하게 생각되는 점을 열거해 보겠다.

첫 번째로 3국의 편집위원이 각각 짙은 민족주의사관, 즉 민족주의 의식에 기초한 역사 견해를 가지고 있어, 종래 또는 현행 국가사를 기초로 한 자국사 중심주의로부터 자유롭지 못했다. 특히 중국 측에서는 역사인물과 역사사건 등의 평가(전술한 '역사인식 공유'의 제2단계에 해당함)를 둘러싸고 그것이 뚜렷이 드러났다. 예를 들어, 중국에서는 중일전쟁 시에 일본에 종속했거나, 통치를 받은 정권과 인물에게는 반듯이 '위(僞)'라는 글자를 붙여 '위만주국(僞滿洲國)'이라 표기하고, '위(僞)'라는 역사평가를 전제로 기술하게 된다. 왕정웨이(汪精衛) 정권에 대해서도 '한간(漢奸)', 즉 한민족을 배반한 자인 '매국노'라는 평가를 전제로 하기 때문에 왕정웨이 정권이 역사 사실로서 어떤 것이고, 객관적으로 어떤 역할을 했는지를 기술할 수 없다. 또 대만에 관해서도 '대만은 중국 영토의 일부분'이라는 현 정부의 입장과 견해를 우선시하고, 대만의 독립성을 인정하는 기술을 회피하고자 한 것 등이다. 이것은 후술하듯이 중국적인 역사 견해, 사고방식에도 기인한다.

하지만 중국과 한국의 민족주의사관이 장기에 걸친 일본의 침략, 점령, 식민지지배를 받은 피해 국민으로서의 '분노', '반발', '굴욕감' 등의 '역사감정'의 발로이고, 현대에 달해 겨우 독립을 달성한 국가이며, 국민국가로서 통일, 건설, 발전의 단계에 있다는 국가의식의 반영이기도 한 것을 일본 측에서는 이해할 필요가 있다.

민족주의사관의 차이와 충돌은 처음 단계에서는 불가피하고, 그 정도로 심각한 문제가 아니다. 그것은 『미래를 여는 역사』가 원래 자국사를 넘은 동아시아 근현대사의 서술을 지향하여 기획된 것이고, 국가사에서 민중사로의 관점의 이동, 무엇보다도 '역사인식 공유'를 위한 역사인식과 방법론의 공유 등에 의해, 차츰 극복되어 갈 것이다. 그에 더해 동아시아 공동체, 동아시아 시민사회의 형성이라는 의식이 침투해 가면 해결될 문제일 것이다.

두 번째는 역사에 관한 사고방식, 전문적으로 말하면 역사연구, 역사학에 대한 인식과 방법론의 차이이다. "미래를 여는 역사"라는 제목을 둘러싸고 중국과 일본·한국의 편집위원 간에 대립이 있었다. 중국 측은 중국어로 번역한 "개창미래(開創未來)" 또는 "개벽미래(開闢未來)"라는 제목은 쓸 수 없다고 주장하여, 중국어판의 제목은 『東亞三國的近現代史－以史爲鑑 面向未來 共同建設和平与友好的東亞新格局』가 되었다. 역사는 과거를 비추는 '거울'이고, 미래와는 다른, 하물며 '미래를 열 수 있는' 것이 아니라는 것이다.

또 표지 도안을 둘러싸고도 격렬한 응수가 있었다. 한국 측이 '역사'라는 한자를 비스듬히 기울인 도안을 제안했을 때, 중국 측은 "역사라는 글자를 비스듬히 하는 것은 역사를 왜곡하는 것을 의미하므로 올바르지 않다"고 강한 반발을 한 것이다.

표지의 제목과 도안을 둘러싼 대화에서 중국 측의 역사는 '정사(正史)'라는 사고방식이 단적으로 드러났다. 즉, '정사'로서의 역사는 정권과 권력자의 정당성을 현창하기 위한 '거울'이라는 정치적인 역할을 가지게 된다. 따라서 '정사'에는 '정사'를 편찬한 정권과 권력자의 과오와 비판을 기술하는 것은 기피되고, 오히려 꾸미고 미화되기 쉽다. 중국 근현대사는 현재의 정권담당자인 중국공산당의 정당성을 증명하고, 현창하는 것이기 때문에, 중국공산당이 지도하여 성공시킨 중국혁명사가 올바르고 잘못 없는 것으로 그 역사의 거울에 기술되게 된다.

더욱이 중국에서는 일본의 중국 침략 등의 부정해야만 하는 역사에 대해 "前事不忘 后事之師[역사를 잊지 않고 장래의 교훈(경계)으로 삼다]"라는 말을 즐겨 사용한다. 그것은 역사는 과거를 비추는 '거울'로 다뤄져, 그 거울에 나타나 있는 패배[負]의 측면, 예를 들어 침략당한 중국의 피해, 희생, 굴욕 등의 역사의 모습을 보고, 그것을 교훈으로 두 번 다시 반복되지 않도록 중국의 강대화로 매진하지 않으면 안된다는 애국사관이 강조되는 것이다.

역사를 과거를 비추는 '거울'이라 보는 역사관은, 역사를 긍정해야만 하는 바른 선(善)의 역사와 부정해야만 하는 악(惡)의 역사라는 도덕적 가치관으로 다루어, 동아시아의 근현대사를 일본제국주의의 침화(侵華)전쟁사, 일본의 중국침략전쟁확대사로 보고, 사건과 인물, 현상에 대해서도 침략인가 저항인가, 매국인가 애국·구국인가, 암흑·굴욕인가 해방·혁명인가 등의 이원적 역사관으로 평가하게 된다.

이원적 역사관은 한국 측에도 보여지는데, 동아시아 근현대사를 일본제국주의의 조선식민지지배의 형성, 확대사로 보며, 점령 · 지배와 저항, 탄압과 저항, '친일'과 애국, 암흑 · 굴욕과 광복 · 독립 등의 이원론적 가치관으로 평가하게 된다.

중국과 한국에 대해서 일본 측은, 역사는 필연적인 것과 우연적인 요소가 복잡하게 얽혀 있어 인과관계를 형성하면서 전개, 발전해간다는 변증법적인 역사관, 역사방법론에 기초하여 역사를 서술하려 했지만, 이것은 일본제국주의 본래의 침략적 본질을 직시하지 못하고 역사적 조건에 의해 일본이 침략전쟁을 한 것처럼 변명하는 것이라는 비판을 받았다.

예를 들어 노구교사건을 일본에서의 최근 역사연구 성과에 기초하여 사건 그 자체는 우발적으로 발생했다고 기술하자, 중국 측에서 강하게 반발하고, 노구교사건은 화북 침략을 꾀한 일본군이 일으킨 사건이라고 강하게 수정을 요구해 왔던 것이다. 또, 제2장의 구성에서는 2절 "일본의 한국지배 강화"에서 3 · 1독립운동 후의 무단통치에서 '문화정치'로의 변경과 1920년대, 1930년대 일본의 지배정책까지 기술하고 있는데, 3절에서는 시대를 역행하여 '3 · 1운동'을 기술하고 있다. 이것에 대해 일본 측에서는 1절 "제1차 세계대전 전후의 삼국관계"의 파리강화회의(1919년)에 연결시켜 3 · 1운동을 기술하고, 3절과 2절을 바꿔 역사사건을 시계열적(時系列的)으로 기술하고, 역사의 인과관계를 알 수 있는 구성으로 변경하자는 제안을 했으나, 한국 측에서 받아들이지 않았다. 한국 측도 역사를 일본 식민지지배의 과거에 발생한 여러 사건, 여러 현상을 '식민지시대 때 일어난 일'로서 시간적으로는 평면적으로 다루고 있어, 시대의 전후 도착(倒錯)과 중복은 문제시하지 않는다는 것을 알았다.

이 역사인식 방법의 차이는 역사서술의 차이를 가져왔다. 예를 들어 일본 측은 일본이 왜 만주사변을 개시했는지, 그 원인을 기술하는 것을 중시했지만, 중국과 한국은 일본은 원래 침략전쟁을 한 나라이기 때문에 만주사변을 일으킨 것은 당연하고, 원인규명의 분석보다도 일본군이 만주에서

행한 침략, 가해의 역사 사실을 많이 기술하는 것이 중요하다고 보았다.

위에서 말한 것과 같이 역사인식 방법에 관한 일본과 중국·한국과의 차이를 극복하고 역사인식의 방법론을 공유하는 것은 쉽지 않지만, '역사는 무엇인가', '역사를 왜 배우는가'라는 역사연구·역사학습의 목적을, 장래의 동아시아 시민 육성이라는 목적의식에 따라, 전술한 독일의 노르트라인베스트팔렌의 교육과정 기준과 같이 인식하는 것이 3국에서 공유할 수 있게 된다면 가능하다. 즉, 역사를 가르치는 것은 학생이 오늘날의 사회에 보여지는 역사적인 요소, 구조, 경위를 파악하는 힘을 기르고, 현재도 진행 중인 정치·경제·사회·문화의 여러 가지 동향에 대해 스스로 역사적 판단능력을 가지고 태도를 결정할 수 있게 하기 위해서이다.『미래를 여는 역사』의 머리말「독자 여러분께」에 기술한 "동아시아에 평화로운 공동체를 만들기 위한 제언으로써의 역사인식 공유"라는 것은 궁극적으로는 역사인식의 방법론도 공유하는 것을 의미한다.

"역사라는 것은 역사가와 사실과의 사이의 상호작용의 일상 과정이고, 현재와 과거와의 끝날 줄 모르는 대화이다"(E·H·Carr)[27]라는 말처럼, 역사는 우리들의 삶의 방식과 지금 현재의 사회, 국가에서 일어나는, 진행 중인 문제의 본질을 적확히 이해하고 합리적으로 대응하여, 보다 나은 미래를 창조해 가기 위해, 그 문제들의 과거가 어떻게 해서 현재의 원인, 요인이 되었는지를 구명하는 것이다. 그리고 보다 나은 '미래를 열기' 위해 현재의 역사 흐름을 우리들 시민이 주체적으로 선택하여 좋은 방향으로 결정해 가기 위해 배우는 것이다. 이러한 역사인식의 방법론을 한중일 시민이 공유하게 되면, 전술한 이원론적인 역사인식은 극복될 것이다.

세 번째는 동아시아 역사상 구성의 인식과 방법론의 차이이다. 일본의 역사학계에서는 동아시아 역사상의 구성이라는 논의가 1960년대부터 되

27) E·H·Carr 著, 清水幾太郎 譯,『歴史とは何か』, 岩波新書, 1962, 40쪽.

어 왔지만, 그것은 일본의 역사학계가 중심이 된 것으로, 중국과 한국의 역사학계와는 공통적으로 이해되어 있지 않다. 중국의 역사학계에서는 자국사 중심의 중국혁명사, 항일전쟁사 또는 일본제국주의침화70년사 등의 중일관계사가 주류를 점해 왔기 때문에 구조적인 동아시아 역사상의 구성에 대한 연구와 논의는 이제 막 시작되었다 할 수 있다. 한국의 역사학계에서도 일국사적인 일본제국주의의 한국(조선)식민지사, 한국(조선)독립투쟁사 또는 한국사라는 연구와 논의가 주류를 이루어, 동아시아사의 구조를 의식한 연구는 아직 그 역사가 깊지 않다.

『미래를 여는 역사』의 서장과 제1장에서 일본 측은 근대 동아시아 역사상을 서술하려고 노력했지만, 그것은 일본 제국주의 지배를 중심으로 한 구조가 되기 때문에 중국과 한국의 위원들로부터 "일본을 중심으로 하여 동아시아의 역사상이 전개되어 가는 듯해서 재미가 없다"는 불만이 토로되었다. 예를 들면, 청일전쟁을 기점으로 하여 동아시아 세계의 구조가 전근대의 중화제국 중심의 '화이 질서'에서 일본제국주의 지배를 중심으로 한 근대적인 제국주의적 질서로 변용해 간 과정을 기술하려 한 것에 대해 중국과 한국의 위원들이 "일본 중심적 견해"라고 반발을 표명했다.

그래도 전술했듯이 『미래를 여는 역사』의 서장과 제1장, 제2장에서는 서양화, 근대화라는 동아시아사에 관한 공통의 비전이 기술되어, 동아시아 역사상의 구성을 공통의 과제로 하면서 각국의 역사를 서술하였다. 이와 같이 한중일 3국에서의 독자적인 역사전개가, 동아시아 공통의 역사기반에서 이루어진 것을 구조적으로 서술하는 것은 가능하다.

이번 『미래를 여는 역사』의 제3장에서는 일본의 침략·가해, 식민지지배와 중국, 한국의 저항이라는 역사 사실을 공유하는 것이 가장 중요한 과제가 되었기 때문에 중일15년전쟁 시대에 해당하는 1930년대, 1940년대의 동아시아 역사상은 서술하지 못했지만, 역사 방법론적으로는 가능하다. 하지만 일본의 침략전쟁, 식민지지배의 '과거청산', '과거극복'을 지향한 '대화와 화해'가 그 전제로서 충분히 쌓여질 필요가 있다. 그렇지 않으면 중국 · 한국 측으로부터 "일본 중심의 역사상이다", "일본의 침략과 식민지지배를 역사의 발전으로 긍정하는 것"이라는 반발과 불만의 '역사감정'을 야기키시게 된다. 하지만 근대동아시아 역사상을 구성해 가는 것에는 세계사의 전개 속에서 동아시아가 어떻게 근대를 맞이했는가라는 큰 문제를 설정하고, 그 안에서 근대화를 선도한 군국주의 일본과, 일본과 깊이 관계하면서 근대화를 이루어 간 한국과 중국, 대만의 역사를 다르게 파악하는 구조의 전환이 필요한 것이다.

『미래를 여는 역사』의 제4장의 전후사는 문제를 보류한 감이 있지만, 전후 동아시아 역사상은 동아시아의 냉전구조를 서술하는 것으로 가능해졌다. 하지만 조선전쟁을 사례로 들면 알겠듯이 중국군과 한국군은 적대하여 싸운 관계이고, 그전까지의 일본을 중심으로 한 동아시아 역사구조의 서술과는 달라진다.

또『미래를 여는 역사』의 의의를 부정하고 싶어 하는 세력들로부터 중국의 문화대혁명에 의한 인권박해와 티베트 침략, 한국의 베트남전쟁 파병 등이 기술되지 않았다는 비판이 있었지만 동아시아의 전후사를 통사로 정확하게 기술하는 단계가 되면, 그 문제들도 동아시아 시민사회에 있어 평화, 인권, 민주주의가 보편적인 가치로서 소중하다는 인식을 공유하기 위해, 당연히 기술해야 하는 문제이다. 특별히 피하고 있는 것은 아니다.

'무엇을 위해 역사를 배우는가'라는 목적에서 보면, 동아시아의 '미래를 열기' 위해서는 동아시아 3국의 전후사=현대사라는 서술이야말로 중요한 의미를 갖는다. 하지만 그것은 조급하게 실현할 수 있는 것이 아니라, 3국, 특히 중국의 민주화가 한층 더 진전되고, 각국에 평화 · 인권 · 민주주의를 존중하는 가치관을 공유하는 동아시아 시민의식이 확대되는 것에 동반하여 가능해져 갈 것이다. 그것은 평화로운 동아시아 공동체의 공통적인 역사인식으로 발전해가는 성질의 것이다.

『미래를 여는 역사』를 한중일에서 동시 발행한 후, 3국공통역사교재위원회는 작년 12월과 올 1월, 2회의 국제편집회의를 개최하여 한중일 각 판의 기술을 대조 · 확인하고, 그동안 3국의 독자로부터 보내진 많은 의견과 지적에 입각하여 오기 · 오식과 번역기술의 어긋난 부분, 일부 기술 · 도판의 결함 등을 상세하게 검토하고 수정 · 정정 부분을 점검, 통일하여 2006년 7월 3국에서 일제히 개정판을 발행한다. 그리고 다음 작업으로 본 원고에서 말한 제2단계, 제3단계의 역사인식 공유를 목표로 하는 『미래를 여는 역사』의 제2판 편집을 향한 공동연구에 돌입할 예정이다.

(『史海』 53, 도쿄가쿠에대학사학회, 2006)

제3부

『미래를 여는 역사』에 대한 서평

‘동아시아사’의 가능성

나리타
류이치
(成田龍一)*

1. 2005년의 동아시아

2005년에는 동아시아에서 역사인식의 온도차를 실감케 하는 사건들이 줄을 이었다. 예컨대 봄에 한국과 중국에서 발생한 시위에 대해 일본 언론은 ‘반일’이라는 딱지를 붙여서 보도했다. 일본의 외교정책과 외교자세에 반대한 시위였음에도 불구하고, 일본 언론은 일본 전체를 대상으로 한 시위인 양 보도하면서 비난을 가했던 것이다. 역사교과서 문제와 야스쿠니 신사 참배문제에 대한 아시아의 비판에 관해서는 아시아 각국의 ‘반발’이라는 표현을 써서 보도하기도 했다. 이런 사례들은 곧 전쟁에 대한 기억방식이나 오늘날의 동아시아와 세계를 어떻게 생각하는가와 관련된 문제를 곧 일본에 대한 반발로 취급하는 자세로서, 중국·한국과의 온도차를 좁히려는 모습을 찾아보기 힘들었다.

---

* 니혼여자대학(日本女子大學) 교수.
이 원고는 연세대학교 임성모 교수가 번역하였다.

이런 가운데 동아시아의 근현대사에 관한 텍스트 『미래를 여는 역사 : 한중일이 함께 만든 동아시아 3국의 근현대사』(한겨레신문사, 2005)가 간행되었다. 일본 · 한국 · 중국의 관계자들이 공동으로 편집하여 오랜 시간을 들여 준비한 책이 각국에서 동시에 출간된 것이다. 역사교육은 각 '국가'마다 제도의 차이가 있을 뿐 모두 '국민'을 육성한다는 목적이 있는 만큼 내셔널한 틀로 짙게 채색된다. 또 국가와 국민의 틀을 상대화하려 할 때도 각국의 역사교육이 안고 있는 과제의 차이를 무시할 수 없다. 이처럼 여러 제약과 곤란이 가로놓여 있는 가운데서도 『미래를 여는 역사』를 편찬 · 간행하는 데 힘쓴 분들께 먼저 경의를 표하고자 한다.

일본에서는 특히 1990년대 이후로 노골적인 내셔널리즘이 배회하고 있다. 역사교육의 현장에서도 '역사수정주의(歷史修正主義)'를 내세운 후소샤(扶桑社)의 『새로운 역사교과서』가 2002년에 등장했다. 『미래를 여는 역사』는 이 책의 출간을 계기로 해서 구상되었다고 한다. 『새로운 역사교과서』에 대해서는 여러 각도에서 비판을 가할 필요가 있고, 한걸음 더 나아가 대안을 제시할 필요성도 요청되므로 『미래를 여는 역사』의 간행은 매우 뜻 깊은 일이다.

그렇지만 역사교육을 둘러싼 이러한 상황과 운동이라는 관점을 견지하면서도, 이 책에서 제시된 역사상(歷史像)과 역사서술에 대해서는 정확한 점검이 필요하다. 『새로운 역사교과서』에 대한 비판으로 어떠한 역사상이 제시되는가 하는 점은 운동의 측면에서도 중요하지 않을 수 없다. 이 글에서는 역사학적 · 사학사(史學史)적 관점에서 『미래를 여는 역사』를 독해하고자 한다. 필자는 한국 · 중국과는 다른 역사적 · 문화적 배경을 갖고 있지만, 바로 그렇기 때문에(그 사실을 자각하면서) 같은 텍스트를 읽고 언어를 실처럼 자아내어 한국 · 중국 분들과 대화를 나눌 실마리를 만들어보고자 한다. 이것이 이 글의 목적이다.

『미래를 여는 역사』의 일본 측 집필자는 일본 역사학계에서는 '전후역사학'이라 불리는 입장에 선 인사들이 주축을 이룬다. 전후역사학은 1945년 8월 이후의 '전후민주주의'를 구현한 역사학으로서 사회경제사의 성과를 기반으로 역사를 묘사하여 일본제국의 군국주의적 행위를 비판적으로 고찰하는 역사학이다. 전후 전개 과정에서 일본 역사학의 패러다임은 오랫동안 이 전후역사학으로 집약되었고 이에 맞서 역사수정주의가 대두함으로써, 전후역사학과 역사수정주의가 상호 대립하는 시기가 이어졌다.

그러나 1990년 전후부터 이 두 파 외에 새로이 '사회사연구'가 대두한 후로는 전후역사학, 역사수정주의, 사회사연구의 3파정립(鼎立) 상황이 출현한다. 사회사연구는 언어론적 전환의 논의를 의식하여 역사구성주의의 입장을 취하는데, 이런 면에서 실증주의, 즉 본질주의의 입장을 취하는 전후역사학과 대립관계를 이룬다. 그러나 사회사연구의 역사학자들도 역사수정주의에 대해서는 모두 반대 입장을 취하고 있다.

현재 『새로운 역사교과서』로 대표되는 역사수정주의는 종래의 '대동아전쟁 긍정론'과 같은 복고적인 역사관에만 의존하지 않고, 역사구성주의에 입각한 새로운 논점인 '이야기(narrative)로서의 역사론'까지 내세우고 있다. 사학사적으로 볼 때, 『새로운 역사교과서』는 새로운 역사수정주의로서 등장한 것이다. 일본에서는 이처럼 새로운 논점과 대항관계가 대두한 3파정립 상황에서 『미래를 여는 역사』가 간행되었다.

2. 『미래를 여는 역사』에 대하여

일본과 동아시아 각국 사이에는 한국과의 교류를 비롯해서 국가 간, 단체 간의 각종 역사교육교류가 진행되고 있다. 『미래를 여는 역사』는 '역사인식과 동아시아 평화포럼'(일본과 한국은 민간 차원, 중국은 국가 차원)을 출발점으로 한 교류의 일환으로서 2002년 3월에 열린 남경(南京)포럼

이래 준비를 거듭해 왔다고 한다. 같은 해 8월에 서울에서 부교재 작성을 위한 회의가 열린 뒤 일본에서 4회, 중국에서 4회, 한국에서 2회의 회의가 개최되었다. 이들 회합의 성과를 토대로 『미래를 여는 역사』가 간행되었다. 『미래를 여는 역사』는 '일본 · 중국 · 한국 공동편집' 형태를 취해 각 절을 '담당국'이 집필했고, 책 말미에 집필 분담이 명시되어 있다.

일본 · 중국 · 한국 3국 간의 교류는 지금까지 여러 차례 시도된 바 있다. 예컨대 일본을 무대로 해서는 1982년에 발족된 '비교사 · 비교역사교육연구회'가 있다. 이 연구회는 1984년 8월 '동아시아 역사교육 심포지엄 : 자국사와 세계사'를 개최했다. 이 시도 역시 1982년 일본의 역사교과서 문제를 계기로 이루어진 것이었다. 그런데 1982년의 경우 3국 간의 주제가 (역사교육의) '비교'인 반면, 『미래를 여는 역사』에서는 '공통'(의 교재 작성)을 지향하고 있어서, 이 20년간의 추이와 경험의 축적을 엿볼 수 있다.

『미래를 여는 역사』의 일본 측 편집위원회는 주로 '어린이와 교과서 전국네트 21', '역사교육 아시아 네트워크 JAPAN' 등을 기반으로 하고 있다. 전후역사학의 성과를 받아들여 교과서 문제에 대처하는 '양식파' 혹은 '양심파' 그룹이 전후역사학에 입각해서 집필한 것이다. 많은 사람들은 이 책이 『새로운 역사교과서』의 대안을 제시하리라 기대했고, 그것이 앞에서 본 높은 판매부수로 나타났다고 볼 수 있다.

『미래를 여는 역사』의 집필자들 스스로 이 책은 아직 완전한 것이 아니라고 지적한다. 현 상황에서는 사이토 가즈하루(斎藤一晴)의 말처럼 3국 관계자들이 역사교육을 놓고 '공통'의 교재를 작성하는 문제를 논의하기 위해 자리를 함께했다는 사실이 가장 중요할 것이다. 『새로운 역사교과서』에 대한 비판으로서, 무엇보다 3국에서 대안을 검토하고 제공했다는 점을 높이 평가해야 할 것이다.

하지만 그렇기 때문에 이 책에 기울여진 노력과 시도를 무위로 돌리지 않기 위해서라도 『미래를 여는 역사』는 꼼꼼히 검토되어야만 한다.

『미래를 여는 역사』는 몇 가지 문제점을 안고 있다. 우선 전체 구성과 연관된 문제로서, 이 책의 구상과 서술, 즉 집필의 틀거리와 집필의 실제가 서로 어긋나 있다는 지적에서부터 시작하자.

『미래를 여는 역사』의 부제는 '동아시아 3국의 근현대사'로 되어 있다. 그러나 실제로는 일본, 한국, 중국에 의해 동아시아가 대표·대행되고 있을 뿐, 조선민주주의인민공화국, 대만, 몽골, 또 러시아, 베트남 등은 제외되어 있다. 물론 이들 나라가 전부 모여서 협의를 한다는 것은 현실적으로 불가능하다. 그렇지만 동아시아의 역사상을 재구성하면서도 3국으로만 한정했다는 자각은 반드시 필요하다. 더욱이 이 책에서는 '3국'이라고 해서, 인식과 서술에서, 또 집필 분담에서도 현재의 국민국가를 단위로 삼고 있다. 국가를 형성하고 있지 않은 '민족'은 일단 『미래를 여는 역사』의 무대에는 등장할 수 없게 된다.

이 책은 근현대사를 대상으로 하고 있어서 통시적으로는 19세기 후반부터 20세기까지만을 다루면서 '통사'가 아니라 '주제별' 내용, 즉 '일본의 침략전쟁을 둘러싼 역사 사실을 3국이 공유하려는' 시도이다. 동아시아의 근현대사를 고찰할 때 일본의 침략전쟁이 중심축이 되는 것이야 당연하겠지만, 과연 그 역사상을 일본의 침략전쟁으로만 수렴해도 좋은 것일까? 일본의 침략전쟁이 초래한 대항과 모순은 그냥 고스란히 21세기로 이전된 것이 아니라, 20세기 후반 냉전체제의 모순이 일본의 침략전쟁이 남긴 상흔에 상승작용을 가했기 때문에 그리된 것이다. 바로 이것이 동아시아 근현대사의 과제로 설정되어야 하지 않을까?

이상과 같은 인식에 입각해서 아래서는 『미래를 여는 역사』의 주제 선택과 서술에 주목하면서 각 장별로 검토해보기로 한다.

서장 「개항 이전의 삼국」에서는 17세기부터 19세기 중반까지를 다룬다. 여기서는 일본, 중국, 한국이라는 국가가 이미 존재하고 있음을 전제로 해서 서술이 이루어진다. 그러나 전근대의 역사상은 근대의 국민국가에 의해 정리된 것이라는 인식, 즉 근대 국민국가의 형성을 위해 역사가 이용된다는 인식이 필요할 것이다.

1장 「개항과 근대화」는 '서양 열강의 압력과 3국의 대응'을 서술한다. 19세기까지 동아시아에 존재한 중국의 지배 질서가 서양 열강에 의해서 변용된다는 시각이 아니라, 국가 차원에서 완결된 '대응'이 서술되어 있는 것이다. '서양'에 의해 '아시아'가 자각되고, 이에 맞서 동아시아에 국민국가가 형성된다는 시각은 찾아볼 수 없다. 따라서 '조선을 둘러싼 일본과 청의 갈등'도 '서양 열강'에 의한 동아시아의 '근대화', 즉 국민국가 형성이 창출한 모순과 갈등 · 대항 속에서 자리매김되지 못하고 있어 각국에 출현한 '개혁운동'이 각국 정부와의 대항으로만 이해되고 있다. 그러나 이들 개혁운동은 각각의 '근대'(동아시아의 근대)를 구성했으며 그렇기 때문에 각국 정부의 근대 구상과 항쟁했던 것이다.

이 장에서 "3국 민중의 생활과 문화"라는 절은 사회사적 시각에서 철도, 역법과 시간, 매체와 교육 등을 다루고 있어 흥미롭다. 다만 여기서도 근대의 '문화'가 국민문화로서 전개되었다는 시각은 보이지 않는다.

2장 「일본제국주의의 확장과 한 · 중 양국의 저항」에서는 표제가 '양국'으로 되어 있어서 국가를 단위로 한 저항으로 파악되고 있다. 여기서는 적어도 '민족'이 되어야 하는 게 아닐까?

1장과 2장은 '일본의 침략'과 '민중의 저항'을 골격으로 삼고 있지만 국민국가 체제를 제국-식민주의의 체제로 보는 인식은 눈에 띄지 않으며, 신해혁명(辛亥革命)이 동아시아에서 갖는 의의에 관해서는 서술되지 않은 채로 끝난다. 그리고 일본의 식민지지배에 대한 서술은 한국 측이 모두 담당하고 있어, 일본 식민지지배의 가혹성을 분명히 드러내기는 하지만, 일본이 가해성을 얼마나 자각하고 있는가 하는 논점은 상실되고 말았다. 2장의 "사회와 문화의 변화"라는 절에서는 각국 대도시의 대중문화를 서술하고 있으며, '여성'의 풍속이 강조되고 있는데 여성이 줄곧 논의의 대상이 되는 점에 대한 비평은 피해가고 있다.

3장 「침략전쟁과 민중의 피해」에서는 만주사변 이래 '일본의 침략'과 '중국 민중에 대한 잔학행위' 부분은 모두 중국 측 서술로, 전시의 식민지지배에 관해서는 '한국의 전쟁기지화'라는 파악에 근거해 설명하면서 모두 한국 측의 서술로 이루어져 있다. 여기서는 '일본의 침략'에 의한 전쟁수행체제의 형성, 그리고 식민지지배의 극한적 격화라는 인식이 드러나는데, 서술의 분담에서 이런 부분들을 일본이 쓰는 방식도 가능하지 않았을까?

이 장에서는 조선인민군, 대한민국임시정부가 언급되고 '일본 민중의 가해와 피해'[오키나와 전투, 히로시마 · 나가사키 원폭(도쿄 등지의 공습)]가 거론되며 하세가와 테루(長谷川テル)나 일본군 반전(反戰)동맹 등도 기술되어 폭넓은 시야에서 서술이 이루어지고 있다.

4장 「제2차 세계대전 후의 동아시아」에서는 전시와 전후의 연속성에 대한 언급은 없고, "일본의 과거청산이 남긴 문제"라는 절에서 일본의 전후처리가 현재 시점에서 고찰된다. 하지만 이 장은 외교 차원의 주제를 중심으로 하고 있으며 종장과 마찬가지로 그리 많은 면수를 차지하지 못한다. 전쟁책임은 전후책임과 중첩되어 나타난다는 인식에 선다면, 이 부분의 서술은 더 풍부해도 좋지 않았을까?

종장 「동아시아의 평화로운 미래를 위하여」는 개인보상, 위안부, 역사교과서, 야스쿠니신사 문제와 전쟁에 관한 것이 주제로 대종을 이루지만, 전후에 형성된 새로운 모순, 즉 냉전에 관해서는 거의 서술되지 않았다.

3. 텍스트로서의 『미래를 여는 역사』

이 책을 하나의 텍스트로서 읽을 때, 몇 가지 문제점이 발견된다. 첫 번째 문제는 동아시아 지역의 역사적 주체에 관한 것이다. 『미래를 여는 역사』의 서술에서는 침략이라는 부정적 행위를 한 일본이 주체가 되고 한국과 중국은 일본의 행위 때문에 피해를 입고 저항했다는 식으로 되어 있어, 한국과 중국은 일본제국의 종속변수로 서술될 뿐 독자적인 역할과 의미를 지닌 역사의 주체로서는 묘사되지 못한 듯하다.

두 번째 문제는 내셔널리즘에 관한 것이다. 한국과 중국의 주체성은 일본제국에 대한 저항으로서 서술되는데, 그럼으로써 한국 · 중국이 국가로서 발현하는 내셔널리즘은 온존된다. 일본에 관해서도 일본제국이 지닌 '확장'하는 내셔널리즘은 비판의 대상이지만, 전후 형성된 일본의 내셔널리즘은 과녁에서 비켜나 있다. 바꿔 말해서 『미래를 여는 역사』에서는 동아시아라는 공간이 일본의 침략전쟁으로 환원되고, 이를 서술할 때 19세기 후반에 형성된 국민국가의 질서를 전제로 논의가 전개된다. 곧 제2차 대전 이후 오늘날의 국가 질서를 전제로 소급해 올라간 동아시아가 되는 셈이다.

『미래를 여는 역사』의 주제 선택은 이러한 역사 과정과 역사인식을 단축시키고 결락시킨다. 제2차 대전 후 동아시아에서의 미국은 점령에 대한 관심도 거의 보이지 않아, '동아시아 3국의 근현대사'가 아니라 '일본제국의 형성과 침략의 근현대사'가 되어 있다. 과제를 일본의 전쟁(책임)에 대한 추궁으로 제한해서 설정한 것이라면 집필 배분에 좀 더 신경을 써야 했을 것이다. 게다가 '동아시아 3국의 근현대사'라는 이 책의 의도에 비추어 보자면, 식민지적 근대의 논의가 불가결했을 텐데 이런 관점도 찾아볼 수 없다. 또 제국주의와 민족주의의 대항이라는 단단한 틀에 입각해서 서술할 뿐, 동아시아의 근현대란 어떤 시대였는가에 대한 전체상은 묘사하지 않고 있다.

일본의 전후보상도 불충분하고 역사인식이 여전히 외교문제가 되는 현 상황에서 일본의 침략전쟁을 전면화하고 이를 중심으로 한 역사상을 제공하는 것은 분명히 중요하다. 그러나 아시아 태평양전쟁에 의해 형성된 모순과 대항은 지금까지 이어진 것이 아니라, '전후'의 '냉전'의 모순, 더 나아가 '전후 후(戰後後)', '냉전 후'의 모순과 중첩되어 현재에 이른 것이다. 이런 상황에서 『미래를 여는 역사』가 주제를 한정한 것은 아무래도 궁색했다.

이상은 주로 역사인식과 관련하여 드러나는 문제점이지만, 서술, 즉 이야기의 차원에서 나타나는 문제점은 더 크다. 이 책에서는 주어, 즉 역사의 주체로서 국민국가가 자명한 존재로 간주된다. 또 역사적 사건에 대한 평가의 기준은 침략에 맞선 '저항'과 '독립'에 있을 뿐, 침략에 '협력'하면서 '저항'한 사례나 '저항 · 독립'의 틈새에서 생겨나는 갈등이나 모순에 대해서는 언급하지 않는다. 무엇보다 서술의 분담이 곧 국가를 대표해버리면서 일본의 시책을 비판적으로 서술하고, 한국과 중국의 저항을 민족 · 국가를 대표해서 묘사한다. 이 점은 책에서 국민국가를 주어로 한 '3국'이라는 표현이 자주 등장하는 것과도 관련이 있을 것이다.

'동아시아의 근현대사'라고 했을 때 국가의 상위에 있을 터인 동아시아의 시점(즉, 평가의 축)이 이 책에서는 잘 드러나지 않는다. 또 '민족'의 개념에 대한 검토가 이루어지지 않으며 민족 간의 대립이나 항쟁에 대해서도 언급되지 않는다. 애당초 '동아시아'의 '근현대사'를 논할 때 시간과 공간의 문제, 즉 동아시아라는 공간은 언제, 어떻게, 어떤 범위까지, 어떤 근거로 일괄되어 거론되었는지를 『미래를 여는 역사』는 검토하고 있지 않다. 거듭 말하지만, 이 책은 오늘날 동아시아의 국민국가 질서를 전제로 해서 현존하는 국민국가를 주체(주어)로 삼는 데서 출발한다. 이런 점에서 『미래를 여는 역사』는 내셔널 히스토리(국사)를 넘어서지 못했으며 오히려 내셔널 히스토리를 강화하고 말았다고 볼 수 있다. 위생, 철도, 교육 같은 주제를 통해 제국과 식민지 관계의 복잡한 양상을 묘사하면서 국가를 기준으로 삼는 데서 벗어난 역사상을 그려낼 수 있지 않았을까?

이것은 곧 중층적이고 전이(轉移)하는 국민국가의 모순과 민족의 대항이라는 시점이 『미래를 여는 역사』에는 희박함을 뜻한다. 국민국가의 형성에는 각종 모순이 끼어들고 그것이 식민지주의로 전이해 나간다. 이런 인식을 결여할 경우, 일본제국이 지닌 모순은 외재적 민족주의로 축소되어 버리고 만다. 오키나와 연구는 (오키나와인이) '일본인이 되는 것'이 어떤 의미를 가졌는가에 대해 최근 10년간의 논의를 거듭해 왔는데, 이 책에는 이런 성과가 전혀 반영되지 못했다.

『미래를 여는 역사』에서는 제국주의와 민족주의의 대항관계가 서술된 것처럼 전후역사학의 성과는 충분히 활용되고 있다. 반면에 사회사연구의 성과는 단편적으로 소개될 뿐 사건이나 현상에 국한되어 있다. 사회사연구는 국민국가를 참조틀로 삼는 것을 비판하고 국민국가를 역사적 존재로 삼음으로써 내셔널 히스토리에서 벗어나고자 했다. 1990년대에 논의된 이 내셔널 히스토리 비판의 논점이 『미래를 여는 역사』에는 소거되어 있어서 사학사적으로 새로운 관점을 제공했다고 보기는 힘들다. 즉, 국민국가 형성 시의 내부모순(민족, 변혁주체, 서양에 대한 대응)이 대외적인 모순을 만들어내는 것, 다시 말해 국내의 차이의 통합이 '국가'로서의 행위를 규정해 나가는 것에 관한 논의가 이루어지지 않았다. 또 일본의 국민국가 형성은 동아시아의 질서(긴장) 속에서 서양과의 긴장관계에 의해 이루어진 것으로, 그렇기 때문에 새로운 긴장을 동아시아로 갖고 들어왔다는 것, 나아가서 마찬가지의 행위가 한국과 중국에서도 나타난 것에 대한 언급도 없다. 동아시아에서 국민국가 형성(체제)이 만들어낸 모순, 그것이 제국-식민지 관계로 연쇄되고 중첩되는 양상, 이런 점을 과제로 설정한 1990년대 역사학의 실천과 성과가 『미래를 여는 역사』에는 완전히 빠져 있다.

전후역사학과 사회사연구는 (인식론적 차원에서는) 대항관계에 있지만, 역사상의 제공에서는 각자 나름의 유효성과 유용성을 갖고 있다. 쌍방이 어떤 관계를 가질 때 역사의 리얼리티가 좀 더 잘 드러나게 될 것인가? 그리고 그런 협력이 '동아시아의 근현대사'를 대상으로 어떠한 서술의 가능성을 열게 될 것인가? 이 같은 질문에 대해 실천적으로 응답해나가는 일이야말로 사람들이 『미래를 여는 역사』에 기대하는 바가 아닐까? 바로 거기에서 새로운 역사수정주의에 대항하는 대안적 역사상을 제시할 방법적 근거를 찾을 수 있지 않을까?

4. 동아시아사 혹은 '한중일 3국 공통역사교재'의 가능성

지금까지 비판적인 언급만 많이 늘어놓았지만, 『미래를 여는 역사』에 대한 이 같은 검토 작업은 결국 동아시아사를 구상할 수 있는가라는 고찰로 이어지게 된다. 이 문제를 네 가지 논점으로 나누어 살펴보자.

첫째는 동아시아사를 묘사할 때 '일본의 침략전쟁을 둘러싼 역사인식의 공유'(사이토)를 중심축으로 삼는 것이 바람직한가 하는 점이다. 거듭해서 논점으로 지적했지만, 이 물음에 대해서는 '그렇다'와 '아니다'라는 답변을 동시에 할 수밖에 없다.

'그렇다'라는 답변은 일본에서 제국의식(식민지 소유를 했던 것)이 여전히 자각되지 못하고 있는 것, 또 '전전(戰前)'과는 다르다는 의미에서 '전후'의 가치를 조명하는 방식이 당연하게 여겨지는 가운데 전후의식이 제국의식을 소거해왔던 배경 때문이다. 애초에 후자의 문제의식을 배경으로 그려진 전쟁상은 『미래를 여는 역사』의 서술과 다를 수밖에 없을 것이다. 그런 전쟁상을 제공하는 사례로는 현재 간행 중인 『岩波講座：アジア・太平洋戦争』을 들 수 있겠다.

'아니다'라는 답변은 20세기 전반의 모순만이 강조되기 때문이다. 일본의 침략전쟁만으로는 이 모순 위에 새롭게 부가된 전후(냉전)의 모순이나, 나아가 그 후의 모순, 즉 '냉전 후'나 '전후 후'라고 할 1990년대 이후의 모순이 과소평가된다. 또한 동아시아 내부 각국 간의 상호모순과 그 중첩이 일원적 · 일방적으로 일본의 모순만으로만 파악되어 단순화되고 만다.

이런 점을 염두에 둔 동아시아사는 서양에 대한 저항에 의해 한데 묶인 공간과 시간으로 구상되어야 한다. 공간적으로 동아시아는 국민국가 체제(=제국체제)가 도입됨으로써 발생한 내부의 침략(즉 일본의 침략)과 피침략, 서양과의 유착과 대항의 공간이다. 시간적으로 동아시아사는 서양과의 긴장의 시기(19세기 후반), 내부의 침략이 가해진 시기(20세기 전반), 미국과의 긴장이 중심이 된 시기(20세기 후반)로 구분될 수 있다. 각 시기마다 서양에 대한 대응의 유형이 국민국가 형성을 지향한 각국에서 나타나는데, 그 공액성(共軛性)이 동아시아로서의 특징을 만들어낼 것이다.

둘째는 동아시아에서 '공통교과서'가 가능한가 하는 문제다. 관계자들은 『미래를 여는 역사』가 앞으로 공통역사교재가 되어 교육현장인 교실에서 사용되기를 희망하고 있다. 이 문제는 3국의 '공통'이라는 차원, 그리고 '교과서'라는 차원의 두 가지 내용을 갖는데, 필자는 두 가지 모두 곤란하리라는 견해를 갖고 있다.

우선 '공통'의 역사인식은 각 국민국가에서 기억의 양상이 다르기 때문에 공통의 것으로 만들기 어렵다. 오히려 3국의 관계자들이 '겹쳐 쓰기'를 함으로써 각자 기억의 존재방식을 자기점검하는 편이 유효하지 않을까? 또한 '교과서'는 교육제도와 연관되어 있는데, 역사교육은 현상적으로는 '국민'을 육성하는 제도가 될 수밖에 없고 교과서는 '통사', '통설', '종합사'일 것을 요청받게 마련이다. 교과서에 요청되는 이들 요소는 모두 내셔널 히스토리의 강고한 거점이 되어 그 기반을 형성하고 있다. 3국 공통의 교과서는 현재로서는 내셔널 히스토리를 좀 더 강화한 것, 즉 각국의 내셔널리즘을 좀 더 강고하게 유지하는 것이 되고 말 공산이 크다.

셋째는 국민국가를 넘어선 가치기준이란 과연 무엇인가 하는 점이다. 그게 바로 아시아주의가 아니냐는 답변도 가능할 것이다. 이 물음에 대해서는 사회사연구나 식민지적 근대의 논의를 참조할 필요가 있다. 이들의 논의는 그동안 국경이라는 경계, 국민이라는 규범에 의해 사람과 사람의 관계, 사람과 지역의 관계, 공동성의 창출방식과 교류의 방식이 변모하면서 '국가', '국민', '민족'이 특권화되고 말았음을 밝혀왔다. 국민국가가 만들어낸 경계와 규범에 의해 은폐되어버렸던 관계성의 존재방식을 탐색하면서 역사적 의미를 부여하는 것이야말로 국민국가를 넘어선 가치기준의 내용이 될 것이다.

이럴 때 사학사 속에서 가능성을 도출하는 시도가 필요하지 않을까 생각한다. 그리고 안이한 생태사관(生態史觀)에 빠지지 않으면서, 동아시아에 공화제와 사회주의가 존재했던 것이 내포하는 역사적 의미를 추구할 필요가 있다. 또 국민국가에 대한 비판과 불신 때문에 편의적으로 아시아주의가 대두하고 있지만, 그것은 반미나 반서양의 감정에 불과하다는 것을 분명히 해둘 필요가 있다.

마지막으로 근현대사의 역사상이 내셔널 히스토리에 빠지지 않기 위한 자각이 필요하다. 『미래를 여는 역사』는 말하자면 '좋은 내셔널리즘'의 존재를 인정하는 입장에 서 있는 것으로 보인다. 그러나 역사상은 결코 내셔널리즘의 배분이 되어서는 안 된다. 그러려면 단일하고 균일한 역사상이 아니라 모든 '복수성(複數性)'을 의식하는 일이 중요하다. 복수의 '일본', 복수의 '한국', 복수의 '중국'이 서로 복수성으로 관계를 맺는 '복수의 동아시아'라는 인식이 무엇보다 필요할 것이다.

따라서 역사의 코스도 결코 단선적이지 않고 복수로 존재했음을 인식하는 것이 역사수정주의에 대한 대안으로서 중요하리라 본다. 이 점과 관련해서 한홍구의 『대한민국사』의 서술은 내셔널 히스토리로 환원되지 않을 역사서술의 방법적 실천이라고 생각한다. 또 역사나 역사학을 보는 방식도 시대에 따라 변이하는 복수성이 있는데, 백영서가 사학사에 초점을 맞추면서 사학사를 짜 넣은 역사서술을 시도하고 있는 것이 시사점을 던져준다. 그런 가운데서 '인식'과 '이야기' 쌍방을 의식하는 것, 즉 말을 실처럼 뽑아내는 일이 필요할 것이다. 아쉽게도 『미래를 여는 역사』는 이런 과제에 응답하고 있지 못하다. 하지만 서로 대면해서 이야기를 나누는 일이 소중하다는 것을 가르쳐주고 논의의 장을 넓혀나갈 계기는 제공했다고 생각한다.

문제점만 지적한 감이 있지만, 이상에서 언급한 문제들을 3국 간뿐만 아니라 각 국민국가 내부에도 존재하는 역사인식의 차이, 즉 온도차를 어떻게 줄여나갈 것인가를 도모하기 위한 비판적 제언이었다.

필자 자신도 중학교 역사교과서를 집필하고 있다. 일본의 교과서는 학습지도요령에 따라 교과서회사의 논리(자본의 논리)와 긴장관계를 가지면서 원고를 쓰고, 다시 문부과학성의 검정(이번에는 국가의 논리)를 받고, 각급 교육위원회를 통해 채택이 결정되는 순서를 밟는다. 그렇기 때문에 수많은 제약이 있고 교과서에 개인적 견해를 집어넣기가 매우 힘들다. 이런 점을 익히 알면서도 교과서 집필에 관여한 것은 후소샤판 『새로운 역사교과서』의 대안을 모색하기 위해서이다. 『미래를 여는 역사』의 집필과 간행에서도 마찬가지의 의도를 찾을 수 있다. 또 그 과정에서 겪었을 수고도 엿보인다. 필자의 비판을 그런 맥락에서 나온 비판으로 받아들여주었으면 한다.

아울러 이 글은 일본에서 역사학과 역사교육에 관여하고 있는 필자의 독해다. 두말할 필요도 없이, 이 독해에는 의식적·무의식적으로 필자에게 떠맡겨진 일본의 현상이 투영되어 있다. 여러 사람들이 복수의 배경에서 『미래를 여는 역사』를 논의할 때 분명히 풍성한 논점과 역사상이 제공될 것이다. 이 글도 그런 시도들 가운데 하나이다.

(『창작과 비평』 131, 2006년 봄호)

동아시아 역사 만들기*

신주백**

『미래를 여는 역사』에 관심을 가지고 진정어린 비평을 해준 나리따 류우이찌(成田龍一) 교수에게 감사드린다(「'동아시아사'의 가능성」, 『창작과 비평』 131, 2006년 봄호. 앞의 글 참조). 필자는 지금까지 나리따의 비평문만큼 이 책에 관한 구체적이고 체계적인 글을 보지 못했다. 『미래를 여는 역사』의 후속작업을 할 때 상당히 큰 도움이 될 것으로 확신한다.

나리따의 비평은 『미래를 여는 역사』가 한중일 세 나라 국민국가사를 병렬적으로 조합한 책으로,[1] 현대사 서술이 분량과 관점에서 취약하다는 정도로 간략히 압축할 수 있을 것이다. 필자는 이를 기본적으로 수용한다. 『미래를 여는 역사』의 후속작업에 필요한 지적이기 때문만이 아니다. 더

* 이 글은 2005년 『창작과 비평』 132호에 게재된 원고를 수정 · 보완한 것이다.
이 글은 『미래를 여는 역사』(한겨레신문사, 2005)의 기획 · 집필에 참가한 사람들의 공통된 의견이 아니라 필자의 개인 의견임을 밝힌다.

** 국민대학교 연구교수.

1) 백영서도 「동아시아 평화를 앞당기는 소중한 첫걸음」(『창작과비평』 129, 2005년 가을호)에서 이 점을 지적하였다. 필자의 원고 바로 다음에 수록되어 있다.

근본적인 이유는 동아시아 역내 질서가 흔들릴 정도로 역사 등이 중요한 변수로 작용하고 있는 현실이 있고, 동아시아 공동체 논의가 담론과 정책 영역에서 본격적으로 활성화되고 있는 현시점에서 동아시아사를 어떻게 쓸 것인가 하는 중요한 문제에 대해 적절히 지적하고 있기 때문이다.

필자 역시 나리따의 지적을 염두에 두면서 국민국가사를 극복하고 냉전과 미국의 존재를 동아시아 현대사에서 어떻게 쓸 것인가에 대해 간략하게나마 언급하겠다. 그런데 논의의 출발이 『미래를 여는 역사』이기 때문에 우선 이 책이 나오기까지의 과정을 다시 한번 검토하여, '동아시아사를 어떻게 쓸 것인가'라는 문제를 제기하는 방편의 하나로 '동아시아 역사를 어떻게 만들 것인가'라는 문제를 이야기하고자 한다. 왜냐하면 필자도 동아시아사를 쓰는 방식, 또는 동아시아 역사 만들기를 위한 접근이 다층적 '복수(複數)'가 되어야 한다는 주장에 공감하기에 얼마든지 다른 '출발점'에서 글쓰기를 시작할 수도 있기 때문이다.

그러면 먼저 『미래를 여는 역사』라는 공동부교재를 만들기로 한 출발선상의 현실진단부터 해 보자.

1945년 아시아태평양전쟁이 끝난 후 동아시아의 현대적 질서가 재편되었다. 그와 동시에 동아시아의 냉전과 열전은 역내 문제를 놓고 동아시아인 스스로가 대화할 수 있는 기회를 원천적으로 차단하였다. 한 마디로 말해 '지역으로서의 동아시아'가 해체되었다.

1990년대 들어 세계적 차원에서 냉전구도가 해체되고 미국 중심의 WTO 체제가 등장하였다. 한중일 사이에 오고간 무역규모와 사람의 왕래도 다른 지역과의 관계보다 월등히 성장하였다. 이제 다시 동아시아를 볼 수 있는 외적 환경이 조성되었고, 내적 의존도 역시 급속히 높아져 갔던 것이다. 그러한 와중에 중국의 동북공정 문제, 일본 역사교과서 파동이 제기되었지만, 동아시아에서는 역내 갈등을 해결할 만한 경험과 신뢰가 쌓여 있지도 않았다. 오히려 동북아의 국지적 정세는 냉전체제 시기의 국제관계,

곧 러시아－중국－북한과 미국－일본－한국이라는 두 축을 중심으로 작동하면서 다자 간 관계보다 쌍무적 관계가 주류를 이루고 있는 것이 현실이다. 때문에 최근 동아시아에서 제기되고 있는 역사갈등, 곧 교과서 문제, 영토문제, 바다명칭 문제 등이 쉽게 해결될 기미를 보이지 않고 있다. 역사갈등은 역사가 외교를 지배하는 듯한 정세를 조성하고 있을 만큼 동북아의 안정과 평화체제 구축에 큰 걸림돌로 작용하는 독립된 변수로서, 향후 오랜 기간 반복되며 폭발력을 더욱 증폭시키는 방향으로 전개될 것이다.

동아시아 공동체 논의는 이런 와중에 제기된 것이며, 아직 걸음마 단계이다. 최근까지도 한중일 모두에게 동아시아라는 개념이 주변국가와의 국제관계를 설명하는 데 있어 필요하지 않을 정도였으니, 동아시아사 서술에 관한 논의 역시 걸음마 단계라고 보아도 지나치지 않다.[2] 즉 한국이나 중국에서의 논의는 이제 막 출발한 수준이고, 일본에서의 연구가 두 나라에 비해 진척되었다고는 하나 그것을 일본사의 재구축으로까지 환원시켜 상대화하지 못한 것 또한 엄연한 현실이다. 더 나아가 1980년대 후반경부터 동아시아를 넓은 시야에서 보려는 일본에서의 일련의 노력이 탈아론과 일본예외론의 입장을 강화시켜주는 데 이용당한 측면도 있다.

'동아시아'에 대한 3국의 불균등한 관심과 논의 수준에 더하여 우리가 직시해야 할 것이 하나 더 있다. 동아시아사에 관한 논의와 서술이 국민국가를 상대화하려는 구체적인 흐름과 맞물려 진행되지 않으면 공론(空論)에 그칠 가능성이 아주 높다는 점이다. 21세기 들어 본격적인 우경화 단계에 들어선 일본의 정세변화는 동북아 각국의 내셔널리즘 작동을 자극해

2) 일본에서의 동아시아 공동체 논의에 관한 현황은 미야지마 히로시(宮嶋博史), 「일본 동아시아 공동체론의 현주소」(『역사비평』 72, 2005년 가을호), 중국에서의 동아시아에 관한 논의는 백영서, 「중국에 '아시아'가 있는가? : 한국인의 시각」(『동아시아의 귀환』, 창작과비평사, 2000) 참조.

동아시아사의 가능성 자체를 가로막고 있다. 그 현상적 주범 가운데 하나가 '새로운 역사교과서를 만드는 모임'(이하 새역모)이며 '일본회의'이다. 이들은 단순히 교과서와 학교교육에서 '자랑스런 일본(인)'을 재현하기 위해서가 아니라 교육기본법과 헌법 제9조를 개정하는 데 필요한 사회적 분위기를 조성하고, 장기적으로는 침략을 부정하고 주변국과의 공존과 공유를 거부하는 '새로운 역사인식'으로 무장한 국민을 양성하기 위해 왜곡된 역사를 공식화하고 있다. 이들에게서 동아시아 공동체, 동아시아사의 기본 전제인 상호 배려와 이해를 기대하기는 어렵다. 역사왜곡 세력은 불특정 다수의 대중을 향해 자신의 주장을 정당화했던 이전의 우익과 달리 주로 학교교육의 개선이란 명분을 내걸고 있다. 우리가 우선 이들을 상대로, 그리고 학교교육 문제를 중심으로 대응해야 할 이유가 바로 여기에 있다.

일본의 우익과 일부 보수세력이 학교교육의 개선이란 명분으로 위장하여 정치공세를 펴고 있는 데 비해 여기에 대응해야 할 동북아의 평화세력은 서로 단절되어 있고, 교류와 협력의 일천한 경험조차 제대로 계승하지 못했다. 비교적 안정된 직업군(群)인 연구자와 교사들조차 역사인식의 차이를 해소하기 위한 활동경험을 공유하지 못한 것이다. 그나마 성과를 거둔 단편적인 협력의 결과도 교육현장에서 지속적으로 반영되지 못했다. 역사인식을 둘러싼 협력을 통해 교과서 서술을 개선하는 것에만 초점을 맞추는 등 단기적이고 협소한 관점에서 문제를 바라본 점도 중요한 원인의 하나였다. 이에 비해 1997년부터 시작된 새역모의 '제3차 교과서 공격'은 역사교과서 내용과 교과서 시장, 그리고 교육현장에 막대한 영향을 끼쳤다. 새역모 등의 주장은 동북아의 국제관계까지 악화시켰다. 일국적 차원을 넘는 시민운동으로 정면 대응해야 할 정세적 필요성이 제기된 것이다.

우선 학교현장에서 구체적으로 대응할 필요가 있었다. 그것은 새역모 등에 대한 비판의 대안으로서 교육용 교재를 제작하는 것으로 가시화됐다. 교재는 교과서가 아니라 각국의 교육정책과 기본적으로 모순되지 않는 부교재여야 했으며, 통사적 접근이 아니라 선후적이고 인과적인 맥락을 이해할 수 있는 주제별 접근이어야 했다. 3년으로 정해진 활동기간에 역사갈등의 주역국인 한중일 세 나라의 관계자들이 반드시 참석해야 했는데, 정기적이고 오랜 기간의 학술교류와 집필 경험이 거의 없는 중국 측을 끌어들이기 위해 부교재는 1945년 이전, 곧 일본의 침략사에 큰 비중을 둘 수밖에 없었다. 일본과 한국 측 참가자들도 자국의 사회적 관계에서 완전히 자유로울 수 없었다. 특히 한국 측 참가자들은 동아시아사로 접근했을 때 자국사의 위축을 어떻게 해결할 것인가에 대해 대안을 갖고 있지 않았다.

출발 과정이 이러했기 때문에 『미래를 여는 역사』는 자체 한계를 내포하고 있었다. 역사인식을 둘러싼 대화와 교과서 서술은 참가자 본인의 양식과 학자적 책임감에 입각해서 이루어져야 한다. 하지만 실제 논의 과정에서는 자국의 학교교육에서 인정하는 공식 견해에서 완전히 벗어나지 못하는 경우도 있었다. 더구나 개인자격으로 참가한 한국과 일본 측 필자들과 달리 관변학자 중심인 중국 측은 공식성이 훨씬 강했다. 따라서 자연스럽게 대만 측의 의견이 직접 대변될 수 없었고, 그로 인해 북한 측의 의견 또한 책에 반영할 수 없었다. 이것은 장차 극복해야 할 과제이며, 몽골과 다른 동남아지역 관계자들, 나아가 각국의 소수자들 목소리도 대변할 수 있는 장치가 마련되는 방향으로 진행되어야 할 것이다.

그러나 다른 한편으로 3국에 거주하는 연구자들이 모여 상호관계사를 직접 집필하고 그것을 자국의 학교교육과 연관시킨다는 원칙에 입각한다면 현단계에서 공식성의 한계, 사회적 관계로 인한 제약을 받아들일 수밖에 없는 측면도 있다. 가령 일본에 거주하는 다양한 전공의 외국인 연구자와 일본인 연구자가 만나 동아시아사를 쓸 수는 있다. 그것은 그것대로 의미있는 작업임이 분명하다. 왜냐하면 나리따의 표현대로 "관계성의 존재방식을 탐색하면서 역사적 의미를 부여하는 것이야말로 국민국가를 넘어선 가치기준의 내용이" 되는 데 크게 기여할 수 있기 때문이다.

그러나 그 같은 작업이 2005년이란 예견된 정세에 효율적으로 대응할 수 있는 접근방식이었는가는 따져봐야 할 문제이다. 국가를 떠나 연구자 개개인의 다양성, 연구자만으로 구성된 참가자들의 한계, 그리고 담론 제기 수준에 머무를 수밖에 없는 결과물이 가지는 현실과의 괴리는, 2005년 동아시아 정세를 요동시킨 세력에 대응하는 적절한 접근방식은 아니었기 때문이다. 더구나 그것이 다른 나라의 초·중등 교육 과정에 적용할 수 있는 (부)교재로서의 의미와 연계지어야 한다면, 앞서 언급한 것과 같은 작업방식은 더욱 제한적인 의미밖에 없을 것이다. 학교교육을 염두에 둘 때 국민국가 단위로 논의를 진척시킬 수밖에 없는 이유가 여기에 있다. 논의를 통해 '공존을 위한 기반을 만들 수 있다'는 점을 보여주면서 민주주의의 진척을 동반하는 '열린 민족주의'로의 지평을 확대해야 한다. 물론 자칫 '내셔널 히스토리'를 강화하는 방향으로 작동할 우려도 있다. 하지만 공존과 공유를 향한 실천적 노력이 병행된다면 그다지 걱정할 일은 아니다. 더구나 논자에 따라 근대의 극복을 주장하지 않고 근대의 완성이란 측면에서 동아시아 공동체를 언급하는 경우에는 우리의 작업방식이 더더욱 유효하다.

그렇다고 『미래를 여는 역사』가 내셔널 히스토리를 완성도 있게 재현했다고 보지는 않는다. 동아시아 역내에서 공존의 기반을 마련하고 역사인식을 공유하기 위해서는 소통의 경험을 역사적으로 점검하고 한중일 3국의 다양한 역동성을 특별히 조명할 필요가 있는데 『미래를 여는 역사』는 이 점에서 대단히 취약한 문제의식과 서술수준을 드러내고 있다.

예컨대 '서장'에서는 서구가 동아시아에 밀려오기 이전까지 이 지역만의 역사적·공간적 특수성을 언급하고, 세계사적 안목에서 동아시아를 재구성하면서 서구 자본주의의 출현 이후 동아시아 국제관계와 각국에 끼친 영향을 설명할 수 있는 발판을 만들었어야 했다. 서구와 일본의 침략에 한국과 중국이 어떻게 대응하며 근대화를 달성하려고 했는가에 초점을 맞추어 '제1장'을 구성했지만, 동아시아의 중심국가가 중국에서 일본으로 바뀐 요인과 이후 결국 식민지가 된 한국과 반식민지의 중국이라는 다른 역사 과정을 제대로 설명하지 못했다. 그러다 보니 설명의 기본구도도 침략에 대한 대응이란 각도에 머무를 뿐 그것의 '변용'을 제대로 드러내고 있지 못하다. 유럽중심주의적인 역사관을 비판적으로 극복하지 못했을 뿐만 아니라, 근대화 과정에서 유입되어 정착된 문명적 요소를 주제별로 언급하면서도 식민지 근대성, 일본적 근대성이란 각도에서 심층 설명을 시도하지 못한 것이다. 이렇게 설명했다면 동아시아적 근대의 의미를 풍부하게 재인식할 수 있고, '제1장'과 1910년대부터의 역사를 다룬 '제2장'을 매끄럽게 연결시킬 수도 있었다.

또 1931년부터 1945년 사이의 역사를 언급한 '제3장'과 1945년 이후의 역사를 서술한 '제4장'을 연계하는 기획이 필요한데, 이를 고려하지 않은 것도 문제였다. 연속과 단절의 관점에 충실하지 않은 채 나리따의 지적처럼 냉전과 미국의 존재를 부각시키지 못한 것이다. 이 점을 서술하기 위해서는 1945년 3월부터 시작된 오키나와전(沖繩戰) 자체에 관해 사실적으로 설명하는 데서 더 나아가 오키나와전이 갖는 의미를 미국의 세계전략 및 냉전과 연관시켜 서술하면서 전후 오키나와가 동아시아와 어떻게 관계를 맺었는가에 관심을 두었어야 했다. 동시에 시야를 넓혀 오키나와에서 일본군이 자행한 주민학살에 이어 동아시아에서 순차적으로 일어난 1947년 대만의 2·28사건과 1948년 제주 4·3사건을 국가폭력과 인권의 측면에서 연관시킬 필요도 있었다. 이는 또한 미소 간의 패권적 질서가 재구축되는 과정이자 냉전체제가 동북아에서 정착되는 과정이기도 했기에 1949년 중화인민공화국의 성립과 1950년 한국전쟁으로 이어지는 기획이어야 했다. 이러한 접근이 '부정적 연속'의 측면을 드러내는 기획이라면, 아시아태평양전쟁기에 실시된 황민화정책의 자기모순을 지적하는 서술은 '부정적 단절'

의 측면을 드러내는 기획이라고 할 수 있다. 조선 · 대만 · 만주에서 실시된 황민화정책은 동원정책이기도 했기 때문에 그 기만성을 드러내는 작업도 의미있지만, 문명동화의 이름으로 민족동화의 당위성을 설명하는 것은 자체적인 취약성을 이미 갖고 있었다. 1930년대 일본의 식민지는 이미 서구적 자본주의문명에 대해 대중적으로 익숙해진 사람들로 넘쳐나고 있는 상황이었고, 식민지 조선과 만주의 주요 도시에서는 화려하고 향락적인 소비문화가 대중문화의 주도권을 장악한 상태였다. 때문에 일본제국주의가 '일본적 문명화'로 황민화정책의 당위성을 설득한다는 것은 한계에 부딪칠 수밖에 없었으며, 실제 1945년 이후 한국과 대만에 남은 것은 일본식 문화가 아니라 미국식 소비문화였다.

요컨대 국민국가의 경계를 기준으로 병렬적으로 서술한다 할지라도, 중국－일본－미국으로 이어지는 동아시아 중심국가의 질서변동을 전혀 포착하지 못한 것은 큰 문제였다. 그렇다고 필자가 외적 충격(영향)만을 보자고 주장하는 것은 아니다. 전근대 동아시아의 질서변동을 설명할 때는 서구 자본주의의 충격과 대응이란 관점 이외에도 16세기부터 시작된 전통적 동아시아 질서 자체의 변화에도 주목할 필요가 있다. 그래서 미야지마 히로시(宮嶋博史) 같은 경우는 동아시아에서의 16세기부터의 변화를 '근대 초기'로 시기구분하자고 주장하고 있다.[3] 또한 대동아공영권론의 허구성을 드러내는 것도 중요하지만 그 자체의 내적 취약성을 서술함으로써 침략과 지배 과정에서 심화될 수밖에 없는 자기모순을 지적해주고 동시에 1945년 이후 대동아공영권이 재생될 수 없는 이유도 끌어낼 수 있다. 질서변동의 내적 요인에 주목하려는 노력은 질서의 중심이 아니라 주변에서 볼 때 더욱 선명하게 보인다는 점에서 백영서(白永瑞)와 최원식(崔元植)의 관점, 즉 중심－소중심(반주변)－주변으로 동아시아 질서를 구분하려는

---

3) 미야지마 히로시, 「동아시아세계 속의 한국학－한국사 연구와 동아시아적 관점」, 한림대 한국학연구소 편, 『21세기 한국학, 어떻게 할 것인가』, 푸른역사, 2005.

접근이나, '이중적 주변의 눈'으로 동아시아의 관계를 재인식하려는 백영서의 시도는 시사적이라고 할 수 있겠다.[4]

'소통의 경험'과 '관계성의 존재방식'을 구조적으로 탐구하는 기획은 국제 교과서 협력의 기본이다. 국제 교과서 협력은 교류 과정에서 상대방에 대한 무지와 편견, 감정적 응어리를 해소하고 상호이해를 증진시키면서 배려하는 자세를 갖춘 사람을 양성하는 데 근본적인 목적이 있기 때문이다. 『미래를 여는 역사』는 점진적으로 나아가는 동아시아 역사 만들기의 과정에서 낮은 수준의 성취이며, 미완의 첫출발에 불과하다. 그런데 여기서 잊지 말아야 할 것은, 앞으로 국제 교과서 관련 교류와 협력의 수준을 점차 높여가는 가운데 동아시아사적 관점을 강화해야겠지만, 동시에 이 과정은 자국사 서술과 교육에 대한 비판을 동반해야만 한다는 것이다. 그리고 비판의 과정은 사회가 국가의 일방통행을 견제하고 그 영역을 넓혀 간다는 관점을 견지해야 더욱 의미를 가질 수 있을 것이다. 교과서를 매개로 한 소통의 진정한 목적은 안과 밖에서의 상대화이자 공유이며, 공존이기 때문이다.

(『창작과 비평』 132, 2006년 여름호)

---

4) 둘 다 월러스틴(I. Wallerstein)의 세계체체론을 원용하면서도, 최원식은 '반주변', 백영서는 '소중심'으로 표현하고 있다. 두 논자의 일치점과 차이점을 더 연구해 보겠지만, 최원식이 계급적 관점을 강조한다는 점이 우선 필자의 눈에 띄었다. 이에 대해서는 정문길 · 최원식 · 백영서 · 전형준 엮음, 『주변에서 본 동아시아』, 문학과지성사, 2004 ; 백영서 외, 『동아시아의 지역질서』, 창비, 2005 참조.

동아시아 평화를 앞당기는 소중한 첫걸음

백영서*

한일 간에 이어 한중 간에도 '역사전쟁'이 일어날 정도로 갈등의 파고가 높은 동아시아의 현실 때문에 역사교과서 문제가 비상한 주목을 받고 있다. 이에 관한 연구과제가 유행이고 관련 학술회의가 한창 성행 중이다. 필자도 나라 안팎에서 열리는 회의에 여러 차례 참여한 바 있다. 그런데 점차 역사교과서에 지나치게 많은 관심이 쏠리는 게 아닌가 하고 염려하게 되었다. 입시에 대비한 암기용 지식 전달에 치중하는 교육제도에서 사용되는 역사교과서가 과연 역사인식 형성에 얼마나 큰 영향을 미치겠는가 하는 의문이 들어서이다. 실제로 역사교육은 공식 교과서로 가르치는 교실 현장뿐 아니라 다양한 통로를 통해서도 이뤄진다. 바로 이런 관점에서 다시 보면, 동아시아에서 20세기 역사교과서와 교육의 한계를 넘어서려는 다양한 시도들이야말로 새로운 희망의 싹이 아닐 수 없다. 그 가운데 교과서를 주도하는 국가의 제도 밖에서 민간인들이 제작한 한중일 공동의 대안적 역사교재 『미래를 여는 역사』는 '동아시아 평화공동체의 첫걸음'으로

* 연세대학교 교수.

서 기대를 모으고 있다.

세 나라 연구자, 교사 및 시민활동가들이 2002년 3월부터 이 책을 준비해온 과정을 보면, 후소샤(扶桑社)판 역사교과서로 상징되는 일본 우익의 역사왜곡에 항의하는 시민연대운동이 그 추동력이 되었다. 한국의 '아시아평화와역사교육연대'가 주동적 역할을 하며 '동아시아평화포럼'을 구성했고, 이에 동조하는 각국 필진 54명이 집필에 나섰다. 한국어·중국어·일본어로 각각 초안을 집필하고 이에 대한 검토의견서를 다시 번역해 이견을 조정하고 재집필하는 긴 작업 과정에서 그들은 서로의 역사관과 역사기술 관행을 되돌아 볼 수 있었다. 중국인 집필자 쑤즈량(蘇智良)은 한국과 일본 참여자들의 건의를 받아들여 역사서술에서 '중국식 정치화'와 무미건조함을 줄이려 애썼고 경제와 민중생활의 변화 같은 내용을 보충하는 데 힘쓰겠다고 밝혔다(『亞州週刊』 2005. 6. 26). 이렇듯 공동작업을 통해 그들은 서로 소통하는 '작은 학술공동체'를 실험한 것이다.

동아시아 공동의 역사교과서가 평화의 동아시아를 일궈내는 데 상징적 작용을 할 것임을 평소 강조해온 필자는 이 책이 편찬 중이란 소식만 듣고도 그간 논의의 차원에만 머물렀던 것이 이제 가시화되는구나 싶어 크게 반겨마지 않았다. 이제 간행된 책의 내용을 보니 여러 참여자들의 공력이 곳곳에서 스며 있어 믿음직한 느낌이 든다. 우선 책의 구성에서 3국의 풍부한 사진과 그림, 간략한 사료소개 및 "역사 들여다보기"란 칼럼은 역사의 실상을 생생하게 느끼도록 배려한 부분이다. 그리고 「서장 : 개항 이전의 삼국」, 「개항과 근대화」, 「일본제국주의의 확장과 한중양국의 저항」, 「침략전쟁과 민중의 피해」, 「제2차 세계대전 후의 동아시아」 및 「종장 : 동아시아의 평화로운 미래를 위하여」로 이어지는 내용은 강자 중심의 역사가 아닌 밑으로부터의 역사를 서술하겠다는 집필진의 역사의식이 꿰뚫고 있다. 특히 일상생활 속 민중의 삶을 재현한 1, 2장의 4절은 읽는 재미를 안겨주고, 식민주의와 냉전 질서가 결합되는 과정을 묘사한 4장은 오늘의 역사적 과제를 일깨워주어 더욱 주목된다.

여기서 이 책의 내용을 더 깊이 있게 짚어보는 것이야말로 그 소중한 성취에 대한 올바른 대접이요, 그것을 한층 더 심화시키는 요체라 믿고, 주요한 특징을 추려내고 그에 대한 비평을 덧붙이고자 한다.

이 책은 일본제국주의의 수탈과 그에 대한 한국인과 중국인의 저항을 상세히 다루고 있다. 이 책의 제작 동기를 염두에 둔다면 수탈과 저항의 시각이 서술 전면에 드러나는 것은 자연스럽다. 그리고 이 책이 세 나라에서 각각 간행되어 보급될 때 일정한 교육적 효과가 있을 것이다. 그런데 이 같은 역사서술의 특징이 세 나라의 독자에게 어떻게 수용될지는 좀 더 냉정하게 따져볼 필요가 있다. 일본이 동아시아에서 저지른 '가해'와 그로 인해 한국인과 중국인이 입은 '피해'를 좀 더 많이 그리고 강력하게 전달하는 데는 큰 효과가 있겠지만, 이런 내러티브는 한국과 중국의 기존 역사교과서에서 상당히 강조되어 있어 이미 익숙한 것이므로 독자들로 하여금 역사인식의 지평을 넓히고 동아시아적 정체성을 갖게 하는 데 얼마나 효과적일지 묻지 않을 수 없다. 이에 비해 일본의 젊은 독자들에게는 당연히 충격적인 내용일 터이고 그들의 비판적 역사의식을 자극하는 교육적 효과가 클 것이 예상된다. 반면에 이같이 수탈과 저항의 시각을 너무 단순한 것으로 여기고 일본 근대사에 대한 '자학(自虐)'과 '자찬(自讚)'을 넘어선 새로운 역사인식의 틀을 원하는 일본 독자들에게는 이 책의 영향이 제한적이지 않을까?

또한 이 책은 동아시아적 관점에서 서술되어 있다. 우선 본문 구성에서 3국의 이야기를 각각 균등하게 다룬 특징이 돋보인다. 특히 동아시아 역사를 서술할 때 상대적으로 덜 중시하기 쉬운 한국 부분이 잘 드러난다. 한국인이 다른 두 나라의 민중에 비해 피해자의 역사경험만 갖고 있기 때문에 한국을 비중 있게 다룬 것은 독자가 동아시아의 역사현실을 비판적으로 인식하는 데 상당히 효과적일 것으로 보인다. 그런데 집필진의 동아시아적 관점은 3국을 병렬한 것, 다시 말하면 각국의 역사를 나열한 것이지 동아시아지역 전체를 구조적으로 연관시켜 파악한다는 목표에는 미치지 못한다. 물론 각 절 말미의 "역사 들여다보기"란 칼럼으로 국경을 횡단하는 개인이나 사물을 흥미롭게 소개하고 비교함으로써 그 한계를 보완하고 있지만, 기본적으로는 세 나라의 역사를 합친 '삼국지'란 인상을 벗어나기 힘들다.

바로 앞의 지적에서 드러났듯, 이 책은 일국을 넘는 동아시아적 관점에서 3국의 근현대사를 "평화와 민주주의, 인권이 보장되는 동아시아의 미래를 개척"(11쪽)한다는 실천적 목적에서 기술되었다. 그런데 동아시아적 관점이란 무엇일까? 이것은 '공통의 역사교과서'란 도대체 어떤 서술방식을 택해야 하는가라는 근본적 물음으로 이어진다. 3국의 역사에 대한 단순 비교를 넘어서 상호연관의 역사를 서술하고, 더 나아가 국가 중심의 역사서술을 어느 정도는 견제할 수 있는 장치가 마련되어야 온전한 동아시아적 관점이라 할 수 있지 않을까? 이와 관련해 필자는 동아시아 안과 밖의 '이중적 주변의 눈', 즉 서구 중심의 세계사 전개에서 비주체화의 길을 강요당한 동아시아라는 불변의 눈과 동아시아 내부의 위계 질서에서 억눌린 주변의 눈을 동시에 가져야 한다고 강조하고 싶다. 이런 '눈'으로 동아시아의 역사를 다시 볼 때, 연대와 갈등의 동아시아 역사의 전모가 또렷이 드러날 것이다. 특히 동아시아 질서의 역사에서 중국(제국)－일본(제국)－미국(제국과 하위파트너 일본)으로 중심이 변화함에 따라 그 각각에 대한 우리의 역사적 기억이 어떻게 변화하면서 중첩되기도 하는지가 복합적으로 서술될 것이다. 이런 기준에서 이 책을 평가하면, 기본적으로는 일본제국이란 중심의 수탈과 한국과 중국이란 주변의 저항에 치중한다는 점 때문에 서구에 저항하는 동아시아 연대, 중심을 지향한 일본으로 인한 동아시아의 복잡한 반응 등이 잘 드러나지 못한다.

이 책의 한국어판과 일본어판이 5월, 그리고 중국어판이 6월 각각 현지에서 간행된 이래 중국과 일본의 서점에서는 판매가 호조를 보인다고 한다. 동아시아 역사인식의 공유를 위해 매우 다행스러운 일이다. 그런데 한국에서는 왜 사정이 좀 다른가. 사회적인 요인으로 보자면 일본에서는 우경화에 대한 자기성찰 움직임에 힘입고, 중국에서는 최근 고조된 반일감정이 작용한 면도 있을 것이다. 또한 내용적으로 일본 독자에게는 충격적이며 새로운 사실이 많고, 중국 독자에게는 '중국식 정치화'와 무미건조함에서 어느 정도 벗어난 서술방식과 한국사 부분이 흥미를 끌었을 것이다. 반면 한국 독자에게는 익숙한 한국사 내용을 포함하여 저항과 수탈의 동아시아 역사 전체가 새롭게 다가오지 않는 탓이 아닐까 싶다. 물론 이것은 독서시장에서의 문제이고, 이 대안교재가 제도 안의 교과서로 채택된다면 보급률은 달라질 것이다. 그러기 위해서는 각국의 교과서제도 개혁이 뒤따라야 한다. 그러나 제도의 안과 밖을 넘나드는 더욱 근본적인 문제는 교과서적 서술체제 자체에 있지 않을까.

그렇다면 앞으로는 과거의 기억을 전달하는 데서 다양한 역사서술 양식을 개발하고, 특히 매스미디어를 창조적으로 이용하는 것이 무엇보다 중요하다. 독자는 과거의 원인이나 결과에 대한 지식이나 지적 이해보단 상상력이나 공감에 의한 과거와의 만남을 더 원하는 게 아닐까. 과거에 산 사람들과의 공감적 관계, 즉 과거에 산 타자와의 일체화는 종종 현재 우리의 정체성을 돌아보게 하는 기반이 되기 때문이다. 동아시아 정체성 형성의 계기를 역사에서 찾는 작업의 모범을 『미래를 여는 역사』가 제시했다. 우리는 여기서 더 나아가야 한다.

(『창작과 비평』 129, 2005년 가을호)

『미래를 여는 역사』

현명철*

오늘날 동아시아 3국 간에는 마치 역사전쟁을 치루는 감이 있다. 2001년 후소사(扶桑社)판 역사교과서가 나와 일본의 시민단체와 한국 역사학계가 역사왜곡 저지운동을 전개한 바가 있으며, 2004년에는 중국 사회과학원이 주도하는 소위 '동북공정' 문제로 한국은 중국과 뜨거운 역사논쟁을 전개하였다. 2005년 3월부터는 새로 나온 후소샤판 교과서와 독도문제, 그리고 고이즈미 일본 총리의 야스쿠니(靖國)신사 참배로 한일 간에 그리고 중일 간의 역사해석을 둘러싼 논쟁과 갈등이 더욱 치열해졌다.

일본정부는 종전(終戰)체제가 끝났다는 인식하에 국력에 어울리는 국제사회의 대접을 받겠다는 의지를 드러내고 있다. 이는 유엔 안전보장이사회 상임이사국으로의 진출 시도로 나타나고 있으며, 이 과정에서 과거에 대한 반성은 이제 충분하다고 치부하며 '강한 일본'을 추구하여 상당한 지지를 얻고 있다. 이를 바탕으로 고이즈미 총리는 이웃 나라의 의사에 반하여 야스쿠니신사 참배를 강행하여 한국과 중국의 반발을 초래하였다. 이

* 경복고등학교 교사.

러한 일본의 흐름을 경계하고 대결하기 위해서인지 중국에서는 애국주의 역사교육이 더욱 강화되고 있으며, 한국에서도 국사교육 강화라는 민족주의 재고양의 흐름이 등장하고 있는 것이다.

생각해 보면 유럽에서는 이미 제2차 세계대전에 대한 엄밀한 분석과 반성을 통해 화해와 평화를 추구하여, 이미 경제적 통합을 넘어 정치적 통합을 시도하는 단계에 이르렀다. 그런데 아시아는 역사전쟁을 통해 국가적 대립이 심화되는 역사적 후퇴를 경험하고 있는 것이다.

교육현장에서 바람직한 미래를 지난 역사를 통해 가르쳐야 하는 역사교사들은 이러한 상황이 삭막한 사막과 같이 느껴질 것이다. 이러한 때에 이 한 권의 책 『미래를 여는 역사』(한중일3국공동역사교과서편찬위원회 저)는 오아시스와 같은 느낌을 준다. 이 책은 2001년 후소샤가 발간한 교과서(『새로운 역사교과서』)의 역사왜곡이 문제가 되었을 때에 한중일 세 나라의 역사학자들과 시민단체 인사들이 모여서 그 해결책으로 3년간의 대화 끝에 만든 공동 근현대사 부교재이다. 따라서 이 책에는 오늘날 동아시아의 현실을 타개하고자 하는 문제의식이 있다. 즉, 이 책의 바탕에는 '동아시아는 역사전쟁 중'이라는 시대에 뒤떨어진 민족주의를 극복하고 동아시아 공통의 역사인식을 모색하며, 나아가 유럽이 2차 세계대전과 나치즘·파시즘을 극복하고 공동체의 길을 걸어가고 있는 경험을 배우고자 하는 의도가 담겨있다. 따라서 이 책의 전반적인 특징은 다음과 같다.

동아시아 지역사

첫째로 우리 학생들은 이 책을 통하여 같은 시기의 일본의 모습이나 중국의 모습을 이해할 수 있다(공동교재이기 때문에 당연한 일이지만). 학생들은 특별한 노력 없이도 자국사 중심의 역사에서 벗어나 한중일 3국의 역사를 한눈으로 살펴볼 수 있다. 이 책의 체제를 보면, 전 6장 20절 중에서 6개 절이 3국의 역사를 같은 비중으로 병렬하였다(서장 2절 3국의 국내

상황, 1장 1절 서양 열강의 압력과 3국의 대응, 1장 3절 3국의 개혁운동, 1장 4절 3국 민중의 생활과 문화, 2장 4절 사회와 문화의 변화, 4장 1절 3국의 새로운 출발).

이러한 서술은 한편으로는 세 나라의 민족사를 기계적으로 결합하는 데에 그쳤다는 비판을 받을 수도 있지만, 자국사의 체제를 넘어 동아시아 지역 전체를 동시에 바라볼 수 있는 교재가 지금까지 없었다는 점에서 큰 의미가 있다. 다시 말하면 자국사와 세계사 체제에만 익숙한 학생들에게 동북아지역사의 의미를 묻는 첫걸음이라고 할 수 있다. 학생들에게 동아시아 지역을 동시에 바라보는 넓은 시야를 주게 될 것임은 물론이다.

민중 · 민주주의의 연대의 역사

둘째로 우리 학생들은 이 책을 통하여 국가 권력의 변화가 아니라 민중 · 민주의 입장에서 역사를 바라볼 수가 있다. 이 책은 민중과 민중의 교류를 강조함으로서 앞으로 나타나게 될 동북아 공동체를 전망하고 있기 때문이다. 예컨대 서장의 1절 칼럼에서는 3국의 표류민을 들고 있으며 2절에서는 무사와 민중, 양반과 민중, 신사와 민중이라는 제목을 달고 있어서 역사의 주체가 민중임을 학생 독자들이 자연스럽게 이해할 수 있게 구성되어 있다. 또한 1장 3절 3국의 개혁운동에서는 일본의 자유민권운동, 중국의 변법과 의화단운동, 그리고 한국의 농민전쟁과 독립협회를 들고 있으며, 1장 4절은 3국 사회의 변화와 민중의 모습을 그리고 있다. 2장 3절의 칼럼에서는 신채호와 가네코 후미코, 그리고 리다자오(李大釗), 후세 다쓰지, 천톄쥔, 정종명 등을 들어 혁명과 민중투쟁, 여성해방 등 국가 권력에 저항한 사회운동가들을 소개하고 있다. 2장 4절의 칼럼에서도 나혜석, 히라쓰카 라이초, 허샹닝 등 여성해방운동가를 소개하고 있다. 이러한 민중의 강조는 세 나라 국가사에서 외면당하거나 소홀히 다뤄졌던 민중연대의 역사를 오늘날 시민연대로 복원할 수 있는 전망을 제공한다. 학생들은 이 책을 통해 역사를 민중의 역사로 인식할 수 있으며, 당시 지식인이나 민중의 고민과 삶을 잘 이해할 수 있을 것이다.

전쟁에 대한 반성과 평화 의지

셋째로는 전쟁에 대한 반성과 평화의 의지이다. 이 교재는 19세기 중엽 이후 침략과 전쟁으로 얼룩졌던 과거의 역사를 깊이 반성하고 평화와 인권, 민주주의가 보장되는 동아시아의 미래를 지향하고 있다. 예를 들면 3장은 제목을 "침략전쟁과 민중의 피해"라고 정하여 15년전쟁을 침략전쟁이라고 규정하고 곳곳에 증언을 삽입하였다. 칼럼에서는 천황의 전쟁책임과 강제징용 노동자의 증언, 일본 군인의 증언, 위안부 할머니의 그림을 실어 전쟁의 죄악상을 밝히고 있다. 또한 3장 5절에서는 '일본 민중의 가해와 피해'라는 항목으로 가해자이면서 또한 피해자인 일본 민중의 모습을 상세히 설명하고 있다. 특히 중국 국민당과 공산당과 한국 독립군의 연대투쟁을 민족을 넘어선 이상적 연대의 모습으로 그린다. 학생 독자들은 식민지지배와 전쟁이 남긴 문제를 국가 차원이 아니라 개인의 차원에서 그리고 시민운동의 차원에서 진지하게 생각하게 될 것이다.

미래를 위하여

마지막으로 평화와 인권, 민주주의를 3국 국민 모두가 공통적으로 추구해야 할 과제라 하여 이웃 나라와 함께 살아갈 지혜를 모으자고 호소하고 있는 점이다. 그리하여 종장에서는 "동아시아의 평화로운 미래를 위하여"라는 제목 아래 전쟁보상 문제, 종군위안부 문제와 여성 인권, 역사교과서 문제, 야스쿠니신사 문제 등을 들어 학생들에게 진정한 화해와 평화를 모색하도록 하고 청소년 교류와 평화운동, 시민운동의 연대를 제시하고 있다. 이 책이 우리에게 주는 메시지도 마지막 장에 잘 정리되어 있다.

> 평화와 인권, 민주주의는 동아시아와 세계의 바람직한 미래를 위해 중요한 보편적 가치입니다. 아시아 각국 정부는 지나친 자국 중심 정책에서 벗어나고, 시민들도 이웃 나라와 함께 살아갈 지혜를 모아야 합니다. 역사에서 배우고 진정한 화해와 평화를 이루는 것이 오늘날 동아시아에서 살아가는 우리 한 사람 한 사람의 과제입니다.

현대사에서 반전평화운동과 시민운동의 연대를 강조한 것은 이 부교재의 집필 의도가 잘 나타나는 부분이다.

이 책을 만들면서 논쟁도 많았던 것으로 알고 있다. 우선 북한과 대만이 참여하지 않았다는 점이 동아시아의 국경을 허무는 이 작업의 의미를 한정시켰다. 남한과 북한이, 그리고 중국과 대만이 먼저 공통의 역사를 서술하는 성과가 필요하다는 지적도 있었다고 한다.

아무쪼록 역사교사들의 일독을 권한다. 그리고 이 책의 의도에 동감하며 이 책이 수업시간에 많이 활용되어서 동아시아의 역사전쟁을 식혀주는 나침반이 되기를 바라마지 않는다.

(『역사교육연구』 1, 2005. 6)

미래를 여는 역사, 민중의 삶을 통해서 그린 새로운 동아시아 역사교과서

김인호*

근대 이후 일본의 동아시아 지역에 대한 군국주의 지배와 그에 따른 동북아 주민의 아픔은 말로 다할 수 없다. 한국(조선, 이하 동일)은 고단한 식민지지배를 감내해야 했고 중국은 계속된 일본의 침략으로 수많은 인명과 자원이 손상되었다. 침략은 단순한 물질적 · 인적 피해를 넘어 사회 각 방면의 군사문화 잔재, 문화재 파괴, 아시아적 가치의 훼손 등으로 확대되었다. 그런데 침략과 지배의 역사를 넘어서기가 무섭게 한국은 남북으로 분단되었고 반민족적 친일 관료기구가 재건되고 6 · 25동란을 겪었다. 일본에서는 미국의 영향 아래 여러 가지 개혁을 추진했지만 반공주의의 역공으로 기왕의 천황제와 전통적인 군국주의 색체는 보존되었다. 동아시아 3국 간에도 침략과 피해 당사국이라는 경험에 따라 서로 불신하면서 지내왔고 '공동번영'과 '공존'의 언술로서 그러한 불신을 감추기도 했다.

그동안 동북아의 역사문제는 피해자 입장인 한국과 중국의 청산요구에 대한 일본의 무관심이라는 구도로 해결의 실마리가 보이지 않았다. 최근

* 한양사이버대학교 교수.

고이즈미 총리가 총선에서 승리한 직후 한중 양국과의 과거사 정리 종결을 선언한 것처럼 가해자의 무책임성은 21세기 동아시아의 진정한 화해 가능성을 저버리게 한다.

이러한 상황에서 일본의 일부 역사학자는 근대 이후 주변국에 대한 침략과 지배가 어쩔 수 없었다는 사유를 내세우며 그동안 오해받은 자국사의 이해를 증진하고 자학적 역사관을 청산한다는 명목으로 『새로운 역사교과서』를 제작하였다. 올해 초 교과서 검정에서 한국사 부분이 대폭 수정되면서 한국과의 교과서 마찰은 일부 해소되었지만 여전히 침략 합리화 사관과 일본식 민족주의를 내면으로 간직하고 있다. 다만, 이 교과서의 채택률이 1% 미만이라는 점에서 일본인 일반의 양심이 아직은 견고한 것을 알 수 있다.

그럼에도 현실은 『새로운 역사교과서』에 대한 일본정부의 '외각 지원'이 강화되고 더구나 '식민지 근대화론', '동북아담론', '국사해체론-탈민족담론' 등 일부 한국사 연구자들의 주장이 『새로운 역사교과서』가 지향하는 역사인식과 비슷한 궤도를 달리고 있으며, 일부에서는 일제의 대륙 진출은 피지배 주민들의 자본주의 흡수 능력을 증진하고 근대적 기구를 확대시켰다고 주장하기도 한다. 실제로 연구 과정에서 침략을 정당화하고, 식민지 혹은 점령기 지배를 당연시하는 데 기여하는 수많은 통계와 지표를 볼 수 있으며, 거기에 현혹된 일부 연구자는 『새로운 역사교과서』 수준을 넘어서는 동북아 및 식민지 담론을 생산하기도 한다.

반대로 이에 대응하는 '일국사유용론', '내발론' 관점의 연구에서도 그러한 '해체' 논리에 적절히 대응했는지 의문이다. 그동안에는 각종 연구가 지나치게 사실 위주 서술이거나 민족주의적 틀에서 안주하였다. 그런데 그러한 사실과 사료로 넘친 서술이 오히려 현장감 있는 당대의 상황을 생생하게 전달하는 데 걸림돌이 되기도 했다. 또한 특정한 국가적·민족적 목표와 자국의 우월성을 강조하기 위한 역사적 사실이 주로 소개되는가 하면 무엇보다도 민족(국가)사 단위의 담론이 창궐하는 속에서 모든 것이 '민족의 이름'으로 설명되었고, 그럴수록 동북아 근대사는 민중의 아픔과 고통을 말하면서도 정작 구체성은 파편화되어 거대담론(민족론) 속으로 사라지고 말았다. 아울러 '제국의 총칼과 민족의 피바다'를 보여주는 사료가 강조되었고 장엄한 서사도 동원되었지만 정작 쟁점이 되는 현안에 대한 구체적 실증은 거대 담론의 경쟁 속에 묻혀갔다. 그래서인지 위안부, 강제동원의 기록이 아무리 충실히 기술되었다고 하더라도 그것에서 새로운 역사인식이나 각오를 감동적으로 자아내기란 무척 어려웠다.

그렇다면 이렇게 국가 간의 역사갈등과 동아시아 근대사에 대한 적대적인 논의의 축적을 보면서 양심적인 동북아 역사연구자들의 바람직한 대응과 노력은 무엇인지 고민하게 된다.

동아시아 3국의 뜻있는 역사학자들은 이제 21세기는 그동안 창궐했던 1국사 단위의 국가주의적 역사의식만으로 더 이상 동아시아의 평화와 화해를 위한 공통된 역사인식을 창출하기 어렵다고 보기 시작했다. 이에 21세기를 '적대적인 논의 간의 중층적 합의 가능성과 그 결실로서의 공존'이라는 당면 과제를 소화해야 할 시대로 파악하고 그간의 역사갈등을 적대가 아니라 합당한 방법으로 극복할 실질적인 논의를 진척시키고자 했다. 이에 역사학적 차원에서 동아시아 3국의 바람직한 '공존과 화해 모델'을 창출하려는 노력의 결과가 바로 『미래를 여는 역사』이다. 이 저작을 만든 아시아평화와역사교육연대는 2001년 4월에 86개 일본 내 시민단체와 학계가 모여서 결성한 단체이다.

여기서 저자들은 "반성과 화해와 평화"를 표어로 일본의 침략에서 비롯된 3국 주민의 참담한 고통의 역사를 교훈적으로 청산하고 서로 교류하며 민주주의와 인권을 보장하여 서로 번영하는 관계로 거듭날 것을 주장했다. 표현은 없지만 근대화론 대 수탈론, 국사해체론 대 일국사유용론 등의 자국사 중심의 소모적인 논쟁을 넘어서 동아시아 민중의 시각으로 동아시아

2국의 역사를 반성하자는 논의이다. 그리하여 그동안 다소 공허한 이념적 색안경 속에 머물던 동아시아 3국의 역사를 이 지역 민중의 시각으로 재구성함으로써 동아시아 독자의 고착화된 역사인식을 새롭게 전환하는 계기를 열었다.

이에 이 책이 가지는 역사적 의미를 다음과 같이 정리할 수 있다.

먼저, 3국 간의 역사갈등을 해소하기 위해 많은 노력을 기울였다는 점이다. 이 책은 동아시아 3국의 근대화 과정과 일제 침략의 실상을 비교하고, 그것을 통하여 일제 침략 그리고 그에 따른 한국 · 중국의 민중들의 저항과 그들이 당한 고통의 역사를 복원했다. 또한 그동안 동아시아 3국의 역사학계가 오랫동안 첨예하게 대립하거나 갈등했던 쟁점들 즉 침략의 국제법적 측면이나 위안부 문제, 침략과 근대화의 성격문제, 강제동원 배상문제, 천황의 전쟁책임 문제, 일제의 비인도적 학살만행 문제 등을 알기 쉽게 서술하였고, 동아시아의 평화를 위한 청산 과제와 교훈을 말미에 적시하였다.

둘째, 복잡한 동북아의 근현대사를 대단히 알기 쉽게 서술했다. 물론 일반 대중이 읽는 교과서 류의 역사서라는 취지로 인해 난해한 문맥을 걷고 복잡한 이론적 모색의 예를 들어 거대한 동아시아 담론, 근대성과 민족성 등의 큰 담론은 배제하고 있다. 그럼에도 그동안 종래 1국사 중심의 논리나 민족해방운동사 중심 혹은 자국사 중심의 인식에서 볼 수 없던 동아시아 근현대사의 흐름을 일목요연하게 정리하고 편안한 비교사적 구성으로 3국의 근현대사를 사건 중심으로 요모조모 비교하였다. 그렇다고 무조건의 비교가 아니라 일반 개론서에서 나타나는 건조한 정치 · 경제 · 사회 · 문화의 개별화를 지양하고 중요한 핵심적인 사안을 선정하여 그동안 쟁점이 되었지만 제대로 밝혀지지 않은 사실 예를 들어 남경대학살, 일본군의 성폭력, 마루타 실험, 강제동원인원 학살 등의 사실에 정밀하게 접근하여 그 의미를 알기 쉽게 드러내었다.

셋째, 3국의 독특한 역사인식이나 학자 간의 이견을 넘어서 서로 합의한 역사서라는 점이다. 여기서는 각국의 사회주의적 활동을 전향적으로 이해하면서 동북항일연군과 조국광복회 활동을 소개한 데 이어 화려한 네온사인과 도시풍경 이면에 숨겨진 각종의 민중적 불행을 정교한 사례를 동원하여 묘사하였다. 이 책의 완성 이후 쏟아지고 있는 주위의 찬사는 서로 신뢰할 수 없었던 동북아 역사학자들이 자국 중심의 패권적 민족주의적 역사서술에 제동을 걸고 동아시아 역사의 보편화를 위해 힘을 모았다는 점, 그리고 사실과 사건 중심의 서술을 전개하면서도 저작의 근본 의도와 목적을 이처럼 사실 속에 잔잔히 여과하여 독자에게 전달하려 한 점 때문이다.

넷째, 동아시아 3국의 주민이 함께 공감할 수 있는 역사라는 점이다. 이 저작은 침략의 고통 아래서 3국의 민중이 겪어야 했던 동북아 근현대사의 생생한 기억을 되살릴 증언과 사진을 풍부하게 수록했다. 간토대지진 당시 조선인 선별, 핑딩산 참상, 일본 이민 개척단의 실상, 무인구 건설, 6·5 대터널 참변, 맥아더의 두 얼굴, 우키시마호사건, 샌프란시스코강화조약에서 한국과 중국이 배제된 것 등 그동안 제대로 인식하지 못했거나 상식과 다른 이면을 잘 밝히고 있다. 양심을 안고 폭격기에 몸을 실은 특공대, 일본군 출신자의 참회, 항일의 용감한 대만인 3인, 일본군 반전동맹 등의 이야기는 지난 동아시아의 근현대사가 자국사를 넘어 모든 동아시아 주민들에게 공통되는 소중한 역사적 가치를 가진다는 점을 보여주었다. 그동안 이견이 많았던 한국병합이냐 강점이냐, 천황의 전쟁책임 문제, 세균전도 자세히 소개하여 역사를 민족 감정으로 치환하려는 기왕의 경향을 차단하려 했다. 특별히 조선독립을 위해 애쓴 가네코 후미코, 후세 다쓰지 등 일본인을 소개한 점은 그동안 배타적 내셔널리즘에 찌든 기존의 국가주의적 역사인식을 교정하는 데 도움이 크게 될 것이다.

하지만 몇 가지 점에서 이 책은 고민해야 할 점을 남기고 있다.

첫째, 비교사적 서술의 문제점이다. 동아시아 역사상을 물론 일본 제국주의 침략과 그에 대한 항전의 연대기로 파악한다고 해도 일본 침략과 민중의 항전과 피해라는 공통점을 적시한 것을 제외하고는 상당부분 외형적인 유사성에 착안한 '사건 중심의 병렬적인 형태의 비교사' 범주에 머물렀다. 물론 그것은 복잡한 동아시아사의 흐름을 일목요연하게 정리하고 목차의 무리 없는 구성을 가능하게 했다. 그러나 그러한 병렬적 비교는 3국의 근대사를 움직인 기본 동력을 침략성 일변도로 파악하는 문제를 가져오게 했다. 예를 들어 무사와 민중, 양만과 민중, 신사와 민중이라는 비교의 경우도 좀 더 세계사적 측면에서의 공통성(봉건적 지배구조) 혹은 동북아 차원의 특질(유교적 지배구조)을 통해서 이해했다면 보다 효율적이었을 것이다. 바꿔 말해 상향적 이해방식이 하향적 이해방식을 압도하는 형태의 역사서술이라는 점이다. 반대로 '3국의 사회운동'에서 한중일의 사회주의운동, 형평운동, 노동·농민운동을 동아시아 3국의 근대적 사회운동이라는 하나의 틀로서 파악한 것은 무척 의미가 있다.

둘째, 동아시아를 요동치게 한 세계사적 규정력이나 전쟁 협력의 논리에 대한 서술이 부족하다는 점이다. 즉, 당시 동북아가 공통으로 처한 세계자본주의 세계나 일본의 침략성을 증폭한 서구적·문화적 프레스는 일본의 침략과 더불어 당대 역사를 왜곡한 또 하나의 변인이었다. 예를 들어 서구의 팽창에 대한 아시아인의 공통된 고민은 침략에 대한 당대인식을 왜곡하는 데 중요한 역할을 했으며, 한국에서 실행된 내선일체도 서구에 대한 적개심 고양을 통하여 조선인의 자발성을 높이려는 담론이기도 했다. 그러나 이 저작에서는 여전히 기왕의 '황민화론=민족말살론'을 재탕하고 말았다. 또한 군수공업화 문제도 엔블록 생필품 확충이 절실했던 당대의 상황과 남부지역 경공업화에 대한 논의를 배제한 채 기왕의 병참기지론을 견지하고 있다. 또한 연합군의 원폭이나 대공습의 실상을 알렸을 뿐 그것에 대한 평가도 소극적이었다. 이에 심도 있는 서술을 위해선 일제 침략의 실상뿐만 아니라 당시 동북아에 강요되던 '서구적 프레스'와 '이 지역 주민의 침략 동반 논리', 그리고 '정의를 명분으로 한 폭력'에 대한 가치평가도 추가되어야 한다. 그렇지 않다면 이 저작은 여전히 '침략 성토를 위한 교과서' 수준을 벗어나지 못할 것이다. 반성과 화해만으로 평화가 올 것인가?

셋째, 해방 후 동아시아 3국에 공통하는 내재적 사회적 모순에 대한 지적도 크게 축소되었다는 점이다. 예를 들어 해방 이후 동아시아 3국에서 공통적으로 나타난 파행적이고 비민주적 정치 관행이나 민중의 정치적 참여기회 축소, 경제적 양극화와 기득권 계급의 독점 영역 확대는 단순하게 일본의 대륙 침략을 해부하는 것만으로 혹은 민족주의적 잣대로만으로 설명할 수 없는 것이다. 이러한 사회적 · 내재적 모순은 단순한 1국의 문제가 아니라 동아시아 역사를 왜곡한 공통의 문제였다.

넷째, 물론 기획단계의 문제지만 북한사가 적극적으로 반영되지 못했다. 미국과 소련의 영향 아래서 역사를 공유했던 한국과 일본과는 달리 북한은 '고난의 행군'으로 명명되듯이 자력갱생 기치하의 질서를 유지하였고 오랫동안 국제사회와 단절되었다. 북한이 '북한적인 코스'로 진화할 수밖에 없었던 것도 역시 동북아 역사의 규정력 때문이었고, 세계사의 '불장난'이었다. 이에 북한 역사학계도 참가하여 명실상부 3국(+북한)사를 완성할 필요가 있다.

마지막으로 일제 침략 시기 나타난 동아시아 각지의 문화적 근대화 양상에 대한 면밀한 검토가 있어야 한다. 이 저작에서 서술된 양한 '근대적 양상'들을 추동한 주체가 무엇인지 불분명하다. 일본과 중국은 독립국가이기에 예외로 하더라도 한국의 경우 근대성과 민족성의 탈고, 근대성과 침략성의 융합 과정, 파시즘의 외피로서의 여성운동 등이 설명되지 못하고 그러한 양상이 일제 침략의 성과인지 아니면 동아시아 3국의 내재적 발전의 결실인지 분명한 이해를 어렵게 했다. 문화적 · 경제적 측면의 근대적 확정을 어떻게 '민중적 시야의 침략과 저항의 역사'와 수미일관하게 정립할 것인지 고민을 축적해야 할 것이다.

요컨대 전체적으로 이 책은 일본의 침략에서 비롯된 우리 동아시아 역사의 난맥, 그리고 그 역사갈등을 민중적 입장과 보편적 가치를 통하여 극복하려는 양심적인 인사들의 노력의 결실이다. 그리고 동아시아 3국의 근현대사 전개 과정에서 빚어진 오해를 풀어 평화와 민주주의를 얻겠다는 대의에 충실하려고 했다. 무엇보다도 자국사 틀에서 안주하는 각종의 교과서 서술에 대한 일정한 반성의 기회를 주고 있다.

이제 이 책을 발판으로 한 단계 넘어서 21세기 동북아의 공동 번영을 위한 새로운 각도의 동북아 담론을 생각할 필요를 느낀다. 이 책의 높은 성취에도 불구하고 이 책에서 지향하는 '침략=일본 대 저항=한국 중국'이라는 논리가 얻을 수 있는 것은 침략에 대한 성토와 양심적 역사해석이라는 작은 성과일 뿐이다.

성토가 아니라 동북아 3국에 공통적으로 내포되는 내재적 모순과 지배시스템의 문제점, 거기서 발생하는 동아시아 주민들의 정치적 무권리화 그리고 대만 및 중국의 배상포기 선언 이면의 반민중성, 날로 확대되는 중일 양국의 패권주의적 경합, 위안부의 삶을 더욱 피폐하게 했던 사회풍토 등에 대한 진지한 고민도 담아야 한다. 특별히 동북아의 현안인 한반도의 분단에 따른 군사적 충돌과 북핵문제를 위시하여 미국을 중심으로 한 세계화 논리에 어떻게 공동전선을 구축할 것인가, 그리고 여전히 동아시아 3국 주민의 가슴에 멍울져 있는 민족적 적개심과 중일 양국의 패권주의 경향을 어떻게 해결할 것인가 등의 고민도 남겨져 있다. 이 문제를 동아시아의 양심 세력이 합심하여 고민하는 것도 어쩌면 『미래를 여는 역사』의 이름값을 높이는 수순이 될 것이다.

(『湖西史學』 41, 2005. 9)

『미래를 여는 역사－동아시아 3국의 근현대사』를 읽고

교육 현장에서의 역사교육의 시점에서

모리모토 미쓰히로(森本光展)*

고등학교에서 일본사를 가르쳐 온 입장에서 『미래를 여는 역사－동아시아 3국의 근현대사』(이하 『미래를 여는 역사』)에 대해 평을 해달라는 의뢰를 받고 나름대로 검토해 보기로 하였다. 필자는 일본사 교육의 전문가도 아니며, 내세울 만한 실천을 해 온 것도 아니나, 강사 시절을 포함하면 기시와다(岸和田) 고등학교, 이즈미키타(泉北) 고등학교, 니시요도카와(西淀川) 고등학교, 덴노지(天王寺) 고등학교, 그리고 현재의 미노히가시(箕面東) 고등학교에서 25년 이상 교단에 서서 분필을 잡고, 평균적인 일본사 교원으로서 종사해 왔으므로, 소박하게 현장에서 느낀 점을 바탕으로 느낀 점을 서술해 보고자 한다. 그 전제로, 『미래를 여는 역사』를 만약 고등학교 일본사 교과서라고 한다면 어떤 과제가 있을 것인가를 가정해 보고자 한다. 원래 이 책은 역사교재이기는 하지만 3국 공동편찬이므로 특정 국가의 역사라고 할 수는 없으므로 일본사 교과서로서 교육현장에서 사용되기란 현실적으로 있을 수 없겠으나, '고등학교 일본사 교과서라면'이라

* 미노히가시(箕面東) 고등학교 교사.

는 가정을 하면 보다 과제가 명확해질 것이다.

1. 일본의 현행 학습지도요령에 의한 '신과정 교과서'와 『미래를 여는 역사』의 차이점

고등학교 일본사 교과서와 『미래를 여는 역사』를 비교하기 전에, 현행 신학습지도요령에 따른 교과서, 이른바 '신과정 교과서'의 주요 특징과 학습지도요령의 개정 내용에 대해 확인해 두고자 한다. 여기서 말하는 신과정 교과서란, 1999년에 고시된 「고등학교 학습지도요령」에 바탕을 둔 일본사 교과서를 말한다. 이른바 '유토리(여유)교육'으로의 전환을 내세운 이 신학습지도요령 세대가 고등학교에 입학한 것이 2003년 4월이며, 학교현장에서 커리큘럼 상 2, 3학년 때 배우는 경우가 많은 일본사에서는 2004년 4월부터 '신과정 교과서'가 본격적으로 사용되었다.

먼저, 교과서의 전제가 되는 신학습지도요령에 대해, 모든 교육활동에 관련된 총칙의 개선점은,

① 풍부한 인간성이나 사회성, 국제사회에서 살아가는 일본인으로서의 자각을 기른다.

② 스스로 배우고 스스로 생각하는 힘을 기른다.

③ 여유로운 교육 활동을 전개하는 속에서 기초·기본의 확실한 정착을 도모하며, 개성을 살릴 수 있는 교육에 충실한다.

④ 각 학교가 창의와 발상으로 특색 있는 교육, 특색 있는 학교 만들기를 추진한다.

이상의 네 가지 점이다.

참고로 시끄러운 교육 논의가 일고 있는 '유토리(여유)교육'은 이 ③번 항목에서 나온 것이다. 대학 입시를 전제로 하는 고등학교의 교육 현장에

서 보면 유토리(여유) 교육을 하기 전보다 현실적으로는 오히려 더 학생들을 조이고 있다. 즉, 초 · 중학교에서 학습량은 줄었지만 대학 입시에서 요구되는 학습량은 줄지 않았다. 따라서 초 · 중학교에서 다 못한 내용을 고등학교에서 보충하지 않으면 안 된다. 게다가 주5일제 수업으로 주당 30시간의 수업 시수 속에 교과 '정보'라든지 종합적 학습시간이 도입되는 등 종래의 교과학습에 할애되는 시수는 줄었지만, 전보다 더 많은 학습 내용이 요구된다. '여유'라는 말의 이미지와는 반대로, 진학고에서는 필연적으로 지나치게 과밀하게 학생들을 조이게 되는 것이 바로 신학습지도요령이다.

다음으로, '지리 역사' 과목의 목표에 대한 '주요 개선점'은,

① 국제사회에서 주체적으로 살아가는 일본인으로서의 자각과 자질 육성을 중시한다.

② 지식의 주입이 되기 쉬운 학습을 개선, 문제 해결능력의 육성을 중시한다.

이에 따른 일본사의 개선점이 일본사A · 일본사B 각각의 과목에 존재한다.

일본사A의 개선점은,

- 학생들이 주체적으로 학습하도록 하기 위해 "역사와 생활"이라는 대항목을 설정. 5개의 테마(의식주의 변화, 교통 · 통신의 변화, 산업기술의 변화와 생활, 현대에 남아있는 풍습과 민간 신앙, 지역사회의 변화) 중에서 주제를 설정하여, 작업적 · 체험적인 학습을 하도록 한다.
- 근현대사 중시라는 방향을 철저히 하여 근세 전반까지의 내용을 삭제한다.

일본사B의 개선점은,

- 역사를 주체적으로 뒤쫓으며 역사적 사고력을 기르기 위해 "역사 고찰"이라는 대항목을 설정한다. 구체적인 항목은 '역사와 자료', '역사의 추궁', '지역사회의 역사와 문화'로 되어 있다.

이상과 같이 문부과학성의 의도는 총칙에 있는 '문제해결능력 육성'의

구체화이다. 그리고 이를 위해 도입된 것이, 대학 입시를 전제로 하지 않는 일본사A에서는 “역사와 생활”이라는 대항목이며, 대학 입시를 전제로 하는 일본사B에서는 “역사와 생활”보다 좀 더 추상도가 높은 “역사의 고찰”이라는 대항목이다.

이렇게 보면 일본의 ‘신과정 교과서’와 『미래를 여는 역사』(이것을 교과서로 보았을 경우)와의 차이는 역연(歷然)하다. 일본사 교과서에 비해 정치사적 요소가 짙으며, 정치 · 경제 · 사회 · 문화의 균형이 잡혀있지 않다(이는 균형이 잡혀있지 않기 때문에 좋지 않다는 것이 아니라, 특색 있는 역사서술 교재로 사용되는 것은 좋으나 일본 교과서의 스타일로 본다면 어디까지나 부독본에 그치게 될 것이다). 그뿐만 아니라 ‘신과정 교과서’에 도입된 ‘문제해결능력의 육성’을 구체화시키기 위한 ‘역사와 생활’, ‘력(曆)의 고찰’에 해당되는 요소가 빠져 있다. 문부과학성의 학습지도요령에 대한 시비는 차치하고, 역사교육의 현대적 시점이라고 할 수 있는 관점에서, 교육 현장에서 교단에 서는 입장에서는, 일방적인 강의로 끝낼 수 없는 역사 수업을 보다 구상하기 쉬운 교과서 · 교재를 원한다.

신학습요령에서 일본사A 과목이 페리 내항 이후 일본의 근현대사에 한정되어 있는 것은 『미래를 여는 역사』가 다루는 시대의 범위와 겹친다. 따라서 일본의 근현대사를 아시아의 관점에서 재조명하는 역사교재로 사용하는 것이 가능하겠다. 동아시아 3국의 근현대사가 일본의 역사교육 중 어느 과목에 해당되는지를 판단하기란 어려움이 있다. 일본사인지 세계사인지 자리매김을 하기가 어렵기는 하다. 일본사A가 근현대사에 한정되어 있으므로 개인적으로는 일본사A의 교재로 삼는다면 일본사를 상대화시키는 안목을 기를 수 있지 않을까 싶다.

2. 읽을 거리로서의 교과서라는 측면에서 본 현재의 '신과정 교과서'와 『미래를 여는 역사』의 차이

첫째, 현재의 '신과정 교과서' 쪽이 비주얼한 요소나 알기 쉬운 요소가 많다는 점을 들 수 있다. 구체적으로는 모든 페이지가 칼라로 인쇄되어 있거나 지도·연표·일람표·도해·사진이 많이 사용되고 있고, 칼럼 같은 박스기사를 많이 넣어 읽을 거리로서의 재미를 추구하고 있다.

둘째, 교과서의 대형화를 들 수 있다. 일본사A의 교과서 7종 중 6개가 B5사이즈(25.7cm × 18.2cm)이다. 일본사B는 11종 중 4개가 A5사이즈(21cm × 14.8cm)인데, 이렇게 보면 옛날에 비해 도록화, 참고서화, 읽을 거리화되어가고 있는 현재 일본의 '신과정 교과서'에 비해 『미래를 여는 역사』는 A5판이며, 칼라 인쇄가 적다. 주간지와도 비슷한 레이아웃이나 박스 기사로 읽는 재미를 추구한 점에서는 일본사 교과서 쪽이 나은 것 같다. 고등학생들의 학력 저하, 활자로부터 멀어지고 있는 것 때문이라고 하면 더 할 말이 없으나, 학생들이 읽게끔 하려는 노력이라는 의미에서는 『미래를 여는 역사』는 앞으로 더욱 신경을 써야 할 것이다. 그렇지만 각 절 말미에 있는 칼럼은, 특히 일본사만으로는 다룰 수 없는 한중일 3국의 인물[예를 들어 동학농민전쟁의 지도자인 전봉준, 한국 최초의 페미니스트인 나혜석, 항일가요 '쑹화 강변에서'를 작곡한 장한후이(張寒暉) 등]을 다루고 있어 흥미롭다. 또 종장은 역사라기보다는 과거의 역사를 미래에 어떻게 이어갈 것인가 하는 과제하에, 고등학생들에게 21세기 현재를 생각하도록 하는 구성으로 되어 있어, 현재와 무관한 과거의 얘기가 되지 않도록 고안되어 있다. 다만 딱딱하다는 인상은 부정할 수 없기 때문에 학생들에게 보다 가까운 에피소드나 TV라는 잡학상식적인 화제가 있다면 더욱 재미있어질 것이다.

3. 일본의 기존 교과서와 대비한 기술 시점 및 표현의 차이

기존의 일본 교과서와 『미래를 여는 역사』와의 기술 시점과 표현의 차이를 비교해 보고자 한다.

먼저 첫째, 『미래를 여는 역사』에 나오는 용어를 야마가와슛판사(山川出版社)의 『日本史B 用語集』에서 찾아보면 표에 제시한 것만 봐도 기존의 일본사 교과서와는 다른 경향을 띠고 있으며, 빈출 어휘가 적은 것을 알 수 있다.

또 일본의 일본사 교과서에서는 다루고 있지 않은 용어로는 다음과 같은 것들이 있다. 토왜(討倭), 의병전쟁, 후세 다쓰지(布施辰治), 시라가와 요시노리(白川義則), 만인갱(万人坑) 등이다. 『미래를 여는 역사』와 일본의 일본사 교과서와 표현이 다른 용어를 살펴보면, 의병전쟁과 의병운동, 의화단운동과 의화단사건, 동학농민전쟁과 갑오농민전쟁 등이 있다. 일본과 중국, 한국의 인식 차이가 나타나는 것 같아 흥미롭다.

둘째, 기술 내용에 관해 깨달은 점을 들자면, 먼저, 태평양전쟁 시기의 일본을 파시즘체제라고 하는 개념 규정이 맘에 걸렸다.

『미래를 여는 역사』에는 국민들을 전쟁에 총동원하는 체제로서 "천황을 정점으로 한 군부의 지배체제 아래서 정치, 경제, 군사, 문화, 대중 언론, 교육, 생명 등 모든 것이 전쟁을 위해 통제·동원되었습니다. 일본의 파시즘체제는 더욱 공고해졌습니다"라고 되어 있는 데 비해, 짓교슛판사(実教出版社)의 『日本史A』 교과서에는 "대정익찬회(大正翼賛会)를 정점으로 하는 국민통제조직이 확립되었다", 다이이치가쿠슈사(第一学習社)의 『日本史A』 교과서에는 "이리하여 국민들을 전쟁을 위해 통제하고 동원하는 1국 1당적인 정치체제가 만들어져 일본의 파시즘체제가 확립되었다", 시미즈쇼인(清水書院)의 『日本史A』 교과서에는 "전쟁이 본격화된 38년 4월, 모든 자원을 칙령에 의해 정부 통제하에 둘 수 있는 국가 총동원법이 성립되었

다. 이리하여 일본의 파시즘체제는 한층 더 강화되었으며, 전쟁과 파시즘에 비판적이라고 보여진 학자들이나 사상가들은 심한 탄압을 받게 되었다" 라고 나와, '일본의 파시즘체제'라는 용어를 사용하고 있는 데 비해, 도쿄쇼세키(東京書籍)의 『日本史A 現代からの歴史』, 야마가와슛판사의 『詳說日本史B』·『日本史A』·『日本史A 現代の日本史』에는 사용되고 있지 않다. '파시즘'이라는 용어는 일본사A 교과서 7종 중 5종에서, 일본사B 교과서 11종 중 10종에서 사용되고 있었는데, '일본형 파시즘'이라는 용어는 일본사A에서 1종만, 일본사B에서는 2종에서만 사용되고 있었다. 일본형 파시즘에 대해서는 학교현장에서도 의견이 나뉘게 될 것이다.

셋째, 전후사가 외교 중심의 기술로 되어 있는 점이 일본의 기존 교과서와 다른 점이다.

『미래를 여는 역사』 제1장의 「개항과 근대화」, 제2장 「일본제국주의의 팽창과 한중 양국의 저항」에서는 민중들의 생활과 문화, 변화하는 사회와 문화와 같이 대중문화나 사회풍속에 대한 내용이 있는 데 비해, 제4장 「제2차 세계대전 이후의 동아시아」라는 전후를 다루고 있는 장에서는 한중일 3국의 전후의 출발을 설명한 다음, "분단과 국교정상화"라는 절에서 대외관계를 중심으로 계속 기술하고 있으며, 대중문화에 대한 설명은 없다.

넷째, 동아시아의 전체상을 가르친다는 시점이 일본사교과서 측에는 결여되어 있다. 따라서 모처럼 한중일 공동편집인 이상 동아시아에서의 근대화의 길, 3국의 근대화의 공통점과 차이점을 넣는다면 일본의 근대화를 동아시아 속에서 자리매김할 수 있을 것이다. 혹은 일본의 메이지유신(明治維新)의 보편적 타당성이나 일본의 메이지유신이 동아시아 세계에 끼친 영향을 생각해 볼 수도 있을 것이다. 마찬가지로 동아시아에 있어서 전쟁이란 무엇이었는가를 한중일 3국의 각국사를 초월한 시점에서 쓴다면, 일본의 근대에 있어서의 전쟁을 동아시아 속에서 자리매김할 수 있을 것이다. 그러나 『미래를 여는 역사』의 내용은 한중일 3국의 각국사에 그친 것

같아 아쉬움이 남는다.

문부과학성의 학습지도요령에서는 세계사가 필수, 일본사는 지리와 함께 선택과목에 불과하다. 일본사는 초등학교에서부터 계속 배우고 국제화에 대응하기 위해 세계사를 필수과목으로 삼았다고 보이나, 일본사의 입장에서 본다면 일본사가 필수과목이 되어야 하며, 특히 국제화에 대응하기 위해서는 동아시아사 속에 일본사를 자리매김하는 일본사 교육이 필요할 것이다. 현행 일본사 교과서는 동아시아의 전체상을 가르치면서 일본사를 되돌아보는 시점이 결여되어 있기 때문에 『미래를 여는 역사』의 앞으로의 가능성에 기대를 해 본다.

다섯째, 『미래를 여는 역사』의 종장에서 다룬 현대의 과제, 미래에 대한 과제에 대해 언급해 보고자 한다.

먼저, 개인보상 문제이다. 일본정부는 전후보상 문제는 국가 간의 배상을 통해 이미 해결된 것이라고 하고 있다. 교과서 검정에서도 개인보상 문제는 정부의 입장이 쓰여 있는지에 대해 체크를 받는다. 전쟁 피해자 개인에 대한 보상 문제는 일본 교과서에는 내용 자체도 적은 것이 많으며, 대부분은 도설 등 부독본에서 언급하고 있을 뿐이다. 이 문제는 일본사를 배우는 의의에 대해 다시 생각하게 하는 좋은 재료이며, 과거 · 현재 · 미래를 잇는 시도로서 『미래를 여는 역사』의 내용은 의미가 있는 것이다.

다음으로 역사교과서 문제이다. 교과서가 교과서 문제를 다루기란 어려우며, 교과서 검정 문제나 이에나가(家永) 재판에서 다룬 교과서는 있으나 『새로운 역사교과서』에 대해 그 명칭까지 언급한 교과서는 없다.

『미래를 여는 역사』에는 "이 교과서(『새로운 역사교과서』)가 출현한 것에 대해 일본 국내와 한국, 중국에서 큰 반발이 일어났습니다. 이 때문에 이 교과서는 2005년 3월 현재 일본 학교에서는 거의 채택되지 않았습니다"(『미래를 여는 역사』 일본어판 205쪽, 한국어판 233쪽)라고 되어 있다. 한국이나 중국에서 반발이 있었다는 것도, 일본 국내에서 채택을 반대하는 시민운동이 일어난 것도 사실이나, 일본의 중학교에서 거의 채택되지 않았던 것은 교육 현장에 있는 역사 교사들의 양식이자, 그 양식을 존중하는 지방 교육위원회에 의한 것이지 않았나 생각된다. 고등학생들에게 역사인식의 방법을 생각하도록 하기 위해서는 좋은 소재가 될 것이나 일반 일본의 역사교과서에 대해서도 짚어 주었으면 한다.

『미래를 여는 역사』에 사용된 용어의 일본 교과서에서의 사용 빈도수

빈도B는 일본사B 교과서 11권 중 빈도A와 일본사A 교과서 7권 중(야마가와 용어집에 따름)에 나온 용어를 사용한 교과서 수.

No.	용어명	빈도B	빈도A
제1장 개항과 근대화			
1	아편전쟁	11	7
2	양무운동		1
3	김옥균	11	7
4	리홍장	11	6
5	의화단	11	7
6	의화단운동		
※	의화단사건	7	6
7	독립협회		
8	캉유웨이		
9	동학농민전쟁		
※	갑오농민전쟁	11	7
제2장 일본제국주의의 팽창과 중한 양국의 저항			
10	을사조약		
※	을사보호조약	2	2
11	통감부	11	6
12	의병운동		
※	의병운동	11	7
13	토왜		
14	안중근	10	7

15	한국병합	10	7
※	일한병합		
16	한국병합조약	9	4
17	헌병경찰	1	2
18	무단정치	4	2
19	문화정치	5	1
20	산미증식계획	2	1
21	토지조사사업	11	6
22	조선회사령		
※	회사령		
23	동양척식회사	8	5
24	후세 다쓰지		
25	가네코 후미코		
제3장 침략전쟁과 민중의 피해			
26	핑딩산사건	4	2
27	윤봉길		
28	시라가와 요시노리		
29	말레이반도 상륙	9	5
30	대동아회의	11	5
31	강제연행		
※	조선인의 강제연행	6	5
※	중국인의 강제연행	3	1
32	종군위안부	5	4
33	만인갱		
34	난징대학살	7	3
35	난징사건	4	5
36	삼광 작전	6	5
37	731부대	6	4
38	황국신민의 맹서		
39	창씨개명	7	1
40	도다이샤		
41	하세가와 데루		

42	한국 광복군		
43	대한민국임시정부	1	
44	일본군 반전동맹		

'※'는 『미래를 여는 역사』에는 사용되지 않았으나 사용된 용어와 동의어.

4. 학교 교육현장에서의 역사교육의 과제와 교과서 문제

마지막으로 학교 교육현장에서의 역사교육의 과제와 교과서 문제에 대해 필자 나름대로 느끼고 있는 점을 정리하고, 『미래를 여는 역사』가 학교현장의 과제와 어떻게 관련되게 될 것인지를 생각해 보고자 한다.

먼저, 고베여자대학(神戸女子大学)의 나가야마 야스타카(長山泰孝) 교수에 의한 역사교육에 있어 역사교과서의 문제점에 대한 지적을 소개하도록 하겠다(「教育の一環としての歴史教育」, 『神戸女子大学文学部紀要』 36, 2003년 3월).

첫째, 이른바 '자유주의사관'에 따른 『새로운 역사교과서』에 대한 종래의 비판은 역사교육의 측면에서 과제를 안고 있다는 점이다. 나가야마 교수는,

> 비판을 위한 비판이 되어버렸으며, 21세기의 역사교육은 어떠해야 할 것인가라는 시점이 결여되어 있다. 지금까지 중등교육에서 사용된 교과서나 그것에 입각한 역사교육에 충분하지 못한 점이 많이 있었으며, 실제로 교육현장에서는 역사교육 같은 것은 존재하지 않는다고 해도 과언이 아닌 상황에 빠져 있음에도 불구하고, 그것에 대한 반성이 매우 부족하다. (요지)

라고 하며, 기존의 역사교과서와 역사교육의 불충분한 점에 대한 반성과 함께 총괄 논의에서 『새로운 역사교과서』에 대한 종래의 비판을 연결 짓지 않았다. 그리고,

> 『새로운 역사교과서』를 반대하는 캠페인이 연구자들을 중심으로 펼쳐진 탓인지 역사교육의 문제를 학문 연구 쪽으로 지나치게 끌어다 댄 논의가 많다. (요지)

라며, 종래에 역사적 사실을 둘러싼 학문 연구의 관점에서의 비판 쪽으로 치우치는 경향이 있지 않았는가를 지적하고 있다.

둘째, 현재 일본의 고등학교 일본사 교과서의 문제점에 대해 나가야마 교수는 다음과 같은 점들을 지적하고 있다. 즉, 1. 각 분야를 망라한 총화주의, 2. 일정한 사관에 근거한 평가나 인식의 결여와 그에 따른 각 시대 및 사실의 의미와 현대와의 관계에 대한 기술의 결여, 3. 편집의 중립 공정주의, 그에 따른 역사서술 부분의 결여이다. 이러한 결여 및 결함으로 인해 고등학생들에게 역사에 대해 생각하도록 하거나 역사인식 및 역사의식 형성에 도움을 주지 못하고, 역사는 암기과목이라는 고정관념에 사로잡히게끔 하고 있는 것이다. 또한 교사 측에서 프린트물의 빈칸 채우기 식의 수업을 초래하고 있다.

셋째, 나가야마 교수는 "교실 붕괴, 범죄의 저연령화 등의 현상의 배경에 있는 아이들의 육체적 · 정신적 변화, 그 변화는 과거에 유래가 없을 정도로 급격한 문명의 진보가 가져온 사회적 · 자연적 환경의 변화와 급변에 의한 것으로 생각되나, 특히 인간의 정신에 파괴적인 영향을 미치는 것으로는 물밀듯 밀려드는 정보기기류의 보급을 들 수 있다. 가정이 본래 지니고 있었던 교육적 기능을 거의 잃고 있는 지금, 초등 · 중등교육이 수행해야 할 역할은 매우 크다. 이와 같은 인식이 정부에서나 역사교과서를 비판하는 캠페인에서나 모두 부족하다"며, 지금의 중고등학생들을 둘러싼 상황에서 교육은 무엇이 가능한지, 특히 역사교육 문제 이전의 문제에 대해 역사교육은 무엇을 할 수 있는가 하는 과제를 역사교육에 종사하는 사람들도 생각하지 않으면 안 된다고 한다. 교육 현장에 있다는 것은 역사교육자이기 이전에 교사이며, 교사이기 전에 인간이라는 사실이 중요하다는 것이다. 필자는 고등학생들이 처한 상황에 대해 나가야마 교수와 꼭 인식을 공유하고 있다고는 할 수 없으나, 20년 이상 학교 카운셀링과 교육상담에 관여해온 자로서 동감하는 부분이 많다.

이상, 나가야마 교수가 지적한『새로운 역사교과서』비판에 있어서의 과제, 고등학교 일본사교과서의 과제, 역사교육 이전의 교육 과정이라는 관점에서『미래를 여는 역사』를 살펴보면, 한중일 3국의 역사연구자들의 손으로 공통역사교재를 제작하려는 시도는, 역사적 사실을 둘러싸고 학문연구의 관점에 치우쳐 있던 것을 역사교육의 장으로 끌어들여 구체적인 실천사례로 활용할 수 있도록 제시한 것이라고 하겠다. 종래의 일본사교과서의 총화주의·객관주의를 넘어선 교재제작은 교육현장에 있는 교원으로서 크게 환영할 만한 일이다. 그 점, 역사교육 이전의 교육 과정이라는 점에서는『미래를 여는 역사』가 정치사에 치우친 경향이 있는 것은 아쉬움이 있다.

다음은 도야마 대학의 히로세 신스케(広瀬信助) 교수의「후지오카(藤岡) '자유주의사관' 비판」(인터넷 상에 공개된 논문)에 의한 지적을 소개하도록 하겠다.

히로세 교수에 따르면,

> "후지오카 씨에게 있어 '[전쟁 수업]의 패러다임을 대담하게 전환'하는 것이 '[근현대사] 수업 개혁의 가장 중요한 과제 중 하나' "라고 하고 있다. 그리고 "새로운 '전쟁 수업'의 패러다임"에서 "가장 중요한 관점"으로서 강조되는 것은 "자기 나라에 대한 긍정적 이미지에 뒷받침되는 수업", "한마디로 말하자면 '힘이 나는' 역사"라는 것이다.
>
> 또, 수업을 만들어가는 데 있어 전문가인 그는 그를 신봉하는 교육실천가들과 함께 교재 제작 및 수업 실천에 나서고 있다. "침략전쟁의 미화"를 "유능한" 교육실천가들을 끌어들여 교육과 연동시켜 전개하고 있다는 점이

종래에는 볼 수 없었던 중요한 특징이라고 하겠다. (요지) (밑줄은 인용자)

라며, 수업 개혁 · 교육실천이라는 교육 연동의 요소를 후지오카와 그의 신봉자들의 자유주의사관에서 찾아냈다. 이는 나가야마 교수가 말하는 역사교육의 과제와도 겹치는 부분이 있으며, 학문 연구상의 역사인식의 문제가 아니라, 현대 일본의 중고등학생들에게 있어서의 역사교육의 존재의의 및 방법의 문제이다. 교사들이 '정의'를 말하면 말할수록 가식적인 말로 들리고, 정체성에 불안을 안고 있는 아이들에게 자민족 우월의식을 비판, 침략과 식민지지배라는 현실에 직면하게 하는 것이 스스로를 위협하게끔 되어버려 과장되게 스스로를 뽐내기 위해 오히려 자유주의사관에 끌려버리게 된다. 이는 역사교육 이전의 문제에 기인하는 것이나, 후지오카 측은 그것을 '힘이 나는 역사 수업'이라는 방향으로 이끌어가는 수업 개혁 교육과 연동시켜 제창하고 있는 것이다.

후지오카 측의 '힘이 나는 역사 수업'에 대항하여 우리들이 무엇을 할 수 있을 것인가를 생각하지 않으면 안된다. 이 『미래를 여는 역사』를 통해 중고등학생들이 나카에 쵸민(中江兆民)이나 히라쓰카 라이쵸(平塚らいてう) 등, '이렇게 훌륭한 일본인도 있었구나!'라는 사실을 발견하고 중국 · 한국에 대해 가슴을 펼 수 있도록 하는 역사적 사실이나 인물을 기준으로 한 다음, 과거를 마주하도록 하였으면 한다. [그런 의미에서 이시바시 단잔(石橋湛山)이나 야나기 무네요시(柳宗悦)에 대해 다루고 있지 않은 것이 아쉽다.]

교육 현장에서는 수업 개혁이나 교재 제작에 대한 필요성을 절실히 느끼게 되는데, 그 곤란한 현실 앞에서 머뭇거리며, 정체되어 있는 것이 우리들이 처한 상황이다. 국립대학에 진학하는 것을 목표로 하고 있는 진학고에서는 대학입시, 특히 대학 입시센터 테스트용으로 이행되면서 선다형 문제 풀이 테크닉이나 훈련에 치중할 수밖에 없어진다. 정반대 타입의 학교에서는 수업을 진행하거나 자리에 앉아 공부를 하게 하는 것 자체가 어렵다 보니 '교실에 들어가라', '자리에 앉아라' 하는 것부터 시작해서 체험학습을 시도하려 해도 교사의 지시를 잘 듣지 않는다.

그리고 진학고나 또는 그 반대 타입의 학교에서도 수업 개혁 말고도 다른 일로 바쁘기 때문에 그럴 형편이 아닌 것이 현실이다. 역사교육의 현대적 시점이라고 해야 할 관점에서 일반적인 강의로 끝나지 않는 역사 수업을 구상하기 쉬운 교과서 · 교재를 교육 현장에서는 원한다고 앞에서도 말했으나, 중고등학생들이 읽어서 재미가 있고, 참가 체험형 수업을 하기 쉬우며, 입시에도 도움이 되는 역사 교재는 없을까를 늘 생각하곤 한다. 무엇보다도 그런 교재가 있다면 학생들보다도 교사가 먼저 힘이 날 것이다. 교사에게 힘을 준다는 관점에서라도 일방적인 강의로 끝나지 않고, 역사 수업에 활용하기 쉬운 교과서 · 교재를 교육현장에서 교단에 선 자로서는 바라는 바이다. 『미래를 여는 역사』는 그런 교육 현장에 힘을 주려는 시도 중 하나로 받아들이고 싶다.

(『歷史科學』 185, 2006. 8)

한중일 3국 공통역사교재 제작에 있어서의 논의점

역사서술 · 역사교육과 관련하여

오비나타
스미오
(大日方純夫)*

1. 머리말

일본 · 중국 · 한국 3국의 멤버들이 공동으로 편집한 『미래를 여는 역사』는 작년(2005년) 5월 말~6월 초, 한국 · 일본 · 중국에서 거의 동시에 간행되었다. 간행 이래로 일본에서는 주요 언론의 무시와 묵살에도 불구하고 큰 반향을 불러일으켰으며, 당초 예상되었던 2만 부(초판)를 훨씬 넘어서 이미 7쇄를 거듭하였다.

이 책에 대한 독자들의 반응으로는 대략 3가지 패턴이 있다. 첫째, '기다렸다', '용기를 얻었다', '획기적인 책이다'라는 적극적인 평가로, 출판에 대해 높은 평가를 하는 반응들이다. 이는 특히 출판사로 보내오는 많은 독자 편지나 이 책을 테마로 한 강연회 등에서 직접 알 수 있는 독자들의 반응이다. 둘째, '몰랐다', '일본은 너무하다', '괴롭다'는 반응들이다. 이 책을 통해 지금까지 충분히 알지 못했던 일본의 잔학 행위, 가해에 관련된 사실에

* 와세다대학(早稲田大學) 교수.

직면한 데 대한 솔직한 반응이라고 하겠다. 셋째, 이러한 반응에 대한 반동으로 '또냐', '불쾌하다', '이것은 중국 측이나 한국 측의 견해이다'라는 거부 반응이다.

이러한 반향에도 불구하고 역사 연구자 · 역사학회 쪽에서는 뭔가 그 반응이 냉소적이라는 느낌을 받지 않을 수 없었다. 그러던 차에, 최초로 이 책에 주목하고 합평을 할 기회를 준 것은 오사카 역사과학협의회였다. 작년 9월, 필자는 9월의 정례회의에 참가하기 위해 큰 감사의 마음을 안고 신칸센에 올랐다.

2. 9월 정례회의 보고의 과제와 골자

필자의 보고에 있어 사전에 오사카 역사과학협의회로부터 요청받은 것은, Ⅰ. 이 책이 제시하는 동아시아 근현대사상을 역사학 연구의 현재 도달점과의 관계에서 어떻게 평가할 수 있는가, Ⅱ. 일본의 아동 · 학생들의 역사인식 현황 및 교육현장의 상황과의 관계에서 이 책은 어떤 의의를 지니며, 어떻게 그것을 살릴 수 있는가, Ⅲ. 이상을 통해 한중일 3국의 연구자들에 의한 근현대사 공통교과서 편집 활동의 의의와 성과, 앞으로의 과제에 대해 생각하는 것, 이 3가지였다. 정례회의에서는 이 과제에 대해 답할 수 있도록 보고를 했다. 먼저, 그 골자를 적어보도록 하겠다.

Ⅰ에 대해서는 다음 8가지를 지적했다.

(1) 전근대의 동아시아의 국제관계를 어떻게 파악할 것인가. 구체적으로는 원고 검토 시 조공관계를 어떻게 이해할 것인가(중국에 있어서, 한국에 있어서, 일본에 있어서)와, 3국과 서양과의 관계를 어떻게 통일적으로 파악할 것인가, 3국 간의 무역 · 교류관계를 어떻게 볼 것인가 등이 문제가 되었다.

(2) 근현대사를 어떻게 구분 짓고, 어떻게 받아들일 것인가. 여기에 대해서는 구성안을 검토했을 때 많은 논의가 있었다. 일본 측에서는 메이지유신(明治維新)을 계기로 일본의 팽창정책이 동아시아에 갈등을 유발시켰다는 관점에서, 메이지유신, 청일전쟁, 러일전쟁의 흐름으로 단계를 설정하자는 안을 제시했다. 이에 대해 특히 한국 측으로부터는 일본 중심적인 견해다라는 강한 비판이 제기되었다. 메이지유신과 동아시아의 관계, 일본의 침략·팽창과 동아시아의 관계를 파악하는 방법은 어떤 의미에서 일본의 능동성, 중국·한국의 수동성이라는 인상을 심어주기 쉽다. 이것을 일본 중심 사관으로 봐야 하는 것인가. 또한 중국·한국의 주체성을 어떻게 받아들이면 좋을 것인가.

(3) 근대의 동아시아의 국제관계를 어떻게 파악할 것인가. 구체적으로는 ① 국제법 질서와 동아시아 질서의 관계에 대해, 일본의 정책과 국제법 질서의 관계를 어떻게 평가할 것인가. 동아시아에서의 전근대 화이(華夷) 질서와 근대 국제법 질서의 의미를 어떻게 볼 것인가. ② 일본의 침략정책은 어느 단계부터 본격화되었는가. 중국에 대한 침략과 조선에 대한 침략을 어떻게 구별하고 관련성을 파악할 것인가. ③ 1880년대 청과 조선의 관계를 어떻게 볼 것인가 하는 것도 논점이 된다.

(4) 3국 각국의 근대화를 어떻게 볼 것인가. 근대화와 부국강병·대외팽창의 관계, 근대화와 식민지화·종속화의 관계, 근대화 자체에 대한 평가의 문제 등이 논점이 된다.

(5) 개혁운동·민중운동을 어떻게 파악할 것인가. ① 개혁운동과 민중운동과의 관계에서는 중국에서의 태평천국의 난과 양무운동의 관계, 변법유신과 의화단 운동의 관계, 일본에서의 메이지유신과 '요나오시(世直し : 세상바로잡기)'와의 관계, 자유민권운동과 농민 소요의

관계, 조선에서의 갑오농민전쟁과 독립협회운동의 관계 등이 문제가 된다. ② 개혁운동 · 민중운동과 대외관계에 대해서는 개혁운동과 근대화의 관계, 민중운동과 '배외(排外)'성의 관계, 자유민권운동과 아시아의 관계 등이 문제가 된다.

(6) 조선에 대한 일본의 식민지지배를 어떻게 파악할 것인가. 한국 병합을 어떻게 볼 것인가('강점'이냐 '병합'이냐), 식민지지배와 저항운동의 관계, 식민지지배와 근대화의 관계 등이 문제가 된다.

(7) 중국에 대한 침략전쟁을 어떻게 파악할 것인가. 중국에서의 가해의 실태와 항일 상황(침략과 저항의 관계), 일본 민중들이 어떤 상황에 놓였는지(가해와 피해의 관계), 병참기지로서의 한반도의 실태(피해와 저항의 관계) 등이 문제가 된다.

(8) 전후문제를 어디까지 다룰 것인가. 3국의 전후 출발과 상호관계 및 일본의 전쟁책임 · 전후처리 문제를 다루었는데, 중국의 티벳문제 · 문화대혁명 · 천안문사건, 한국의 군사 독재와 민주화투쟁, 일본의 안보투쟁 · 고도 경제 성장 등은 다루고 있지 않다.

Ⅱ에 관해 언급한 것은 다음 4가지 점이다.

(1) 이 책에서 무엇을 목표로 삼았는가. '나라'를 열고, '미래'를 열려는 시도를 기본으로 하여, 내용 면에서는 가장 크게 대립하는 근현대사(전쟁과 침략 · 식민지지배)를 정면에서 바라보며, 여성 · 소수세력 · 민중 등의 시점을 중시했다.

(2) 이 책을 어떻게 만들었는가. 어떤 테마 · 소재를 선정하여, 어떻게 구성하고, 어떻게 서술하고, 표현하는가를 두고 고심을 하였다.

(3) 가해와 피해의 문제를 어떻게 다루었는가. 가해를 어떻게 묘사하고, 일본의 피해를 어떻게 묘사할 것인가. 성폭력을 어떻게 다룰 것인가 등 많은 논의가 있었다.

(4) 기타 문제. 전제가 되는 지식의 차이를 어떻게 할 것인가. 호칭 · 용

어 문제를 어떻게 할 것인가 등이 마지막까지 현안 과제가 되었다.

Ⅲ에 대해서는 다음 4가지 점이 지적되었는데, 모두 문제제기 형태의 보고가 되어버렸다.

(1) 공동 작업을 하기 위해서는 3국 간에 다양한 차이가 있다는 것을 서로 이해하지 않으면 안 된다. 예를 들어, 침략 '한' 쪽과 '당한' 쪽의 차이, 전쟁 체험의 차이, 식민지 체험의 유무 등, 역사적 체험에 차이가 있다. 자본주의와 사회주의, 자유와 인권의 이상적인 모습 등, 정치체제 · 사회체제도 서로 다르다. 국제적 지위나 국가적 · 민족적 과제에도 차이가 있다. 내셔널리즘에 대응하는 방법에도 차이가 있다. 연구 상황 · 교육 상황도 물론 다르다(예를 들어 자국사 교과서의 경우, 한국에서는 국정, 일본 · 중국에서는 검정교과서인 점 등).

(2) 3국 멤버들의 공동 노력에 의한 것임을 인식하지 않으면 안 된다. 국가와의 거리, 시민적인 위치라는 점에서, 각국 멤버 구성에는 특징이 있다. 중국을 포함한 3국의 활동에는 당연히 입장의 차이가 생길 수밖에 없다. '국가'와의 관계라는 점에서는 '국가'를 "따르는" 것과 "넘어서는 것"과의 사이에 어려운 문제가 가로막고 있다. 각국 위원회의 구성 방법이나 ○○ 측(예를 들어 일본 측)이라는 표현도 문제를 안고 있다. '세계 시민'이라는 입장과, 예를 들어 '일본인'이라는 입장과의 위치 관계를 어떻게 취할 것인지도 어려운 문제이다.

(3) 동아시아의 근현대사를 그려내는 방법을 어떻게 구상하면 좋을까. 자국<3국<동아시아<세계의 관계라는 역동적인 구조를 어떻게 묘사해야 할 것인가. 동아시아와 '세계'와의 연동 관계, 예를 들어 구미와의 관계, 미 · 소와의 관계를 어떻게 접근해야 좋을 것인가. 동아시아 내부의 상호 규정 관계, 지배와 저항의 상호 규정 관계를 어떻게 파악하면 좋을 것인가.

(4) 저항 · 운동과 통합 · 지배의 연관을 어떻게 정의할 것인가. 민중들의

주체성 · 능동성을 어떻게 파악할 것인가. 각국의 국내 상황(내부 모순 · 내부 대립), 국내 지배와 사회운동의 관계를 어떻게 묘사해 낼 것인가.

이상이 정례회의에서 보고된 내용의 골자이다.

이미 우리는 정례회의에 앞서 간행 경위, 간행의 의의, 어려움과 노력, 남아있는 과제에 대해 출판 그 자체와 관련된 각도에서 정리해 두었으며,[1] 정례회의 후, 과학운동 · 역사교육 · 역사연구라는 3가지 차원에서 집필 의의와 과제를 논한 바 있다.[2] 또한 어느 좌담회에서 간행 경위 · 배경 · 의미와 앞으로의 과제에 대해 보고했다.[3] 따라서 정례회의에서의 보고 중, 특히 Ⅱ, Ⅲ에 대해서는 그것들을 참조하기 바란다.

또 필자는 정례회의 보고 마지막에 젊은이들은 동아시아 근대사의 무엇을, 어떻게 알고 있는가, 그 시기의 양과 질, 인식의 수준을 어떻게 볼 것이며, 무엇으로부터, 무엇을 어떻게 '배우고' 있는지, 교사들이 어디까지(시기 · 내용), 무엇을 어떻게 가르치고 있는지, 젊은이들이 무엇을, 어떻게 배우고 있는지(무엇을 위해서), 일본사회의 전쟁 인식 · 아시아 인식을 어떻게 보는지 등에 대해 질문했다. 이런 점들에 대해서도 잡지에 실린 글을 참조하기 바란다.[4]

이하 위원회로부터 요청을 받은 Ⅰ, Ⅱ와 연관시키면서, 원고를 검토하는 자리에서 실제로 무엇이 논의의 초점이 되었는지를 소개하고자 한다.

---

1) 「日中韓3国で近現代史を共同執筆」, 『出版ニュース』, 2005년 6월 중순호.

2) 「『未来を開く歴史』日中韓共同執筆の意義と課題」, 『日本の科学者』, 2005. 12.

3) 「座談会 歴史認識と東アジア」, 『経済』, 2005. 12.

4) 「日本社会の歴史認識の変化と教育の課題」, 『教育』, 2005. 11 ; 「未来を開く歴史－戦争認識の課題」, 『平和教育』 69, 2005. 12.

3. 한중일 3국 국제회의의 모습－제1차 원고에 대하여

2002년 8월, 처음으로 3국의 국제회의가 열렸다. 그 이후, 기획의 구상·구성과 집필 방법·집필 분담을 두고 5차례의 국제회의를 거듭하여, 2003년 11월, 드디어 그런 전반적인 사항들에 대한 합의가 이루어졌다. 최종적으로 확정된 전체 구상은 서장에서 개항 이전의 3국을 다루고, 제1장에서는 3국의 개항과 근대화, 제2장에서는 일본에 의한 조선의 식민지화, 제3장에서는 일본의 중국 침략전쟁, 제4장에서는 전후의 3국관계와 일본의 전쟁책임·전후보상 문제에 중점을 두고, 종장에서 21세기의 과제를 전망한다는 것이었다. 분담 결과에 따라 각국에서는 집필에 들어갔다.

2004년 4월 말, 5월 초에 한국 측·중국 측으로부터 각각 원고가 발송되어 왔다(물론 일본 측에서도 보냈다). 곧 일본 측에서는 위원들이 분담해서 번역한 다음, 메일링 리스트로 발송하여 의견을 듣고, 회의에서 검토 후 의견을 취합하여 한국 측과 중국 측에 각각의 원고에 대한 의견을 메일로 보냈다.

원고를 집중 심의한 제16차 회의는 5월 말 도쿄에서 개최되었다. 회의에서는 처음과 마지막에 전체회의를 마련하였고, 실질적인 원고 검토는 4개의 분과로 나뉘어 실시하는 방식을 채택했다(이후, 3차례에 걸친 국제회의를 열고, 기본적으로 동일한 방식으로 원고를 거듭 검토했다).

회의 시작 시의 전체 회의에서는 일본 측 원고에 대해 한국 측으로부터 다음과 같은 견해가 나왔다(중국 측 원고에 관한 코멘트는 생략함).

> 재미있고 알기 쉽게 쓰려는 배려가 보이나 한국에서는 일본사를 거의 가르치지 않기 때문에 기본 지식이 없는 한국 학생들에게는 어렵다. 전반적인 흐름을 3국이 공유하여 개괄적으로 설명한 다음, 재미있고 깊이 있게 써나갔으면 한다. 내용적으로는 3국을 통틀어서 동아시아 전반의 역사를 쓰고자 한 열린 사고(Open Mind)적인 자세가 도움이 되었다.

중국 측으로부터는 일본 측의 원고에 대해, 다음과 같은 코멘트가 있었다(한국 측 원고에 대한 코멘트는 생략함).

> 자료를 많이 인용하여 생동감이 있어 중국 학생들도 일본에 대해 흥미 · 관심을 지닌다. 그러나 자료는 본질을 집어내는 것으로 선택했으면 좋겠다. 상세한 자료는 일본에서는 주요 교과서에 대응되는 것이라 좋을지도 모르지만, 중국이나 한국 학생들은 당혹스러움을 느끼게 된다. 자료만으로 기본적인 역사의 흐름이나 전해야 할 역사관을 제시하기란 어렵다.

이러한 의견에 대해 일본 측으로부터는 ① 일본의 사정을 이해해 주길 바라며, ② 어른을 대상으로 한 것이 아니라 중학생들을 대상으로 했다는 점, ③ 부교재를 어떻게 생각할 것인지가 가장 중요한 포인트라는 점을 다시 한번 강조했다. 구체적으로는 다음과 같이 코멘트를 하였다.

①에 대해서는, 일본에서는 숫자 · 도판의 오류, 근거 없는 서술 또는 과장된 표현 등은 허용되지 않는다. 그러므로 중국 측의 원고에 대해서는 숫자 등을 점검하고, 과장된 표현이나 객관성이 부족한 기술은 피해 주길 바란다. 국가나 영웅뿐 아니라 민중 · 소수세력을 포함한 내용이 되도록 주의해 달라. 한국 측 원고에 대해서도 결론 · 평가를 그대로 강요하지 말아 달라. 또한 주관적인 심정은 억제하고, 객관적인 자료로 얘기를 풀어 나감으로써 일본 독자들의 거부감을 없앴으면 좋겠다.

②에 대해서는, 중국 측의 원고는 어렵고 개념을 이해하지 못할 우려가 있으며 개괄적인 인상이다. 한국 측 원고도 마찬가지로 개괄적이다.

③에 대해서는, 중국 · 한국 측 원고는 교과서적 · 개괄적이며 아이디어가 보이지 않는다. 자료의 활용, 논점의 집중화 등에 대해 좀 더 아이디어를 내주었으면 한다. 어떻게 하면 교과서와는 다른 성격으로 만들 수 있을지 생각해 달라.

이와 같은 상호 의견과 논의에 따라 회의 2일째, 필자는 부교재 작성을 둘러싼 중심적 과제를 다음 4가지 점으로 요약해 보았다.

첫째, 부교재의 성격과 서술의 기본적 스타일에 대하여. 이는 이른바 방법적인 문제와 관련된다. 구상 · 구성이 확정된 그전 해 11월 서울회의에서의 합의와 그곳에서의 확인을 바탕으로 일본 측이 작성한 샘플 활용에 대하여, 인식의 차이가 있다. 문제 · 논점을 집중화시킬 것과 기초적인 지식과의 관계를 어떻게 조정하면 좋을 것인지. 각국 간의 차이가 뚜렷하게 나타나는 부분(특히 독자적으로 자국사를 전재한 서장)에 대해서는, 자기 나라의 역사는 알고 있으나 다른 나라의 역사는 모를 가능성이 높다. 자국사에 관한 기초적 지식은 다른 나라의 어린이들에게 있어 전제가 되지는 않는다. 다른 나라의 역사를 서로 이해하고, 기초 지식을 서로 공유하는 데 중점을 둔다면, 교과서의 다이제스트를 3개 나열하는 식을 취하기 쉬우며, 그 결과 자국에 관한 서술이 교과서 이상으로 평범한 것이 되어버릴 수 있다.

이러한 사태를 고려하여 교과서를 뛰어 넘는 서술을 어떻게 구체화시키면서 기초 지식을 공유해야 할 것인가. 그러기 위해서는 먼저 구조적으로 파악하는 것, 즉, 나열 · 개설(概說)이 아니라 항목 간의 관계에 논리성을 부여할 필요가 있다고 생각했다. 그런 다음, 용어 · 개념을 공유하기 위한 배려도 필요하다고 생각했다. 여기에 대해서는 한국 측으로부터 옆에 주를 달면 어떻겠냐는 제안이 있었다. 또 중국 측으로부터는 자국과 타국용으로 원고를 구별하면 어떻겠냐는 의견도 있었다(이것은 3국 공통이라는 성격으로나, 작업상으로나 무리라고 생각되었다).

둘째, 상호 관련이 있는 부분의 평가의 차이나 대립을 어떻게 처리할 것인가 하는, 서술의 내용에 관한 문제. 도요토미 히데요시(豊臣秀吉)의 조선 출병, 대만 출병, 갑신정변 등, 개개의 역사적 사건의 인식에 차이가 있다는 것은 분명했다. 또한 3국관계에 대한 인식에 대해서도 화이 질서와 국제법 질서의 관계나 조선을 둘러싼 일본과 조선의 관계 등 연구 상황이나 교육 상황 등에는 분명한 차이가 인정되었다. 각각의 '입장'이나 사정을 어떻게 고려해서 조정을 해야 할 것인가.

조정이 가장 어려운 부분에 대해서는 논의를 통해 상호이해를 촉진하면서 최대한 접근할 수 있도록 할 수밖에 없다. 그러나 그래도 무리한 경우에는 양론을 병기하여 반대로 인식의 차이를 명확히 할 수밖에 없다고 생각했다.

셋째, 역사적으로 시기가 뒤섞여 있다는 구성상의 문제. 아편전쟁, 메이지유신, 임오군란 · 갑신정변, 청일전쟁 등 3국이 각각의 상황에서 당면한 과제에는 당연히 공통성과 차이성이 함께 들어있다. 동시대적인 전개, 3국의 상호 규정 관계 및 제 사상의 연동 관계 등에 중점을 둘 것인가. 이것은 이른바 관계와 비교 중 어느 쪽에 중점을 둘 것인가 하는 방법적인 문제와 관련된다.

실은 2003년 2월의 국제회의에서 있었던 '대논쟁'이 그 전제에 있었다. 일본 측은 동시대적인 전개(상호관계)를 중시하려고 했고, 한국 측은 비교 관점을 중시하고자 했다. 그리고 결국, 한국 측의 주장에 따라 일본 측 원고를 수정하게 되었으며, 동시대의 상호관계, 역사적 사실의 상호관계는 약화되었다. 따라서 동일한 사실(사건)이 몇 번씩 나오는 현상은 필연적이라고도 할 수 있었다. 그러면 어떻게 하면 좋을 것인가. 각 절 간의 긴밀한 연계에 주의하여 구성상 · 서술상에서 배려와 고안을 하는 수밖에 없다고 생각했다.

넷째, 기술적 문제이다. 양적인 문제에 대해서는 분량을 염두에 두고 원고를 다시 쓸 수밖에 없다. 또한 서술 방법이나 표현 방법에 대해서는 나열이나 평이한 개설을 피하고, 항목 간의 관계에 유의하며, 자료 · 도판 등을 효과적으로 활용하면서 구체적이고 생동감 있게 쓰는 것, 기초적인 인식을 공유할 수 있도록 배려하는 것이 필요하다고 생각했다.

이상, 제6차 국제회의에서 논의된 사항들은 어떤 책을 만들 것인가, 어떻게 역사를 서술해 갈 것인가 하는, 교재 제작의 기본에 관련되는 것이었다. 그것은 오사카 역사과학협의회의 요청 Ⅱ와 밀접한 관련이 있다.

4. 한중일 3국 국제회의에서의 내용 논의 – 제1분과의 경우

그럼 오사카 역사과학협의회가 요청한 점 Ⅰ에 대해서는 어떨까? 필자가 참가한 것은 서장 · 제1장을 담당하는 제1분과회였다. 따라서 이하, 제1분과회에서의 논의 상황을 소개하면서 본 과제에 답하기로 한다. 분과회에서 특히 논의된 것은 다음과 같은 사항들이었다.

한국 측이 집필한 원고 전반에 대해 일본 측에서는, 먼저 동아시아의 국제 질서를 전체적으로 어떻게 볼 것인가, 전근대로부터 근대로의 전환의 큰 전망을 가지는 것이 필요하다고 지적했다. 일본의 연구에서는 화이 질서와 국제법 질서의 관계를 어떻게 볼 것인가가 중요한 관심점이기 때문이었다. 또한 동시대적인 전개를 기조로 하는 구성을 무너뜨렸기 때문에 시간적 관계의 전후가 바뀐 곳도 꽤 있으므로 서술상의 구상이 필요하다고 말했다.

서장 첫머리의 개항 이전의 3국관계에 관한 원고는 각국의 원고를 한국 측에서 정리하는 형태로 작성했다. 이 부분에서 큰 논점이 된 것은 전근대 동아시아의 국제 질서를 어떻게 볼 것인가였다. 일본 측에서는 근세 일본의 국제 질서, 특히 조일(朝日)관계에 대한 이해가 일본에서의 연구 상황이나 교과서 서술과는 상당히 다른 점, 서양의 압력에 대한 이해에 대해 '무력을 사용하여 개항을 요구했다'고 쓰고 있으나, 적어도 일본은 무력을 행사하지 않았다는 점 등을 지적했다.

제2절(3국의 국내 상황)에 대해서는 한국 측으로부터 다음과 같은 지적이 있었다. 중국은 민족의 역사, 일본은 역사적 흐름보다도 일본사회에 대

한 설명, 한국은 17세기 이후의 사회 변화가 서술의 중심이 되고 있으며, 3국이 각각 서술방식이 다르다. 서술방식, 시기, 논점을 확실히 해야 할 필요가 있다. 16세기 이후의 사회 변화가 서술의 중심이며, 3국이 각각의 구조(정치 · 경제 · 사회 · 대외 관계)를 내적인 변화를 중심으로 서술하면 어떻겠는가? 조선의 경우 근대 지향은 서구적인 것뿐만 아니라 조선 독자의 근대 지향이 있었다. 어떤 사회로 가려고 했는지를 보다 구체적으로 적을 필요가 있다. 중국의 경우, 다양한 민족이 공존한다는 과제가 있었으나, 이 다민족 국가라는 개념은 근대 이전과 이후와는 다른 것이 아닐까?

논의 결과, 이 부분에서는 17~18세기를 중심으로 하여 19세기 초까지의 3국 각각의 내적인 구조와 그것의 변화, 변화하지 않는 것을 중심으로 서술할 것, 정치 체제, 경제 · 사회의 구조 등, 열강이 몰려오기 전의 3국의 상황을 명확히 하고, 사상 · 문화에 대해 간략하게 언급하기로 서로 확인했다.

제1장(개항과 근대화)의 전반에 걸쳐 한국 측은 일본 측 원고가 너무 토픽에 치중하고 있어 개괄적인 설명이 부족하다, 중국 · 한국의 아이들도 알 수 있도록 수정해 주기 바란다고 주문했다. 한편, 중국 측 · 한국 측 원고에 대해서도 자료와 본문의 유기적인 결합을 고려할 필요가 있다고 지적했다.

제1절(구미열강의 압력과 3국의 대응)의 일본 측 원고는 개항 직후 요시다 쇼인(吉田松陰)과 요코이 쇼난(横井小楠)의 발언을 다루면서 그 후의 일본의 노선을 전망하고자 하는 것이었다. 이에 대해 중국 측으로부터 당시 주류를 이룬 사상은 쇼인이었으며, 이는 그것은 역사적인 사실이라는 비판이 있었으며, 한국 측에서도 쇼난과 같은 의견의 어느 정도나 비율을 차지했는지, 소수 의견은 아니었냐며 비판을 했다.

또한 한국 측으로부터는 다음과 같은 지적과 주문도 있었다. 부교재라 하더라도 3국이 공통으로 가져야할 것이다. 문제는 이미 가지고 있는 지식의 편차가 크다는 것이다. 기초 지식을 말하면서 종래의 교과서와 차이를 찾도록 노력할 필요가 있다. 왜 한국 · 중국과는 달리 일본은 평화적으로 개항할 수 있었는지, 중국 · 한국과의 비교를 통해 생각할 것이 나오게 될 것이다. 종래의 교과서의 기본 틀을 지키면서 재미있고 효과적인 방법을 개발할 필요가 있다. 무모한 생략은 위험하다. 또 메이지유신의 성격을 분명히 써 주기 바란다. 왜 일본은 패권국가의 길을 택했는지, 외적 조건(외압의 시기)의 차이, 내적 상황의 차이 등을 통해 명확히 해야 한다.

이렇게해서 쇼인 · 쇼난을 다루는 서술은 전면적으로 다시 쓰여지게끔 되었다.

제1장에서 여러 가지 논의가 이루어진 것은 역시 동아시아의 국제관계의 격동에 관한 제2절이다. 특히 첫 부분인 '삼국의 분쟁' 부분은 제목에 걸맞게(?) 큰 논쟁을 불러 일으켰다. 한국 측 집필 원고에 대해, 일본 측은 다음과 같은 의견을 내놓았다. 정한 논쟁에 대한 평가가 일본에서의 연구 상황과 상당히 다르다, 대만 출병을 정한론과 연동시키는 것이 타당한가, 대만 출병에 대해 일본에서는 류큐(琉球)문제와 관련지어 파악하는 것이 기본이며 인식이 상당이 다르다, 제1절에서 다루고 있는 강화도조약 체결과의 관련도 정리할 필요가 있다, 임오군란 · 갑신정변과 청일 대립의 관계에 대한 서술이 빠져 있는데 이것에 대한 언급은 다음에 나오는 청일전쟁에 대한 부분을 이해하는 데 있어 불가결하다는 것이었다.

논의가 된 대만 출병에 대해서는 제6차 회의에만 그치지 않고 이후에도 일관되게 제1분과회의에 큰 검토 과제가 되었다.

'삼국의 분쟁' 부분에서는 청과 조선의 관계를 어떻게 볼 것인가를 두고 한중 간에 논쟁이 있었다. 한국 측은 일본과는 다르지만 청으로부터도 외압이 있었다. 전체적으로 일본에 의해 침략을 당했다는 측면에서 한중이 연대를 할 수는 있겠으나 제1장에서는 다르다고 지적했다.

다음의 '청일전쟁' 항에서도 큰 분규가 있었다. 중국 측이 쓴 원고에 대해 일본 측이 다음과 같이 코멘트를 했다. 일본이 무력에 의한 '대륙정책'을 확립했다고 되어 있는데 그것이 언제인지, 좀 더 단계적으로 논하는 편이 설득적이지 않겠는가, 일본의 대륙정책을 근거로 중국과 조선을 동일한 레벨로 논하는 것은 타당한 것인가, 동아시아의 국제관계에 있어 중국의 위치는 일방적으로 침략을 당하는 존재인가 하는 것이었다.

한국 측은 여기에서도 조선에 대한, 청의 양무파에 의한 정치적 · 군사적 간섭이 있었다고 지적했다. 그리고 일본의 간섭과 목적은 다르나 구체적인 결과는 동일하며, 1880년대 청과 일본에 의한 조선 개입을 넣지 않으면 청일전쟁에 대해서는 이해할 수 없다고 강조했다.

청의 조선 개입에 대해, 중국 측은 그런 사실이 없다고 주장하였으나, 결국 일본과는 다르나 청도 한반도에 개입했다는 취지로 서술을 하게 되었다. 단, 이 점은 앞으로도 계속해서 검토하기로 했다.

일본 측이 집필한 '청일전쟁'의 원고에 대해, 한국 측으로부터 다음과 같은 지적이 있었다. 일본의 침략성에 관한 연구는 일본 국내와 국외와는 상당히 다르다, 메이지유신 이후 어느 시점에서 침략 노선이 확립되었는지를 명시할 필요가 있다는 것이었다.

일본의 아시아에 대한 침략정책은 어느 단계부터 본격화되었는지, 중국도 조선과 마찬가지로 처음부터 침략 대상이었는지, 이와 같은 논점은 제6차 회의 이후에도 계속 논의되게 되었다. 중국 측은 일본이 메이지유신 이래로 중국 침략을 추진하려 했다고 하며, 대만 출병이나 청일전쟁, 러일전쟁도 중국에 대한 침략전쟁이었다는 취지의 인식을 나타냈다.

제3절의 '삼국의 개혁운동' 중, 일본의 자유민권운동에 대해서는 중국 측으로부터 운동의 긍정적인 측면과 함께, 겐요샤(玄洋社) 등 그 후의 전향 · 변질에 대해서도 써야 할 것이라는 지적이 있었다. 한국 측도 국내 개혁과 대외 침략의 상호 관련성이 중요하며, 오사카사건에 대해 설명이 필요하지 않는가 하고 지적했다. 또 한국 측으로부터는 메이지유신과 천황

제의 문제, 국내 개혁과 대외팽창의 관계에 대해 다뤄 달라는 주문도 있었다. 대외팽창주의의 원인은 무엇인지, 주도 세력은 어디에 있는지, 일본 내부에 있는 개혁과 침략의 관계를 분명히 할 필요가 있다는 것이다.

그 후에 논의를 거쳐 전자의 지적에 대해서는 오사카사건에 관한 서술 등을 추가하였으며, 후자의 주문에 대해서는 '근대 일본의 천황제'를 다룬 칼럼을 신설하여 대응하기로 했다.

'삼국의 개혁운동' 중 조선의 개혁운동에 대해, 중국 측에서는 갑신정변에 관한 서술에 중국 군대의 개입이 나와 있는데 이는 한국 황제의 요청에 의해 개입한 것이라고 지적하고, 또한 1894년 농민전쟁의 근본적 원인은 국내의 모순에 있는 것이 아니냐고 지적했다. 일본 측에서는 조선의 근대화와 일본의 조선정책과의 관계는 중요한 논점이므로 충분히 배려를 하여 서술해야 한다고 제언했다.

이와 관련하여 한국 측은 다음과 같은 견해를 제시했다. ① 갑신정변 이후 청에 의한 간섭에 대한 연구는 꽤 많이 나와 있다. 청의 개입은 조선의 개혁에 있어 상당한 장애였다. 개입으로 인해 독자적인 개혁을 할 수 없게 되어버렸다. 이는 사실이며, 중요하므로 생략할 수 없다. ② 갑신정변에 대한 한국의 연구는 일본의 연구와는 정반대이다. 후쿠자와 유키치(福沢諭吉)에 대해서도 일본정부로부터의 영향이 강조되고 있는데, 일본 학회의 영향을 받고 있었을 때는 그랬지만 최근에는 한국의 자립화에 대해 수행한 역할을 평가하는 연구가 중심이 되고 있다. 북한에서는 일본의 영향이 없었다고 평가되고 있다.

이상, 제1차 원고를 둘러싼 제1분과회의 모습을 논의가 된 점을 중심으로 소개하였다. 앞에서 언급한 대만 출병과 함께, 원고가 완성될 때까지 일본 측에서는 '조공'에 관한 내용을 문제시할 수밖에 없었다. 전근대의 동아시아를 지배했던 국제 질서에 대해, 제대로 설명할 필요가 있다고 생각했기 때문이다.

5. 맺음말

3국 국제회의 '현장'을 소개함으로써 『미래를 여는 역사』의 서술 방법과 서술 내용이 어떻게 확정되어 갔는지, 그 일단을 밝혔다. 여기에는 동아시아의 근현대사를 어떻게 인식할 것인가 하는 역사연구상의 문제, 역사를 어떻게 서술하여 독자들에게 전달해가야 할 것인가라고 하는 역사서술·역사교육상의 문제가 포함되어 있다. 이러한 논의 속에서 앞으로의 과제를 끄집어내고, 더욱 새로운 도전을 계속해 가지 않으면 안 될 것이다.

회의에서의 논의가 어디까지 실제 원고에 반영되어 있는지, 또 처음부터 어디까지 인식·평가를 일치시키는 것 자체가 가능할지 확신은 없다. 그러나 이와 같은 시도에는 완벽함도, 완성도, 원래 있을 수 없는 것이 아닐까? 힘든 번역작업과 원고 검토와 의견 집약 작업, 통역의 건투에 힘입어 국제회의에서 여러 차례 논의를 거듭한 결과 제5차 내지 제6차 원고를 가지고 드디어 한중일 3국을 이어주는 첫 역사 교재가 탄생했다. 『미래를 여는 역사』로 결실을 맺은 악전고투의 경험들이 다음의 새로운 가능성을 여는 힘이 되기를 절실히 바라는 바이다.

(『歷史科學』 185, 2006. 8)

『미래를 여는 역사－동아시아 3국의 근현대사』(한중일3국공동역사편찬위원회)를 읽고

이카이
다카아키
(猪飼隆明)*

1. 들어가는 말

주지하는 바와 같이 독일과 프랑스의 역사가들은 1930년에 이미 교과서에 대해 협력한 경험을 가지고 있었으며, 1950년대에 그 경험을 바탕으로 교과서대화를 부활시켰다. 독일과 폴란드 간에도 1970년대에 교과서 회의가 거듭되면서 과거의 역사 반성 위에서 공통된 역사인식을 마련하기 위한 노력을 계속해왔다(이 점에 대해서는 韓雲錫, 「ドイツ・ポーランド間の歴史教科書協力が韓日間の歴史的和解のための平和教育に与える教訓」, 歴史学研究会 編, 『歴史教科書をめぐる日韓対話－日韓合同歴史研究シンポジウム－』, 大槻書店, 2004에 상세히 기술되어 있음).

한편, 한중일 3국 간에는, 특히 일본과 한국, 일본과 중국 간에 야스쿠니(靖国) 문제에서도 볼 수 있듯이, 끊임없이 역사인식을 둘러싼 모순과 대립이 발생하면서도 공통된 역사인식을, 특히 교과서의 편집 등을 위해 마

---

* 오사카대학(大阪大學) 교수.

편하고자 하는 시도가 이루어지지 않았다. 그러나 2001년, 새로운 역사교과서를 만드는 모임의 중학교 역사교과서 『새로운 역사교과서』(扶桑社)가 출간되고 일본과 동아시아 각국 간에 역사교과서의 바람직한 모습을 재검토하려는 움직임이 나타나기 시작했다.

그리고 이렇게 한중일 3국 공통역사교재를 만든다는 쉽지 않은 작업을 통해 『미래를 여는 역사－동아시아 3국의 근현대사』가 3개 국어로 일제히 간행될 수 있었던 것은 매우 큰 의미를 지니는 것이다.

2. 3국 공통역사교과서 편찬 의도와 구성

이 책이 목표로 하고 있는 것이 무엇인가에 대해, 편찬사업에 관여한 사이토 가즈하루(齋藤一晴)라는 젊은 연구자는 다음과 같이 말하고 있다. 첫째, 역사학 연구의 성과에 바탕을 둔 역사인식의 공유를 모색하는, 공통역사인식을 어떻게 실현할 수 있을 것인가에 대해 공동으로 검토하는 것, 둘째, '국경을 초월한 역사교육의 구체화를 지향한다'는 것이다. 어려운 표현이지만 각국의 역사교육이 기타 국가들을 시야에 두고 이루어지도록 노력한다는 것이다. 셋째, '자국사 중심의 역사서술을 재조명한다'는 것이라고 설명하고 있다. 또한 '역사학 · 역사교육 · 역사서술이 삼위일체가 된 응답'을 목표로 하였다고도 한다. 한편, 내용에 대해서는 ① 근현대사에 한하며, ② 통사가 아닌 주제별 내용으로 할 것, ③ 자국 중심의 역사서술을 극복하는 것에 대해 합의하였다고 한다(齋藤一晴, 「『未来をひらく歴史』作成経過と論点 上」, 『季刊戦争責任研究』 48, 2005년 여름호. 이 책 제2부에 수록).

이상의 의도를 가지고 편찬된 『미래를 여는 역사』의 구성은 크게 다음과 같다.

먼저, 서장에서는 개항·개국 이전의 3국의 역사적 단계 및 도달점과 그것이 내재적으로 어떤 모순을 안고 있었는지에 대해, 지극히 개괄적으로 서술되어 있다. 제1장에서는 개항에 이르기까지 역사적 과정과 그 영향, 그리고 각국이 취한 대응, 특히 그 이후의 근현대화정책에 대해 서술하고 있다.

제2장에서는 "일본제국주의의 확장과 한·중 양국의 저항"이라는 제목 하에 제1차 세계대전 전후부터 1931년 만주사변까지의 시기를 대상으로 일본제국주의에 의한 대만·조선 지배의 실제와 일본의 침략에 대한 중국인·조선인들의 저항운동을 서술하였다. 이상, 제1, 2장에서는 설정된 테마에 대해 3국이 각각 어떤 움직임을 보였는가가 서술되어 있다. 단, 제2장 제3절 "3국의 사회운동"은 3국의 사회운동을 함께 묶어서 묘사하고 있다.

제3장 「침략전쟁과 민중의 피해」에서 만주사변 이후는 각 사건에 대해 3국이 대부분 함께 묘사되고 있으며, 일본의 침략행위에 대한 중국과 한국의 저항 및 반응이 구체적으로 서술되어 있는 형식이다. 그리고 제4장에서는 제2차 세계대전 후 일중·일한·중한 상호관계에 대해 서술되어 있으며, 종장에서 3국 간에 걸쳐있는 역사적 제반문제들, 예를 들어 위안부 문제, 역사교과서 문제, 또는 야스쿠니신사 문제 등이 하나씩 다뤄지면서 문제 소재를 설명하는 한편, 동아시아의 평화를 위한 상호이해와 연대의 과제가 언급되어 있다.

3. 읽은 후의 전체적 인상

『미래를 여는 역사』를 다 읽고 난 다음의 소감에 대해서 말하도록 하겠다. 제3장 이하는 전체적으로 설득력있고 읽기가 쉽다. 그것은 일본의 침략행위를 축으로 하여 3국의 관계를 명확하게 의식하면서 썼기 때문일 것이다. 다만 일본의 교과서에서 우리가 중시하며 서술해 온 일본 제국주의화의 과정이나 파시즘 성립의 배경 등에 대한 구체적인 서술이 부족하다는 점에 다소 불만이 남기는 하나, 이런 점들에 대해서는 금욕적으로, 3국의 관계 · 얽힘에 대한 서술에 일부러 중점을 두고 생각한다면, 이것 역시 납득할 만하다.

1990년 교과서 문제가 고조되었을 때, 이른바 근린제국조항이 마련되면서 교과서에, 예를 들어 '종군위안부' 등 일본의 가해에 대한 역사적 사실이 교과서에서 다뤄지게 되었음에도 불구하고, 알다시피 최근에는 그런 서술이 매우 곤란해지고 있다. 『미래를 여는 역사』는 이러한 상황에 대해 정면에서 대결하여 전쟁이 특히 3국 민중들에게 있어 어떤 의미를 지니는지, 민중들에게 어떤 희생을 강요했는지에 대해서 반복적으로 다루어지면서 설득력있게 쓰여져 있다. 3국 공통교재 제작의 큰 의의가 여기에 있다는 점을 생각한다면, 이 점에 대해서는 성공했다고 할 수 있으며, 또한 종장을 넣은 것도 의욕적이라 하겠다.

그러나 서장 · 제1장 · 제2장은 일부(제2장 3절 "3국의 사회운동")를 제외하고는 읽기가 어려웠다고 생각된다. 구미 열강의 압력, 그에 대응하는 근대화정책, 민중운동 등등, 3국 간에 시간적 차이, 타임랙(Tim Lag)이 존재하며, 타임랙이 있기 때문에 관련된 사실들의 질적인 차이가 있는 것이다. 1853년 페리 내항과 일본의 개국은 중국에서의 아편전쟁의 경험 없이는 설명할 수 없다. 조선이 프랑스 함대를 강화도에서 격파한 것은 1866년 11월이었으며, 미국 함대가 마찬가지로 강화도에서 격퇴당한 것은 일본에서의 폐번치현(廃藩置県) 직전의 일이다. 이들 3국은 각각 구미열강과 대치해 왔으나 그 대치방법이 일본에게 있어서는 중국의 경험이, 조선에 있어서는 중국과 일본의 경험이 선행된 것이며, 그 사실이 지니는 의미를 묻지 않으면 안 되는 사안이라고 생각되나, 이 타임랙이 지닌 의미가 명확하지 않다.

또한 테마주의가 지닌 문제도 간과할 수 없다. 예를 들어 청일전쟁과 러일전쟁을 같이 묶어 서술하고 있으며, 그 뒤에 자유민권운동에 대한 서술이 있는 등, 이와 같은 서술 방법으로는 예를 들어 근대화 과정에서 각각의 나라나 민족의 저항 및 운동에 대해서도 정확한 인식이 가능할 것인가 하는 의문을 느끼지 않을 수 없다. 상하이 · 요코하마 · 인천이라는 3국의 개항장, 또는 베이징 · 에도 · 한성이라는 각국의 수도를 나란히 비교하려는 시도가 이루어지는 등 효과적으로 구상되어 있기 때문에 이상의 점들은 특히 아쉽다고 하겠다.

한편으로는 다음과 같은 서술도 있다. 태양력의 채택에 대한 것인데 조선이 태양력을 채택한 것은 일본보다 2, 3년이 지난 후인데 이 책의 서술에서는 조선에서의 태양력 채택이 먼저 서술되어 있다. 뿐만 아니라 태양력 채택 후의 민중들의 반응 등에 대해서는, 일본과 한국에서 공통된 현상이 보이는데도 전혀 별개의 것으로 서술되어 있다. 이러한 점에 대해서는 서술에 있어 좀 더 고려할 필요가 있으리라 생각되었다.

4. 신경이 쓰이는 몇 가지 문제

1) 『미래를 여는 역사』에 있는 개별적인 역사적 사실에 관한 기술에 대해 지적해야 할 점은 많으나, 여기서는 2, 3가지만을 지적하기로 한다. 이 책은 구미열강과의 접촉으로부터 각국의 근대를 묘사하고 있는데, 구미열강과 접촉하기 전의 3국의 역사적 단계를 어떻게 평가할 것인가, 그것이 3국의 그 후의 운명과 어떻게 관련되는가에 대한 기술에 관심이 미치게 될 것인지 뚜렷하지가 않다.

개항 전 생산력의 발전, 도시의 발달, 시장의 광역화는 3국에서 모두 공통적으로 지적되고 있다. 민중의 반란에 대해서도 마찬가지이다. 예를 들어 중국에서는 "명 · 청 시대 중국의 경제는 이미 상당히 큰 발전을 이루었습니다. 모든 경제 부문들이 갖추어지고 내부의 시장도 넓게 형성되었습니다. 따라서 필요한 물품들은 기본적으로 중국 안에서 해결할 수 있었고, 외부에서 들어오는 상품에 별로 의존하지 않았습니다"라고 되어 있다. 이는 열강과의 조약에서 예를 들어 일본이 내치잡거(內治雜居)를 인정하지 않았으나 중국은 그것을 인정하고, 열강이 군사력을 국내에 끌어들일 수 있는 조건을 마련해 주고 말았다. 왜 이런 차이가 생겼는지는 설명할 수 없다. 또한 민족적 결집 또는 국민국가의 형성이 왜 일본에서만 성공리에 실현될 수 있었던 것인지 이해할 수 없다. 중국에 대해서는 "그러나 양무파(洋務派)는 중국이 서양에 패한 주요 원인이 정치적 부패에 있다는 것을 깨닫지 못하였습니다"(일본어판 17쪽, 한국어판 37쪽)라고 설명하는 데 그쳤다. 이와 같이 중국에서나 한국에서나 관리의 부패라는 사실만이 지적되고 있는데 여기에 대해서도 조금 더 깊이 파헤칠 필요가 있지 않을까 싶다.

이 점과 관련하여 가능하다면 봉건제의 경과[중국에 관해 '마지막 봉건 왕조인 청조'라고 표현하고 있다. 한국에 관해서는 이 책에서 이 점을 다루고 있지 않으나 『韓国の歴史』(국정 한국 고등학교 역사교과서)에서는 '봉건적 신분구조'라고 지적되고 있다.] 유무를 포함하여, 편찬 과정에서 서로 논의되었다면 더욱 더 큰 성과를 기대할 수 있지 않았을까 생각된다.

2) 서두에서 언급한 것과 관련된 것으로, 근대화 과정에서 일본이 동아시아 국가들에 대해 침략적 자세가 강화되어 가는 과정을 잘 이해할 수 없는데, 이와쿠라(岩倉) 사절단에 대한 설명 중에 "아시아를 벗어나 서양 강대국의 일원이 된다는 것"이며, "그것은 서양보다 아시아가 '뒤쳐졌다'고 생각하고, '앞선' 일본이 아시아를 이끌어야 한다는 주장으로 이어집니다"(일본어판 19쪽, 한국어판 39쪽)라고 되어 있으며, 이와쿠라 사절단(의 파

견)에서 아시아 국가들에 대한 우월의식을 짚어냈다. 그러나 그것이 어떤 사실을 염두에 두고 판단한 것인지 이해할 수 없다. 혹시 사절단의 부사 중 한 사람인 기도 다카요시(木戸孝允)가 요시다 쇼인(吉田松陰)에게 배운 정한론을 주장하고 있었기 때문에 그렇게 생각하는 것일까? 1873년의 정한 논쟁에 대한 서술(24쪽) 속에서 정한론자의 근거라고도 할 수 있는 기도의 1869년 1월 일기의 문장이 박스 속에 소개되어 있다. 그러나 정한 논쟁에서 기도는 반대 입장을 주장했으므로 여기에 그의 일기가 소개되는 것은 부적절하며, 오히려 논쟁의 본질을 이해하기 어렵게 만들고 있다. 게다가 이 논쟁의 결말이 지닌 정치 과정에서 이루어진 조선에 대한 강화도 사건이라는 도발행위와 불평등조약(강화도조약)의 강요라는 사실이, 논쟁보다 앞쪽(21쪽)에 서술되어 있다. 이래서는 일본과 조선 쌍방의 역사 과정도 이해하기 어렵다.

이 사실에 대해서는 예를 들어 "마침내 조선 정부는 개항을 하기로 결정하고 일본과 강화도조약(조일 수호조약)을 맺었습니다. 그러나 사전 준비 없이 서둘러 조약을 맺는 과정에서 그 내용이 가지고 있는 문제점과 위험성을 충분히 알지 못했습니다."(일본어판 21쪽, 한국어판 41쪽)고 설명하고 있으나 이런 평가를 해도 정말 괜찮을지 걱정된다. 프랑스나 미국을 거부한 조선이 왜 일본의 책동을 물리치지 않았는가 궁금하지만 그 점에 대해서는 한국의 중학교뿐 아니라 고등학교 교과서[신규섭, 기미지마 가즈히코(君島和彦)·오쓰키 캔(大槻健) 역, 『국정 한국 고등학교 역사교과서 세계의 교과서 시리즈1-新版 韓国の歴史』, 아카시쇼텐(明石書店), 2000]에서도 설명이 충분하지 못하다.

또한 이 사실과 관련해서, 정한 논쟁부터 대만 출병, 임오군란, 갑신정변, 청일전쟁을 일직선상으로 나열하고 있는데, 일본정부 차원의 침략주의적 자세와는 별도로, 아시아 연대론이 적어도 메이지 10년대 중반까지는 존재했다는 사실에 대해서는 언급할 필요가 있지 않을까? 그리고 그 길이 왜 실현될 수 없었는가 하는 점에 주목하여 서술할 필요가 있지 않을까? 3국 민중들의 공동 모색이라는 우리 역사학의 과제에서 본다면 이러한 점들이 특히 중요하리라 생각된다.

5. 맺음말

본 보고를 위해, 『미래를 여는 역사』와 함께 "세계의 교과서 시리즈"라는 이름으로 아카시쇼텐에서 출판된 중국과 한국의 초·중·고등학교 교과서를 읽어 보았는데, 특히 고등학교 교과서는 모두 상당히 높은 수준의 내용이라는 점에 놀랐다. 3국이 공동으로 교과서를 만들 수 있는 조건이 충분히 갖춰져 있었기에 이 작품이 완성된 것이다. 철저한 사료주의에 입각한 노력 위에 공동의 재산이 만들어져가고 있다는 사실을 알 수 있었으나, 위에서 살펴본 것처럼 몇 가지 중요한 문제가 남아있다. 그렇긴 해도 새로운 공통 인식 실현의 출발점이 되는 성과가 있었다는 점을 확인할 수 있었다.

(『歷史科學』 185, 2006. 8)

평(評)『동아삼국의 근현대사』

궈용후
(郭永虎)*

2001년, 일본 문부과학성은 후소사(扶桑社)가 출판한 역사를 왜곡한 교과서를 검정통과시켰다. 이 교과서는 일본의 침략전쟁과 식민지에 대한 통치를 미화하여, 중 · 일 · 한 3국에서 부정적 영향을 크게 일으켰다. 최근 몇 년간 일본 우익의 계속된 역사를 함부로 바꾸려는 행위에 대해, 3국의 학자들은 응당 청소년을 향한 한 권의 교재를 써서, 그들에게 진정한 역사를 알게 해야 한다고 생각했다. 2002년, 중 · 일 · 한 3국의 학자들은 난징(南京)에서 아시아태평양평화논단을 거행하였는데, 일본학자가 제의한 3국이 함께 역사교재를 쓰자는 건의가 적극적인 호응을 얻었다. 1년여의 준비를 거쳐, 2003년 4월, 3국의 학자와 교사들은 정식으로 역사독본—『동아삼국의 근현대사』[1](이하 『근현대사』)의 편집 작업을 시작하였다. 2005년

* 동북사범대학 역사문화학원 박사 과정, 현재 길림대학(吉林大學) 마르크스주의학원 강사.

1) 3국에서 출판된 본서의 이름은 약간의 차이가 있다. 중국에서의 주 제목은 "동아삼국의 근현대사", 부제는 '역사를 거울로 삼아 미래를 향하고 공동건설 평화와 우호의 동아시아 신구조', 일본과 한국에서 출판 할 때에는 부제가 바로 주 제목으로 되어, 함께 미래로 향하자는 뜻을 더욱 돌출시켰다.

5월 하순, 이 책의 한국어판과 일본어판이 한국과 일본에서 각각 출판되었고, 같은 해 6월, 중국어판이 사회과학문헌출판사에서 나왔다. 이 책의 출판으로 3국의 청소년 및 동아시아 인민이 동아시아 근대 이래의 역사를 아는 데 있어 권위 있는 독본을 제공받게 되었다.

『근현대사』는 교과서의 편집양식에 맞춰, 서방열강의 동아시아 침략 전(前)에서 2차 세계대전 후(16세기 중기~20세기 말)의 3국역사를 객관적이고 공정하게 기록하였다. 책 전부는 약 20만 자로, 여섯 장(서장과 종장)으로 나누어져 있다.

『근현대사』는 16세기 말에서 19세기 중기의 중 · 일 · 한 3국의 상호관계 및 각국의 국내 상황의 분석에서 시작하여, 구미열강 강압하에 이루어진 3국의 "문호개방"과 근대화의 필연적 추세를 밝혀낸다. 근대 이래 3국은 서방열강이 에워싸 압박하는, 거의 같은 상황에 처하게 되었다. 다른 점이 있다면 일본은 메이지유신을 거쳐 열강대열에 들어서고 중국과 한국에 대한 침략을 단행하였다는 것인데, 이로써 3국관계는 역사상 하나의 암흑시기에 들어서게 된다. 이에, 이 책은 먼저 아편전쟁에서 1차 대전 전후까지 일본제국주의의 동아시아에서의 확장과 중한 양국의 저항에 대하여 비교적 시스템적으로 상술하였다.

일본의 아시아태평양 지역에서의 전면적인 침략전쟁의 발동 및 그것이 동아시아 3국 민중에게 끼친 장해(戕害) 또한 이 책이 비교적 많이 할애한 장이다. 『근현대사』는 두 가지 실마리를 이용해 그것에 대한 논술을 진행한다. 하나는 중한 양국이 일본제국주의의 침략 및 그 통치방식을 반대한 것이다. 이것은 일본의 한국강제합병과 조선인의 반항, 중국군(軍)민의 항일전쟁, 일본이 국가의 전 역량을 동원하여 진행한 "총력전체제", 일본이 조선을 침략한 전쟁 중의 기지화('황민화')정책, 전시군수공업, 전쟁물자와 인력동원 등을 포함한다. 둘째는 일본군의 중한 민중에 대한 잔혹한 살해이다. 주로 일본군대의 중국민중에 대한 잔학행위, 예를 들어 남경대학살,

무차별폭격, '삼광(三光)' 작전과 무인구(無人區) 제조, 세균전, 독가스전 및 인체실험 등등. 일본군이 조선여성을 강제로 '위안부'로 충당한 것 등등을 포함한다.

『근현대사』는 역사를 거울삼아, 미래지향적인 편찬을 목표로 하여, 종장에 동아시아의 평화적 미래의 발전추세를 전망하고, 3국관계 정상화를 제약하는 주요 인수, 가령 '위안부' 문제, 역사교과서 문제, 야스쿠니신사 문제, 3국화해와 평화문제 등등을 분석하였다.

책 전체를 종합해 보면 아래와 같은 몇 가지 특징이 있다.

첫째, 구동존이(求同存異)[2] – 평화와 우호의 역사관을 펼치다.

3국이 함께 쓴 교과서와 일본 우익 역사교과서의 가장 큰 구별은 바로 역사관에 있다. 역사관은 가장 중요한 문제로, 우리가 일본우익 역사교과서를 비판하는 건, 그것의 잘못이 그저 몇몇 문제 상에 나타나는 것이나, 혹은 몇 가지 역사적 사실의 숫자통계에 대한 왜곡만이 아니라, 가장 근본적인 것은 이 역사교과서의 역사관이 잘못된 것이라는 점이다. 왜냐하면 일본 우익 역사교과서는 그 뿌리부터 일본을 소위 '신국(神國)'의 역사로 서술하여, '신국'의 역사관으로 일본의 침략역사를 '정상적'이고, '우수'한 것으로 쓰고 있다. 『근현대사』는 이에 동아시아 미래평화발전의 역사관으로 3국 근대사를 신중하게 바라본다. 이 책은 「동아시아의 평화로운 미래를 위하여」라는 하나의 장을 특별히 만들어, 동아시아 미래의 장구한 평화우호발전의 각도에서 3국 근대사 및 상호 간의 관계를 신중히 조망한다. 전후로부터 오늘날에 이르기까지 3국 공동의 역사적 경험을 정리하고, 어떤 발전노선을 선택할 것인가의 문제는 동아시아 및 세계에서 수요되는 평화발전의 시야에서 역사문제에 대한 과학적 분석과 반성으로부터 접근

2) 주은래가 써서 유명해진 말로 '같음을 구하고, 다름은 접어둔다', 즉 서로 이견이 있는 부분은 잠시 뒤로하고 서로 공유할 수 있는 것을 추구해 결국 화합의 방향으로 나간다는 뜻(역자).

하고 있다.

『근현대사』가 출판된 것은 3국 학자 상호 간의 연구토론, 구동존이의 결과이다. 그들은 기본 원칙문제에 있어 일치를 이루어내어, 당해 일본이 발동한 침략전쟁의 성질 인식에 있어 근본적인 이견이 없으며, 이것은 3국 학자들이 같이 도달한 기본점이다. 중·일·한 3국 53명의 학자들(중국 17명, 한국 23명, 일본 13명)은 고도의 역사적 책임감으로 수십 차례의 논의와 협조를 거쳐, 결국 대원칙과 표현에 있어 공통된 인식에 도달하였다. 동시에 이 협력은 또한 일본과 주변국가 간 역사이해 문제 상 존재하는 커다란 상반된 차이를 해결하는 일종의 매우 의미 있는 시도이다. 바로 3국 편저자들이 말한 바와 같이, "우리는 많은 의견차이가 있었다. 그러나 대화와 토론을 통해 점차 공유된 역사인식을 이루어내, 지금에 이르러 중·일·한 3국에서 동시에 이 책을 출판할 수 있었다."(서언 참조)

두 번째, 시야를 넓혀, 한 국가의 한계를 돌파하고, 단순히 정치와 전쟁을 유일한 단서로 삼는 것을 넘어서다.

『근현대사』와 여타 교과서와의 가장 큰 차이는 이 책의 시각으로, 각자의 국가 중심 서술을 벗어나 보다 넓은 시야를 펼쳐, 동아시아의 근현대사를 전체적으로 신중히 바라보아, 3국 역사발전 과정 중의 중요한 결합부분을 객관적이고 과학적으로 묘사해냈다는 것이다. 가령, 역사의 어떤 한 시기를 서술함에 있어, 3국의 상황을 같이 고려할 필요가 있었다. 이 책은 "중·일·한 3국은 지리와 역사상 뗄 수 없는 밀접한 관계가 있어, 점차 가까워져오는 '지구촌'시대에 3국 간 이웃나라의 역사와 상호관계에 대한 정확한 이해가 있기를 희망한다."(서언 참조)

그 밖에 비록 이 책은 일본의 중·한 침략과 반침략의 역사를 주요 단서로 삼고 있지만, 단순히 전쟁을 기록하는 것이 아닌, 당시 아시아의 각 방면의 변화 또한 기록하고 있다. 이 책은 3국의 국내 상황, 사회와 문화적 변천, 3국의 민중생활과 문화 등 방면에 대한 분석을 진행하였다. 이 책에 특별히 마련된 '유가문화와 삼국', '동아시아 근현대사중의 한자', '서구화와 여성생활의 변천' 등의 항목이 그것이다.

세 번째, 정확하고 상세한 역사자료로, 전쟁이 3국 민중에게 가져온 아픔을 객관적이고 공정하게 밝혀냈다.

일본 우익 교과서가 역사를 왜곡하여 일본군국주의의 침략사실(史實)을 숨기는 것에 대해, 이 책은 몇 가지 관건이 되는 역사적 사실을 파악하여, 충분한 폭로를 진행하고, 사람들이 믿을 수 있는 재료로, 근대역사상 일본의 중한 양국에 대한 침략의 폭행을 자세하게 소개하는 데 중점을 두었다. 예를 들어, 이 책은 대량의 사진을 통해 일본군의 중한 양국 민중에 대한 박해를 밝혀낸다. 역사적 진상을 충분히 전시하기 위해, 이 책은 또한 중국을 침략했던 일본군인의 그 죄행(罪行)에 대한 고발, 전쟁 중 피해를 입은 사람의 공소 등등을 인용하였다. 일본군이 만들고 사용한 세균무기와 화학무기가 중국인민에게 입힌 피해에 관하여, 이 책은 정확한 통계를 제공하고 있다. "일본군은 2,000회가 넘는 화학무기의 사용으로, 9만여 중국 군민(軍民)에게 피해를 입혀, 그중 국민당 사병 4.7만 명이 다치고, 6,000명 사망, 팔로군사병 3.7만 명 부상 · 사망 1,500명, 평민과 전쟁포로의 사상자가 1만여 명이다. 731부대 요원이 인정한 바에 따르면, 적어도 3,000명의 사람이 일본군의 '세균부대'에 의해 잔인하게 희생당했다."(134~135쪽 참조)

한 가지 언급할 가치가 있는 것은, 이 책은 전쟁이 일본 민중에게 가져다준 고난에 대해서도 외면하지 않고 객관적으로 묘사했다는 점이다. 가령, '무차별'폭격 문제를 얘기할 때, 이 책은 일본군이 1938~1946년간에 중국 총칭(重慶)에 군대와 평민 구별 없이 폭격한 죄상을 지적하고, 동시에 1945년 미국이 일본의 주요도시에 대해 진행한 '무차별'폭격이 일본 민중에게 가져온 아픔을 똑바로 적어냈다(132, 156~157쪽 참조).

네 번째, 풍부한 그림과 글, 새로운 아이디어가 넘치는 편집방식이다.

주로 청소년 독자를 향한 것을 고려하여, 편저자들은 간결한 언어를 채용하여, 전형적인 사실을 묘사하고, 동시에 대량의 사진과 자료를 분배하여 문자서술과 어우러지게 하고, 직관적인 재료를 증가시켜, 역사사진이 '말하고' 또 독자의 흥미를 유발해 독자가 이 시기 역사에 대한 감성인식을 강화할 수 있도록 하였다.

『근현대사』는 저작방식 및 내용편집상에 있어 우리의 기존 역사독본에 존재하는 모종의 교조식 설교, 진부한 형식을 바꾸는 데 주력하여, 새롭고 활발하며 생동감 넘치는 형식으로 정확한 역사지식을 독자에게 전달, 가독성이 높도록 하였다.

물론 『근현대사』에 몇 가지 부족한 점이 있다는 것 또한 지적해야 한다. 가령 이 책의 중국 측 주요 편저자 중 하나인 뿌핑(步平) 선생이 지적한 것처럼, 어떤 학자의 모 시기 역사에 대한 연구가 불충분하여, 문제를 보는 각도가 다르다. 그 밖에 몇 가지 역사적 사실들을 더 충분히 하고, 형식상 더욱 활발하게 할 수 있다.[3] 그리고 여러 중요한 매우 설득력 있는 통계연표, 숫자는 일본과 조선 측의 것들로, 중국 측은 만들어 내는 데 늦어버리고 말았다. 그러나 총체적으로 말해, 이 책은 성공적이고, 이 합작 과정은 중 · 일 · 한 3국에게 일종의 소통방식을 제공하였다.

(『歷史教學』 502, 2005. 9)

3) 『人民日報海外版』 2005년 6월 6일 제4판.

신적벽대전(新赤壁大戰)*

한중일 공동역사교과서에 대해서

알랭 들리센
(Alain Delissen)**

> 두 나라 간에만 이루어져도 힘든 작업을 세 나라가 함께 해 나간다는 것은 예상을 초월한 어려운 일이었습니다.[1)]

"신적벽대전"이라는 제목이 아무리 한자 문화권의 풍부한 문학적 토양에 근거한다 할지라도, 좋게 말해서 모호하고 나쁘게 말해서 아이러니한 이 제목이 남기는 여운에 대해 의문을 제기하지 않을 수 없다. 동아시아의 지역적 통합이라는 궁극적 목표에 착안하여 한국, 중국, 일본의 역사학자들이 공동 작업을 통해 만든 이 대안적 교과서는 2005년 출판 당시에 출판사에 의해 "신삼국지"라는 이름으로 선전되었고 언론에서도 이 같은 별칭

---

* 이 글은 프랑스 저널 *Vingtiéme Siécle. Revue d'histoire*, no.4(2007)에 게재된 논문을 광운대학교 민유기 교수가 번역한 것이다.

** 프랑스 사회과학고등연구원(EHESS) 교수 및 한국연구센터 의원. 프랑스 국립과학원 한중일 연합연구소(CNRS, UMR 8173 Chine－Corée－Japon) 소장. 한국 근현대 역사가. 아트뮈트 로트문드(Hartmut Rotermund)가 편집한 *L'Asie orientale et méridionale aux 19e et 20e siècles*(Paris, PUF, "Nouvelle Clio", 1999)의 한국 부분을 집필. 공저 *Le Massacre, objet d'histoire*(Gallimard, 2005). 프랑스 현대사연구소(IHTP) 회원. delissen@ehess.fr.

1) 한중일3국공동역사편찬위원회, 『미래를 여는 역사』, 한겨레신문사, 2005, 248쪽.

을 반복하여 사용했다.[2)]

동아시아의 통합과 신삼국지

주지하다시피 '삼국지'라는 명칭은 3세기에 편찬된 중국의 정사서(正史書) 표제에서 유래한다. 삼국지는 천 년 후인 명대(明代)에 『三國志演義』라는 소설로 각색되어 이후 아시아의 한자 문화권 전역에 보급되었으며, 삼국지의 영웅들과 그들의 환상적인 모험은 계층과 장르에 상관없이 뒤섞인 문화적 상상계 속에서 견고하게 자리를 잡아나갔다. 세 나라 모두 그 내용을 공유한 채, 삼국지는 21세기에 들어선 오늘날에도 인기를 누리고 있으며, 만화나 비디오 게임으로도 생산되고 있다. 그 전체적인 줄거리를 살펴보면, 『三國志演義』는 한(漢)이 붕괴된 후 위(魏)의 조조(曹操)가 이웃하는 촉(蜀)과 오(吳)에 대해 거둔 교훈적인 혹은 덜 교훈적인 전공(戰功)들에 대해 이야기하고 있다.[3)] 그러나 황건적(黃巾賊)의 난을 진압한 조조는 여러 권에 걸쳐 등장하는 전쟁의 끝에서도 결국 천하통일이라는 파란만장한 자신의 꿈을 실현하는 데 실패한다. "전쟁 중인 국가", "천하태평"과 같은 무의식적인 문화적 여운들을 담은 번역에서부터 "삼국의 역사"라는 중립적인 번역까지 우리는 단순한 제목만으로도 세 번째 천 년대 초에 한국, 중국, 일본에서 가능한 반향들을 추출할 수 있을 것이다.

---

2) 한중일 공동역사교과서의 내용은 동일하지만, 책의 표제와 부제는 각 언어마다 서로 다르다. 중국에서는 『東亞三國的近現代史』(Hong-Kong : Joint Publishing, 2005 ; 北京 : 社会科学院, 2006)라는 표제로, 한국에서는 『미래를 여는 역사』(서울 : 한겨레신문사, 2005)라는 표제로, 일본에서는 『未来をひらく歴史』(東京 : 高文研, 2005)라는 표제로 각각 출판되었다.

3) 『삼국지(Les Trois Royaumes)』는 1987년부터 1991년까지 플라마리옹(Flammarion) 출판사에서 프랑스어로 번역 출판되었다.

교양 수준의 개괄, 수사학적인 용이함, 역사적인 깊이 등이 핵심을 은폐하지는 않을 것이다. 오늘날 동아시아에서 교육적 목적을 위해 공동의 역사를 서술하려는 것은 흔치 않은 동시에 매우 독특한 시도다. 이는 심지어 의외이며, 시대상황을 앞질러 간 일로 보이기까지 한다. 물론 세계의 다른 지역과 마찬가지로 태평양 서부 연안 지역에서 지역 통합을 당면한 모토로 내세우는 정치적 조류가 존재하지 않는 것은 아니다. 경계와 명칭의 불가피한 유동성을 고려하면서, 이 지역은 안정된 평화적 공동체, 통합된 시장, 상호 연결된 공간, 하나의 역사, 하나의 문화, 공통된 가치들에 의해 연결된 사회를 형성하면서 초국가적 체제를 건설하기를 꿈꾸고 있다. 흔히 그렇듯이 유럽의 건설이 보여준 교훈적 모델과 정치적 지평은 멀리 있는 것이 아니다. 이 글의 서두에서 인용한 과시적 문구는 한중일 공동교과서의 후기에서 발췌한 것으로, 많은 암시들 가운데 특히 모범적 사례로 간주된 유럽의 역사서술 경험을 암시하고 있다.

한중일의 공동교과서 집필은 여러 가지 측면에서 뜻밖이다. 역사교과서의 집필 자체는 시민교육이라는 교육적 · 정치적 목적을 함께 지니고 있다는 점에서 매우 민감한 문제다. 뿐만 아니라 이러한 기획은 믿을 수 없을 정도로 밀접하게 된, 정상화된 국제관계의 흐름 속에서 나타났다. 2007년은 한국과 중국이 외교관계를 수립한 지 15년이 되는 해이다. 이 짧은 기간 동안에 중국은 2003년부터 미국을 대신해서 한국의 제1의 교역 상대국이 되었다.[4] 우리는 이를 과히 혁명적이라고 말할 수도 있을 것이다. 서유럽에서는 정치적 화해, 상호 추도 의식, 전문적인 역사학과 사회적 기억을 대면시키는 문화와 대학들의 교류, 역사서술 패러다임과 관련된 장래성을 지닌 교류 등 느리고 기나긴 인내의 시간이 지난 최근에서야 프랑스-독일 공동역사교과서가 등장했다. 한중일 공동역사교과서는 서유럽과는 다

4) 수출 부문에서는 1위이며, 수입 부문에서는 일본의 뒤를 이어 2위이다.

른 상황에서 탄생했다. 한중일 공동역사교과서는 프랑스-독일의 관계와 유사한 환경이 마련되지 않은 상황에서, 또한 아시아국가들 간의 위상이 여전히 불안정하고 의심스러우며, 개괄적이며, 성급하며, 조바심이 난 상황에서 출판되었다. 이 책의 임무는 평화의 정착을 입증하면서 완결 짓는 것이 아니라, 지뢰밭에 위험하게도 파종을 하는 것처럼 보인다.

사실 한중일 교과서의 인식 상황을 파악하기 위해서 동아시아 문제의 전문가가 될 필요는 없다. 사람들은 빠르고 지속적인 상업, 금융, 기술 부문의 경제적 통합의 진척보다는 장기적인 정치적 통합의 어려움과 아울러 현재의 정치적 협력의 어려움을 자주 강조한다. 이데올로기로 무장된 냉전이 완전히 끝났고, 북한이 의례적으로 평화를 이야기하지만, 핵실험, 다양한 영토 분쟁, 군비 예산의 급증, 이중적 언사, 숨은 의도, 빈번한 대립은 상호 불신이 뿌리 깊은 상황임을 보여주고 있다. 국민국가의 독자적 권력이 더 활기차고 탄력적이며 우선적이고 확고한 상황에서 한국, 중국, 일본이 그들의 국가 주권을 조금이라도 양보할 것이라고는, 게다가 이웃 국가에게 양보할 것이라곤 더욱더 생각하기 힘들다. 다만 물질적 이해관계가 원만하게 만족되는 것이 이들이 사이좋게 살아갈 수도 있다는 것을 암시한다.[5)]

그래서 서양 언론에서 때때로 보도하는 것처럼 상하이, 서울, 도쿄를 꼭짓점으로 하는 삼각지대 안에서 서로 공유하는 대중음악에서부터 유행 의복까지, 삼국이 공감하는 '아시아적인' 가족 드라마에서부터 온라인 게임까지, 상투적인 미국문화뿐 아니라 한자 문화권의 고전들로부터도 벗어난 공통된 지역문화가 출현하는 것을 목격할 수 있다. 하지만 젊은이들 사이

---

5) 아시아의 경제적 · 정치적 통합이라는 주제에 관해서는 다음의 두 저작을 보라. Philippe Pelletier (dir.), *Identités territoriales en Asie orientale*, Paris, Les Indes savantes, 2004 ; Christian Taillard (dir.), *Intégrations régionales en Asie orientale*, Paris, Les Indes savantes, 2004.

에서 나타나는 이러한 새로운 문화도 민족주의적 열기가 반복적으로 격화되는 것을 막지는 못한다. 민족문화의 기반과 역사지상주의에 기초한 자긍심 때문에 그곳에서의 역사는 학문이기 이전에 전쟁이다. 가장 먼 고대의 역사나 가장 최근의 현안에 대해 과도하게 열중하는 잘 알려진 도식에 의해, 이웃 국가의 공적인 실수나 금기시된 발언의 불씨는 인터넷 게시판에 불을 붙이고, 수많은 시위자들을 거리로 쏟아져 나오게 만든다. 역사 분쟁의 전면에[6] 끊임없이 되풀이되어 등장하는 문제들은 아시아의 근대사, 일본의 역사적 역할, 전쟁 당시의 민간인 피해, 일본의 역사교과서, 각 나라의 민족적 자부심에 관한 것이다.

그러므로 이 같은 상황 속에서 한중일의 역사학자들이 공동으로 집필한 역사교과서의 성공적 출판은 흥미로우면서 동시에 귀중한 가치를 지닌다. 또한 기적적인 일이기도 하다. 그것 때문에 책을 열기 전에 실망스러울 것이라는 예상도 하게 된다. 우선 논쟁의 대상이 되는 세 인접 국가의 근현대사의 어두운 측면들이 —이것을 서술한다는 것은 기술적으로 어렵고 인간적으로 괴롭다— 상대화되고, 대충 넘어가고, 회피되지 않을까 하는 걱정 때문이다. 그리고 유교-불교적 문명의 근간, 문(文) 중심 문화와 무도(武道), 대나무와 등불, 군중과 네온간판들처럼 쉽게 합의가 이루어질 수 있는 문화주의적 상투 어구의 반복에 그치지는 않을까라고 생각하게 된다. 또한 기껏해야 틀에 박힌 '근대화' 이야기가 골자를 이루는 모범적이고 경이로우며, 회고적이고 이국적인 일화들을 떠올리게 된다. 나관중(羅貫中)의 걸작은 이미 5세기 전부터 대중 교육의 시대에 입증된 효과적인 '역사서술' 모델을, 즉 역사서술의 주제 · 담론 · 행위 · 환희의 모태를 세 왕국

---

[6] 동아시아에서 진행되고 있는 통합 과정이 새로운 국면을 맞이했다. 그 증거로 역사적 논쟁들이 새로운 지리학을 채택하고 있다는 점을 들 수 있다. 한국은 중국이 동북아 대륙 한가운데 위치해 있던 고구려(37~668)라는 한국의 왕국을 "역사적으로 병합"하려 한다고 항의하면서 동북공정을 주도한 변강사지연구소와 북경정부에 대항해 활발하고 지속적인 논쟁을 펼치고 있다.

에 제공하지 않았는가?

미래 열기, 과거 극복하기 : 근대의 궤적과 끝나지 않은 전쟁

하지만 모든 예상과 달리 한중일 역사교과서는 직접적으로 요점만을 말한다.

> 『미래를 여는 역사』는 한국 · 중국 · 일본 세 나라를 중심으로 동아시아의 근현대사를 다룬 책입니다. 지난 19~20세기에 동아시아의 역사는 침략과 전쟁, 인권 억압 등 씻기 어려운 상처로 얼룩져 왔습니다. …… 누군가 등교하다가 돌부리에 걸려 넘어졌다고 합시다. '오늘은 참 운이 없네'라고 생각하며 그 일을 까맣게 잊어버렸다가는, 하교 길에 또 그 돌부리에 걸려 넘어질 수도 있지 않겠어요? 과거의 잘못을 기억해 두어야 같은 잘못을 다시 범하는 어리석음을 피할 수 있는 것이죠. 우리가 역사를 배우는 것은 바로 과거를 교훈 삼아 미래를 개척하기 위해서입니다.[7)]

공동의 서문 「책을 펴내며」는 고전적이며 조금은 지나치기까지 한 교훈성에도 불구하고, 어리석음과 상처에 대응하는 윤리적 수업과 치료적 효과를 합의된 목적으로 내세웠던 이 책의 기획 배경을 잘 보여준다. 이것은 들어가는 글이라기보다는 배상과 정정의 논리, 회복의 논리로 되어 있다. 짤막한 서장은 한중일을 이어주는 문화적 연관성을 검토하는 개괄에 해당하는 부분으로 열 페이지에 걸쳐 17세기 중반부터 19세기 중반까지에 이르는 소위 '근대 이전' 시기에 대해 알아야 하는 것들을 상기시키고 있다. 이 서장은 비록 분량이 짧긴 하지만 뒤에 이어지는 약 250페이지에 걸친

---

7) 한중일3국공동역사편찬위원회, 『미래를 여는 역사』, 11쪽. 예외적인 경우를 제외하고 이 글에서는 한국판 교과서를 대상으로 인용하고자 한다.

공동역사서술의 주요한 두 가지 메커니즘을 제시한다. 첫째, 이 책에서 제시한 공동의 역사는 각국의 시각을 강조하기보다 지역사, 양방향적 또는 삼방향적으로 연관된 역사, 광의의 국제관계사에 관심을 기울인다. 사실 이는 물자, 인간, 사상의 교류를 다루는 단순한 외교사의 범위를 넘어선다. 공동 역사 개념의 두 번째 측면은 보다 구조적인 것으로서 비교 역사의 틀을 미리 전제하고 있는 듯하다. 이 교과서에서 역사서술은 특정 시기의 주제를 세 부분(세 나라)으로 나눈다. 달리 보면, 이는 공동역사라기보다 오히려 병행 역사인 듯하다. 예를 들어, '국가와 사회'라는 첫 번째 단위는 민중(民众, 민중, 民衆)이라는 삼국에 동일한 용어에 사회정치적 틀을 말해주는 세 개의 상이한 '문화적' 용어들인 신사(绅士), 양반(兩班), 무사(武士)를 대응시킨다.

전개방식 이외에도 한중일 공동역사교과서는 근대사와 현대사만을 다루면서 자신의 목적을 확고하게 제시한다. 이 책에서 아시아의 근대사는, 서양에 의해 추구된 제국주의적인 최초의 세계화에 간접적으로 그리고 직접적으로 대면하는 시기임이 환기된다. 현대사는 제2차 세계대전 후부터 오늘날까지의 역사를 의미한다. 이는 행위자와 증인들이 여전히 살아있는, 그래서 여전히 민감한 역사에 직면하는 것일 뿐 아니라, 지역의 비극적 사건과 과거의 고통스러운 지배 구조에 의해 발생하여 한중일 삼국 사이에 여전히 상처로 남아있는 역사 분쟁의 쟁점들을 정리하고 강조하는 것이다. 궁극적으로 이 책은 오늘날의 관점에서, 과거 사회활동의 중심적이고 공적인 장소로 간주되는 현대사의 쟁점들을 확인하는 장으로 끝난다. 이런 까닭에 한중일 공동역사교과서는 기억에 대한 전 세계적인 문제의식에 많은 비중을 두고 있다. 즉, 한편으로 민간인 희생자들의 증언들과 '위안부' 여성들의 법적 보상문제들에 대해, 다른 한편으로 박물관, 기념의식, 역사교과서 등의 기억과 관련된 제도와 사회적 실천에 대해 다루고 있다.

유럽에서는 세계의 다른 지역과 비교하여 한국, 중국, 일본이 오늘날 구현한 번영과 성공의 역사적 궤적에 대해 압도적으로 밝은 이미지를 갖고 있다. 하지만 이 교과서의 절반만 보더라도 매우 어둡고 비극적인 어조로 서술된 동아시아의 근대사에 놀라지 않을 수 없을 것이다. 주요한 텍스트 이외의 부분들(서문, 후기, 목차)을 대상으로 하여 대략적인 어휘 분석을 해보면 '전쟁'이라는 단어가 명사형들 가운데 첫 번째에 위치함을 알 수 있다. 상황이 이렇다 보니 당연히 정치적 '운동'이란 단어나 사회경제적 '변화'라는 단어는 상대적으로 덜 등장하며 '자유'와 '번영'이라는 단어는 이 작은 자료 안에 전혀 들어 있지 않다. 이를 조금 더 자세히 살펴보면, 유럽 제국주의의 약탈적 충격으로 열린 아시아의 근현대사는 지속적인 해결책을 찾지 못한 채 끔찍한 일련의 시련들을 겪고 있는 것으로 보인다. 헤게모니 싸움, 민족주의의 수립과 민족주의 사이의 격렬한 충돌, 전쟁과 식민지화, 내부의 정치적 폭력들, 경제 위기와 전통문화의 상실, 국지적인 총력전과 전체주의, 원폭을 비롯해서 민간인에 대한 폭격, 냉전과 공산주의적 이상향, 내란, 기근과 환경의 황폐화, 군사독재와 천민자본주의 등이 그것이다.[8]

이미 세계적 문제가 된 '희생자 경쟁(concurrence des victimes)'을 환기시키지 않더라도, 이같이 암울한, 다시 말해 불행한 역사적 줄거리를 분석해 보는 것은 흥미로운 일일 것이다. 불행한 역사는 민족국가의 독립과 통일, 강력한 주권, 모두를 위한 빛나는 번영이라는 위대한 프로젝트가 성취되지 못한 상황, 즉 근대국가가 견뎌내기 어려운 상황을 드러내는 것은 아닐까? 중국은 여전히 가난하고 대만과 분리되어 있으며, 한국은 분단되어 있고 콤플렉스를 느끼고 있으며, 일본이 평화헌법에 구속되어 있는 상황에서, 이들 세 나라는 과연 2007년에 19세기와 20세기를 지나온 그들의 행보에 대해 만족을 느낄 수 있을 것인가? 표현된 우아함 속에서 우리는 1990

8) 더욱 상세한 이야기는 아트뮈트 로트문드의 연구서를 참조할 것. *L'Asie orientale et méridionale aux 19e et 20e siècles*, Paris, PUF, "Nouvelle Clio", 1999.

년대 전환기에 일어난 정치적 빅뱅[9]이 역사서술에 미친 영향을 읽어내고 싶다. 민주주의적 열망의 강한 흐름과 연관되어 냉전의 얼어붙은 구조들이 급격하게 녹아내림으로써, 세 민족의 민족주의가 재수립되었고, 특히 아시아의 시민사회가 역사 흐름의 전면에 부각되었으며, 또한 이로 인해 역사서술의 문제가 현재 진행형인 사유들의 중심을 차지하게 되었다. 이로부터 공동교과서 속에서 중요하게 그리고 부차적으로 작동하는 무엇인가를 추출해 볼 수 있다. 부차적으로는, 한자 문화권 세계의 질서를 변화시키고 서서히 침식시킨 후 완전히 무너뜨린 1840년부터의 삼국의 공격적인 경쟁을 들 수 있다. 중요하게는, 지역 내에서 일본의 성장과 이웃 국가들에 대한 헤게모니적이고 식민주의적인 궤적, 그리고 '15년전쟁'(1931~1945) 동안[10] 일본이 아시아 전역을 파괴함으로써 드리운 그림자의 자취를 들 수 있다.[11]

이는 일부 예상되었던 것이다. '일본'이라는 단어는 필자의 어휘 분석에 따르면 전쟁이라는 단어 바로 다음으로 자주 등장한다. 20세기 중반 아시아 전쟁의 여파는 21세기 초에도 여전히 청산되지 않았고, 그것은 공동교과서의 중심 주제를 이루고 있다. 사실, 1945년 연합군의 승리는 "전쟁이 남긴 문제들에 대한 청산(sorties de guerre)"[12]을 완결 짓지 못했다. 곧바로 찾아온 냉전과 그때까지 아시아에 대한 영향력이 없었던 미국의 '자유 진영' 아시아에 대한 영향력의 행사 때문에, 우리는 전쟁이 남긴 문제들을

9) (역주) 소련의 해체와 독일 통일로 인한 세계사적 차원에서의 냉전의 종식을 의미한다.

10) (역주) 1931년 일본의 만주 침략에서부터 1945년 태평양전쟁의 종전까지를 의미한다.

11) 이 주제에 대한 종합적인 접근으로는 다음 연구서를 참조할 것. Alain Delissen, "Asie Nostra : l'Empire asiatique du Japon", in Philippe Pelletier(dir.), op. cit., pp.185~204.

12) (역자) "sorties de guerre"는 프랑스 전후 과거청산 문제를 본격적으로 다룬 프랑스 현대사가 루소(Henry Rousso)가 전쟁이 남긴 전후 사회의 여러 문제들(경제, 사회 변화, 기억의 문제, 적대적 관계 등)을 해소하는 과정을 가리키기 위해 창안한 용어다. 예컨대, 프랑스는 독일과의 관계 정상화를 정착시키는 데 대략 50년이 걸렸다. 역자는 이를 "전쟁이 남긴 문제들에 대한 청산"이라 번역했다.

청산하는 데 실패했다는 생각을 할 수 있다. 최소한의 청산과 '동경 전범 재판'(1946~1948)은 모두를 위한 정의와 진실보다는 지정학적인 속셈들로 재대로 이루어지지 못했다. 1945년 이후의 큰 특징은 중국 내전의 맥락에서 이해할 수 있다. 법률적 문제를 넘어서서, 해롭고 지속적인 수사적 장치가 바로 이때 작동하기 시작했다. 이 논리에 따르면, 일본 국민은 우선적으로는 이성을 상실한 자국 엘리트의 무고한 희생자로, 다음에는 원폭의 무고한 희생자로 너무나도 빠르게 상정되고, 일본의 죄과는 광신적인 일본 군대와 정도를 넘어선 일본 신관료들의 책임으로만 돌려졌다. 그런데 정확하게 동일한 시기에 권위주의적인 정부들은 식민주의의 희생자이거나 일본의 총력전에 의해 만신창이가 된 아시아의 무수한 민간인들을 현실정치(Realpolitik)라는 이름으로 잊혀지게 만들어버렸다. 그 결과 그들은 역사에서 배제되었고, 법정에 호소할 기회도 박탈당했으며, 합당한 개인적 치유를 받지 못한 채 침묵을 강요당했다.

중화인민공화국처럼 민주주의적 열망을 갖고 있다고 볼 수 없는 나라를 비롯하여 아시아 각지에서, 깊은 개인적 고통과 원한을 가진 수많은 군중이 거부와 억압이라는 긴 침잠의 세월 끝에 1990년대부터 조금씩 봉기하기 시작했다.[13] 직접적으로 경험했거나 고통을 물려받은 이러한 사람들의 문제는 기억의 문제, 진실규명 및 유예된 정의의 문제, 그리고 격렬한 '교과서 분쟁'으로 표출된다. 적어도 세 개의 서로 다른 에피소드를 숨기고 있는[14] "교과서 분쟁"이라는 표현은 세계적으로 강한 반향을 일으키는 이

13) 일본이 이웃한 아시아 국가들과 1951년 이후 체결한 여러 양국 우호조약들은 집단 배상에 관한 원칙과 액수를 확정하였고 이와 동시에 이후에 가능한 모든 요구에 대한 문을 봉쇄하였다. 하지만 법적인 측면에서 시민의 개인적인 소송 즉, 물질적 피해 보상이나 불가침적 인권에 위배되는 범죄 행위에 대한 소송의 길은 열려 있는 상태다. '위안부'라 불리는 여성들에 관한 성적 노예의 문제도 여기에 포함된다.

14) 이 문제에 관한 최근의 종합적인 조명을 보려면 다음을 참조할 것. *Nationalism and History Textbooks in Asia and Europe. Diverse Views on Conflicts Surrounding History*, Seongnam, AKS, 2006 ; 한국학중앙연구원 한국문화교류센터 편, 『민족주의와 역사교과

들 나라들 간의 외교적 위기를 나타낸다. 이 위기는 핵심 키워드가 된 '왜곡'이라는 한 단어를 둘러싸고 전개되고 있다. 문제를 제기하는 사람들은 이러저러한 일본 역사교과서뿐 아니라 '일본' 자체를 피고로 상정한다. 여기저기 의미상의 변화와 심각한 침묵에 이르는 일련의 왜곡들이 일본 젊은이들의 역사 교육 속으로 스며들어 가서 일본 민족 전체를 그렇지 않아도 이미 많이 가벼워진 역사적 죄의식에서 점차 벗어나게 한다는 것이 이들의 주장이다. 요약하면 교과서 분쟁은 수정주의와 연관되어 있다는 것이다.[15)]

하지만 분쟁은 완화되기는커녕 심화되고 있다. 위기는 뿌리를 내리며 확산되고 있다. 정부들 간의 문제로 외교적인 채널을 통해 오랫동안 엄격하게 제어되어 왔던 위기의 상황이 오늘날에는 다양한 압력단체들(협회, 비정부적 기구, 국제 네트워크)과 세계화의 몇몇 기제들(국제법, 인터넷, 홀로코스트의 패러다임)이 담당하는 자율적인 역할로 인해 복잡해졌다. 위기는 정착되고 심화되고 있다. '일본'의 역사적 희생자들이 기억과 법률적 요구들을 증대시키고 영향력을 강력히 행사함에 따라, 수정주의적 주장들이 일본 열도에서 기세등등해지며 세력을 얻었다. 공공연한 수정주의 일본 역사학자들로 구성된 한 단체가 후소샤(扶桑社)에서 펴낸 책을 일본 교육 당국이 2001년에 공인한 일은 이러한 불일치의 정점이다. '제3차 한일 교과서 파동'이 심화되기 바로 직전에 출판된 이 책은 매우 분명하게 한중일 공동교과서의 결정적 계기가 되었다.

서. 역사 갈등을 보는 다양한 시각』, 에디터, 2006.

15) 이 주제에 관해서는 다음을 참조할 것. Arnaud Nanta, "L'actualité du révisionnisime historique au Japon", *Ebisu*, 26, printemps-été 2001, pp.127~153 ; *Ebisu*, 27, automne-hiver 2001, pp.129~138. 일본 역사 교육사에 관해서는 다음을 참조할 것. Eric Seizelet, *Les Petits-Fils du Soleil. La jeunesse japonaise et le patriotisme*, Paris, POF, 1988.

병렬적으로 나열된 각국 역사, 공동교과서 편찬

2002년 3월 이후 이러한 생각을 품은 일본과 중국, 한국 세 나라의 연구자와 교사·시민들은 역사인식에 관한 지속적인 대화와 '역사인식과 동아시아의 평화포럼'을 개최해왔습니다. 그 계기가 된 것은 일본의 '새로운 역사교과서를 만드는 모임'의 등장이었습니다.

이것은 공동교과서의 「편집후기」에서 인용한 것이다. 「편집후기」에는 이 같은 인용문 앞에 다음과 같은 구절이 나온다. "동아시아에 평화로운 공동체를 만들기 위해서는 그 전제로 역사인식을 공유하지 않으면 안 됩니다. …… 역사인식을 공유할 수 있다는 전망은 동아시아의 어린이·청소년들과 시민들이 침략전쟁과 식민지지배 역사를 사실에 근거하여 배우고 과거를 극복하기 위한 대화와 토론을 거듭함으로써 확실해질 것입니다."[16)]

내용 분석에 앞서 방법적 문제를 제기하는 것이 우선적이며 신중한 일일 것이다. 한중일 공동역사교과서 편찬을 총괄적으로 평가하기 위해서는 한국, 중국, 일본의 교과서 판본이 서로 일치하는지를[17)] 확인하는 것이 바람직할 것이다. 후에 확인한다는 조건하에서, 그리고 약간은 도식적임에도 불구하고, 「편집후기」, 「서문」, 차례 등 본문 이외의 부분은 신뢰할 만한 자료를 제공해 주는 듯하다. 「편집후기」는 각국의 공동역사편찬위원회가 공동으로 작성한 것이기 때문에, 앞에서 인용한 한국어판의 문구가 공통된 것이라고 추정된다. 삼국 공동역사교과서 편찬의 기원, 철학적 기반과 틀에 대해 우리가 이미 알고 있는 것 이외에도, 본문 이외의 부분에서는 사회적·제도적 기반을 찾아볼 수 있다. 한중일 공동교과서는 시민단체의 활동가들과 공공 연구기관, 준공식적 혹은 민간 연구기관들이 만나

16) 한중일3국공동역사편찬위원회, 『미래를 여는 역사』, 248쪽.

17) 번역의 문제와 국가별 수용의 차이라는 결정적인 문제를 떠나, 이것은 '삼국' 교과서를 편찬한 중국-한국-일본 3국 공동역사편찬위원회의 관심 사항이다.

는 비공식적인 포럼에서 탄생했다. 한국의 거점인 '아시아평화와역사교육연대'[18]에는 서로 연결된 30여 개의 단체들이 가입하여 있다. 이 단체는 유럽에서 교과서 관련 활동을 하며 2006년에 출간된 프랑스-독일 공동역사교과서 편찬에 기여한 게오르크 에커트 국제교과서연구소(Georg-Eckert-Institut für internationale Schulbuchforschung)와 같은 성격의 단체다. 이러한 책이 일반적으로 그러하듯이, 책은 학교의 범주에서 벗어나 시민사회단체의 활동가들과 시민을 독자층을 삼았다. 한중일 공동교과서 집필위원회는 집필위원회에 중등교육 역사 교사들과 대학 강사들 및 연구교수들 그리고 다른 연구자들을 포함시킴으로써 대학의 범위와 권위를 뛰어넘고자 하였다.

기술적인 문제이지만 결정적으로 중요한 책의 구성과 완성 과정에서 나타난 통·번역의 문제에[19] 관해 공동교과서는 침묵하고 있지만, 「편집후기」는 우리에게 작업 과정의 일정과 방식을 알려준다. 매우 상징적이게도 첫 번째 전체 포럼은 2002년 3월에 난징에서 열렸고, 이어서 2003년 2월에 도쿄에서, 그리고 2004년 8월에 서울에서 열렸다. 이러한 조직적이고 종합적인 모임 사이에도 10여 차례에 걸쳐 실무 작업 회의가 세 나라 모두를 돌아가면서 집필자들 간에 이뤄졌다. "그렇게 진행되는 동안 각국에서는 담당한 원고를 썼고 이를 국제회의에서 검토하여 서로 의견과 요구를 내놓았으며, 그에 기초하여 원고를 수정하고 다시 모여 검토하는 작업을 몇 번이고 지속했습니다."[20] 다시 말하면, 공통으로 작성한 초안 위에 즉, 위

18) 아시아평화와역사교육연대의 한국어로 된 인터넷 사이트 http://www.ilovehistory.or.kr/을 참조해 보면, 영어와 한국어가 섞인 다음과 같은 슬로건을 볼 수 있다 : "No 역사왜곡, Yes 동아시아평화." 여기에는 타이완여성구호단체(Taiwan Women Rescue Foundation)의 예기치 않은 참여를 확인할 수 있다.

19) 중국어, 한국어, 일본어 3개 국어를 모두 말할 수 있는 역사가가 많지 않기 때문에, 편집인단은 중국어-한국어, 한국어-일본어, 일본어-중국어의 2개 언어를 구사할 수 있는 사람들로 이뤄진 '번역 회로'를 기반으로 운영되었을 것이라고 추측된다.

20) http://www.ilovehistory.or.kr/

에서 언급한 구성 요소와 배열 위에서, 각국은 각자 그들에 관련된 내용들을 작성했으며, 그 후 그것들을 번역하고 공동으로 논의하고 공동의 합의를 이끌어내기까지 다시 써서 결정하며 최종판을 만들어냈던 것이다.[21] 비록 이러한 설명들이 최초 작업의 텍스트적 배분, 즉 장별 혹은 단락별 배분에 대해서는 어떠한 것도 얘기하지 않고 있으며, 특정 부분의 첫 저자들이 누구인지도 말해주지 않고 있지만(누가 3장 1절 만주국 부분을 처음으로 집필하였을까?), 이 같은 설명은 매우 짧은 시간 안에 이뤄진 작업의 어려움들을 되돌아보게 해준다. "각각의 역사 연구나 역사교육 및 교과서의 차이로 인해 개개의 역사적 사건을 보는 관점이나 파악하는 방식 등이 저마다 상당히 다르다는 것이 밝혀졌고, 그 인식의 차이를 극복하는 것이 중요한 과제였습니다."

결과적으로 공동교과서는 학교 교과서의 형태를 잘 갖추고 있다. 이 책은 대학용 연구서가 아니며(각주나 참고문헌이 없다), 교육적 도구로의 성격을 갖고 있다. 각국의 판본마다 자기 나라에 고유한 관행을 따르고 있는 조판과 판형이 이를 입증한다. 또한 핵심적 이야기에 동반되는 박스형 설명들, 맨 마지막 부분에 실린 공동의 연표와 맨 앞부분에 실린 컬러 사진 자료들뿐 아니라, 무수히 많으나 정확한 서지 사항 정보가 동반되지 않은 이미지, 지도, 도표 및 설명으로 가득하지만, 사료 원문은 아주 드물게 소개되었다. 정치와 전쟁에 관한 사건을 중심으로 한 역사에 매우 많은 부분(대략 전체 페이지의 2/3가량)을 할애하고 있는 줄거리에 대응하여, 이 교과서는 "역사 들여다보기"라는 코너를 마련하여 유명하거나(후쿠자와 유기치) 혹은 평범한(강덕경 할머니)[22] '인물들'의 삶이나 그들의 작품을 소

21) "그러나 우리는 대등과 평등의 원칙을 전제로 서로의 입장을 존중하면서 끈질긴 논의를 통해 의견을 조정하여 같은 내용을 삼국의 언어로 동시에 발간하기에 이르렀습니다." 한중일3국공동역사편찬위원회, 『미래를 여는 역사』, 한겨레신문사, 2005.

22) 한중일3국공동역사편찬위원회, 『미래를 여는 역사』, 50 · 171쪽.

개하며 '거시사'의 비극적인 고통들과 함께 다룬다.

동아시아 근현대사를 통상적인 방식으로 구분한 후[23] 그것을 각국 별로 다시 삼분절하는 서술방식은 참신해 보이지 않는다. 아시아의 침략자 일본, 중국과 한국의 저항, 민간인들이 말없이 감내해야 했던 공포, 왜곡을 비판하고 기억 · 기념 · 역사서술을 통해 화해를 강조하는 부분에서 한중일 공동교과서는 역사학적으로 상상력이나 창조력을 나타내는 작품으로 보이지 않는다. 다시 말하면, 공동교과서는 많은 역사 사진과 역사적 문제 그리고 많은 새로운 모색에 주목하지 않았음으로 학문적인 대안교과서라 할 수 없다. '개항'에 의해 시작되었다[24]는 시간적 범주에도 불구하고, 포스트콜로니얼리즘의 역사적 지역주의라는 목표는 서양사와 세계사의 모든 연관성을 상대적으로, 이 책에서는 명백하게 포기한다는 것을 보여준다. 보다 나은 역사적 이해를 위해서는 제2차 세계대전 혹은 태평양전쟁이라는 미국식 명칭과 짧은 연대기(1942~1945) 대신에 긴 전쟁사(15년전쟁, 1931~1945)[25]와 아시아적 경험 속에서 일본을 얘기하는 것이 합당하고 시급하며 도움이 된다고 여겨진다. 더욱이 맥아더[26]를 다룬 불명확한 한 쪽의 전후사 부분을 예외로 한다면, 미국이나 소련이라는 이름이 서문과 타이틀에 결코 등장하지 않았던 만큼 미국식 연대기와 명칭에 대해서는 더욱 놀랍고 회의적인 기분이 든다. 여기에서 우리는 부여된 활동의 분명한 한계를 보게 된다. 이 책은 1945년 이후 동아시아의 역사적 사건들을 다루면서 지금껏 금기시된 새로운 주제들을 부각시켰지만, 많은 경우에 쉽게 이해할 수 있도록 서술하지 못하여 이를 사람들이 확실히 주목하기 어렵게 만들었다. 냉전의 지역적 사건들과 논리들은 동아시아의 통합이라

---

23) 시기 구분은 대략 다음과 같다. 1850~1895, 1895~1930, 1931~1945, 1945년 이후.

24) 한중일3국공동역사편찬위원회, 『미래를 여는 역사』, 43쪽.

25) 한중일3국공동역사편찬위원회, 『미래를 여는 역사』, 145쪽.

26) 한중일3국공동역사편찬위원회, 『미래를 여는 역사』, 204쪽.

는 이름으로 우회적이거나 혼란스러운 방식으로 기술되어 있으며, 한편으로 최근 역사의 모든 중요 이슈들인 국가 내부의 역사들은 전체적인 그림에서 너무 간단하게 제외되어 있다. 특별히 미묘한 주제들에 대해 중국의 반감을 사지 않기 위해 대약진 운동과 문화혁명은 언급되지 않은 채 마오쩌둥을 너그러운 건국의 아버지로 묘사했다.[27] 또한 다원적 민주주의를 향해 나아가는 상이한 행보들과 관련해 한국이나 일본 교과서들 속에서 통상적으로 읽을 수 있는 것들도 전혀 언급되지 않았다. 또한 북한이 마치 역사를 갖지 못한 것처럼 북한에 대해서는 전혀 언급되어 있지 않다. 이런 것들이 기술되어야 한국전쟁(1950~1953)[28]에 대한 다소 초현실주의적인 서술을 잘 이해할 수 있을 것이다.

한중일 공동역사교과서는 본래의 편집 목적에 충실하게도 후소샤에서 출판된 수정주의적 일본 교과서와 상반되는 역사상(歷史像)을 만들어 냈다. 수정주의 교과서에서 사라져버린 모든 것이 한중일 교과서에서는 길게 설명되어 있다. 거기에서 에둘러 말하거나 부인하거나 상대화시킨 모든 것이 이 교과서에서는 파헤쳐지고 근거가 제시되고 부연 설명된다. 거기에서 의미론적으로 완화된 모든 것이 여기에서는 신랄하게 비판받는다. 거기에서 메타역사적인 추상적 방법으로 처리되었던 모든 것이 여기에서는 고통의 체험과 경험에 대한 구체적 서술로 표현된다. 그리하여 전체 5개의 장 가운데 세 번째 장인 70쪽에 육박하는 중심적인 장에서는 극도의 폭력으로 점철된 근대 동양사 중 이미 알려진 사실들이 종합적으로 설득력 있게 서술되고 있다. 이 글에서는 그 내용을 자세히 언급하거나 정확성이나 과학적 일관성에 대해서는 판단을 내리지 않을 것이다. 단지 이 책에 기술된 사건들을 알아보겠다. 먼저 중국인 저자가 기술한 것은 1937년 12월의 남경대학살, 만주 731부대, 강제 노역, 민간인들에 대한 폭격이다.[29]

---

27) 한중일3국공동역사편찬위원회, 『미래를 여는 역사』, 202~203쪽.

28) 한중일3국공동역사편찬위원회, 『미래를 여는 역사』, 214~215쪽.

이어서 한국인 저자에 의해 기술된 부분은 황국신민화 정책, 노동력 동원, '위안부'라 불리는 여성들의 성노예이다.[30] 마지막으로 일본인 저자에 의해서 기술된 부분은 폭격당한 도쿄, 오키나와의 '군민공사(軍民共死)', 히로시마와 나가사키의 원폭 투하이다. 암시적이고 모호한 방식으로 서술되었지만 이 책은 동아시아의 고통스러운 역사가 새로운 '배우'인 미군에 의해 끝났다고 말해 주는 것 같다.

대중 보급, 교육계에서의 활용 : '대안' 교과서란 무엇인가?

일반 대중을 위한 책이라고 목적을 밝혔기 때문에 배포나 인쇄 부수를 통해서 새로운 교과서의 영향력을 가늠해보는 것이 타당하고 적합하다고 생각된다. 상거래 정보들이 약간은 불분명하지만, 세 나라에서 각각 2만 부를 찍은 첫 인쇄판이 이틀 만에 다 팔렸다는 것을 알 수 있다. 중국의 출판사는 총 20만 부의 판매를 예상한다. 2005년 11월에 이 공동교과서는 한국의 매우 큰 서점의 인문과학 분야에서 가장 많이 팔린 책 가운데 2위를 기록했다. 일본어판 출판사인 코분켄(Kôbunken, 高文研)은 2006년 7월부터 대폭 수정한 두 번째 판본을 출간하기 시작했다.[31] 2006년 5월 16일

---

29) 한중일3국공동역사편찬위원회, 『미래를 여는 역사』, 148~159쪽. 남경대학살에 대해서 이 교과서는 25만 명의 "희생자들"(난민) 혹은 19만 명의 살해당한 사람들(살인)이 있었다고 언급하고 있다.

30) 한중일3국공동역사편찬위원회, 『미래를 여는 역사』, 160~171쪽. 한국의 '위안부 여성들'의 수는 최소 8만에서 최대 15만 명으로 추정된다.

31) 중국의 사례는 영어로 된 매우 공식적인 사이트인 『人民日報』 사이트를 참조했다. http://english.peopledaily.com.cn/200506/10/eng20050610_189579.html. 한국에 대한 정보는 영풍문고 사이트를 참조했다. http://www.ypbooks.co.kr/ypbooks/WebHome/specdm/specdm.jsp?p_isbn=1632100287. 많은 수정은 당연히 첫 번째 판본에 대한 구매를 촉진시켰다. http://www.koubunken.co.jp/0375/0369s.html.

삼국의 판매량 결산을 발표한 중국 신화통신(2006년 5월 16일)에 따르면, 중국 11만 부, 한국 5만 부, 일본 7만 부이다.[32] 이 수치들을 각국의 총 인구 수와 연결해서 생각해야 할 것이다. 특히 이상적으로는 이 수치들을 각국의 틀 속에서 출판의 영역과 '역사서'의 영역이 교차하는 지점에 위치시켜 보아야 할 것이다.

역사교과서를 교육 시스템 속에 위치시켜 보는 것은 두말할 나위 없이 더욱 중요하다. 학교 교과서라는 개념은 무엇보다 공교육을 의미한다. 공교육에는 법과 규정, 프로그램, 승인 절차, 그리고 공식화된 교과서 유통 구조가 있다. 이런 장치들은 다(多)민족적 관점에 의한 일반적 서술이나 국적이 의심스런 내용의 서술을 어렵게 한다. 공동교과서의 활용도에 대한 분석은 각국마다 상이하다. 여기서의 분석은 엄밀하게 한국에 국한된다. 표준적이고 공식적이며 일반적인 교과서를 만드는 것이 아니라는 첫 부분의 언급에도 불구하고, '대안' 교과서가 무엇인가라는 질문에 일괄하여 대답하기는 그렇게 쉽지 않다. 왜냐하면 교과서에는 어떤 종류의 권위적인 원칙이 부여되기 때문이다. 한중일 공동교과서에 참여한 개인이나 기관들의 목록에서 집필진을 훑어보면, 유럽과는 매우 대조적인 상황이 드러난다. 정부 차원에서의 공식적인 후원이 두 나라 모두에게 분명했던 프랑스-독일 공동역사교과서와는 크게 다르게, 한중일 공동교과서의 경우는 자국에서 서로 다른 위상을 갖고 있는 삼국의 학자들이 참여했다.

중국의 경우는 겉보기에 명확하다. 중국의 공동교과서는 중국사회과학원 근대사 연구소의 지휘하에 만들어졌다. 이 연구소는 내부 출판사를 경유하여 교과서의 배포까지도 책임지고 있다. 이런 까닭에 17명의 중국 집필진에는 이 연구소에 소속된 6명이 포함되어 있다. 그중 부핑(步平)은 일본 화학전의 전문가이며, 룽웨이무(榮維木)는 난징의 전쟁 폭력을 전공한

32) 다음 사이트를 참조할 것.
http://news.xinhuanet.com/english/2006-05/16/content_4555222.htm.

역사학자다. 이 연구소를 도와 보조적 역할을 담당하는 상해사범대학 소속 집필자는 4명이다. 이 가운데 쑤즈량(蘇智良) 교수는 점령당한 상하이 지역에서의 '위안부' 여성에 대한 인터뷰를 오랫동안 주도해 왔다. 여기에 상해사범대학 소속 세 명의 박사 과정 학생들과 중국인민항일전쟁 기념관 주임을 맡고 있는 저명한 역사학자 리중위안(李宗遠)의 이름을 볼 수 있다.[33] 중국의 공식 언론에서는 한중일 공동역사교과서가 '비정부적' 성격을 띤다고 선전하였다. 하지만 이 '보조적' 교과서는 중국 학생들을 겨냥하지도 않으며 사회과학원 사이트에 소개도 되지 않은 채, 평화적인 외교노선과는 거리가 먼 비공식적인 '외부 커뮤니케이션'의 애매한 영역에서 떠돌아다닌다.

이와는 완전히 상반된 일본의 경우가 훨씬 더 명확하다. 교과서의 강박관념적 내용과 '협소한' 목적은 이 공동 계획이 공개적인 지원이나 일본의 '주도적 역사학계'의 후원을 받지 못하였다는 것을 설명해 준다. 일본정부는 '교과서 문제'를 다루기 위해 두 이웃 나라와 결성한 일한 위원회와 일중 위원회 운영 정도로 관심을 제한하고 있다. 게다가 일본정부는 법이 부과한 정부의 중립성 원칙으로 문제를 피해간다. 학교의 교과 과정에 대해 법률적 범위가 명시한 것 이외에, 일본정부는 학교에 이러저러한 교과서를 승인하게 하거나 권장하는 어떠한 합법적 권한도 갖고 있지 않다는 것을 스스로 반복하여 강조한다. 이는 후소샤의 유명한 수정주의 교과서의 경우에서처럼, 한중일 공동교과서의 경우에도 해당된다. 한중일 공동교과서는 일본정부의 공식적인 승인을 받지 못했는데, 왜냐하면 공동교과서가 (일본의) '학습지도요령 범위 밖에서' 만들어졌기 때문이다. 서점가에서 인기가 있음에도 불구하고, 공동교과서는 공적 토론을 통해 학계의 지속적인 힘을 받기에는 너무나도 곤란한 문젯거리로 등장했다. 우리는 이 교과

---

33) 집필진에 대한 자세한 사항은『미래를 여는 역사』, 250쪽을 참조할 것.

서가 수많은 일본의 대형 출판사에서 거절당했다가 결국 아주 작은 출판사인 코분켄에서 발간되었다는 사실을 알고 있다. 일본 측 집필진의 구성을 분석해 보면 이 점에 대해서 더 잘 알 수 있을 것이다. 집필진의 구성은 대학과 학계에서 주변부를 차지하고 있는 사람들로 채워졌다. 집필진의 절반 이상이, 즉 14명 중 8명이 중학교나 고등학교의 교사이거나 지방 대학의 강사다. 물론 도쿄에 위치한 중요 대학의 교수가 3명 있기는 하다. 하지만 일본 경찰을 연구하는 역사사회학자인 와세다 대학의 오비나타 스미오(大日方純夫) 교수를 제외하고 나머지 교수들은 동양사와 관련된 중요한 과에 소속되어 있지 않다. 식민 시기 한국사 전공인 마쓰모토 다케노리(松本武祝)는 도쿄대학교 농업생명과학연구과에 속해 있으며, 송연옥이란 한국 이름의 교수는 청산(靑山)학원대학 경영학부에서 식민 시기 매춘 문제에 대해 연구하고 있다.

늘 그렇듯 한국의 상황은 중국과 일본의 중간에 있다. 23명의 집필진은 10명의 교수, 9명의 연구원 혹은 연구교수, 그리고 4명의 교사로 구성되어 있으며, 이 중 3명이 서울대학교 소속이고, 3명이 성균관대학교, 2명이 연세대학교 소속이다. 젊은 편인 대부분의 역사학자들은 그들의 선배 사학자들만큼 언론의 유명세를 타고 있지 않다. 어쩌면 19세기 후반 한국의 식민 초기에 대부분의 연구를 할애하고 있는 연세대학교의 왕현종 교수는 예외가 될지도 모르겠다. 서중석 교수는 성균관대학교에서 한국의 반일 민족주의 역사학에 대해 가르치고 있고, 윤휘탁은 중국 근대사 전문가로 중국의 '역사 병합'에 대항하는 고구려연구재단에서 중요한 자리를 맡고 있다. 공동교과서는 한국에서 프랑스의 일간지 『Libération』에 해당하는, 좌파적이며 '평화민족주의적 성향'을 가진 『한겨레신문』의 후원을 받고 있다. 집필진에는 이 계획을 주관하고 추진한 아시아평화와역사교육연대에 속한 몇몇 역사 교사들이 속해 있다. 아시아평화와역사교육연대는 제도적으로 정권과 행정부에서 완전히 독립적이지만 재정지원 문제는 검토해 보아야 한다. 아시아평화와역사교육연대는 자문 위원회를 운영하고 있다.[34] 자문 위원회는 두 그룹으로 구분된 44명의 위원으로 이뤄져 있으며, 그중 40명의 국회의원과 9명의 시민사회와 학계의 대표들로 구성되어 있다. 여기에는 전 고려대학교 근대사 전공 교수이자 2005년 공식적으로 출범한 친일반민족행위진상규명위원회 위원장이었던 강만길 교수로부터 시작해서, 좌파적 역사가 및 한국인권운동의 저명인사들이 포진해 있다.

한중일 공동교과서를 준(準) 공립 교과서로 인정할 수 있게 된 중요한 계기는 1997년 12월 이후 인준된 제7차 교육과정 개정이다. 단순화할 목적에서 이루어진 교육과정 개정은 정부와는 무관하게 세 단계로 구성된 공공 승인시스템에 따라 모든 학교 교과서들을 표준화에서 벗어나게 했다. 그리하여 한국에는 국가와 국가기관들에서 인정한 프로그램에 따르는 공식 교과서인 국정교과서가 있고, 민간인 편집자들에 의해서 구성된 프로그램에 따르는 검정교과서가 있으며, 마지막으로 시·도 교육위원회가 선택한 '인정' 교과서들이 있다.[35] 특히 교과서에 준하는 역사서, 야사를 다룬 역사서, 자아개발 역사서, 정통적 해석에 반대하는 역사서들의 수가 급증하고 있는 한국의 대중적 역사서 시장에서 『미래를 여는 역사』 교과서는 '인정' 교과서라는 부러운 지위를 획득했다.

불협화음과 지역의 반향들

각 나라의 정치권, 언론, 블로그와 포럼 등의 공적 장소에서 한중일 공

34) 다음 사이트를 참조할 것. http://www.ilovehistory.co.kr/introduction/organization.as.

35) 지금까지는 역사교과서에 관련된 통계만을 찾을 수 없었을 뿐만 아니라 학교에 직접 배포된 통계 또한 알 수 없었다. 모든 교과서에 할애한 최근 연구는(초등학교부터 고등학교까지, 한국어 문법부터 가사수업까지) 국정교과서 721종, 검정교과서 1,575종, 인정교과서 1,116종이 있음을 밝히고 있다. 허강, 『한국의 검인정 교과서』, 일진사, 2004, 22쪽.

동교과서가 어떤 반응을 얻고 있는지를 판단하기 위해서는 그 영향력에 대한 조사를 지속해야만 한다. 그리고 교육부가 펴낸 공식적인 국사교과서가 대세인 한국의 교육 시스템이 삼국의 새 교과서에 할애한 실제적인 위치를 가늠해보는 것이 중요하다. 기대만큼 '새롭지' 않은 한중일 공동교과서는 자국의 강요된 민족주의적 패러다임을 넘어 한국사 새로 쓰기를 시도했던, 인정되었거나 인정되지 않았던 다른 '대안' 교과서들보다 '옛' 국정교과서에 보다 부합한다. 유럽사와 세계사 속에 국가사를 삽입시키면서 이미 코페르니쿠스적인 혁명을 완수한 프랑스－독일 공동역사교과서와 달리, 한중일 공동교과서는 한국 · 중국 · 일본에서 특별히 역사적으로 불협화음적인 중요 주제의 한복판에 놓여 있으며, 한국에서 발견되는 시민적 역사학의 활력은 중국과 일본에서는 찾아볼 수 없다.

한국과 중국이 일본을 압박하는 구도로 이등변 삼각형을 엉성하게 제시하고 각각의 이야기를 작은 공통분모 위에 세워 놓으며, 고통과 폭력의 경험 위에 그들의 유일하고 진정하고 근원적인 '공유 지점'을 설정하는 병렬적 역사서술이 서로 영원히 만날 수 없는 것은 아닐까 하는 의구심도 든다. 최초의 야심은 한계에 부딪혔으며 오늘날 불완전한 것임이 드러났다. 하지만 이 같은 모험적 시도 자체는 불리한 상황에서도 서로 다른 입장을 조율하고 협력하는 것이 가능하다는 것을 보여주었다. 이러한 모험은 제도와 조직망의 도움을 받으면서 다른 많은 계획들과 함께 계속될 것이다.

적벽대전에서 패하고 끈질긴 소요에 휩쓸린 위(魏) 나라의 용맹스런 장군 조조는 결국 제국을 통합하는 데 실패했다. 우리는 그 다음 이야기를 알고 있다. 다음에 등장할 것은 시인이자 학자인 조조의 아들 조비(曹丕)가 이룬 업적이다.

찾아보기

CONTENTS

Crossing the Border of Historical Understanding in East Asia

Part 3 Review of 『History to Open the Future』

Ryuichi Narita | Possibility of East Asian History

Ju-Back Sin | Making East Asian History

Young-Seo Back | Precious First Step advancing peace in East Asia

Myung-Chul Hyun | 『History to Open the Future』

In-Ho Kim | 『History to Open the Future』, the new textbook of the people's history of East Asia

Mitsuhiro Morimoto | Book review of 『History to Open the Future : The Modern History of East Asia』 : in the viewpoint of history education in the educational field

Sumio Obimata | Issues in compiling the common history textbook of Korea, Japan, and China : in relation with history description and education

Takaaki Ikai | Book review of 『History to Open the Future : The Modern History of East Asia』

Yonghu Gwo | Book review of 『The Modern History of East Asia』

Alain Delissen | Shinjeokbyukdaejeon(新赤壁大戰) : On the common History Textbook of Korea, Japan, and China

저자소개

김성보 연세대학교 교수
김승렬 경상대학교 교수
김인호 한양사이버대학교 교수
김정인 춘천교육대학교 교수
백영서 연세대학교 교수
신주백 국민대학교 연구교수
양미강 아시아평화와역사교육연대 전 상임운영위원장
현명철 경복고등학교 교사

가사하라 도쿠시(笠原十九司) 쓰루분가대학 교수
궈용후(郭永虎) 길림대학 마르크스주의학원 강사
나리타 류이치(成田龍一) 니혼여자대학 교수
로버트 마이어(Robert Maier) 게오르크 에커트 국제교과서연구소 상임연구원
모리모토 미쓰히로(森本光展) 미노히가시 고등학교 교사
사이토 가즈하루(齋藤一晴) 메이지대학 대학원 박사 후기 과정
알랭 들리센(Alain Delissen) 프랑스 사회과학고등연구원(EHESS) 교수
오비나타 스미오(大日方純夫) 와세다대학 교수
이카이 다카아키(猪飼隆明) 오사카대학 교수

아시아평화와역사교육연대

2001년 4월 일본 역사교과서의 역사왜곡을 바로잡고, 20세기 침략과 저항의 역사에 대한 동아시아 공동의 역사인식을 만들어가기 위해 시민사회단체 · 학계가 모여 '일본교과서바로잡기운동본부'를 결성하였다.

2003년 동아시아의 역사갈등을 해결하기 위해 단체 이름을 아시아평화와역사교육연대로 변경하고, (사)아시아평화와역사연구소를 설립하여 한중일 역사인식과 교과서 문제에 대한 각종 연구사업 및 대중 활동을 함께 진행하고 있다.

○ 아시아평화와역사교육연대의 주요 활동
- 한중일 역사교과서 및 역사교육에 대한 대응 및 캠페인
- 한중일 공동의 역사인식을 위한 '역사인식과 동아시아 평화포럼' 개최
- '한중일청소년역사체험캠프' 등의 청소년교육

○ (사)아시아평화와역사연구소의 주요 활동
- 한중일 공동역사교재 개발
- 한중일 역사인식과 교과서 문제에 대한 연구 및 심포지엄
- 교육 및 연구, 대중 활동에 관한 단행본과 각종 보고서 발행

주소 | (110-043) 서울특별시 종로구 통인동 155번지 3층
전화 | 02-720-4637
팩스 | 02-720-4632
홈페이지 | www.ilovehistory.or.kr
후원계좌 | 우리은행 1005-883-302442 아시아평화와역사교육연대